Uwe Becker
Richterzeit und Königtum

Beihefte zur Zeitschrift für die alttestamentliche Wissenschaft

Herausgegeben von
Otto Kaiser

Band 192

Walter de Gruyter · Berlin · New York
1990

Uwe Becker

Richterzeit und Königtum

Redaktionsgeschichtliche Studien
zum Richterbuch

Walter de Gruyter · Berlin · New York
1990

⊗ Gedruckt auf säurefreiem Papier,
das die US-ANSI-Norm über Haltbarkeit erfüllt.

CIP-Titelaufnahme der Deutschen Bibliothek

Becker, Uwe:
Richterzeit und Königtum : redaktionsgeschichtliche Studien zum
Richterbuch / Uwe Becker. — Berlin ; New York : de Gruyter,
1990
(Beiheft zur Zeitschrift für die alttestamentliche Wissenschaft ;
Bd. 192)
Zugl.: Bonn, Univ., Diss., 1989
ISBN 3-11-012440-8
NE: Zeitschrift für die alttestamentliche Wissenschaft / Beiheft

ISSN 0934-2575

Printed in Germany
Druck: Werner Hildebrand, Berlin 65
Buchbinderische Verarbeitung: Lüderitz & Bauer, Berlin 61

Vorwort

Die vorliegende Untersuchung ist im Sommersemester 1989 von der Evangelisch-Theologischen Fakultät der Rheinischen Friedrich-Wilhelms-Universität Bonn aufgrund der Gutachten von Herrn Prof. Dr. A.H.J. Gunneweg und Herrn Kirchenrat Prof. Dr. H. Strauß als Dissertation angenommen worden. Sie wurde für den Druck geringfügig überarbeitet und um eine Analyse der Debora-Barak-Erzählung (Ri 4) ergänzt.

Herrn Prof. Dr. O. Kaiser habe ich sehr zu danken für seine freundliche Bereitschaft, die Studie in die von ihm herausgegebenen "Beihefte" aufzunehmen.

Mit tiefer Dankbarkeit gedenke ich meines verehrten Lehrers und Doktorvaters, Prof. Dr. Antonius H.J. Gunneweg, dessen unerwarteter Tod alle, die ihn kannten, schmerzlich getroffen hat. Schon als junger Student habe ich durch ihn vielfältige Förderung und Anregung erfahren, die weit über die exegetische und hermeneutische Arbeit am Alten Testament hinausging. Er hat mich in meiner gesamten "theologischen Existenz" entscheidend geprägt. Im Sommer 1985 wurde ich sein (letzter) Assistent und erhielt die Gelegenheit, mich intensiv mit den redaktionsgeschichtlichen Problemen des Richterbuches zu befassen. Ohne die ungewöhnlich große Freiheit, die er mir bei der Konzeption und der Ausarbeitung gewährte, und ohne seine stete Ermutigung, den eingeschlagenen Weg weiter zu verfolgen, wäre diese Arbeit kaum geschrieben worden. Es war die wohltuende Verbindung von fachlichem Rat und persönlicher Anteilnahme, die der Lehrer dem Schüler - stets in überaus vertrauensvoller und freundschaftlicher Gesprächsatmosphäre - zukommen ließ. Er war mir ein wirklicher Doktorvater im Vollsinne dieses Wortes.

Bad Zwischenahn / Petersfehn, im August 1990   Uwe Becker

Inhaltsverzeichnis

Kap. 1

Einleitung: Problemstellung und Aufgabe

1.1. Widersprüchliche Beurteilungen des Königtums

Das Buch der Richter enthält in seiner gegenwärtigen Gestalt bekanntlich völlig konträre Auffassungen über die Institution des Königtums. So ist zunächst dem von Ri 2,10-16,31 reichenden und nach einem festen geschichtstheologischen Schema gestalteten Hauptteil des Buches, der gemeinhin auf eine deuteronomistische (dtr) Hand zurückgeführt wird, ein dezidiert antiköniglicher Zug eigen. Dieser drückt sich nicht nur – besonders pointiert – in dem sogenannten Gideonspruch (8,22f.) und in der Jotam-Fabel (9,8-15) aus, sondern scheint in der Konzeption der Richterzeit selbst zu liegen: "Mit dem Königtum hat Israel nach der Auffassung von Dtr aufgehört, Jahwe über sich herrschen zu lassen (Ri. 8,23); für dieses Königtum Jahwes über Israel hatte aber die Institution der Richter nach Meinung von Dtr Raum gelassen... Offensichtlich hält Dtr das Amt der Richter für die Israel gemäßeste Regierungsform; es war ein Unglück, daß es sich mit seinen Königen Jahwe gegenüber die Autonomie ertrotzt hatte."[1] Sollte die Einschätzung von Rads das Richtige treffen – und dies wäre natürlich zu erweisen –, hätte man es nicht nur bei den Überlieferungen um Gideon und Abimelech (c.6-9), sondern im gesamten Korpus des Richterbuches mit einer zwar indirekten und verhaltenen, aber doch unmißverständlichen Kritik am Königtum zu tun. Nicht nur dessen *Überflüssigkeit* wird hervorgehoben, sondern darüber hinaus sein *widergöttlicher* Charakter (vgl. 8,23).

Ein ganz anderes Urteil über diese Institution kann man den gern als "Anhang" bezeichneten Kapiteln 17-21 mit ihrem promonarchischen Kehrvers (17,6; 18,1; 19,1; 21,25) entnehmen. Die das erzählte Geschehen kommentierende Bemerkung "In jenen Tagen gab es keinen König in Israel, (ein jeder tat das in seinen eigenen Augen Rechte)" führt die *Notwendigkeit* und zugleich den *heilvollen* Charakter des Königtums eindring-

---

1 V. Rad, Theologie I, 345.

lich vor Augen; die vorstaatliche Zeit wird demgegenüber als eine Epoche des heillosen Chaos und der Anarchie begriffen.

Daß beide in ihrer Gegensätzlichkeit kaum zu übertreffenden Auffassungen über das Königtum – vernichtende Kritik auf der einen, uneinge-
schränkte Hochschätzung auf der anderen Seite – nicht auf denselben
Verfasser oder Verfasserkreis zurückgehen können, leuchtet unmittelbar
ein. Das leitende Interesse der vorliegenden Studien besteht deshalb –
kurz gesagt – darin, die genannten Passagen im Rahmen des gesamten
Richterbuches redaktionsgeschichtlich exakt ein- und zuzuordnen.

Nun mangelt es wahrlich nicht an – zumeist von dem Komplex 1 Sam
7-12 ausgehenden – Untersuchungen über das Problem der unterschiedlichen Beurteilung des Königtums in den Büchern des dtr Geschichtswerks.
So soll nun anhand von drei neuen und für die gegenwärtige Forschungslage in gewisser Hinsicht repräsentativen Arbeiten, die sich dem skizzierten Problem in höchst unterschiedlicher Weise nähern und dabei auch zu
völlig konträren Ergebnissen gelangen, die Notwendigkeit einer erneuten,
speziell redaktionsgeschichtlich ansetzenden Analyse aufgewiesen werden.
Es handelt sich um die beiden etwa zeitgleich erschienenen Monographien
von T. Veijola (1977) und F. Crüsemann (1978) sowie die amerikanische
Dissertation von G.E. Gerbrandt (1986). Alle drei Untersuchungen zeichnen sich dadurch aus, daß sie sich nicht nur – wie die meisten Arbeiten
zum Thema – mit dem Komplex 1 Sam 7-12 beschäftigen, sondern die
einschlägigen Texte des Richterbuches in ihre Analysen einbeziehen. Zudem bieten sie jeweils instruktive Übersichten über die Forschungsgeschichte, auf deren Nachzeichnung deshalb verzichtet werden kann.[2]

Die Abhandlung von *T. Veijola* möchte die scheinbar einfache Frage
klären, "welche Einstellung der (die) Verfasser des dtr Werkes zur Institution des Königtums hatte(n)."[3] Ein Gang durch die Geschichte der
Forschung belegt, daß die insbesondere mit den Namen J. Wellhausens
und M. Noths verbundene und an 1 Sam 7-12 begründete Auffassung, die
dtr Sicht des Königtums sei als *prinzipiell negativ* einzustufen,[4] dem tatsächlichen Befund nicht gerecht wird. Vielmehr enthalten die gemeinhin
auf einen dtr Verfasser zurückgeführten Stücke beides, königskritische
und -freundliche Töne, dicht nebeneinander (vgl. z.B. 1 Sam 8). Auf der
Basis einer erneuten redaktionsgeschichtlichen Analyse von 1 Sam 7-12,
die nun flankiert wird von einer Einbeziehung der entsprechenden Texte
aus dem Richterbuch (Ri 8,22f.; 9,8-15; 17-21), kommt Veijola zu dem
überraschend eindeutigen Ergebnis: "Die Beurteilung des Königtums in

---

2   Veijola, Königtum 5-14; Crüsemann, Widerstand 1-17; Gerbrandt, Kingship 18-38.
3   Veijola, Königtum 5.
4   Vgl. Wellhausen, Composition 239ff.; Noth, ÜSt 54ff.

der dtr Historiographie ist nicht einheitlich, sondern man muss einen klaren Unterschied machen zwischen dem eigentlichen Geschichtsschreiber DtrG, der noch ein ganz unproblematisches Verhältnis zur monarchischen Institution hat, und seinem späteren Schüler DtrN, für den das Königtum eine höchst verdächtige Grösse geworden ist."[5] Sowohl der Gideonspruch als auch die Einfügung der älteren Jotamfabel werden folglich dem späteren Redaktor DtrN zugeschrieben, während die Kapitel 17-21 mit ihrem promonarchischen Kehrvers – und dies ist das Erstaunliche! – als ein "organischer Bestandteil in dem Geschichtsaufriss des DtrG(H)"[6] beurteilt werden. So vermag Veijola beim ersten dtr Geschichtsschreiber – im Unterschied zu dem oben zitierten Votum v. Rads – auch noch keinen Gegensatz zwischen dem *Retter* und dem *König* festzustellen. Vor allem an der Darstellung der Person Sauls zeige sich, "dass DtrG(H) das Amt der vorköniglichen Retter in die monarchische Verfassung integriert und keine Spannung zwischen diesen grundverschiedenen Ämtern empfunden hat."[7] Anders verhalte es sich bei dem Königtumsgegner DtrN: "Im Gegensatz zu DtrG(H) hat DtrN im König deutlich einen Rivalen des Retters gesehen, wie besonders die scharfe Gegenüberstellung von Retter und Herrscher/König im Falle Gideon-Jerubbaals zeigt (Ri 8,22-23; 9,16b-19a). Das unetablierte Amt des Retters scheint für DtrN die dem Gottesvolk allein angemessene Staatsordnung darzustellen, die nicht gegen Jahwes direkte Herrschaft verstösst."[8]

Ob sich die eindrucksvolle und inzwischen positiv rezipierte These Veijolas[9] im Blick auf die untersuchten Texte aus dem Richterbuch als tragfähig erweist, kann natürlich erst die Einzelanalyse selbst ergeben. Eine eher grundsätzliche Anfrage drängt sich freilich schon jetzt auf: Ist es überhaupt denkbar, daß sich innerhalb derselben dtr Schule – überdies in relativ kurzer Zeit – ein solch gravierender Wandel in der Beurteilung des Königtums vollzogen hat, wie ihn Veijola für DtrH und DtrN

---

5   Veijola, Königtum 115. Statt des von Veijola gebrauchten Sigels "DtrG" wird heute gewöhnlich für den ersten dtr Historiker die Abkürzung "DtrH" gewählt (vgl. Dietrich, David in Überlieferung 48 Anm. 11; Smend, Entstehung 115). Sie soll auch im folgenden verwendet werden. Ferner: Dtr bzw. DtrG in der älteren Literatur = dtr Werk bzw. Verfasser *insgesamt* (ohne Schichtendifferenzierung); dt = deuteronomisch.

6   Veijola, Königtum 115. Der Kehrvers wird dabei als eine Eintragung durch die Hand des DtrH angesehen.

7   Veijola, Königtum 118.

8   Veijola, Königtum 121.

9   Vgl. z.B. Smend, Entstehung 117-119; ders., Ort 197; Dietrich, Gott 264; ders., David, Saul 133; Levin, Sturz 74 Anm. 37; vgl. auch Soggin, Judges 158.

annimmt?[10] Vor allem in Bezug auf die Kapitel Ri 17-21, die Veijola für den geeigneten *Ausgangspunkt* seiner Analysen hält[11] und denen er die promonarchische Einstellung des DtrH entnimmt, sind Zweifel angebracht. Immerhin sind gerade diese Kapitel in der Forschung immer schon höchst kontrovers diskutiert und beurteilt worden, so daß eine recht isolierte redaktionsgeschichtliche Betrachtung des promonarchischen Verses und seiner engsten Umgebung, wie sie Veijola vornimmt, den vorhandenen Schwierigkeiten nicht ganz gerecht wird.

Die Untersuchung von *F. Crüsemann* sieht ihre Aufgabe vor allem darin, die soziologisch-theologischen Hintergründe der Kritik am Königtum zu erhellen: "Wann haben warum welche Gruppen in Israel zu dieser Institution nein gesagt, wann welche warum sie bejaht? Wie also hängen die verschiedenen Theologien für und wider das Königtum mit einem soziologisch faßbaren Gegeneinander in Israel selbst zusammen?"[12] Zur Beantwortung dieser Fragen ist Crüsemann selbstverständlich auf eine Analyse der einschlägigen *Texte* in ihrem jeweiligen literarischen Zusammenhang angewiesen. Im Blick auf die gegen das Königtum urteilenden Überlieferungen in Ri 8f. und 1 Sam 8-12 kommt er schließlich zu dem historisch wie redaktionsgeschichtlich gleichermaßen bemerkenswerten Ergebnis, daß die Texte "(w)eder aus der Zeit vor der endgültigen Durchsetzung dieser Institution noch aus der Zeit nach der Reichstrennung ... verstanden werden (können), sondern allein aus der davidisch-salomonischen Epoche."[13] Auch für die sich in Ri 17-21 aussprechende königsfreundliche Gegenposition stelle "die salomonische Epoche die beste und im Grunde einzige Zeit in der Geschichte Israels" dar, "aus der sich die so seltsame Traditionsmischung dieser Kapitel und vor allem ihr Interesse voll verständlich machen läßt."[14] So kann Crüsemann durch die Frühdatierung insbesondere der königskritischen Stücke deutlich machen - und darin besteht das Hauptinteresse seiner Arbeit -, daß sich recht bald nach Einführung der Monarchie in Israel eine vom Ideal der vorstaatlichen "segmentären Gesellschaft" her gespeiste Widerstandsbewegung Gehör verschaffte, die daran interessiert war, "die alte segmentäre

---

10 Der Komplex 1Sam 7-12 jedenfalls läßt sich keineswegs so glatt auf zwei *dtr* Schichten mit diametral entgegengesetzter Königsbeurteilung aufteilen (vgl. am Beispiel von 1Sam 8 in expliziter Auseinandersetzung mit Veijola: Becker, Widerspruch).

11 Vgl. Veijola, Königtum 13f.

12 Crüsemann, Widerstand 15.

13 Crüsemann, Widerstand 124.

14 Crüsemann, Widerstand 161f.

Gesellschaft mit ihrer dynamischen Gleichheit wieder herzustellen bzw zu bewahren."[15]

Es ist hier nicht der Ort, auf die nicht ganz unproblematischen soziopolitischen *Prämissen* Crüsemanns näher einzugehen – seine Rekonstruktionen muten bisweilen wie eine Projektion heutiger antiherrschaftlicher Idealvorstellungen in die vor- und frühstaatliche Zeit Israels an –,[16] vielmehr soll die Frage gestellt werden, ob die weitreichenden *Schlußfolgerungen* durch die Textanalysen überhaupt gedeckt sind. Und eben dies erscheint angesichts der allzu gezwungenen Frühdatierung der königskritischen Texte – gegenüber Veijolas Zuweisung zu DtrN ergibt sich ein Unterschied von nicht weniger als 400 Jahren! – äußerst zweifelhaft.[17] Es macht sich vor allem ein methodischer Mangel bemerkbar: Crüsemann fragt zu früh nach den historischen und soziologischen *Hintergründen* einer Aussage in der Geschichte Israels, ohne zuvor die *literarischen* Verhältnisse ausreichend geklärt zu haben. Seine redaktionsgeschichtlichen Erwägungen lassen sich jedenfalls oft nur sehr schwer mit einer Datierung in die davidisch-salomonische Zeit vereinbaren. Es müßte methodisch klarer unterschieden werden zwischen der *literarischen Zuordnung* eines Stückes einerseits und des in ihm möglicherweise enthaltenen oder sich in ihm aussprechenden älteren *Sachproblems* andererseits: Ein redaktionsgeschichtlich junger Vers kann durchaus einen an sich alten Gedanken widerspiegeln.[18]

Die Dissertation von *G.E. Gerbrandt* über das Problem der Beurteilung des Königtums in der dtr Geschichtsschreibung darf man insofern als typisch für viele Arbeiten aus dem anglo-amerikanischen Sprachraum bezeichnen, als sie auf redaktionsgeschichtliche Erörterungen im engeren Sinne weitgehend verzichtet. So kann Gerbrandt zwar zwischen einer vorexilischen (joschijanischen) und späteren, exilischen Ausgabe des dtr Werkes unterscheiden, kommt dann jedoch – ohne nähere Begründung – zu dem Schluß: "We are not convinced, however, that this later editor had a significantly different view of kingship than the original producer."[19] Was an sich erst zu beweisen wäre, wird hier quasi als Axiom vorausgesetzt. Gerade bei der konkreten Textbehandlung, die mit einer

---

15 Crüsemann, Widerstand 217. Aufgenommen z.B. bei Lohfink, Begriff 58f.
16 Vgl. auch die kritischen Bemerkungen von Groß, Hoffnung 121 Anm. 113; Herrmann, Frühgeschichte 72f.
17 Vgl. Smend, Ort 189f. Anm. 20.
18 Vgl. ansatzweise Crüsemann, Widerstand 166: Die beiden Stücke Ri 6-9 und 17-21 seien "erst spät, nachdeuteronomistisch zueinander gekommen. Der Bezug aufeinander freilich ist älter, aber nicht literarisch."
19 Gerbrandt, Kingship 39.

ausführlichen Analyse von 2 Kön 18-23 einsetzt und dann zu den übrigen
mit dem Königtum befaßten Aussagen innerhalb des dtr Werkes fort-
schreitet, vermißt man literarkritische Erwägungen. Texte wie Ri 8,22f.;
9,8-15; 17-21 werden von vornherein als Quellen für die *dtr* Anschauung
vom Königtum ausgewertet, obwohl ja auch dies erst zu begründen wäre.[20] Im Blick auf die fraglichen Stücke aus dem Richterbuch kommt
Gerbrandt schließlich zu dem - für alle untersuchten dtr Texte gleichermaßen gültigen - Ergebnis: "Gideon's rejection of the offered kingship,
and the obvious repudiation of Abimelech's kingship do not indicate a
fundamental rejection of kingship as such, but are used by the Deuteronomist to warn against possible abuses of kingship. The book ends, however, with the clear message that kingship is needed in order that justice
can be administered."[21]

Gegenüber dieser harmonistischen Aufhebung der Gegensätze stellen
sich aber nun doch erhebliche Bedenken ein. Sind die Aussagen in Ri 8f.
einerseits und 17-21 andererseits überhaupt anders als *prinzipiell* zu verstehen? Wollen sie wirklich einfach nur Vorzüge und Nachteile des Königtums nebeneinanderstellen? Oder sind sie nicht vielmehr Ausdruck
zweier entgegengesetzter Haltungen zweier ebenso grundverschiedener
Autorenkreise? Auch hier kann nur eine nüchterne redaktionsgeschichtliche Analyse zu weiterer Klarheit führen.

Die knappe Übersicht über die Arbeiten von Veijola, Crüsemann und
Gerbrandt hat die Notwendigkeit einer präzisen redaktionsgeschichtlichen
Einordnung der königskritischen und -freundlichen Texte im Kontext des
gesamten Richterbuches deutlich zu machen versucht. Bevor weitreichende theologische Konsequenzen im Hinblick auf die Beurteilung des Königtums innerhalb der Bücher des dtr Werkes angestellt werden, sollten
zunächst die literarischen Verhältnisse geklärt werden. Dieses Bemühen
soll denn auch im Zentrum der vorliegenden Untersuchung stehen. Ein
kurzer Blick auf die "redaktionsgeschichtliche Forschungslage" zum Richterbuch soll den Rahmen abstecken.

---

20   In der Beurteilung von Ri 17-21 als Bestandteil des dtr Werkes folgt Ger-
      brandt der Auffassung von Veijola (vgl. Kingship 136-138).
21   Gerbrandt, Kingship 191. Im Ergebnis liegt eine unübersehbare Verwandt-
      schaft mit der Arbeit von Boecker, Beurteilung, vor, der die dtr Sicht des
      Königtums ebenfalls nicht als prinzipiell negativ einzustufen vermag.

1.2. Zur redaktionsgeschichtlichen Erforschung des Richterbuches

Wer sich den redaktionsgeschichtlichen Problemen im Richterbuch zuwendet, kommt an den Arbeiten W. Richters nicht vorbei. Zu nennen sind hier insbesondere die beiden in den Jahren 1963 und 1964 veröffentlichten Monographien "Traditionsgeschichtliche Untersuchungen zum Richterbuch" und "Die Bearbeitungen des 'Retterbuches' in der deuteronomischen Epoche", die ein langjähriges Vakuum in der Forschung ausgefüllt haben. Bevor jedoch auf die ausführlichen Analysen W. Richters eingegangen wird, sei in aller Kürze die Diskussionslage *vor* dem Erscheinen seiner Studien skizziert.[22]

Die ältere Forschung stand in der Nachfolge der einflußreichen literarkritischen Studien J. Wellhausens überwiegend im Zeichen der *Quellenhypothese*. Man versuchte die aus dem Pentateuch bekannten Quellenschriften auch in den Büchern der prophetae priores aufzuspüren, wofür mancherlei Doppelungen gerade auch im Richterbuch reichlich Anlaß zu bieten schienen.[23] Die von der Sprache und Vorstellungswelt des Deuteronomiums abhängigen Stücke erklärte man – wiederum in Analogie zu den Büchern Gen-Num – durch die Annahme einer *dtr Bearbeitung* (R[D]).

Schon früh regte sich freilich auch Widerspruch gegen die Anwendung der Quellenscheidung auf die Bücher Jos-Kön. Im Blick auf das Richterbuch ist hier vor allem die kleine Abhandlung von *K. Wiese* aus dem Jahre 1926 zu nennen,[24] die auf der Basis einer erneuten Analyse von Ri 3,12-16,31 "die herkömmliche Verteilung der Erzählungsstoffe auf die pentateuchischen Quellen J und E als einen Irrtum zu erweisen"[25] versuchte.

Eine wirkliche Wende brachten auch hier freilich erst die Arbeiten *M. Noths*. Insbesondere in seinen "Überlieferungsgeschichtlichen Studien" (1943) konnte er den Nachweis erbringen, daß es sich bei den Büchern Jos-Kön nicht nur um dtr überarbeitete, aber sonst relativ selbständige Einheiten, sondern um Bestandteile eines planvollen und geschlossenen, von Dtn bis 2 Kön reichenden Geschichtswerkes handelt, das die Rede

---

22 Über Kommentare aus dem Zeitraum 1939–1959 (Nötscher, Gutbrod, Hertzberg, Goslinga, Myers, Vincent) informiert knapp Jenni, Forschung 5-20.

23 Vgl. für das Ri-Buch: Moore, Judges; Budde, Richter; ders., Bücher; Hölscher, Geschichtsschreibung; Simpson, Composition; Eißfeldt, Quellen; ders., Einleitung 321-330; Schulte, Entstehung.

24 Wiese, Literarkritik, der S. 1–4 auch ältere Stimmen aufführt. Vgl. auch Greßmann, Anfänge 17.

25 Wiese, Literarkritik 61.

von einem dtr *Verfasser* gerechtfertigt erscheinen ließ.[26] Fortan konnte
nicht mehr davon abgesehen werden, daß das Richterbuch nur als Teil
eines größeren literarischen Zusammenhangs, eben des dtr Geschichtswerkes, zu verstehen ist. Auf den Verfasser dieses Werkes führte Noth
nicht nur - als zwei besonders markante Kennzeichen[27] - die übergrei-
fende Chronologie und die geschichtstheologische Einleitung in Ri 2,11ff.
zurück, sondern darüber hinaus die *Komposition* der Richterzeit selbst:
"Für die Darstellung der Zeit der 'Richter' vor Samuel hat Dtr zwei
Überlieferungskomplexe als Grundlage verwandt, die er miteinander kom-
binierte. Der eine war eine Reihe von Erzählungen über verschiedene
Stammeshelden und ihre siegreichen Taten, die, obzwar je von verschiedener literarischer Vorgeschichte, ihm vermutlich bereits zusammengestellt vorlagen, wenn auch noch nicht miteinander formell und sachlich
verknüpft, so daß Dtr erst jeweils den zwischen ihnen verbindenden Text
beigeben mußte. Der andere war eine Liste von 'Richtern' (den von uns
sogenannten 'kleinen Richtern') mit kurzen Angaben über deren Herkunft,
Amtszeit und Begräbnisort und teilweise noch über diese oder jene Ein-
zelheit aus ihrem Leben"[28]. Den *Anlaß* für die Verbindung dieser beiden
Überlieferungsreihen bot nach Noth die Person des *Jiftach*, die sowohl in
der Liste der kleinen Richter (12,7) als auch in einer Heldenerzählung
vorkommt.[29] Wie die Einleitung zur Richterzeit 2,11ff. sei auch die Otniel-Episode (3,7-11) "im ganzen von Dtr formuliert worden."[30] Hingegen
beurteilt Noth die drei Komplexe 1,1-2,5; 13-16; 17-21 als nach-dtr Erweiterungen.[31]

Während Noth dem Verfasser des dtr Werkes - insgesamt geurteilt -
einen recht großen Beitrag an der Gestaltung des Richterbuches zuweist,
verlegt *W. Richter* die entscheidenden Phasen der Entstehung des Buches
(bzw. genauer des in 2,11-12,15 enthaltenen Korpus) in die *vor-dtr* Vor-

---

26 Vgl. Noth, ÜSt 11. Über die - vor allem im Horizont der alten Quellen-
    scheidung vorgebrachten - kritischen Stimmen an der Nothschen These
    informieren Jenni, Forschung 97-118, und Radjawane, Geschichtswerk 192-211.
27 Vgl. Noth, ÜSt 3-5.
28 Noth, ÜSt 47f.
29 Vgl. Noth, ÜSt 48f.
30 Noth, ÜSt 50.
31 Vgl. Noth, ÜSt 8f.54 (Anm. 2).61.

geschichte.[32] So nimmt W. Richter als Grundlage ein von 3,13–9,54*
reichendes *nordisraelitisches Retterbuch* aus der Zeit Jehus an, das von
einem Sammler – dem "Verfasser" des Retterbuches – aus mehreren
voneinander unabhängigen Einzelüberlieferungen komponiert worden sei.[33]
Das Interesse des Verfassers liege an der altisraelitischen Institution
des *Jahwekrieges* und des damit zusammenhängenden Schemas der *Beru-*
fung zum Retter. Dies schließe eine dezidiert *antimonarchische* Tendenz
ein: Durch den Einbau der alten Jotam-Fabel "wird diese auf Abimelek
bezogen, als Kennzeichen die Bluttat an den 70 Halbbrüdern hinzuge-
setzt, das ganze in Kontrast zum Ideal des berufenen Retters in den
Jahwe-Kriegen gestellt, wobei der Herrschaftsanspruch Abimeleks 9,2
und die -ablehnung bei Gideon 8,22f die Brücke bilden, und über den
Ausgang als Strafe Gottes keinen Zweifel gelassen."[34]

Nach W. Richter sei dieses nordisraelitische Retterbuch sodann zweimal *deuteronomisch* (!) bearbeitet worden.[35] Auf eine erste dt. Redaktion (Rdt₁) führt er die festgeprägten und bei allen Rettererzählungen
wiederkehrenden Rahmenelemente zurück: so die Sündenformel (3,12; 4,1;
6,1), die Übereignungsformel (3,12.14; 4,2f.; 6,1), die Notschreiformel
(3,15; 4,3; 6,6), die Erweckungsformel (nur 3,15), die Beugeformel (3,30;
4,23; 8,28) und die Ruheformel (3,30; 5,31b; 8,28). "Ziel bleibt, wie in
der vor-dt Überlieferung, die Betonung des Rettens. Neu ist die theologische Motivierung der Feindesnot durch die Sünde Israels."[36] Einer *zwei-*
ten im Geiste des Deuteronomiums stehenden Redaktion (Rdt₂) habe man
die Zufügung des "Beispielstückes" über den im Süden beheimateten Retter Otniel (3,7–11) zu verdanken.

Der Verfasser des dtr Geschichtswerkes schließlich habe dieses bereits um zwei dt. Redaktionen erweiterte Retterbuch aufgenommen,[37] ihm
eine geschichtstheologische Einleitung (2,11ff.*) vorangestellt, es um die

---

32   Vgl. neben den schon genannten Monographien "Traditionsgeschichtliche Un-
     tersuchungen zum Richterbuch" (= TU) und "Die Bearbeitungen des 'Retter-
     buches' in der deuteronomischen Epoche" (= BR) die beiden Aufsätze "Zu
     den Richtern Israels" und "Die Überlieferungen um Jephtah"; ferner den
     Lexikonartikel "Richter (Buch)". Eine übersichtliche Zusammenfassung der
     redaktionsgeschichtlichen Analysen W. Richters bietet Schlauri, Beitrag.
33   Vgl. Richter, TU 319–343. Alte Einheiten: 3,15b–26 / 4,17a.18–21(.22), bereits ge-
     rahmt durch 4,10.12–16(.22) / 6,11a.18f.21–24 / 6,27b–31abα / 7,11b.13–21 / 8,5–9.
     14–21a / 8,21bβγ.24–27aα / 8,30.32 / 9,8–15 / 9,26–40.46–54. Auf den Verfasser
     des Retterbuches gehen zurück: 3,13.27–29; 4,4a.6–9.11.17b; 6,2b–5.11b–17.25–27a.
     31bβ.32–34; 7,1.9–11a.22–25; 8,1–4.10–13.22f.29.31; 9,1–7.16a.19b–21.23f.41–45.56f.
34   Richter, TU 338f.
35   Vgl. zusammenfassend Richter, BR 113–115.
36   Schlauri, Beitrag 382.
37   Vgl. zusammenfassend Richter, BR 115f.

ältere, das dt. überarbeitete Retterbuch freilich zeitlich schon voraussetzende Jiftach-Überlieferung erweitert,[38] diese mit einer längeren Einleitung (10,6-16) versehen und mit der ebenfalls älteren Liste der kleinen Richter (10,1-5; 12,7-15) gerahmt und offenbar auch die Simson-Erzählungen (c.13-16) hinzugefügt.[39] Nun auch seien die auf den übergreifenden Zusammenhang des dtr Werkes weisenden Zahlenangaben hinzugetreten. Ein wesentliches Anliegen des dtr Verfassers könne in der Verbindung von Richter- und Retteramt gesehen werden: Nicht nur 2,11ff.*, sondern auch die Einfügung einzelner Elemente aus dem Schema der Richterliste in den Rahmen der Rettergeschichten (vgl. 3,10f.; 4,1.4f.) verdeutlichten, daß der *Richter* die Funktion des *Retters* übernommen habe.

Gegenüber der noch mit relativ wenigen literarkritischen Mitteln auskommenden Auffassung M. Noths mutet die von W. Richter vorgelegte Rekonstruktion der Entstehungsgeschichte des Richterbuches überaus kompliziert an. Nicht nur die Annahme von insgesamt *drei vor-dtr Stufen*, sondern auch die Ausgrenzung der Jiftach-Überlieferung aus der Gruppe der drei Rettergeschichten in c.3-9 sowie die Beurteilung ihrer Vorgeschichte lassen einige Zweifel aufkommen. Diese betreffen nicht nur literarkritische Details, die selbstverständlich nur *am Text* geprüft werden können, oder aber die nicht unproblematischen methodologischen *Prämissen* der Analysen, auf die hier nicht näher eingegangen werden kann,[40] sondern in vielleicht noch größerem Maße die redaktionsgeschichtliche Gesamtsicht. Gewiß war die These W. Richters vom vor-dt. Retterbuch auch deshalb so attraktiv, weil sie den beträchtlichen zeitlichen Abstand zwischen den zweifellos *alten* Erzählungen und der *jungen* dtr Redaktion durch die Annahme einer oder mehrerer "Zwischenstufen" gewissermaßen zu überbrücken half und so das (sukzessive) Wachstum des Buches plausibler erscheinen ließ. M. Noths Auffassung, die Heldenerzählungen hätten "vermutlich bereits zusammengestellt"[41] vorgelegen, blieb ja auch in der Tat recht vage. Gleichwohl darf nicht übersehen werden, daß jede Stufe, die man zwischen den beiden einigermaßen sicheren Ausgangspunkten - den alten Geschichten einerseits und dem dtr Werk andererseits - annimmt, eine neue Hypothese bedeutet, die das Gesamtmodell nicht wahrscheinlicher macht, sondern eher mit einer weiteren *unsicheren* Komponente belastet.

Es bleibt indes - ungeachtet dieser eher allgemeinen Anfragen - ein Verdienst W. Richters, auf die *Unterschiede* zwischen der geschichtstheo-

---

38   Vgl. Richter, Jephtah (zusammenfassend 553-556).
39   Vgl. Richter, Jephtah 556.
40   Vgl. S. 344-399 der TU: "Methodologischer Beitrag zur Gattungskritik".
41   Noth, ÜSt 47.

logischen Einleitung 2,11ff.* einerseits und den Rahmenstücken in den Rettererzählungen andererseits aufmerksam gemacht zu haben.[42] Ob freilich seine *Lösung* dem Befund tatsächlich gerecht wird, kann nur die Einzelanalyse selbst ergeben.

Seit den Arbeiten W. Richters sind keine *umfassenden* Behandlungen der literarischen Probleme im Richterbuch mehr erfolgt. Man wandte sich nun stärker einzelnen Kapiteln oder eng begrenzten – z.T. historischen oder archäologischen – Fragestellungen zu, ohne sich um eine *Gesamtsicht* der Entstehungsgeschichte des Buches zu bemühen. Eine gewisse Ausnahme bildet hier vielleicht die 1967 vorgelegte Dissertation von *J. Schüpphaus,* deren Ergebnisse sich in manchem mit den Analysen W. Richters berühren.[43] So nimmt Schüpphaus einen von der Richter- bis zur Königszeit (2 Kön 18) reichenden *vor-dtr* Geschichtszusammenhang an, der sich – im Blick auf die Richterzeit – durch eine spezifische Geschichtstheologie auszeichne: Eine von Jahwe als Strafe verhängte Notzeit werde jeweils von einer – durch den von Jahwe gesandten Richter garantierten – Retterzeit abgelöst. Für seine Darstellung "hat der vordtr Verfasser vor allem eine Reihe israelitischer Richtergeschichten benutzt, die schon in Form einer größeren, schriftlich fixierten Sammlung zusammengefaßt waren. Zu dieser Sammlung gehörten die Ehud- (Ri 3), die Debora-Barak- (Ri 4), die Gideon- (Ri 6-8) und die Jephthageschichte (Ri 10-12)."[44] Eine Verwandtschaft mit W. Richters "Retterbuch" einerseits und seiner 1. dt. Redaktion andererseits ist – trotz aller Unterschiede – unverkennbar.

Die *gegenwärtige Forschungslage* ist – wie kaum anders zu erwarten – gekennzeichnet durch eine Pluralität von Ansätzen und Ergebnissen. Zu einem guten Teil hängt dieser Befund mit den unterschiedlichen Erklärungsmodellen zum deuteronomistischen Geschichtswerk zusammen, die gegenwärtig diskutiert werden.[45] Einige wichtige Tendenzen, die auch im Blick auf das Richterbuch von Bedeutung sind, seien kurz skizziert.

Eine neue Sicht der Redaktionsgeschichte des Richterbuches bahnt sich im Rahmen des von *R. Smend, W. Dietrich und T. Veijola* ausgearbeiteten Schichtenmodells an, nach dem innerhalb des dtr Werkes zwischen mindestens drei *dtr* und im Exil anzusetzenden Schichten mit einer

---

42 Ähnlich W. Beyerlin in seinem 1963 erschienenen Aufsatz "Gattung und Herkunft des Rahmens im Richterbuch"; vgl. auch Gray, Judges 208.

43 Schüpphaus, Richtergeschichten (zusammenfassend 199-211).

44 Schüpphaus, Richtergeschichten 199.

45 Vgl. insbes. den Forschungsbericht von Weippert, Geschichtswerk; ferner Mayes, Story 1-21; Nelson, Redaction 13-28; Lohfink, Diskussion 31-35; Provan, Hezekiah 1-31; McKenzie, Use; Peckham, Composition; O'Brien, History 3-23.

je spezifischen theologischen Tendenz und Ausrichtung zu unterscheiden
wäre (DtrH, DtrP, DtrN).[46] Innerhalb des Richterbuches ließen sich
zwei dieser Schichten aufweisen: zunächst die Darstellung des ersten dtr
Historikers (DtrH), dann die in besonderer Weise am Jahwegehorsam
und am Problem der im Lande verbliebenen fremden Völker interessierten, nomistischen Redaktionsschicht (DtrN). So konnte R. Smend in seinem 1971 erschienenen programmatischen Aufsatz "Das Gesetz und die
Völker" nicht nur die Verse Ri 2,17.20f.23, sondern darüber hinaus das
alte Tradition enthaltende Stück Ri 1,1-2,9 auf diesen spät-dtr Redaktor
DtrN zurückführen.[47] Fortgeführt wurden diese Analysen für das Richterbuch vor allem durch die schon erwähnte Studie T. Veijolas über die
Beurteilung des Königtums im dtr Werk. Nicht nur die Einfügung der
königskritischen Stücke 8,22f. und 9,8-15 wird hier DtrN zugeschrieben,
sondern auch z.T. beträchtliche Teile des Rahmenwerks, das die einzelnen Rettergeschichten einleitet und umgibt (z.B. 10,9-16). Mehrere der
von W. Richter beobachteten Unterschiede zwischen der Einleitung in
2,11ff.* und den nachfolgenden Rahmenstücken werden damit auf die beiden Redaktoren DtrH und DtrN verteilt. Hiermit ist zugleich angedeutet,
daß der *Anteil des DtrH* an der Gestaltung des Richterbuches von Smend
und Veijola sehr viel umfangreicher eingeschätzt wird, als es bislang geschah. Es sei schon jetzt vermerkt, daß sich dieses Modell, das als eine
differenzierende Weiterführung des Nothschen Ansatzes begriffen werden
kann, in seinen Grundzügen als geeignet erweisen wird, die redaktionsgeschichtlichen Probleme im Richterbuch einer Lösung zuzuführen. Daß in
manchem – etwa in der Einordnung der königskritischen und -freundli-
chen Texte – andere Wege eingeschlagen werden müssen, wurde schon
angedeutet.

Im Horizont der insbesondere im anglo-amerikanischen Sprachraum
verbreiteten und mit den Namen *F.M. Cross* und *R.D. Nelson* verbunde-
nen Auffassung von einer vorexilischen (joschijanischen) Ausgabe des dtr
Werkes und weiterer (exilischen) Redaktionen, die sich vor allem an der
Frage nach dem ursprünglichen Ende des Werkes und damit also an den
Königsbüchern zu bewähren hatte,[48] wurden auch manche Texte des
Richterbuches neu zugeordnet: So wies R.D. Nelson u.a. die Abschnitte
Ri 2,1-5; 6,7-10 der Hand des späteren, exilischen Überarbeiters zu. Die
Ähnlichkeit mit Smends DtrN ist dabei unübersehbar. Es bleibt freilich

---

46   Vgl. zusammenfassend Smend, Entstehung 110-125. Siehe auch Roth, Art.
      Deuteronomistisches Geschichtswerk.
47   Vgl. Smend, Gesetz 133-137.
48   Vgl. Cross, Theses; Nelson, Redaction. Vgl. die Übersicht bei Weippert, Ge-
      schichtswerk 237-245.

festzuhalten, daß die im Rahmen dieses Modells operierenden Analysen sich den redaktionsgeschichtlichen Problemen vor allem im Richterbuch noch kaum wirklich zugewandt haben.[49]

Eine Ausnahme bilden hier die Arbeiten von *A.D.H. Mayes*, die sich zwar grundsätzlich in den Bahnen des von Cross, Nelson u.a. vertretenen Modells bewegen, sich jedoch durch eine eingehendere Behandlung auch des Richterbuches und eine sehr weitgehende Rezeption der Smendschen Schichtenverteilung auszeichnen.[50] Dabei stellt sich Mayes das Wachstum des Buches folgendermaßen vor: Mit W. Richter nimmt er als Grundlage eine alte Sammlung von Rettererzählungen (c.3-9) an, die zunächst mit einem Rahmenwerk versehen und schließlich um die Otniel-Episode ergänzt worden sei.[51] Auf eine erste dtr Hand, den Kompositeur des von Dtn-2 Kön* reichenden Gesamtwerkes ("dtr historian"), der wie bei Cross u.a. vor dem Hintergrund der Joschijazeit verstanden wird, führt er sodann die beiden Einleitungen in 2,11-3,6* und 10,6-16*, die Einfügung von Jiftach- und Simsonüberlieferung sowie vor allem die Aufnahme der Richterliste zurück. Einer zweiten dtr Hand aus exilischer Zeit ("dtr editor") weist Mayes einzelne kleinere Ergänzungen mit spezifisch nomistischem Interesse innerhalb der vom "dtr historian" formulierten Stücke 2,11-3,6 und 10,6-16 zu. Dabei stimmt der Umfang beider dtr Redaktionen weitgehend mit Smends DtrH und DtrN überein, jedoch mit zwei wichtigen Ausnahmen: Die beiden Komplexe 1,1-2,5 und c.17-21 werden nicht - wie bei Smend und Veijola - auf DtrH und DtrN verteilt, sondern als Bestandteile einer *dritten*, auch in den Büchern Dtn und Jos aufweisbaren *nach-dtr* Schicht beurteilt: "The authorship and background of this stage are very enigmatic, but its constant ritualistic and levitical concerns perhaps suggest a time and place of origin in priestly circles from which the combination of deuteronomistic history and Tetrateuch ultimately

---

49   Dies gilt auch für den Kommentar von *R.G. Boling*, der zwischen einer *dt.* und *dtr* Ausgabe des Ri-Buches unterscheidet (vgl. S. 29-38). Er weist dabei der letzten, dtr Redaktion nur die beiden Stücke 1,1-36 und 19,1-21,25 zu und hebt davon die dt. Redaktion (in 2,1-5; 6,7-10; 10,6-16; 16,1-18,31) ab. Eigentümlicherweise wird die im allgemeinen spät angesetzte Einleitung 2,6-3,6 einer vor-dt. "pragmatic collection" älterer Heldenerzählungen zugerechnet (so S.30). Im Vollzug der Auslegung zeigt sich aber, daß zumindest 2,11-19; 3,2.5f. dann doch der dt. bzw. dtr Redaktion zugewiesen werden, also später anzusetzen sind, als es die Übersicht auf S. 30 nahelegt. Eine eingehende *Begründung* dieses redaktionsgeschichtlichen Werdegangs sucht man in dem Kommentar indes vergebens (vgl. auch Auld, Review, sowie Bolings "Response").

50   Vgl. Mayes, Story (S. 58-80 für das Ri-Buch); ders., Judges 10-34.

51   Vgl. Mayes, Story 62-66.72f.

derives."[52] Hier wird also offenbar ein Zusammenhang mit der *Penta-*
teuchredaktion sichtbar.

Mit seiner sehr differenzierten Sicht der Redaktionsgeschichte des
Richterbuches im Rahmen des dtr Werkes gelingt es Mayes, verschiedene
bisherige Anschauungen und Modelle aufzugreifen und in einer beeindruk-
kenden Synthese zu vereinen. Gleichwohl werfen seine Überlegungen einige Fragen grundsätzlicher Art auf, die vor allem mit der recht unkriti-
schen Rezeption der Thesen W. Richters zusammenhängen. Es scheint
nämlich so, als habe Mayes die *Konsequenzen,* die sich aus der Annahme zweier dtr Schichten ergeben, nicht genügend bedacht, wenn er - wie
W. Richter - weiterhin von zwei dt. Redaktionen ausgeht, die das alte
"Retterbuch" erfahren habe. Sind die Unterschiede zwischen dem *Grund-*
bestand von 2,11ff. und 10,6ff., der auf den "dtr historian" zurückgeführt
wird, und den nachfolgenden Rahmenstücken tatsächlich noch so groß,
daß sie die Annahme zweier *verschiedener* Hände rechtfertigen?[53] Es
sollte zumindest erwogen werden, ob die von W. Richter zu Rdt₁ gerechneten Rahmenbestandteile nicht in Wahrheit auf den ersten dtr Historiker
zurückgehen. Immerhin muß Mayes, wenn er die Thesen W. Richters aufnimmt, insgesamt *vier* Schichten annehmen, die sämtlich im Geiste des
Deuteronomiums stehen! Rechnet man die redaktionellen Stücke, die
dem Autor des "Retterbuches" zugewiesen werden, sowie die nach-dtr
Passagen hinzu, ergibt sich auch bei Mayes - wie schon bei W. Richter
- ein insgesamt sehr komplizierter Werdegang des Richterbuches mit
nicht weniger als *sechs* redaktionellen Stufen.

Auch der neueste ausführliche Kommentar zum Richterbuch aus der
Feder von *J.A. Soggin* (1981/1987)[54] möchte die Auffassungen W. Richters über die vor-dtr Gestalt des Buches mit dem "Göttinger" Schichtenmodell von Smend, Dietrich und Veijola verbinden.[55] Im Verlaufe der
Analysen, die ohnehin mehr an historischen, topographischen und archäologischen denn an redaktionsgeschichtlichen Fragestellungen orientiert
sind, zeigt sich jedoch, daß dies faktisch nicht geschieht. Über weite
Strecken wird die von W. Richter entwickelte Entstehungsgeschichte einfach vorausgesetzt; das Smendsche Schichtenmodell hingegen bleibt nahe-

---

52   Mayes, Story 135.
53   Vgl. Mayes, Story 71.
54   Gegenüber der 1. Aufl. der englischen Fassung (1981) weist die 2. Aufl.
     (1987) neben einem aktualisierten Literaturverzeichnis nur geringfügige
     Änderungen auf (insbes. zu Ri 5,14). Die Seitenzahlen bleiben im wesentli-
     chen unverändert, freilich enthält die 2. Aufl. mehrere ärgerliche Um-
     bruchfehler, durch die Text verlorengegangen ist (so S. 89f., 133f., 257f.;
     S. 263 der 1. Aufl. fehlt ganz, dafür ist S. 264 doppelt gedruckt).
55   Vgl. Soggin, Judges xi; 5f.

zu unberücksichtigt. Aufgenommen wird es im Grunde nur bei der Einordnung der königskritischen und königsfreundlichen Passagen, und gerade
hier offenbart sich eine merkwürdige Inkonsequenz: Wenn Soggin erwägt,
etwa den Gideonspruch (8,22f.) oder die Jotamfabel (9,8-15) mit Veijola
auf DtrN zurückzuführen,[56] gleichzeitig aber an der Existenz eines
vor-dt. "Retterbuches", als dessen *konstitutive Bestandteile* die beiden
königskritischen Texte nach W. Richter gelten, festhält, erscheint dies
wenig überzeugend. Müßte hier nicht konsequenterweise die These vom
"Retterbuch" wesentlich modifiziert oder gar ganz aufgegeben werden?
So bleibt der Kommentar gerade in den redaktionsgeschichtlichen Fragen
unbefriedigend.[57]

Ein ganz anderes Erklärungsmodell zum dtr Werk, das sich explizit
gegen die Annahme mehrerer durchlaufender Schichten wendet, hat *H.-D.
Hoffmann* in seiner Studie über die Kultreformtexte in der dtr Historiographie vorgelegt.[58] Er möchte durch einen konsequent *überlieferungsgeschichtlichen* Ansatz - also durch die Frage nach der möglichen *mündlichen* Vorgeschichte des Stoffes - die These M. Noths vom Deuteronomisten als *"Autor"* eines zusammenhängenden und einheitlichen Geschichtswerkes ganz neu zur Geltung bringen: "Stärker, als bislang angenommen, ist der Dtr eigenschöpferisch, 'schriftstellerisch' tätig gewesen,
hat selbständig formuliert und literarisch gestaltet, statt, wie man bisher
annahm, auf weite Strecken einfach 'Quellen' zu Wort kommen zu lassen."[59] Hoffmann kann damit dem dtr Historiker weit mehr Stücke zuschreiben, als dies bei M. Noth oder W. Richter möglich war. So weist
auch die Analyse der wenigen mit dem Thema 'Kultreform' im weitesten
Sinne befaßten Texte im Richterbuch eine dtr Verfasserschaft auf: Nicht
nur das *gesamte* Rahmenwerk, also die Einleitungen in 2,11-19; 10,6-16
und die Rahmungen der einzelnen Rettergeschichten, sondern auch ein
Stück wie die Altarzerstörung des Gideon (6,25-32) wird ganz auf den
dtr Autor zurückgeführt.[60]

Gerade in ihren *methodischen* Implikationen stellen die Überlegungen Hoffmanns einen bedenkenswerten Beitrag dar, der nicht vorschnell

56   Vgl. Soggin, Judges 158.177.
57   In diesem Zusammenhang sei auf die 1984 erschienene Auslegung des Ri-
     Buches von *A.G. Auld* hingewiesen (Joshua, Judges 132-257), die sich an einen
     breiten Leserkreis wendet und demzufolge auf literarkritische Erwägungen
     weitgehend verzichtet. Gleichwohl geben die Ausführungen zu erkennen, daß
     Auld offenbar mit einem sehr viel *größeren* Anteil des ersten dtr Historikers
     und späterer Redaktoren an der Gestaltung des Buches rechnet, als dies bis-
     lang geschah.
58   Hoffmann, Reform (vgl. insbes. 15-21 und 316-318).
59   Hoffmann, Reform 316.
60   Vgl. Hoffmann, Reform 272-287.

übergangen werden sollte. Befremden ruft allerdings seine einseitig an
der *Überlieferungsgeschichte* ausgerichtete Analyse auf, die eine prinzipielle Abwertung und Ausblendung literarkritischer und redaktionsgeschichtlicher Erörterungen in sich schließt: Läßt sich z.B. das Smendsche
Schichtenmodell wirklich als "ein *methodischer Rückfall* in durch Noth
grundsätzlich in Frage gestellte, ja überwundene Methoden der literarkritischen Analyse der Geschichtsbücher"[61] bezeichnen? Werden hier nicht
zwei zusammengehörende methodische Aspekte zu Unrecht gegeneinander
ausgespielt? Gewiß wirken viele der für einheitliche dtr Verfasserschaft
– etwa des *gesamten* Rahmenwerks im Richterbuch – beigebrachten Argumente durchaus überzeugend. Gleichwohl sind gerade in den beiden Einleitungen Ri 2,11-19 und 10,6-16 Unebenheiten und Brüche aufweisbar,
die sich kaum anders als *redaktionsgeschichtlich* erklären lassen. Faktisch führt das einseitig überlieferungsgeschichtliche Erklärungsmodell
Hoffmanns jedenfalls zu einer sehr flächenhaften Betrachtung der Texte,
die sich *im Ergebnis* – nicht im Ansatz! – mit einer literaturwissenschaftlich orientierten, "ganzheitlichen" Sicht berührt.

Eine solche Sicht liegt der 1987 erschienenen Monographie von *B.G.
Webb* zugrunde, die von einer literaturwissenschaftlich orientierten, konsequent *synchronen* Textbetrachtung aus das gesamte Richterbuch einge-
hend untersucht: "What the reappraisal does seek to do is to understand
the work as an integrated whole. What it seeks to demonstrate is that
the work in its final form is a more meaningful narrative work than has
generally been recognized."[62] Ein derartiger Ansatz, der vor allem im
anglo-amerikanischen Sprachraum verbreitet ist und von durchaus unterschiedlichen philosophischen und literaturwissenschaftlichen Prämissen
ausgehen kann, vermag gerade auch der redaktionsgeschichtlich ansetzenden Analyse wesentliche Einsichten in die *Struktur und Erzählweise* von

---

61 Hoffmann, Reform 18. In der Konsequenz (z.T. auch in expliziter Aufnahme)
    dieses Ansatzes liegt der Beitrag von van Seters (Search): Hier wird der Ver-
    such gemacht, den Dtr als *ersten* israelitischen Historiker zu erweisen, dem
    so gut wie *keine* schriftlichen Quellen vorgelegen hätten. So wird auch im
    Ri-Buch (vgl. Search 337-353) die Frage nach vor-dtr Quellen nahezu überall
    verneint; vieles wird hingegen auf einen nach-dtr, priesterlichen Redaktor
    zurückführt (z.B. 1,1-2,5; 10,1-5; 12,8-15). Insgesamt wirken die für eine solche
    pauschale Spätdatierung beigebrachten Indizien indes wenig überzeugend, be-
    treffen sie doch zumeist nur einzelne Verse oder kleinere Stücke.
62 Webb, Book 39.

Texten zu vermitteln.[63] Für B.G. Webb selbst schließen sich synchrone und diachrone Textbetrachtung jedenfalls nicht prinzipiell aus: "the synchronic analysis ... will help to facilitate finer discrimination between tensions which are arguably meaningful in terms of the narrative developments taking place in the text, and those which are not. Diachronic studies at their best have been sensitive to this distinction ... while at their worst have shown no such sensitivity at all."[64] Daß literarkritische Erwägungen faktisch völlig ausgeblendet werden, ist deshalb mehr als bedauerlich. Lassen sich manche sachlichen Probleme innerhalb des Richterbuches - etwa die unterschiedliche Beurteilung des Königtums - nicht doch leichter und ungezwungener erklären, wenn man die *Entstehungsgeschichte* des Buches nachzuzeichnen vermag?

Die kleine Übersicht über die gegenwärtige Forschungslage zum Richterbuch hat die Notwendigkeit einer erneuten redaktionsgeschichtlichen Analyse aufzuweisen versucht. Sie wird in besonderer Weise die Tragfähigkeit der einflußreichen und bisher kaum ernstlich in Frage gestellten Auffassung W. Richters über die vor-dtr Gestalt des Buches angesichts der neuen Forschungstendenzen zum dtr Werk - und hier sei vor allem das Schichtenmodell genannt - zu überprüfen haben. Zuvor jedoch ist noch auf einige wichtige methodische Aspekte einzugehen, die das dtr Geschichtswerk *insgesamt* betreffen.

1.3. Methodische Aspekte

Mit seiner einflußreichen Arbeit zum dtr Geschichtswerk hat M. Noth, wie bereits bemerkt wurde, den Nachweis zu führen versucht, "daß

---

63 Vgl. auch Klein, Triumph, sowie die von Webb, Book 28-35, referierten Arbeiten zum Ri-Buch von J.C. Exum, D.F. Murray, J.P.U. Lilley, K.R.R. Gros Louis, R. Polzin und D.W. Gooding; vgl. ferner D. Jobling, Theory. Dieser "ganzheitlichen" Betrachtung sind auch die Beiträge von Blok u.a., Koning, über das Ri-Buch zuzurechnen, die gegenüber einer überwiegend literarkritisch orientierten Sicht den Vorgang und die Bedeutung des *Erzählens* für den Umgang mit biblischen Texten neu betonen (Ri-Buch als "narratieve profetie"). Zu nennen sind in diesem Zusammenhang auch die Versuche, mittels einer computergestützten linguistischen Analyse zu Aussagen über die literarische Homogenität des Ri-Buches zu gelangen: vgl. Radday / Shore, Inquire, und Radday / Leb / Wickmann / Talmon, Book.

64 Webb, Book 39. Solche positive "sensitivity" wird ausdrücklich W. Richters TU und Bolings Judges attestiert (vgl. S. 221 Anm. 108).

wir nicht von einer 'deuteronomistischen Redaktion' einer schon mehr oder
weniger geschlossen vorliegenden älteren Geschichtserzählung zu reden
haben, sondern daß D t r d e r V e r f a s s e r e i n e s u m f a s s e n d e n T r a d i -
t i o n s w e r k e s g e w e s e n i s t, der die vorhandene Überlieferung zwar
gewissenhaft aufgenommen und selbst zu Worte hat kommen lassen, aber
doch auch von sich aus das Ganze geordnet und gegliedert und durch
rück- und vorausblickende Zusammenfassungen systematisiert und gedeutet hat. Von hier aus treten auch die von Dtr selbst formulierten Teile
seines Werkes in ein etwas anderes Licht, als es bei der Annahme nur
einer 'deuteronomistischen Redaktion' der Fall ist. Sie fallen ja durch die
monotone Wiederholung der gleichen einfachen Redewendungen und durch
das ständige Wiederkehren des Hinweises auf das göttliche Gesetz, auf
die Notwendigkeit des Gehorsams ihm gegenüber und auf die unheilvollen
Folgen des Ungehorsams, besonders durch Hinwendung zu 'anderen Göttern', auf."[65] Als "Merkmale der planvollen Geschlossenheit"[66] des dtr
Werkes nennt M. Noth die *Sprache*, die rückblickenden und vorwärts-
schauenden *Reden*, die zusammenfassenden Geschichtsbetrachtungen
(*Summarien*) und schließlich eine einheitliche *Geschichtstheologie*.

Nun hat sich freilich in der jüngeren Forschung zum dtr Werk herausgestellt, daß gerade die von M. Noth hier als *typisch dtr* bezeichneten Passagen - und dazu gehören z.B. die großen Redekompositionen wie
Jos 23 und 1 Sam 12, aber auch zahlreiche andere, sprachlich *und* theologisch besonders markante Stellen - auf *spätere* dtr Hände (etwa den am
"Gesetz" orientierten DtrN) zurückgehen.[67] Wenn sich aber die meisten
der für die Nothsche These *konstitutiven* Stücke als *sekundäre* Eintragungen in einen *bereits bestehenden* Gesamtzusammenhang erweisen, stellt
sich unweigerlich die Frage, ob man weiterhin von einem *dtr* Geschichtswerk im Sinne M. Noths sprechen kann und darf. Die entscheidende
methodische Frage dabei lautet: Was kann überhaupt als *typisch dtr* bezeichnet werden?

Traditionellerweise ist man der Ansicht, die ja auch Noth zur Voraussetzung hat, daß man nur das für dtr halten dürfe, was sich *sprachlich* (aus dem Dtn) belegen läßt. Diese Auffassung indes erweist sich als
nicht ganz konsequent und entspricht im Grunde auch nicht der These
M. Noths. Wenn man nämlich in dem Erstverfasser des dtr Werkes den
Autor einer planvollen und geschlossenen Geschichtsdarstellung sieht, der
nicht nur vorgegebene Traditionen einfach aneinanderreihte und lose miteinander verband, sondern selbst *schriftstellerisch und schöpferisch* tätig

---

65   Noth, ÜSt 89 (Hervorhebung im Original).
66   Noth, ÜSt 3(-6).
67   Vgl. z.B. Smend, Entstehung 114-125.

war, muß von vornherein damit gerechnet werden, daß die von ihm selbst formulierten Stücke nicht *sämtlich* an einer geprägten Formelsprache erkannt werden können.[68] Erzählende Überleitungen zwischen zwei alten Traditionen oder auch Stücke, die der Herstellung eines übergeordneten Erzählzusammenhangs dienen, sind eben, obwohl sie der Hand des dtr Historikers zugewiesen werden müssen, nicht allein an einer charakteristischen Sprache erkennbar. Der Sprachbeweis muß also *notwendigerweise* an seine Grenzen stoßen.[69] Es gilt in der Tat, "das, am klassischen Sinne gemessen, geradezu undeuteronomistische Gepräge des ersten, exilischen Deuteronomisten"[70] zu erkennen. Daß sich hier natürlich verschärft die Frage nach den *Kriterien* des "Deuteronomistischen" stellt, liegt auf der Hand. Sie ist jedoch kaum mit einem Rückgang und einer Beschränkung auf das *Sprachliche* allein zu beantworten. Vielmehr müssen verstärkt *redaktionsgeschichtliche* Erwägungen nach der Komposition, nach übergreifenden Zusammenhängen und der literarischen Funktion einzelner Texte oder Verse einbezogen werden.

Anders verhält es sich nun allerdings bei den *spät-dtr Überarbeitern* der Erstausgabe des dtr Werkes, die bereits *einen bestehenden Gesamtzusammenhang* voraussetzen konnten. Sie brauchte nur an einigen wenigen Stellen ihre spezifische Anschauung in erläuternder oder korrigierender Absicht gleichsam *nachzutragen*, ohne dabei einen Erzählzusammenhang erst *herstellen* zu müssen. Es ist von daher gut verständlich, daß gerade die spät-dtr Zusätze (etwa eines DtrN) aufgrund der Formelhaftigkeit ihrer Sprache leicht herausgelöst werden können.

Für die methodische Durchführung ergeben sich damit folgende Konsequenzen: Im Blick auf den ersten dtr Historikei (DtrH) *kann* - anders als bei spät-dtr Überarbeitern - die Sprache nicht das alleinige Kriterium einer Zuordnung sein. Zugleich bedeutet die Zuweisung eines Verses oder Stückes zu DtrH noch keinesfalls, daß auch dessen Inhalt jung wäre. Es ist methodisch sauber zu unterscheiden zwischen dem, was ein Autor selbst *formuliert,* und dem, was er dabei an vorgegebenem Gut aufnimmt und verwendet. Die alte Tradition ist oftmals - freilich nicht immer ! - nur noch überlieferungsgeschichtlich greifbar. Methodische Einseitigkeiten, wie sie etwa bei Hoffmann auftreten, sind tunlichst zu ver-

---

68 Es bleibt – bei aller methodischen Einseitigkeit, auf die bereits hingewiesen wurde – das Verdienst der radikal überlieferungsgeschichtlich ansetzenden Arbeit von Hoffmann, auf diesen Aspekt eindringlich hingewiesen zu haben (vgl. Reform 15-21).

69 Vgl. auch Lohfink, Kerygmata 89.

70 Levin, Sturz 11 Anm. 1.

meiden: Überlieferungsgeschichtliche und literarkritisch-redaktionsge-
schichtliche Erwägungen haben sich zu *ergänzen.*

Die vorliegende Arbeit verfolgt somit eine dreifache Absicht. Sie
möchte (1) sich um die literarhistorische Verortung der das *Königtum*
betreffenden Texte bemühen und zugleich das Verhältnis von "Richterzeit" und "Königtum" herausarbeiten; (2) einen Beitrag leisten zur *Redaktionsgeschichte* des gesamten Richterbuches und dabei (3) in *methodischer* Hinsicht die Auffassung M. Noths stärker zur Geltung bringen,
daß der erste dtr Historiker als *Autor* eines Geschichtswerkes in hohem
Maße selbst "schriftstellerisch" tätig war. Daß alle drei Fragehinsichten
aufs engste miteinander verknüpft sind, braucht nicht eigens betont zu
werden.

Die angezeigte Zielsetzung rechtfertigt auch die Art der Textbehandlung. Ausführlicher zur Sprache kommen deshalb die Kapitel, in denen
die dtr Richterkonzeption und das Thema Königtum expliziert werden
(c.2; 6-9; 17-21). Aus dem Korpus des Richterbuches sollen über die Gideon-Abimelech-Überlieferung hinaus nur die beiden Rettererzählungen
über Ehud (3,12-30) und Debora/Barak (c.4) genauer analysiert werden,
während der Komplex über Jiftach (c.10-12) eher summarisch behandelt
wird, soweit es für eine sachgemäße Auseinandersetzung mit der These
W. Richters vom vor-dtr Retterbuch erforderlich ist. Im Rahmen dieser
Untersuchung mußte die Simsonüberlieferung (c.13-16) ganz ausgeklammert werden; deren Sonderstellung mag diese Entscheidung wenigstens
z.T. verständlich machen. C.1 schließlich darf aufgrund seiner Bedeutung
für die Redaktionsgeschichte des gesamten Richterbuches sowie seines
noch näher zu bestimmenden Zusammenhangs mit c.17-21 nicht ausgespart
werden.

Das gerade in neuerer Zeit wieder verstärkt in den Vordergrund ge-
tretene *archäologische* Interesse an den Texten des Richterbuches kann
in der vorliegenden Arbeit leider keine entsprechende Würdigung erfahren. Die Ausblendung archäologischer und topographischer Überlegungen
hat freilich nichts mit einer Geringschätzung dieser Disziplin zu tun,
sondern ist eher von der Erwägung geleitet, daß die Frage nach der
historischen Auswertbarkeit einer Textstelle - und damit die Möglichkeit, sie mit archäologischen Funden und topographischen Gegebenheiten
in Beziehung zu setzen - erst zureichend beantwortet werden kann,
wenn die *literarischen* Verhältnisse geklärt sind.[71]

---

71   Vgl. auch Fritz, Archäologie 225-228.

Kap. 2

Der unvollständige Landbesitz (Ri 1,1-2,5)

2.1. Einleitung

In seiner Bestandsaufnahme über "Zwei Jahrzehnte Forschung an den Büchern Josua bis Könige" stellte E. Jenni im Jahre 1961 fest, daß sich nach dem deutlich geringer werdenden Interesse an der Quellenscheidung in den Büchern der prophetae priores auch die meisten Publikationen zum Richterbuch "vorwiegend mit historischen und religionsgeschichtlichen Problemen und nur beiläufig mit dem Literarischen" beschäftigten.[1] Wenn diese Einschätzung heute auch nicht mehr für das gesamte Richterbuch zutrifft, hat sie im Hinblick auf das Eingangskapitel Ri 1(-2,5) nach wie vor ihre Gültigkeit. Zwar wird immer noch gelegentlich der Versuch unternommen, in Ri 1 mit den Mitteln der Quellenscheidung ein Fragment des so schmerzlich vermißten jahwistischen Landnahmeberichtes nachzuweisen,[2] doch längst hat sich das Hauptinteresse auf die Frage verlagert, welchen Beitrag das sogenannte "negative Besitzverzeichnis" (in v.19-35*) für die Rekonstruktion der Siedlungsgeschichte Israels in der vorstaatlichen Zeit zu leisten vermag.[3] So stellte man nahezu einstimmig fest, daß die Liste - die exakte Abgrenzung divergiert dabei etwas - als ein im wesentlichen zuverlässiges historisches Dokument anzusehen sei, das die von Israel nicht bewohnten bzw. eingenommenen Orte insbesondere im Bereich des nördlichen und südlichen kanaanäischen Städteriegels verzeichne.

---

1 S. 130.

2 Vgl. hierzu Smend, Entstehung 86; Kaiser, Einleitung 93f. Nach Halbe sei Ri 1,27-35 "im Umkreis des Jahwisten" anzusetzen (Privilegrecht 311). Hier verdient freilich auch Noths Erwägung Beachtung (ÜSt 211), daß man es – bei aller Ablehnung der Quellenscheidung in den Büchern Jos–Kön – nicht ausschließen könne, daß das ursprüngliche Ende der J-Landnahme nach Ri 1 versprengt worden sei. Vgl. auch Smend, Gesetz 136; G. Schmitt, Frieden 52f.

3 Vgl. die einschlägigen Arbeiten A. Alts (Landnahme; Erwägungen; Josua) sowie verschiedene Darstellungen der Geschichte Israels in seiner Nachfolge.

Zweifel an dieser traditionellen, unmittelbar historischen Auswertung konnten nicht ausbleiben, als man sich - wieder - mehr den redaktionsgeschichtlichen Problemen, die der jetzige Eingang des Richterbuches aufwirft, zuwandte. R. Smend war es, der im Jahre 1971 in dem wichtigen Aufsatz "Das Gesetz und die Völker" eine spät-dtr Schicht (DtrN) innerhalb der Bücher Jos und Ri nachwies, auf die er auch das Stück Ri 1,1-2,5 zurückführte.[4] Mit der Einfügung dieses Stücks habe DtrN die Absicht verfolgt, die ideale Darstellung der Landnahme im Jos-Buch durch den ersten dtr Geschichtsschreiber (DtrH) in charakteristischer Weise zu korrigieren. Durch die Herausstellung der Unvollständigkeit der Landnahme (1,19.21.27-35) werde ein unmittelbarer, ursächlicher Zusammenhang zwischen dem Ungehorsam Israels (vgl. 2,1-5) und der Existenz fremder Völker im Lande konstruiert.[5]

Damit wurde also stärker nach der *Funktion* der Liste nichteroberter Orte innerhalb ihres literarischen Zusammenhangs gefragt. Für Smend freilich schlossen sich - mit Recht, wie zu betonen ist - beide Zugangsweisen (die unmittelbar historisch auswertende und die primär redaktionsgeschichtlich vorgehende) nicht aus. So vermutete er in dem genannten Aufsatz, daß DtrN in Ri 1 eine alte Liste verarbeitet und seiner Aussageabsicht dienstbar gemacht habe. Sehr viel skeptischer hinsichtlich der Frage, ob in Ri 1* tatsächlich eine alte dokumentarische Liste vorliege, urteilt Smend in einem späteren Aufsatz ("Das uneroberte Land"). Er notiert dort die wichtige Beobachtung, daß in Ri 1 der "Erfolg gegenüber den Kanaanäern... in einer Steigerung zum Negativen hin dargestellt" werde, und kommt zu dem Schluß: "Das sieht nicht recht nach einer in irgendeinem Sinne amtlichen Liste aus."[6]

In Zweifel gezogen wird damit die Möglichkeit, auf *literarkritischem* Wege ein altes Dokument herauszuarbeiten; ein solches ist allenfalls *überlieferungsgeschichtlich*, also nur sehr indirekt, rekonstruierbar. Diese grundsätzliche methodische Entscheidung gilt es - auch im Blick auf die folgende Analyse - festzuhalten.

An dieser Stelle sei auf die eingehende Behandlung von Ri 1 durch A.G. Auld hingewiesen.[7] Die Frage, ob in Ri 1 historisch auswertbare Notizen enthalten seien, wird hier vollends negativ beantwortet. Auld, der den redaktionsgeschichtlichen Ergebnissen Smends hinsichtlich der

---

4   S. 135f.; vgl. auch Mayes, Story 161 Anm. 6. Anders z.B. Weinfeld, Period 94-97, der in 1,1-2,5 einen *alten* Übergang vom Jos- zum Ri-Buch vermutet.
5   Vgl. Smend, Gesetz 136.
6   Smend, Land 228.
7   Judges I and History. Als ältere literarische Untersuchungen, auf die hier nicht näher eingegangen werden kann, seien genannt: Wright, Problem; Gurewicz, Bearing; de Geus, Richteren 1,1-2,5.

Schichtung innerhalb des dtr Werkes aufgeschlossen – wenn auch gelegentlich kritisch – gegenübersteht,[8] kommt auf der Basis einer Auswertung
der zahlreichen (z.T. wörtlichen) Parallelen, die Ri 1 mit einzelnen Versen und Abschnitten des Jos-Buches aufweist, zu einem überraschend eindeutigen Ergebnis: Die Abhängigkeit liege stets auf Seiten von Ri 1. Der
Übersicht halber seien die Parallelen mit dem Jos-Buch hier zusammengestellt, wobei die eingeklammerten Stücke die losen Berührungen kennzeichnen:

Ri	1,4-7	Jos	(10,1-5)
	1,9		(10,40: 3 Gebietsbezeichnungen)
	1,10-15		15,14-19
	1,18-19		(vgl. 13,2-3)
	1,20		siehe Ri 1,10//Jos 15,13f.; ferner
			Jos 14,6-15 (Moseworт)
	1,21 (Benjamin)		15,63 (Juda)
	1,27-28		17,11-13
	1,29		16,10
	1,30		(19,10-16)
	1,31-32		(19,24-31)
	1,33		(19,32-39)
	1,34-35		19,47a-48a LXX (vgl. 19,41-48 MT)

Es ist indes nicht unwichtig darauf hinzuweisen, daß Auld der LXX-
Version des Jos-Buches, die bekanntlich nicht unerhebliche Abweichungen
gegenüber dem masoretischen Text zeigt, im allgemeinen den Vorzug
einräumt.[9] Aus dem kompilatorischen, zusammengesetzten Charakter von
Ri 1 schließt Auld folgerichtig, daß dem Kapitel kein eigenständiger historischer Wert eigne; mit authentischen, alten Notizen sei nicht zu rechnen.[10] Die Untersuchung Aulds weist noch einmal in aller Deutlichkeit
darauf hin, daß der Frage nach dem literarischen Verhältnis von Jos
13-19 und Ri 1 eine Schlüsselfunktion zukommt, wenn man der verwickelten Probleme in Ri 1 Herr werden will. Es wird sich freilich zeigen, daß
die Postulierung einer so einseitigen Abhängigkeit, wie sie von Auld gesehen wird, nicht aufrechterhalten werden kann. Die Entstehungsgeschichte von Ri 1 ist komplizierter, läßt sich aber doch in Grundzügen rekonstruieren.

---

8 Vgl. Judges I, 263f.; Joshua, Moses.
9 Vgl. auch Auld, Studies 412-417; ders., Texts 1-14; ders., Joshua, Moses.
10 Vgl. Auld, Judges I, 285; ähnlich Mullen, Judges 1:1-36, 53.

2.2. Ri 1

2.2.1. Das "negative Besitzverzeichnis" (1,27-36)

Es empfiehlt sich, bei der Analyse des komplizierten Kapitels 1 mit dem größten zusammenhängenden Stück, dem sogenannten "negativen Besitzverzeichnis" (1,27-36) einzusetzen. Obwohl diese Ortsliste - auf die mit ihr verwandten Verse 19 und 21 wird noch einzugehen sein - den Eindruck relativer Geschlossenheit vermittelt, sind doch auch Unterschiede in der Darstellung der einzelnen Stämme erkennbar. Trotz einiger immer wiederkehrender Elemente liegt also kein starres Schema vor.

Außer bei dem zuletzt genannten, im äußersten Norden siedelnden Stamm Dan (v.34f.) begegnet überall in stereotyper Weise die Wendung "...vertrieb nicht (לֹא הוֹרִישׁ) die Bewohner von..."[11] Auch die Folge dieses Nichtvertreibens ("so wohnten die Kanaanäer inmitten von..." o.ä.) ist - freilich mit interessanten Variationen - bei jedem Stamm belegt (v.27b.29b.30b.32.33a), wobei wiederum Dan eine besondere Rolle spielt (v.35). Die Abweichungen gerade im Hinblick auf das zweite feste Strukturelement sind aber alles andere als willkürlich: So ist in der Liste deutlich die "Tendenz eines Ansteigens der Symbiose mit den Kanaanäern"[12] erkennbar. Während im Siedlungsgebiet der zuerst genannten Stämme Manasse, Efraim und Sebulon noch Kanaanäer wohnen bleiben konnten, hat sich das Verhältnis bei Ascher und Naftali umgekehrt: "So wohnten sie mitten unter den Kanaanäern" (vgl. v.32.33). Der an letzter Stelle stehende Stamm Dan schließlich erhält offenbar gar keinen Landbesitz. Es ist deshalb ohne weiteres verständlich, warum bei Dan die typische Wendung לֹא הוֹרִישׁ nicht begegnet: Hier sind es ja die Kanaanäer (bzw. Amoriter), die die Initiative ergreifen. Die Daniten bleiben völlig passiv ("und die Amoriter bedrängten die Daniten...").

Als drittes, freilich nicht ebenso regelmäßig wiederkehrendes Strukturelement ist der entschuldigende Hinweis auf die Fronpflicht der Kanaanäer anzusprechen ("aber sie wurden ihnen fronpflichtig" v.28.30.33.35; in v.29.31 LXX ergänzt).

Unterschiedlich werden in 1,27ff. vor allem die Objekte des "Nicht-Vertreibens" gekennzeichnet: So findet man mit Nota accusativi eingeführte Ortsnamen, z.T. unter Einschluß der Nachbarorte (בָּנוֹת v.27.31). In

---

11   Für das Verbum ירשׁ hif ist auch die Übersetzung "vernichten" möglich (so mit Nachdruck Lohfink, Bedeutungen; ders., Art. יָרַשׁ).

12   Smend, Land 228; vgl. auch Niemann, Daniten 13; anders Auld, Judges I, 279, der in v.27ff. offenbar keine feste Ordnung zu sehen vermag.

den meisten Fällen jedoch werden die *Bewohner* des Ortes ausdrücklich als Objekte genannt, und zwar in zwei unterschiedlichen Weisen: ... יוֹשְׁבֵי (v.27.30.33), ... בְּ הַיּוֹשֵׁב הַכְּנַעֲנִי (v.29); zweimal ist von den "Bewohnern des Landes" (v.32.33) die Rede. Schon diese Differenzen legen den Schluß nahe, daß es sich in 1,27ff. kaum um eine amtliche, dokumentarische Liste handelt, die nichteroberte Orte einfach nur - wenn auch gegliedert - aneinanderreiht, wie man dies im zweiten Teil des Jos-Buches ja häufiger findet. Immerhin ist schon jetzt deutlich, daß es dem Verfasser der vorliegenden Liste nicht allein auf die genannten *Orte* ankommt, sondern mehr noch auf die dort verbleibenden kanaanäischen *Bewohner*. Diese Akzentuierung ist im Auge zu behalten.

Wenn man auch kaum jede der in 1,27ff. feststellbaren Unebenheiten wird literarkritisch auswerten dürfen, sind doch Anzeichen späterer Überarbeitung erkennbar. Wie bereits die Übersicht über den Aufbau von 1,27ff. erkennen läßt, fällt der abschließende v.36 in mehrfacher Hinsicht aus dem "Rahmen".[13] Offenbar hat er den Zweck, das Gebiet der auch in v.35a erwähnten Amoriter genauer abzugrenzen. Im einzelnen bleibt der Text freilich unklar.[14] Jedenfalls wird man v.36 als späteren Zusatz ansprechen dürfen.

Eine Gruppe für sich bilden die Notizen über die Fronpflicht der Kanaanäer (v.28a.30bβ.33b.35b). Sie tragen einen entschuldigenden Akzent und setzen voraus, daß die israelitischen Stämme zunächst zu schwach, also unfähig waren, alle Orte innerhalb ihres Territoriums zu besetzen. Diese Aussage steht, wenn auch nicht im Widerspruch, so doch in einer eigentümlichen Spannung zu der stereotypen, apodiktischen Feststellung "vertrieb nicht", die offenbar nicht im Sinne einer Entschuldigung zu verstehen ist, sondern eher ein schuldhaftes Versäumnis anspricht. So liegt der Schluß nahe, die Fronnotizen seien allesamt erst später hinzugefügt worden,[15] um die harte Aussage vom Wohnenbleiben der Kanaanäer abzumildern. Betrachtet man die fraglichen Verse etwas genauer, bestätigt sich diese Vermutung.

---

13 Vgl. dazu Budde, Richter 16, der den Vers hinter v.16 oder 17 verpflanzen will (ähnlich G. Schmitt, Frieden 51); Auld, Judges I, 278; Boling, Judges 61; Soggin, Judges 30; vgl. auch Niemann, Daniten 14.
14 Vgl. insbes. Budde, Richter 16.
15 So Hecke, Juda 42.56; vgl. auch schon Rudolph, Elohist 266. Anders z.B. Noth, System 129; G. Schmitt, Frieden 67-79, die von einer ursprünglichen Verwurzelung der Fronnotizen in Ri 1 ausgehen und gewichtige Schlüsse daraus ziehen. So meint Noth, daß die die Liste prägenden "negative(n) Feststellungen nur gemacht werden um der positiven Fortsetzung willen: 'die Städte, die früher noch nicht hatten erobert werden können, sind schließlich doch den Israeliten untertan geworden' " (System 129).

V.28a gibt sich schon dadurch als Zusatz zu erkennen, daß hier unerwartet von "Israel" die Rede ist.[16] Auch v.30bβ wirkt nachgetragen. Am deutlichsten ist der sekundäre Charakter von v.33b zu erkennen: Die Angabe, daß die Bewohner von Bet-Schemesch und Bet-Anat dem Stamm Naftali fronpflichtig wurden, ist angesichts der Feststellung von v.33a geradezu widersinnig, wonach nicht die Kanaanäer unter den Naftaliten, sondern – umgekehrt – die Naftaliten inmitten der die Übermacht behaltenden Kanaanäer leben. Wie sollte bei dieser Kräfteverteilung der Stamm Naftali die Bewohner des Landes zur Fronarbeit zwingen können?

Als spätere Zutat verdächtig ist schließlich auch v.35b, der offenbar mit dem Stück v.22-26 in Zusammenhang steht, wo ebenfalls die Bezeichnung "Haus Josef" begegnet. Im negativen Besitzverzeichnis finden sich sonst nur die Einzelstämme Efraim und Manasse (v.27.29).

So kann als erwiesen gelten, daß wir es bei den Bemerkungen über die Fronpflicht der Kanaanäer mit sekundären Elementen zu tun haben. Es ist freilich zu beachten, daß sich die Aussagen in v.28 und 35b ein wenig mit den übrigen Fronnotizen in v.30 und 33 stoßen: Hier wird der Eindruck erweckt, die Kanaanäer seien *bereits jetzt* fronpflichtig, dort wird die Fronpflicht für die Zukunft angekündigt ("als Israel stark wurde").[17]

Die Angaben in der Liste nichteroberter Orte zeichnet eine wichtige Gemeinsamkeit aus, die es nun genauer zu untersuchen gilt. Gemeint sind die weitgehend wörtlichen Parallelen mit Stellen aus dem zweiten Teil des Jos-Buches. Ziel soll es sein, die *Richtung* der literarischen Abhängigkeit zu bestimmen.

V. 27-28

Schon beim Stamm Manasse (v.27f.) scheint das literarische Verhältnis zu Jos 17,11-13 verwickelt zu sein. Während Ri 1,27b-28 und Jos 17,12b-13 einen nahezu völlig identischen Wortlaut haben und nur sehr geringfügige Abweichungen aufweisen, hat man es bei Ri 1,27a und Jos 17,11-12a zwar mit sachlich weitgehend gleichen, aber doch unterschiedlich formulierten und akzentuierten Aussagen zu tun. Dabei nennt Jos 17,11 – in einer etwas abweichenden Reihenfolge – durchaus dieselben Städte wie Ri 1,27 (Bet-Schean, Jibleam, Dor, Taanach, Megiddo; gegenüber Ri 1,27 zusätzlich En-Dor). Doch der in Ri 1,27 im Vordergrund stehende Gedanke, daß diese Städte nicht eingenommen wurden, wird in

---

16   Vgl. Hecke, Juda 42. Ob auch v.28b ("verdrängt haben sie sie mitnichten") Zusatz ist, wird kaum mehr sicher zu entscheiden sein. Vielleicht ist der Halbvers erst nach Einfügung von v.28a in den Text gelangt.

17   Es ist anzumerken, daß die Formulierungen לָמַס וַיִּהְיוּ (v.30) und לָהֶם הָיוּ לָמַס (v.33) durchaus auch diesen zukünftigen Aspekt haben können.

Jos 17,12a erst in einem Nachtrag mitgeteilt. Ja, Jos 17,11 für sich genommen setzt offenbar voraus, daß die genannten sechs Städte sehr wohl
in den Besitz des Stammes Manasse übergegangen sind. Ist 17,12a deshalb schon als Nachtrag späterer Hand zu werten? Eine literarkritische
Betrachtung von Jos 17,11-13 ist jedenfalls unumgänglich.

Das Kapitel Jos 17 ist literarisch mehrschichtig.[18] Noth rechnet die
Eingangsverse 17,1f. dem Bearbeiter der beiden in Jos 13-21 verwendeten
Dokumente zu, während er die nachfolgenden v.3-6 auf eine priesterliche
Redaktion zurückführt. Die alte Grenzbeschreibung Manasses, der Kern
des Kapitels, liege - freilich in überarbeiteter Form - in v.7-11 vor. Der
Hand des Bearbeiters sei - so Noth - vor allem die Liste der Städte in
v.11 zuzuweisen, die aus Ri 1,27 in einer anderen (nämlich geographisch
korrekteren) Reihenfolge übernommen worden sei. In einer späteren
Phase seien dann die Verse 17,12f. aus Ri 1,27f. nachgetragen worden. In
17,11-13 liegen also zwei Nachträge zur Grenzbeschreibung Manasses
vor: zunächst v.11, dann v.12f.[19] Ob man freilich v.11 vom Bearbeiter der
beiden von Noth angenommenen dokumentarischen Listen, die der zweite
Teil des Josua-Buches enthält, herleiten kann, muß wohl offenbleiben.
Jedenfalls setzt v.11 die kaum vor der exilischen Zeit entstandene Liste
nichteroberter Orte in Ri 1,27ff. voraus.

Der Vers Jos 17,11 hat also die Aufgabe, die in Ri 1,27 genannten
Orte als zum Besitz Manasses gehörend *nachzutragen*. Die für Ri 1 zentrale Frage, ob diese Orte auch tatsächlich eingenommen wurden, liegt
für den Ergänzer von Jos 17,11 außerhalb des Blickfeldes. Erst der Interpolator von 17,12f. nahm die Intention von Ri 1 wieder auf und bemerkte
nachholend, daß die aufgezählten Städte nicht eingenommen werden
konnten (v.12a).[20] Im Anschluß daran nahm er die Notizen über das

---

18 Vgl. Noth, Josua² 102-105; auch Seebass, Grenzbeschreibungen 71-74.

19 Der Bearbeiter habe – so Noth – den Ort Dor von Ri 1,27 "aus unbekannten
    Gründen" in En-Dor verwandelt; erst ein Späterer trug "Dor" nach (Josua²
    105). Seebass, Grenzbeschreibungen 73f., vermutet in v.11 alte "Spuren der ur-
    sprünglichen Grenzbeschreibung Manasses" (S. 73). Mit Hilfe einer kleinen
    Konjektur (פְּתֵיהֶן "deren (drei) Distrikte" statt des schwierigen הַנָּפֶת) rekon-
    struiert er einen die drei Orte Bet-Schean, En-Dor und Megiddo enthaltenden
    Grundtext, der später aufgrund von Ri 1,27 aufgefüllt worden sei.

20 Hier ist jedoch ein wichtiger Unterschied zu registrieren: Aus dem schuld-
    haften Nicht-*Wollen* (Ri 1,27) wird durch Einfügung eines יָכֹל ein entschul-
    digendes Nicht-*Können* (militärische Unfähigkeit). Letzteres paßt auch besser
    zu der abschließenden Bemerkung, Israel habe die Kanaanäer am Ende doch
    fronpflichtig gemacht. Also bietet Jos 17,12f. auch hier einen glatteren Text
    als Ri 1,27f., der die Priorität des letzteren wahrscheinlich macht. Abzulehnen
    sind die Vermutungen Buddes, Richter 10, und G. Schmitts, Frieden 59, die
    in Ri überall ein יָכֹל ergänzen, das später weggefallen sei.

Wohnenbleiben der Kanaanäer und ihre Fronpflicht (Ri 1,27b-28) wörtlich auf.[21]

Abschließend sei darauf hingewiesen, daß die literarische Priorität von Ri 1,27f. von Auld vehement bestritten wird, obwohl auch er - wie Noth - in Jos 17,11-13 Nachträge erkennt.[22] Es ist indes von vornherein unwahrscheinlich, daß eindeutig sekundäre, nachhinkende Verse, wie sie in Jos 17,11-13 vorliegen, gegenüber der in einem literarisch (weitgehend) einheitlichen Abschnitt fest verankerten Parallelversion (Ri 1,27f.) die Priorität haben sollen. Daß diese These von der Priorität aller Jos-Belege nicht zutreffend ist, zeigt noch deutlicher die Untersuchung der weiteren Angaben aus dem negativen Besitzverzeichnis.

V. 29

Eine Gegenüberstellung von Ri 1,29 und Jos 16,10 ergibt mehrere signifikante Abweichungen:

Ri 1,29	*Jos 16,10*
וְאֶפְרַיִם	(Subjekt zu Beginn fehlt)
לֹא הוֹרִישׁ	וְלֹא הוֹרִישׁוּ
בְּקִרְבּוֹ בְּגֶזֶר	בְּקֶרֶב אֶפְרַיִם
–	עַד־הַיּוֹם הַזֶּה
–	וַיְהִי לְמַס־עֹבֵד

Nach Auld[23] sprechen keine zwingenden Gründe für die Priorität der einen oder anderen Fassung. So kommt er zu dem Schluß, daß diese Parallelität seiner Hauptthese nicht widerspreche, wonach die Josua-Stellen allesamt gegenüber Ri 1 primär sind. Demgegenüber kann aber doch der

---

21 Während Jos 17,12b der Vorlage Ri 1,27b genau entspricht, sind bei Jos 17,13 // Ri 1,28 vier leichte Abweichungen zu notieren, die als solche freilich noch keine eindeutige Abhängigkeit in der einen oder anderen Richtung beweisen: (1) Ri: "Israel", Jos: "Israeliten". – (2) Verb entsprechend in Ri Singular, in Jos Plural. – (3) Ri: וַיִּשֶׂם , Jos: וַיִּתְּנוּ . – (4) Ri: וְהוֹרִישׁ , Jos: הוֹרֵשׁ . Allenfalls beim 4. Punkt ist die nachträgliche Korrektur der unüblichen Plene-Schreibweise durch die Jos-Version offensichtlich.

22 Vgl. Auld, Judges I, 279-282; ders., Joshua, Moses 107. Auld meint in Ri 1,27a eine nachträgliche Verbesserung der angeblich schwierigen Formulierung von Jos 17,11a entdecken zu können (vgl. Auld, Judges I, 280f.). Dies ist jedoch nicht recht einzusehen. Denn die Unregelmäßigkeiten in Jos 17,11a – Auld nennt vor allem die Nota accusativi, die nur vor "Bewohner von Dor" begegnet – lösen sich, wenn man mit Noth (Josua² 98) annimmt, daß ein Späterer aufgrund von Ri 1,27 das vermißte "Dor" nachtrug. Gegen Auld auch Seebass, Grenzbeschreibungen 73 Anm. 21.

23 Judges I, 283.

umgekehrte Weg wahrscheinlich gemacht werden, daß nämlich Jos 16,10 aus Ri 1,29 entlehnt wurde:

(1) Der die Unvollständigkeit des Landbesitzes herausstreichende Vers Jos 16,10 fällt aus dem Zusammenhang heraus und dürfte sekundär sein.[24] Der Verdacht liegt nahe, daß er aus Ri 1,29 stammt.

(2) In Jos 16,10 wird Plural gesetzt, weil er das in v.9 genannte Subjekt "Benjaminiter" grammatisch korrekt fortsetzt. Diese Abweichung kann also erklärt werden.

(3) Die Ätiologisierung in Jos 16,10 ("bis auf den heutigen Tag") ist wohl leichter als Erweiterung von Ri 1,29 zu erklären (vgl. auch die sekundären Verse Jos 13,13 und 15,63). Warum sollte der Verfasser von Ri 1,29 diese Wendung weggelassen haben? Auch in der Literarkritik gilt oft die Regel "lectio brevior potior".

(4) Auch die überschüssige Fronnotiz kann als nachträgliche Angleichung im Sinne von Ri 1,28.30.33.35 verstanden werden.[25]

(5) Die beiden in ihrer Zusammenstellung etwas schwerfällig wirkenden Angaben "in seiner Mitte, in Geser" sind in der Jos-Version glatter formuliert ("inmitten Efraims").

V. 30-33

Direkte wörtliche Parallelen im Jos-Buch finden sich zu den nachfolgenden v.30-33 nicht. Übereinstimmungen bestehen lediglich darin, daß sich die in v.30-33 genannten Städte in den entsprechenden Gebietsbeschreibungen in Jos 19,10-16.24-31.32-39 wiederfinden. Die Vermutung liegt nahe, die Städte seien aus Jos 19 übernommen worden.[26] Es fällt indes auf, daß eben die Namen, die auch in Ri 1 begegnen, in Jos 19 später nachgetragen worden sein dürften. M. Noth hat nämlich darauf hingewiesen, daß in Jos 19,10ff. ein Mißverhältnis zwischen der Zahl der jeweils genannten Orte und der abschließenden Summierung bestehe: Die Anzahl der Orte sei bei den Stämmen, die auch in Ri 1,30ff. aufgeführt sind, stets *höher* als die angegebene Summe. Noth zieht daraus den wichtigen Schluß: "Die ihrerseits wohl schon sekundären Summierungen setzen...das Vorhandensein dieser Namen im Text von Jos 19 anscheinend noch nicht."[27] Die Namen sind demnach sekundär aus Ri 1

---

24 Vgl. Noth, Josua[2] 100; Auld, Joshua, Moses 107.
25 Die Notiz fehlt wiederum in Jos 16,10 LXX, wo sie vermutlich aufgrund von Ri 1,29 getilgt wurde. Überhaupt ist das Bemühen der LXX im Jos-Buch erkennbar, die Parallelen mit Ri 1 möglichst stark einander anzugleichen.
26 So Auld, Judges I, 283f.
27 Noth, Dokumente 252f. (Zitat 253); vgl. ders., Josua[2] 114.

nachgetragen worden.[28] Ein ähnliches Verfahren wurde ja schon beim Vergleich von Ri 1,27 mit Jos 17,11 beobachtet.

V. 34-35

Zur Danitennotiz in Ri 1,34f. liegt eine auffällige Parallele in der vom MT stark abweichenden LXX-Version Jos 19,47a-48a vor:

47a Und nicht drängten die Daniten die Amoriter, die sie bedrängten, ins Gebirge.

Und nicht ließen die Amoriter sie in die Ebene hinabkommen.

Und sie (die Amoriter) drückten weg von sich die Grenze ihres Anteils.[29]

48 Und es machten sich die Judäer auf und kämpften gegen Λαχις *und nahmen es ein und schlugen es mit der Schärfe des Schwertes und bewohnten es und nannten ihren Namen* Λασενδαχ.

48a Und die Amoriter blieben wohnen in Ελωμ *und in* Σαλαμιν.

Aber als die Hand Efraims schwer auf ihnen lag, da wurden sie ihnen fronpflichtig.

Es ist deutlich zu erkennen, daß v.47aαβ LXX eine nahezu wörtliche Entsprechung in Ri 1,34f. hat, während es sich bei v.47aγ LXX und 48 LXX offenbar um Sonderüberlieferungen handelt. Ein ausführlicher Vergleich von Ri 1,34f. und Jos 19,47a-48a LXX ist von Niemann vorgelegt worden, dessen Argumentation im wesentlichen überzeugt und hier kurz referiert werden kann.[30]

Niemann stellt zunächst fest, daß es sich bei Jos 19,47a-48a LXX um eine sekundäre Erweiterung der vorausgehenden Ortsliste (Jos 19,40-47 LXX) handeln müsse. Das Stück sei aber selbst nicht einheitlich: Zuerst dürfte v.48 LXX ergänzt worden sein (vermutlich aus dem seinerseits in seinem Kontext sekundären Vers Jos 19,47 MT[31] übernommen), bevor in einem zweiten Schritt die Verse 47a LXX und 48a LXX als Rahmen hinzutraten.[32] Dabei hat - und dies ist das Ergebnis Niemanns - Ri 1,34f. (MT) als Vorlage gedient für Jos 19,47a.48a LXX, "da jener Text mit 'Har-Heres' ein von diesem nicht ableitbares Plus enthält."[33]

---

28   Vgl. den Nachweis bei Noth, Dokumente 253ff.; vgl. Rudolph, Elohist 237.

29   Zur Übersetzung des Versteils vgl. Niemann, Daniten 22f.

30   Vgl. zum folgenden Niemann, Daniten 19-25.

31   Vgl. z.B. Noth, Josua² 123.

32   Zur Begründung vgl. Niemann, Daniten 20f.

33   Niemann, Daniten 25. Anders Auld, Judges I, 278, der - umgekehrt - die Notiz Ri 1,34f. aus Jos 19,47a-48a LXX ableitet und damit wiederum die Priorität der Jos-Fassung (im Wortlaut der LXX) gegenüber Ri 1 behauptet.

Dieser Schluß fügt sich gut in das bisher zur Liste der nichteroberten
Orte Erarbeitete ein, wonach die jeweils parallele Jos-Version von Ri
1,27ff. abhängig ist. Hinzu kommt die bereits erwähnte Beobachtung, daß
sämtliche betroffenen Jos-Parallelen ihrerseits auf eine sekundäre Interpolation zurückgehen.[34]

Es ist zutreffend, daß die LXX im Jos-Buch jeweils eine größere
Gemeinsamkeit mit Ri 1 aufweist als die masoretische Version. Ganz
deutlich ist dieser Befund ja an Jos 19,47a.48a LXX // Ri 1,34f. ablesbar. Aus dieser Beobachtung jedoch eine pauschale Hochschätzung der
LXX im Jos-Buch abzuleiten, von dessen hebräischer Vorlage Ri 1 abhängig sei (so Auld[35]) läßt sich kaum rechtfertigen. Die LXX hat vielmehr
die Tendenz, die in Frage stehenden Jos-Stellen an die Parallelen in
Ri 1 anzugleichen.[36] Mit Jos 19,47a.48a LXX liegt sogar eine vollständige Übernahme aus Ri 1,34f. vor.

Als Ergebnis ist somit festzuhalten, daß der Liste nichteroberter Orte in Ri 1,27-35 gegenüber den entsprechenden Jos-Parallelen die literarische Priorität zuzuerkennen ist. Die Analyse hat ferner ergeben, daß
in das Jos-Buch jeweils die als sekundär erkannten Fronnotizen (Ri 1,28.
30.33.35) mit übernommen worden sind. Daraus ergibt sich mit einiger
Sicherheit, daß Ri 1,27ff. in einer bereits um diese Notizen erweiterten
Form vorgelegen haben muß.

In einem weiteren Schritt ist nun auf den ursprünglichen, also um
die Fronnotizen sowie v.36 verminderten Bestand von 1,27ff. einzugehen.
Vor allem ist der Versuch einer literarhistorischen Einordnung des Stük-
kes zu wagen.

Klammert man die als sekundär erkannten Versteile aus, so ergibt
sich eine klare Struktur: Bei jedem der sechs in der Liste aufgeführten
Stämme, die übrigens in einer Süd-Nord-Reihenfolge gruppiert sind, lassen sich zwei Elemente unterscheiden: (1) Aussage über die Nichtvertreibung der kanaanäischen Bewohner (außer bei Dan stets mit לֹא הוֹרִישׁ
und Stammesnamen eingeleitet). – (2) Wohnenbleiben der Kanaanäer inmitten Israels (so in v.27.29.30) bzw. - umgekehrt - der Israeliten inmitten der Kanaanäer (so in v.32.33). Der zuletzt genannte Stamm Dan erhält keinen Landbesitz (v.34f.).

Jeder der sechs Abschnitte schließt also mit einer Bemerkung über
das Zusammenleben von Kanaanäern und Israeliten im Lande. Es ist zu
überlegen, ob die Pointe des sogenannten negativen Besitzverzeichnisses

---

34   Vgl. vor allem Noth, Josua² z.St.; Auld, Joshua, Moses (insbes. 107).
35   Judges I; dagegen mit Recht Seebass, Grenzbeschreibungen 77f. Anm. 37.
36   S.o. zu Ri 1,29 // Jos 16,10. Vgl. auch Noth, Dokumente 253 Anm. 65.

nicht überhaupt in erster Linie in dieser abschließenden Feststellung
liegt, daß die Israeliten mit den kanaanäischen Bewohnern zusammen im
Lande leben. Nicht so sehr auf die Orte kommt es an, sondern auf die
Symbiose mit den Kanaanäern (vgl. den bezeichnenden Ausdruck בְּקֶרֶב
v.29.30.32.33). Auf eben diesen Sachverhalt aber weist wenig später - mit
fast denselben Worten - ein spät-dtr Redaktor anklagend hin: "Und die
Israeliten wohnten inmitten (בְּקֶרֶב) der Kanaanäer..." (Ri 3,5; s.u.).

Hat man es also auch bei 1,27-35* mit einem spät-dtr Stück zu
tun? Für diese These spricht die auffällige sachlich-thematische Verbindung mit der Engelrede in 2,1-5, die ebenfalls spät-dtr Ursprungs ist
(s.u.). Die Engelrede stellt ein Vergehen Israels gegen das Verbot des
Bundesschlusses mit den "Bewohnern dieses Landes" fest (2,2). Zwar
wird nicht wörtlich auf 1,27ff. Bezug genommen, doch 1,27ff. und 2,1-5
bleiben sachlich untrennbar miteinander verbunden und aufeinander bezogen: Die israelitischen Stämme haben es so weit kommen lassen, daß die
Kanaanäer in Israel wohnen bleiben konnten, ja sogar die Übermacht zu
erreichen vermochten (vgl. 1,32.33.34f.). Dieses Versagen aber kommt
dem in 2,2 inkriminierten Bundesschluß mit den Landesbewohnern gleich.

Als dritter Hinweis auf den spät-dtr Ursprung von 1,27-35* kann die
Verwendung des Verbums ירשׁ hif genannt werden: Es ist gewiß kein
Zufall, daß dieses Verbum in der Bedeutung "vertreiben/vernichten"
nahezu ausschließlich in dtn-dtr Texten auftritt und daher mit Recht als
typisch für diesen Literaturbereich angesehen werden kann.[37]

Es darf also als wahrscheinlich gelten, daß wir es in 1,27-35* mit
einem spät-dtr *formulierten* Abschnitt zu tun haben. Dies heißt freilich
nicht, daß die darin enthaltenen Städtenamen beliebig zusammengestellt
wurden. Es ist durchaus anzunehmen, ja sogar wahrscheinlich, daß der
spät-dtr Autor auf eine ältere, vielleicht auch sehr alte Liste nicht ein-
genommener Orte zurückgreifen konnte. Nur ist diese Liste auf *literarkritischem* Wege nicht mehr herauslösbar.

Von Interesse ist nun die Frage, ob es im ersten Teil des Kapitels
(1,1-26) möglicherweise Verse gibt, die ursprünglich zu 1,27-35* gehört
haben. Immerhin liegen drei Verse vor, die von einer Unterlegenheit der
israelitischen Stämme gegenüber den Kanaanäern handeln: v.18 (LXX),
19 und 21. Es bedarf keiner langen Beweisführung, daß hier am ehesten
v.21 in Frage kommt (vgl. לֹא הוֹרִישׁוּ und die Bemerkung über das Woh-

---

37   Vgl. bes. Lohfink, Bedeutungen 26-32; ders., Art. יָרַשׁ 969f. Lohfink hält Ri 1
     freilich für alt (vgl. Bedeutungen 28). Vgl. auch Schäfer-Lichtenberger, Stadt
     206 Anm. 53.

nenbleiben der Jebusiter in Jerusalem: וַיֵּשֶׁב).[38] Aus diesem Grunde sei
der Vers an dieser Stelle analysiert, zumal die Probleme, die hier auftreten, mit denen von 1,27-35 sehr verwandt sind.
Auch dieser Vers nämlich hat im Jos-Buch (15,63) eine (fast) wörtliche Parallele. Neben dem eigentümlichen Umstand, daß Ri 1,21 statt
"Judäer" (so in Jos 15,63) "Benjaminiter" liest, bestehen nur noch zwei
Unterschiede zwischen beiden Fassungen:

> Ri 1,21   Jos 15,63
>
> יוֹשֵׁב (Sg.)   יוֹשְׁבֵי (Pl.)
>
> לֹא הוֹרִישׁ   לְהוֹרִישׁ ... לֹא יָכְלוּ

Auch hier ist wieder die Frage zu stellen: Welche Version ist die
ursprüngliche? Die Unterschiede lassen sich leichter erklären, wenn man
die Priorität von Ri 1,21 annimmt:[39] Die häufigere Plural-Form יוֹשְׁבֵי
ist als Glättung anzusehen, und die Einfügung von יָכְלוּ dient offenbar
einer auch anderwärts zu beobachtenden Tendenz, aus dem Nicht-Vertrei-
ben ein Nicht-Vertreiben-*Können* zu machen, also die Schuld in eine
militärische Schwäche umzuwandeln und damit das Verhalten des Stammes zu "entschuldigen".

Als weiteres Indiz für die Priorität von Ri 1,21 kommt hinzu, daß
Jos 15,63 in seinem Kontext nicht fest verankert ist und auf eine Interpolation zurückgehen dürfte.[40]

Wie ist es aber nun zu erklären, daß die Nichteroberung Jerusalems
in Ri 1,21 den Benjaminitern, in Jos 15,63 aber den Judäern zugeschrieben
wird? Wurde ein ursprüngliches "Juda" in "Benjamin" (Ri 1,21) oder ein
ursprüngliches "Benjamin" in "Juda" (Jos 15,63) umgewandelt? Für die
erste Alternative hat Schunck bedenkenswerte Gründe angeführt.[41] In
Ri 1,21 sei zunächst von Judäern die Rede gewesen, woraus sich die abhängige Version von Jos 15,63 erkläre. Später sei dann aufgrund von Jos
18,28, wo Jerusalem eindeutig dem benjaminitischen Territorium zugeordnet wird, in Ri 1,21 der Stammesname entsprechend in "Benjaminiter" geändert worden.[42]

---

38 Freilich sind auch Unterschiede zu notieren: Der Name der nicht vertrie-
benen Stadtbewohner (Jebusiter) ist betont vorangestellt, und die Angabe
בְּקֶרֶב fehlt (vgl. auch v.27). Ferner liegt hier (wie auch in v.34) die Lang-
form בְּנֵי בִנְיָמִן vor.
39 Vgl. Noth, Josua² 100; Schunck, Benjamin 78; Hecke, Juda 46.49. Anders
wiederum Auld, Judges I, 274f.; ders., Joshua, Moses 64.107.
40 Vgl. Noth, Josua² 100; Auld, Joshua, Moses 107.
41 Benjamin 77f. V.21 wird von ihm gleichwohl für sekundär gehalten.
42 Vgl. auch Budde, Richter 10.

In Auseinandersetzung mit Schunck tritt Hecke mit nicht minder er-
wägenswerten Gründen für die zweite Alternative ein: [43] In Ri 1,21 habe
immer schon "Benjaminiter" gestanden; erst der Interpolator von Jos
15,63 korrigierte seine Vorlage, indem er nun von "Judäern" sprach. Als
gewichtigen Grund für seine Sichtweise führt Hecke an, daß die Lesart
"Benjaminiter" gewissermaßen die lectio difficilior darstelle, weil "es je
länger je mehr selbstverständlich (erschien), daß nur Juda Jerusalem vor
dessen Einnahme durch David zu beanspruchen hatte", während der Benjamin-Tradition (vgl. Jos 18,28) "ein (zumindest etwas) höheres Alter"
zuzusprechen sei. [44] Diese an sich einleuchtende Argumentation wird freilich durch die oben gebotene Analyse von 1,27ff. in Frage gestellt. Wenn
man eine vorexilische Abfassung der Liste nichteroberter Orte ausschließt
und den Vers 1,21 als ihren ursprünglichen Bestandteil ansieht, wie es
hier (und auch von Hecke! [45]) vorgeschlagen wird, so kann der Hinweis
auf die ältere Benjamin-Tradition nicht mehr überzeugen. Ja, man wird
aufgrund der literarhistorischen Einordnung von 1,21.27ff. (spät-dtr) davon
ausgehen dürfen, daß Jerusalem und der Stamm Juda engstens zusammengehörten. [46] Wahrscheinlich war deshalb auch in 1,21 ursprünglich von
"Judäern" die Rede. Warum es aber zu der Änderung kam, ist eine wichtige Frage, die erst nach der Analyse des ersten Teils des Kapitels Ri 1
ihre Beantwortung finden kann. Ein alleiniger Hinweis auf Jos 18,28
reicht jedenfalls nicht aus, wie sich zeigen wird. [47]

Die Analyse des sogenannten negativen Besitzverzeichnisses hat zu
folgendem Ergebnis geführt: Als ursprünglicher *Umfang* dieser Liste, die
freilich nicht mit einem amtlichen Dokument gleichgesetzt werden darf,
sind die Verse 21.27-35 (abzüglich der Notizen über die Fronpflicht der
Kanaanäer) anzusprechen. In dem umstrittenen v.21 dürfte einmal "Judä-

---

43   Vgl. Hecke, Juda 46-50; siehe auch Noth, Josua² 100.
44   Hecke, Juda 49.
45   Vgl. Hecke, Juda 50.
46   Dies wird von Hecke, Juda 47f., ausdrücklich bestätigt und an einem Bei-
      spiel (1Kön 11,29-39) illustriert.
47   Es sei anmerkungsweise die Vermutung ausgesprochen, daß in v.21 die An-
      gabe "mit den Benjaminitern" (bzw. "mit den Judäern", vgl. Jos 15,63) ur-
      sprünglich gefehlt hat: Nimmt man die Angabe heraus, so ergibt sich ein
      guter Zusammenhang ("und die Jebusiter wohnten in Jerusalem"), der in etwa
      der Formulierung in 1,27ff. entspricht (vgl. die Präposition בְּ). Die Präposition
      אֵת "mit" hingegen ist für die Liste nichteroberter Orte ungewöhnlich (vgl.
      auch das Fehlen der drei Worte in Jos 15,63 LXX).

er" gestanden haben. Dies bedeutet zugleich, daß der Südstamm Juda in dem Verzeichnis nichteroberter Orte enthalten war.[48]

In der Frage der *Datierung* konnte immerhin wahrscheinlich gemacht werden, daß die Liste von einem spät-dtr Redaktor (DtrN?) formuliert worden ist, auf den auch die Engelrede in 2,1-5 zurückgeht. Dem Vorwurf in 2,1-5 entsprechend, der das Übertreten des Bundesschlußverbots mit den Landesbewohnern anklagt, liegt der *Skopos* von 1,21.27ff. nicht so sehr in der schuldhaften Nicht-Vertreibung der kanaanäischen Bewohner als vielmehr in der verhängnisvollen Folge dieses Ungehorsams: Die Kanaanäer wohnen nun "inmitten" der israelitischen Stämme.

Ri 1,21.27ff. (und 2,1-5) liegt damit auf einer Linie mit weiteren spät-dtr Einschüben auch innerhalb des Ri-Buches (vgl. 3,5f.). Zu einer ganz anderen literarischen Schule und theologischen Tradition gehört der erste Teil von Ri 1, der nun Gegenstand der Betrachtung sein soll.

2.2.2. *Der Erfolg Judas (1,1-26)*

Dem Leser bieten sich die Verse 1-18 als ein im wesentlichen geschlossener Ablauf dar, in dem Juda und die übrigen im Süden beheimateten Sippen – ganz anders als in v.21.27ff. – mit göttlichem Beistand einen Siegeszug nach dem anderen gegen die kanaanäischen Landesbewohner erringen. Schon dieser Eindruck legt die Vermutung nahe, daß beide Teile (v.1-18 und 21.27ff.) nicht aus einer Feder stammen. Diese These gilt es nun durch eine Analyse des ersten Teils von Ri 1 (unter Einschluß von v.19f.22-26) zu stützen und vor allem zu konkretisieren.

V. 1-2

Das Ri-Buch setzt ein mit einer Mitteilung über den Tod des Josua (vgl. entsprechend Mose in Jos 1,1), die zugleich den Beginn einer neuen Epoche markiert. Es folgt eine mit Ri 20,18 weitgehend wörtlich übereinstimmende Gottesbefragung[49], die den Südstamm Juda ermächtigt, "als erster" (בַּתְּחִלָּה) gegen die Kanaanäer zu kämpfen. Dabei stellt die Bei-

---

48 Vgl. auch die beobachtete Nord-Süd-Reihenfolge, in der die Stämme in 1,27ff. angeordnet sind und zu der nun der südliche Stamm Juda glänzend paßt. V.21 wird auch sonst öfter zum negativen Besitzverzeichnis gerechnet, freilich unter ganz anderen literarhistorischen Voraussetzungen: vgl. Weippert, System 76-89; Donner, Geschichte I, 119f. (der auch v.19 zur Liste rechnet). Als ursprünglichen Umfang der Liste nimmt Schunck, Benjamin 77-79, v.19.27-33 an; v.21 hält er für sekundär; ähnlich auch G. Schmitt, Frieden 59.

49 Vgl. Auld, Judges I, 267.

gabe der sogenannten Übereignungsformel (v.2b) von vornherein sicher,
daß dieser Eroberungszug für Juda erfolgreich ausgehen wird.[50]
Die v.1-2 bereiten also die in v.4-18 geschilderten und ausnahmslos
von Erfolg gekrönten Aktionen der im judäischen Süden lebenden Gruppen
vor. Zugleich scheinen v.1f. auch die Liste nichteroberter Orte in v.21.
27ff. vorauszusetzen, denn die Beschränkung der göttlichen Übereignungsformel in v.2b auf das "Land" - gemeint sein kann nur das Gebiet
(Groß-) Judas[51] - impliziert, daß nur Juda sein Land vollständig erhält,
nicht dagegen die in v.(21.)27ff. genannten Nordstämme, die mit einer unvollständigen Landnahme leben müssen. Insofern ist die präpositionale
Wendung בַּתְּחִלָּה kaum im Sinne einer zeitlichen Reihenfolge gemeint
(etwa: die Nordstämme werden später ebenso erfolgreich sein), sondern
sie markiert eher die Suprematie Judas gegenüber dem Norden (ähnlich
in 20,18).[52] So sprechen auch keine Gründe dafür, v.1-2 als eine spätere
Einleitung von den folgenden Versen abzutrennen.[53] Einen solchen Versuch unternimmt Veijola, der im Anschluß an die These Smends, in
1,1-2,5 handle es sich um einen Einschub durch DtrN,[54] annimmt, daß
v.1-2 als spätere Einleitung zur älteren Tradition in v.3ff. von DtrN
selbst formuliert worden sei (entsprechend 2,1-5 als Schluß).[55]

Dem ist entgegenzuhalten, daß die Verse 3ff.* auf die einleitende
Szene 1f. angewiesen sind und kaum je eigenständig überliefert worden
sein dürften. Ohne v.1-2 ist die herausgehobene Stellung Judas im weiteren Verlauf der Handlung nicht verständlich.

Die redaktionelle Hand, die für die außergewöhnliche Stellung Judas
verantwortlich ist und die erstmals in v.1-2 nachgewiesen wurde, sei
kurz "Juda-Redaktion" von Ri 1 genannt. Wie weit diese Schicht reicht,
wird die weitere Analyse ergeben.

---

50   Zur Übereignungsformel vgl. die Übersicht bei Lipiński, Art. נָתַן 699; fer-
     ner Richter, TU 21ff.; Plöger, Untersuchungen 61ff. Auch in 20,18 folgt eine
     Übereignungsformel auf eine Jahweanfrage.
51   Nächste Parallele: Ri 18,10. Hier wird im Rahmen einer Übereignungsformel
     mit אֶרֶץ das nördliche Siedlungsgebiet der Sippe Dan bezeichnet.
52   Vgl. Budde, Richter 3.
53   Daß in v.1 von den "Israeliten" die Rede ist, entspricht der Natur der Sache:
     Durch das Jahweorakel soll Juda ja allererst als führender Stamm innerhalb
     ganz Israels legitimiert werden.
54   Smend, Gesetz.
55   Vgl. Veijola, Verheißung 186, unter Berufung auf die Analysen Aulds, Judges I,
     268; vgl. auch Veijola, David 60; ferner Soggin, Judges 26.31. Gelegentlich wer-
     den auch nur die Anfangsworte "nach dem Tode Josuas" (1,1) als redaktionel-
     le Klammer betrachtet (vgl. Greßmann, Anfänge 164; Rudolph, Elohist 265
     Anm. 6; Schüpphaus, Richtergeschichten 128f.).

V. 3

Der Vers wirkt zwischen v.2 und 4 ein wenig störend; er geht offenbar auf einen späteren Überarbeiter zurück: (1) Die Erwähnung Simeons (auch v.17) erscheint unmotiviert.[56] — (2) V.4 setzt die Orakelanfrage von v.1f. sachgemäß mit der Ausführung des Gebotenen fort (Aufnahme des Verbums עלה und der Übereignungsformel). — (3) Nur in v.3 begegnet der Ausdruck גּוֹרָל für den zugewiesenen Landanteil, v.2 spricht allgemein von אֶרֶץ. — (4) V.3 nimmt Juda als *Person* in den Blick ("Bruder" Simeons), sonst ist von den *Stämmen* die Rede.[57] Freilich braucht sich beides nicht auszuschließen (vgl. nur v.13). — (5) Die v.3 entsprechende Erwähnung Simeons in v.17aα geht gewiß auf einen späteren Redaktor zurück.[58] — (6) Versteil 3b ("und Simeon ging mit ihm") kommt vor v.4aα ("und Juda zog herauf") zu früh.[59] So kann der sekundäre Charakter von v.3 als erwiesen gelten.

V. 4-7

Daß v.4 als unmittelbare Fortsetzung von v.1f. gut denkbar ist, wurde schon bemerkt: Mit der Aufnahme des Verbums עלה wird das Jahweorakel ausgeführt, und die Übereignungsformel aus v.2b tritt wieder auf. Freilich sind auch Unterschiede feststellbar: So werden als Objekte in der Übereignungsformel in v.2b das *Land*, in v.4a aber die *Bewohner* des Landes (Kanaanäer, Perisiter) genannt. Ferner fällt auf, daß am Ende von v.4a - anders als in v.2b - unerwartet ein Plural-Suffix erscheint (בְּיָדָם). Als Letztes kommt hinzu, daß v.4 gegenüber v.1 zusätzlich die Perisiter aufführt (auch v.5b).

Betrachtet man die Adoni-Besek-Episode v.4-7 insgesamt, so sind weitere, vielfältige Probleme zu notieren: (1) Zweimal wird das Schlagen der Kanaanäer und Perisiter mitgeteilt (v.4.5b). — (2) In v.4 ist ein Wechsel von Singular auf Plural festzustellen. — (3) Wer ist Adoni-Besek? König von Jerusalem oder König von Besek? Wo ist dieses Besek zu suchen? — (4) Wer ist das Subjekt des Verbs von v.7b? Sind die Judäer oder die Gefolgsleute Adoni-Beseks gemeint? — (5) Anders als in v.1 und 9 ist in v.4 und 5 von Kanaanäern *und Perisitern* die Rede.

Die skizzierten Schwierigkeiten lassen sich zum größten Teil ausräumen oder wenigstens erklären, wenn man in *v.5-7a* ein älteres Traditionsstück bzw. Fragment vermutet, das der für v.1-2.4 verantwortliche Redaktor (= Juda-Redaktor) aufgenommen hat.

---

56   Vgl. Auld, Judges I, 268.
57   Vgl. Schwienhorst, Eroberung 43 Anm. 6.
58   So Mittmann, Ri 1,16f., 219; s.u. zu v.17.
59   Vgl. Schwienhorst, Eroberung 43 Anm. 6.

Dieser Redaktor faßte Adoni-Besek eindeutig als König von *Jerusalem* auf (vgl. Jos 10,1-3). "Besek" interpretierte er offenbar nicht als die Heimat des Königs - obwohl dies wohl ursprünglich so gewesen sein dürfte -, sondern als Schlachtort (vgl. auch 1 Sam 11,8). So dürfte es müßig sein, nach einem "Besek" in Juda zu suchen: Der Redaktor hatte kaum mehr konkrete Vorstellungen von dem Ort; ihm genügte die Möglichkeit, diesen - vielleicht aus Nordisrael stammenden - König mit Jerusalem in Verbindung bringen zu *können*.

Mit der sicher vom Redaktor stammenden Mitteilung in v.7b "und sie brachten ihn nach Jerusalem, und er starb dort" wird dies noch einmal deutlich herausgestellt. Es ist nicht sehr wahrscheinlich, als Subjekt von v.7b die Gefolgsleute des Königs anzunehmen: Alle Plural-Formen in v.5-7a haben die Judäer zum Subjekt. Auch die - an sich richtige - Beobachtung, daß die Judäer den König nicht in eine Stadt bringen können, die dem Duktus der Erzählung zufolge noch nicht erobert ist,[60] widerlegt dies nicht: Der Zug nach Jerusalem (v.7b) markiert den erzählerischen Übergang zur Eroberung der Stadt (v.8). Das Traditionsfragment bildet somit ein schönes Präludium für die Einnahme der Stadt Jerusalem: Die Macht des Königs, dem einst andere Könige zu Füßen lagen (v.7a), ist nun gebrochen. V.8 bildet demnach die ursprüngliche und unmittelbare Fortsetzung von v.7b.

Mit diesem Werdegang ließe sich erklären, warum zweimal das Schlagen der Kanaanäer und Perisiter berichtet wird: Der redaktionelle v.4 nimmt Material aus dem älteren v.5 auf (Antizipation zum Zwecke der glatten Einführung bzw. Überleitung). Insofern haben diejenigen Exegeten recht, die meinen, v.4 sei "Wort für Wort aus v.5 und v.2 gezogen"[61]. Freilich ist v.4 deshalb noch nicht Glosse, sondern entstammt der Feder des für v.1ff. verantwortlichen Juda-Redaktors. Auch daß in v.4 zusätzlich die Perisiter erwähnt werden, findet seine schlüssige Erklärung darin, daß der Redaktor die entsprechende Angabe aus dem älteren v.5b einfach übernommen hat. Für ihn selbst aber galt als Oberbegriff nur "Kanaanäer" (vgl. v.1.9).

V. 8-9

V.8 fügt sich in seiner Tendenz klar in die bisher zur Juda-Redaktion gerechneten Bestandteile ein: Gegen die Aussage des älteren v.21, ja gegen die allgemein bekannten historischen Tatsachen überhaupt wird behauptet, Juda habe Jerusalem schon in vorstaatlicher Zeit einzunehmen vermocht. Ausgedrückt wird dies mit einem "klassischen" Ensemble der

---

60   Vgl. Budde, Richter 5; Soggin, Judges 22.
61   Budde, Richter 3; ähnlich Moore, Judges 13.

Kriegsterminologie (לחם nif / לכד / נכה / בָּאֵשׁ שׁלח - vgl. z.B.
Jos 10,28ff.; Ri 20,48).

Die bisherigen Überlegungen zu dem Stück v.4-7 haben es wahrscheinlich gemacht, daß v.8 in der Tat als dessen Fortsetzung und Weiterführung formuliert worden ist[62] und ebenso auf den Juda-Redaktor zurückgeht. Dabei ergibt sich freilich ein kleines Problem hinsichtlich der
Benennung Judas: Anders als in v.2 und 4 begegnet in v.8 die längere
Form בְּנֵי יְהוּדָה. Diese Beobachtung braucht indes nicht *gegen* die These von derselben Verfasserschaft zu sprechen, denn die einfache Namens-
form יְהוּדָה in v.2 (und 4) läßt sich vielleicht mit der besonderen Form
des Orakels erklären.[63]

"Mit V.8 hängt unmittelbar V.9 zusammen"[64]: Von Jerusalem aus
verläuft der Zug der Judäer nun südwärts ins Gebirge, in den Negeb und
in die Schefela. Interessanterweise finden sich für alle drei Abschnitte
(v.4-7 / v.8 / v.9) - freilich nur lockere - Berührungen mit einem einzigen
Kapitel des Jos-Buches, nämlich Jos 10: Die Adoni-Zedek-Episode Jos
10,1-3 mag Anreger für "Adoni-Besek" gewesen sein; die in v.8 verwendete Kriegsterminologie erinnert stark an Jos 10,28-39; und die in v.9
aufgezählten drei geographischen Regionen (Gebirge, Negeb, Schefela)
werden auch in dem Summarium Jos 10,40 genannt.[65] Diese Beziehungen
sind der These, in v.1-2.4.(5-7a.)7b-9 spreche derselbe Verfasser, nämlich der Juda-Redaktor, sehr günstig.

Ein abschließender Blick soll auf die Funktion von v.9 geworfen werden. Der Infinitiv לְהִלָּחֵם בַּכְּנַעֲנִי zeigt an, daß der Kampf mit den
kanaanäischen Bewohnern des Landes noch *bevorsteht*. V.9 ist also als
summarische, überschriftartige Bemerkung anzusehen, die der Vorbereitung der folgenden Verse dient (in v.10f. zunächst Zug gegen Hebron
und Debir, die beide auf dem Gebirge Juda liegen). Budde bemerkt mit
Recht: "Wie v.4 8 die Verse 5-7, so fasst v.9 v.10-17 auszüglich zusammen; deshalb werden hier Juda selbst alle Kriegszüge zugeschrieben, die
das Folgende auf seine Genossen verteilt."[66]

---

62 Vgl. Auld, Judges I, 269.
63 Vgl. Ri 20,18, wo in der literarischen Umgebung eines solchen Orakels
    ebenfalls Langformen ("Israeliten" und "Benjaminiter") belegt sind. Zum Wech-
    sel von Kurz- und Langbezeichnung in Ri siehe auch unten zu v.16f.
64 Mittmann, Ri 1,16f., 215. Mittmann plädiert für den sekundären Charakter
    von v.8f. - u.a. aufgrund der Bezeichnung בְּנֵי יְהוּדָה (vgl. auch Rudolph, Elo-
    hist 267) -, übersieht dabei aber den Zusammenhang mit den vorangehenden
    und nachfolgenden Versen, wenn er v.1aβγb-2.4-7*.10-16a.17b.27-33* zum Grund-
    bestand des Kapitels rechnet (so S. 226 Anm. 32).
65 Vgl. Auld, Judges I, 269f.
66 Budde, Richter 5. V.9 freilich bloß als "Einschub" zu kennzeichnen (so
    Budde, ebd.), genügt noch nicht.

V. 10-15

Mit v.(10.)11-15 liegt also wieder ein älteres Stück vor, das der Juda-Redaktor geschickt in Ri 1 einfügte. Der Abschnitt ist in Anlehnung
und zumeist wörtlicher Aufnahme von Jos 15,13-19 gestaltet worden. Dabei wurden auch einschneidende Änderungen vorgenommen: Nicht Kaleb,
sondern Juda hat nun Hebron und Debir eingenommen (v.10f.), ganz der
Tendenz der Juda-Redaktion entsprechend. Durch diese Umwandlung erscheint die ohnehin schon schwer zu deutende Episode über die Tochter
Kalebs (Jos 15,18f. // Ri 1,14f.) nun in einem noch dunkleren Licht.
Ihre Funktion in Ri 1 ist völlig unklar, ja sie scheint nur aufgrund ihres
Platzes hinter Jos 15,16f. mit aufgenommen worden zu sein.[67]

Daß tatsächlich die Jos-Fassung die Vorlage für 1,10-15 abgegeben
hat, soll nun ein genauer Vergleich zeigen. Betrachtet man zunächst die
beiden nahezu identischen Abschnitte Jos 15,15-19 und Ri 1,11-15, so ergeben sich folgende acht Abweichungen:

	Jos 15			*Ri 1*	
(1)	v.15	Subjekt Kaleb		v.11	Subjekt Juda
(2)	v.15	וַיַּעַל		v.11	וַיֵּלֶךְ
(3)	v.17			v.13	zusätzlich הַקָּטֹן מִמֶּנּוּ (vgl. Ri 3,9)
(4)	v.18	שָׂדֶה		v.14	הַשָּׂדֶה
(5)	v.19a	וַתֹּאמֶר		v.15a	וַתֹּאמֶר לוֹ
(6)	v.19a	תְּנָה־לִּי		v.15a	הָבָה־לִּי
(7)	v.19b	ohne Nennung des Subjekts		v.15b	zusätzlich כָּלֵב (Nennung des Subjekts)
(8)	v.19b	תַּחְתִּיּוֹת / עִלִּיּוֹת (Pl.)		v.15b	תַּחְתִּית / עִלִּית (Sg.)

Die meisten der hier aufgeführten Abweichungen sprechen ganz eindeutig für die Priorität der Jos-Fassung: so die Ersetzung des Subjekts
(Nr.1), die Hinzufügung der auch in Ri 3,9 begegnenden Wendung "größer
als er" (Nr.3), die Bezeichnung des Gegenübers in v.15a (לוֹ, Nr.5) und
die zusätzliche, verdeutlichende Nennung des Subjekts "Kaleb" (Nr.7).
Bei den hier nicht genannten Abweichungen (Nr.2, 4, 6 und 8) läßt sich
keine eindeutige Abhängigkeit erweisen, so daß sie auch nicht *gegen* die
vorgeschlagene Priorität von Jos 15 sprechen.

Es ist sodann auffällig, daß die LXX-Fassung von Jos 15,15-19 mit
Ri 1,11-15 (MT) gerade bei den oben aufgeführten Abweichungen überein-

---

67 Durch die Änderung des Subjekts in "Juda" (v.10f.) wirkt die Einführung
    von "Kaleb" in v.12 reichlich abrupt.

stimmt. Dies gilt jedenfalls für Nr. 3, 5, 7 und 8.[68] Aus diesen Beobachtungen wird man freilich kaum den Schluß ziehen dürfen, daß dem für
Ri 1,11-15 verantwortlichen Redaktor eine auf der LXX-Version von Jos
15 basierende Textfassung vorgelegen habe. Vielmehr dürfte die LXX in
Jos 15, die ja auch sonst stärkere Texteingriffe (besonders in dem schwierigen Vers Jos 15,18 // Ri 1,14) vornimmt, aufgrund von Ri 1 harmoni-
siert haben.

Abschließend sei noch kurz auf v.10 eingegangen. Die Aufzählung der
drei Enakiter in Versteil 10b entspricht etwa Jos 15,14bα (mit einem anderen Verb verbunden: Jos ירש, Ri נכה), die Gleichung Kirjat-Arba =
Hebron konnte Jos 15,13 entnommen werden.[69] Ansonsten scheint v.10 in
seiner jetzigen Form vom Juda-Redaktor selbst formuliert worden zu
sein. Daß hier wiederum wie in v.2.4 die einfache Form יְהוּדָה (statt
בְּנֵי יְהוּדָה) verwendet wird, mag mit dem Kontext zusammenhängen, in
dem der Vers steht: In v.11-15 werden die im Süden beheimateten Sippen
wie *Personen* behandelt, so daß sich die einfache Form "Juda" relativ
zwanglos erklären läßt.

V. 16-17

Der MT von v.16 ist ganz offensichtlich verderbt bzw. nicht mehr in
seiner ursprünglichen Form erhalten: וּבְנֵי קֵינִי ergibt keinen rechten
Sinn; man würde eine Determination des Nomen rectum erwarten ("die
Söhne *des* Keniters"). Freilich setzt die appositionelle Näherbestimmung
"der Schwiegervater Moses" voraus, daß קֵינִי Eigenname und nicht Gat-
tungsname ist. Mit einer Determination allein ist das Problem also noch
nicht gelöst.

Noch größere Schwierigkeiten wirft die Fortsetzung auf: Der Ausdruck אֶת־בְּנֵי יְהוּדָה ("mit den Judäern") gibt sich schon durch seine
isolierte Stellung als spätere Glosse zu erkennen.[70] Überhaupt bleibt der
Verlauf des in v.16 berichteten Kriegszuges im Dunkeln (vgl. das unverständliche Nebeneinander der Örtlichkeiten בְּנֶגֶב / מִדְבַּר יְהוּדָה /
עֲרָד). Und schließlich ist Versteil 16b - zumal vor v.17 - kein rechter
Sinn abzugewinnen.

Die Versuche, den ursprünglichen Text wiederherzustellen, sind viel-
fältig. Es ist von vornherein davon auszugehen, daß die vorliegenden
Schwierigkeiten schwerlich allein durch (mechanische) Textverderbnis

---

68   Vgl. dazu ausführlich Auld, Judges I, 270-272.
69   Ob - umgekehrt - verschiedene Elemente in Jos 15,13f. aus Ri 1,10.20 stam-
     men, wie Noth, Josua² 90, vermutet, läßt sich nicht erweisen und ist eher
     unwahrscheinlich.
70   Vgl. Mittmann, Ri 1,16f., 215.

entstanden sind, sondern auch – und vielleicht sogar zum größten Teil –
auf redaktionelle Eingriffe wie Glossen, Bearbeiterzusätze u.ä. zurückgehen.

Um das eingangs skizzierte Problem, wie קֵינִי zu verstehen ist, auszuräumen, wird im allgemeinen eine schon in LXX^A (etwas anders LXX^B)
bezeugte Lesart bevorzugt: Ergänzung von חֹבָב sowie des bestimmten
Artikels bei קֵינִי ("und die Söhne Hobabs, des Keniters").[71] Nun wird
die Ergänzung von "Hobab" meist damit begründet, daß die in diesem
Zusammenhang genannte Parallele in 4,11 ("von den Söhnen Hobabs, des
Schwiegervaters des Mose") eine Glosse darstelle, die nur auf den –
entsprechend zu ergänzenden – Text in 1,16 zurückgehen könne. Also
müsse der Name hinzugefügt werden. Diese Sicht indes ist nicht zwingend. Obwohl es sich bei der genannten Angabe in 4,11 zweifelsfrei um
eine Glosse handelt, ist doch zu bedenken, daß der für den jetzigen Zusammenhang von 1,1ff. verantwortliche Juda-Redaktor zeitlich sehr spät
anzusetzen ist. So ist – umgekehrt – eher zu vermuten, daß die Schwierigkeiten in v.16a erst durch Einwirkung der (ihrerseits sekundären) Stelle in 4,11 entstanden sind. Die Bezeichnung "Schwiegervater des Mose"
ist in v.16 kaum ursprünglich.[72] Sie mag aus 4,11 genommen worden
sein. Wichtiger aber ist, daß diese Glosse darauf hindeuten könnte, daß
in v.16a einmal der Name קַיִן gestanden hat, der dann in grammatisch
korrekter Weise durch חֹתֵן מֹשֶׁה näherbestimmt wurde. Ein Späterer
hätte schließlich (ebenfalls aufgrund von 4,11 ?) den Namen קַיִן in den
Gattungsbegriff קֵינִי umgewandelt, wodurch die jetzige Verwirrung entstanden ist. Ursprünglich dürfte in v.16 also וּבְנֵי קַיִן ("Keniter") gestanden haben.[73]

Vor noch größere Probleme stellt die Rekonstruktion des Kriegszuges, den die Keniter unternehmen. In einer einleuchtenden Analyse jedoch
stellte Mittmann den Text mit Hilfe der LXX wieder her: Nach LXX
ist vor "Arad" ἐπὶ καταβάσεως (= עַל מֹרַד "auf den Abstieg von Arad")
zu ergänzen; der jetzige Text entstand durch Homoioteleuton / Haplo-
graphie (vgl. עֲרָד / עַל מֹרַד).[74] Desweiteren scheidet Mittmann folgende Stücke als sekundär aus:[75] "mit den Judäern" (s.o.); "Wüste Ju-

---

71   So u.a. Noth, ÜPent 185 Anm. 475; Mazar, Sanctuary 297-303; Boling, Judges
      57; Soggin, Judges 23; zuletzt ausführlich Mittmann, Ri 1,16f., 214, dem z.B.
      Hecke, Juda 69f., folgt. Ähnlich Budde, Richter 8, der zusätzlich וּבְנֵי streicht
      und עָלוּ in die Singular-Form עָלָה ändert.
72   Vgl. Mittmann, Ri 1,16f., 219.
73   Vgl. auch Fritz, Israel 64f.; ders., Tempel 55f. Zu den unterschiedlichen
      Namen von Moses Schwiegervater vgl. W.H. Schmidt, Exodus I, 85-87.
74   Vgl. Mittmann, Ri 1,16f., 214. Siehe auch Budde, Richter 9; Soggin, Judges 23.
75   Vgl. Mittmann, Ri 1,16f., 215f.

das"; "die im Negeb (liegt)"; v.16b. Unter Berücksichtigung des oben zu קֵינִי Ausgeführten ergibt sich folgende ursprüngliche Fassung von v.16: "Und die Keniter stiegen von der Palmenstadt[76] hinauf auf den Abstieg von Arad."

Bevor die in v.17 vorliegende Fortsetzung dieses Satzes in den Blick genommen wird, sollen die Zusätze in v.16 - soweit noch nicht geschehen - näher charakterisiert und eingeordnet werden.

Der Ergänzer der Worte "mit den Judäern" schreibt einen ursprünglich allein von den Kenitern durchgeführten Zug nun auch den Judäern zu. Diese Tendenz entspricht der Juda-Redaktion, wie sie in v.8f.18 und in der jetzigen Fasung von v.21 hervortritt. Sie darf wohl auch hier vermutet werden. Auf dieselbe Hand mag auch die gleich darauf eingefügte Erwähnung der "Wüste Judas" zurückgehen.[77] Sie paßt zu den in v.9 genannten Regionen. Ob אֲשֶׁר בְּנֶגֶב ursprüngliche Näherbestimmung von Arad war (und also umgestellt werden müßte), ist kaum mehr zu entscheiden.[78] Denkbar ist auch, daß die Angabe einmal als (wohl dann sekundäre) Erklärung von עִיר הַתְּמָרִים gedacht war, um eine Identifizierung der Stadt mit dem weit entfernten Jericho auszuschließen. Dies müßte dann *vor* der Einfügung der beiden Zusätze אֶת־בְּנֵי יְהוּדָה מִדְבַּר יְהוּדָה erfolgt sein.

Von wem schließlich stammt Versteil 16b? Meist wird aufgrund von 1 Sam 15,6 angenommen, hier habe ursprünglich אֶת הָעֲמָלֵקִי gestanden.[79] Es könnte sein, daß man später die verhaßten Feinde Israels (vgl. Ex 17,8ff.; Dtn 25,17) an dieser Stelle tilgte und dafür הָעָם einsetzte.[80] Aber selbst wenn man ein ursprüngliches "Amalekiter" annähme, bliebe doch unklar, was v.16b im Anschluß an den (wiederhergestellten) Versteil 16a besagen soll.

V.16b setzt offenbar die jetzige Textverwirrung schon voraus und interpretiert den ersten Teil des Verses als einen Zug der Keniter (und Judäer) von der "Palmenstadt" nach Arad. Mit dem עָם wären also die Bewohner von Arad gemeint, bei denen sich die Keniter nun niederlassen (ישׁב). Daß Arad ursprünglich (gemäß dem wiederhergestellten Text) nicht Ziel, sondern lediglich Durchgangsstation gewesen ist, sich also v.16a in v.17* fortsetzt, war dem Ergänzer von v.16b offenbar nicht mehr klar. Er betrachtete v.16 und 17 als zwei Handlungen für sich.

Zu diesem Mißverständnis hat gewiß der Umstand beigetragen, daß auch in v.17 Eingriffe redaktioneller Art vorgenommen wurden. So ist

---

76 Gemeint ist kaum Jericho; zur Diskussion vgl. Soggin, Judges 28.
77 Vgl. Mittmann, Ri 1,16f., 215.
78 Vgl. Budde, Richter 9.
79 Vgl. Budde, Richter 9; Soggin, Judges 23; siehe auch Mittmann, Ri 1,16f., 216.
80 So Budde, Richter 9.

v.17aα zweifelsfrei als Ergänzung zu betrachten, die - wie in dem ebenfalls sekundären v.3 - an der Begleitung Judas durch *Simeon* interessiert
ist. Diese Einfügung mag veranlaßt worden sein durch Jos 19,1.4, wonach
die eroberte Stadt Horma im Stammesgebiet *Simeons* lag.[81] Die alte
Fortsetzung von v.16a* darf also in v.17aβb vermutet werden, so daß
sich der folgende ursprüngliche Text von v.16-17* ergibt: *"Und die Keniter stiegen von der Palmenstadt hinauf auf den Abstieg von Arad und
schlugen die Kanaanäer, die in Zefat wohnten, und belegten es mit dem
Bann und gaben der Stadt den Namen Horma."*

Dieses Traditionsstück, das von der Eroberung der Stadt Zefat durch
die im Süden beheimateten Keniter berichtete, wurde vom Juda-Redaktor
aufgenommen und nach bewährtem Muster (vgl. v.5-7a und 10-15) verarbeitet: Durch Einfügung der "Judäer" in v.16 war Juda an dem Kriegszug
zumindest mitbeteiligt. V.17aα hingegen setzt die Ergänzung des Juda-
Redaktors in v.16 schon voraus und ist folglich später anzusetzen. Dies
fügt sich gut zu der Beobachtung, daß der mit v.17aα verwandte v.3 ebenfalls einen vom Juda-Redaktor verfaßten Zusammenhang unterbricht.

V. 18

Die Tendenz dieses Verses ist eindeutig: "The MT appears to be in
keeping with those parts of this chapter which have been told 'ad maiorem Judaeae gloriam'."[82] Gewöhnlich wird deshalb unter Hinweis auf die
LXX ein לֹא eingesetzt, die Aussage des Verses also in ihr Gegenteil
verkehrt.[83] V.18 wäre demnach - folgte man dieser Textänderung -
sachlich der Liste nichteroberter Orte in 1,21.27ff. zuzuordnen. Indes
sprechen mehrere gewichtige Gründe gegen eine solche Zuordnung:
(1) Eine Ergänzung von לֹא gemäß LXX ist textkritisch nicht gerechtfertigt. Der MT bietet die lectio difficilior.[84] - (2) V.18 ist mit der vermuteten ursprünglichen Fassung von v.21, die "Juda" statt "Benjamin" las,
kaum in Einklang zu bringen. - (3) Die Verwendung des Verbums לכד
ist charakteristisch für die Juda-Redaktion (vgl. v.8.12.13), nicht jedoch
für die Liste nichteroberter Orte (dort nur ירשׁ *hif*).[85] - (4) V.18 fügt
sich auch in seiner Tendenz glänzend in die Juda-Redaktion ein.

Aus diesen Beobachtungen ist der Schluß zu ziehen, daß v.18 von der
Juda-freundlichen Überarbeitung von c.1 herrührt, wobei der Vers in der

---

81 Vgl. Mittmann, Ri 1,16f., 217-219.
82 Auld, Judges I, 272.
83 Vgl. z.B. Hertzberg, Richter 146; Soggin, Judges 23.
84 Vgl. Weinfeld, Period 94f. Anm. 1; Lohfink, Textkritisches 279; Hecke, Juda 52.
85 Deshalb wird im allgemeinen (über die Hinzufügung des לֹא hinaus) לכד in
    ירשׁ *hif.* geändert (vgl. LXX).

Art der Formulierung von v.21.27ff. beeinflußt worden sein dürfte.[86] Die
LXX hingegen hat die ursprünglich positive Aussage von v.18 ins Negative gewendet und den Vers damit ganz an 1,21.27ff. angeglichen. Dieser
Vorgang ist deutlich daran ablesbar, daß das Verbum לכד nicht mit
(προσ) καταλαμβάνειν (wie in v.8.12.13), sondern - entsprechend 1,21. 27ff.
- mit κληρονομεῖν (= ירשׁ hif) wiedergegeben wird. Es mag sein, daß
bei der bewußten Änderung der LXX auch sachliche Erwägungen eine
Rolle gespielt haben, nämlich ein Wissen darum, daß die in v.18 genannten Philisterstädte in vorstaatlicher Zeit nicht eingenommen werden
konnten (vgl. auch Jos 13,3 und Ri 3,3).

V. 19

Der Vers hebt sich in Tendenz und Formulierung deutlich von der
Liste nichteroberter Orte ab: In v.19aα wird - entsprechend v.1f. - Jahwes Beistand für Juda herausgestrichen. Auch die Bedeutung des Verbums
ירשׁ hif in v.19aβ ("in Besitz nehmen") markiert eine Differenz zu v.21.
27ff. (vgl. aber v.19bα). Hinzu kommt, daß dieses Verbum nur hier (und
in v.20) ohne Negation begegnet. Erst Versteil 19b spricht davon, daß
Juda nicht alles einzunehmen vermochte. Dabei ist davon auszugehen,
daß in v.19b ursprünglich ein יָכֹל gestanden hat ("denn sie *konnten*
nicht vertreiben", vgl. die merkwürdige Form לְהוֹרִישׁ).[87]
Der Vers kann also nicht zur Liste nichteroberter Orte gehört haben,
in der es ja um die *Schuld* der israelitischen Stämme ging, nicht um
deren militärische Schwäche oder Unfähigkeit. Letzteres aber betont ausdrücklich der geradezu als Entschuldigung wirkende Hinweis auf die
Streitwagen aus Eisen, die die militärische Überlegenheit der Kanaanäer
begründen (vgl. Jos 17,16.18; Ri 4,3.13). Die eisernen Wagen passen somit sehr gut zu der durch das יָכֹל dokumentierten Auffassung. Dieses
ursprüngliche יָכֹל in v.19b könnte später von einem Redaktor getilgt
worden sein, der merkte, daß es in Ri 1,21ff. eigentlich um die *Schuld*
Israels ging.
V.19 wird man demnach als Einfügung ansehen dürfen, die Elemente
der Juda-Redaktion (vgl. v.1f.9) und der Liste nichteroberter Orte aufnahm, um möglicherweise den in dieser Liste vermißten Stamm Juda an
geeigneter Stelle nachzutragen.[88] Die überaus positive Darstellung Judas

---

86 Vgl. auch G. Schmitt, Frieden 58.
87 Vgl. Budde, Richter 10; Boling Judges 58. Einen Konjekturversuch anderer Art
    hat Dahood, Scriptio 570, vorgelegt, der statt לֹא לְהוֹרִישׁ liest: לָאָה לְהוֹרִישׁ
    (abgeleitet von einem Verbum לאה "schwach sein").
88 Vgl. Hecke, Juda 54.

beim Juda-Redaktor (vgl. v.8.18) wird damit zugleich ein wenig korrigiert, eine Tendenz, die sich auch für den folgenden v.20 ausmachen läßt.

V. 20

Wie schon seit langem erkannt ist, liegt in v.20 eine Korrektur von v.10 vor.[89] Dabei werden die Änderungen, die der Verfasser von v.10 gegenüber seiner Vorlage Jos 15,14f. vornahm (besonders die Ersetzung Kalebs durch Juda), wieder rückgängig gemacht (vgl. auch das in v.20 wieder aufgenommene וַיֹּרֶשׁ aus Jos 15,14). Die Angaben aus v.10 sollen also mit diesem Vers "zurechtgerückt", korrigiert werden. Diese Intention ist ganz deutlich daran ablesbar, daß in v.20 durch einen Verweis auf ein Mosewort, das man in Jos 14,6-15 findet, ausdrücklich der Anspruch *Kalebs* (und nicht Judas!) auf Hebron herausgestrichen wird. Aufgrund der mit v.19 verwandten Tendenz ist zu erwägen, ob nicht beide Verse (v.19-20) von ein und demselben Redaktor herrühren, der an dem überaus positiven Bild, das die Juda-Redaktion von dem großen Stamm des Südens zeichnete, einige kleinere Korrekturen vornahm.

V. 21

Der Vers ist bereits im Zusammenhang mit der Liste nichteroberter Orte behandelt worden, zu der er ursprünglich gehörte. Nach der Analyse von v.1-20 läßt sich nun auch angeben, wer für die in v.21 erfolgte Änderung von בְּנֵי יְהוּדָה in בְּנֵי בִנְיָמִן verantwortlich war: Es war der Juda-Redaktor, der es aus verständlichen Gründen nicht hinnehmen konnte und wollte, daß Juda jemals einen erfolglosen Kriegszug - und ausgerechnet gegen Jerusalem - unternahm. So schrieb er die Erfolglosigkeit kurzerhand Benjamin zu. Zu dieser Änderung mag er durch Jos 18,28 veranlaßt worden sein, wonach Jerusalem auf benjaminitischem Territorium lag.

V. 22-26

Die Episode über die Eroberung Bet-Els durch das Haus Josef stellt ein relativ selbständiges Stück dar, das sich in mehrfacher Hinsicht von der Umgebung abhebt. Für den sekundären Charakter von v.22-26 spricht zum einen, daß das "Haus Josef" in v.27f.29 aufgeteilt erscheint in Manasse und Efraim. Zum andern unterbrechen gerade diese Verse den als ursprünglich vermuteten Zusammenhang von v.21 und 27ff., also die Liste nichteroberter Orte. Daß das Stück gerade an dieser Stelle erscheint, ergibt sich aus der Ordnung und Reihenfolge der Stämme: v.22-26 bekamen ihren Ort sachgemäß vor Manasse (v.27f.) und Efraim (v.29).

---

89 Vgl. Wellhausen, Composition 209; Budde, Richter 5; Auld, Judges I, 273.276.

Von wem aber und mit welchem Interesse ist diese Bet-El-Episode eingefügt worden? Es liegt nahe, in den beiden etwas ungeschickt plazierten Worten גַּם־הֵם in v.22 die Hand eines Redaktors zu vermuten, der den erfolgreichen Zug gegen Bet-El mit den Eroberungen Judas (v.1ff.) verbinden und parallelisieren wollte.[90] Es fällt indes auf, daß die Berührungen mit der Aktion Judas nicht auf die beiden genannten Worte beschränkt sind. Die Aussage "und Jahwe war mit ihnen" (v.22b) entspricht der göttlichen Beistandszusage in v.1f., und der Anfang von v.22 (וַיַּעֲלוּ) bezieht sich ganz eindeutig auf v.1-4 zurück, wo das Verb עלה mehrfach begegnet.

Somit ist festzuhalten, daß v.22 als Ganzes der Parallelisierung der Eroberungsaktion des Hauses Josef mit der Judas dient. So liegt die Vermutung auf der Hand, v.22 sei dem älteren Stück v.23-26 zum Zwecke der Einfügung in den jetzigen Zusammenhang sekundär vorangestellt worden.[91] Eine gewisse Stütze erfährt diese Sicht darin, daß nur v.23-26 - nicht aber v.22 - auffällige thematische Parallelen mit der Erzählung über die Eroberung Jerichos in Jos 2 und 6 aufweist:[92]

Ri	Jos	
1,23a	/ 2,1a	Kundschafter (רגל / תוּר)
1,24a	/ 2,1b	Treffen auf einen Mann / eine Dirne
1,24b	/ 2,8-14	"Wohlwollen", "Schonung" (חֶסֶד); in Ri als Angebot, in Jos als Bitte
1,25a	/ 2,15-21	Nach dem Abkommen
1,25a	/ 6,1-21	Einnahme der Stadt
1,25b	/ 6,22-25	Verschonung
1,26	/ 6,25f.	Weiterleben an einem anderen Ort

Es liegen zwar keine wörtlichen, wohl aber motivische Parallelen vor, die von einem gemeinsamen Thema bestimmt sind, der Verschonung eines Kollaborateurs. V.23-26 stellen also in der Tat ein selbständiges Stück dar, dessen Verfasser offensichtlich durch Jos 2 und 6 inspiriert worden ist. *Literarische* Abhängigkeit läßt sich aber nicht nachweisen. Über die Herkunft dieses älteren Stückes kann man nur spekulieren. Es ist ebensowenig zu entscheiden, ob es einmal Bestandteil eines größeren literarischen Zusammenhangs gewesen ist. Sollte die Geschichte von der Eroberung Jerichos tatsächlich als Vorbild gedient haben, wäre Ri 1,23-26

---

90 Vgl. Auld, Judges I, 276.
91 Vgl. unter ganz anderen literarhistorischen Voraussetzungen Eißfeldt, Hexateuch-Synopse 83.252*, der v.22 zu L, v.23-26 zu J rechnet.
92 Vgl. auch die Übersicht bei Webb, Book 96f. Ferner Herrmann, Geschichte 120.130.

kaum in allzu frühe Zeit zu datieren. Die Art und Weise, wie hier auf
Jos 2.6 Bezug genommen wird, erinnert im übrigen stark an die Darstellung der danitischen Nordwanderung in Ri 18, einem Kapitel, das sich
allem Anschein nach einer spät-dtr Hand verdankt (dazu s.u.).[93]

Der zum Zwecke der Einfügung des Stückes in den vorliegenden Zusammenhang formulierte und vorangestellte v.22 dürfte aufgrund seiner
sprachlichen Gestaltung und der bereits genannten Parallelen zu v.1ff.
der Juda-Redaktion zuzuweisen sein. Ein solches redaktionelles Verfahren
- Aufnahme und Einleitung eines älteren Stückes - war bisher schon bei
der Juda-Redaktion beobachtet worden (vgl. v.4.5-7a und v.9.10-17).[94]

Man fragt sich natürlich sogleich, warum dieser Redaktor ein Interesse daran gehabt haben könnte, das Haus Josef als erfolgreich herauszustellen, wo er doch sonst alle Begebenheiten ad maiorem Judaeae
gloriam auszulegen verstand. Indes muß dies noch kein Widerspruch sein,
der die vorgenommene redaktionsgeschichtliche Einordnung falsifizierte.
Die Einfügung von v.22-26 deutet vielmehr an, daß dem Ort *Bet-El* eine
besondere Aufmerksamkeit zugewandt wird. Es läßt sich freilich nur vermuten, daß Bet-El in der Gegenwart des Redaktors eine weitreichende
Bedeutung haben mußte. Es ist gewiß kein Zufall, daß die in Ri 20f.
mehrfach geschilderten Jahwebefragungen (20,18.23.26; 21,2) ausgerechnet
in Bet-El abgehalten werden. Mit einer (fast) gleichlautenden - freilich
nicht lokalisierten - Befragung Jahwes beginnt ja auch die Juda-Redaktion ihre Darstellung in Ri 1,1f. Hinter der Einfügung von v.22-26 stand
offenbar die Absicht, den gerade auch in der exilisch-nachexilischen Zeit
als (kultisch-religiöses) Zentrum fungierenden Ort Bet-El[95] als *israeli-
tisch* zu erweisen. Zu diesem Zweck wurde eine Episode über die hinter-
listige Eroberung Bet-Els eingefügt, die schon aus geographischen Gründen nicht vom südlichen Stamm Juda vorgenommen werden konnte.

Die bisherige Analyse hat das Stück Ri 1,1-18 (sowie 1,22-26) auf
einen hier so genannten "Juda-Redaktor" zurückführen können, dem der
spät-dtr Bestand des Kapitels (1,21.27ff.; 2,1-5) bereits vorlag. Dabei
wurde die Engelrede in 2,1-5 bislang nur beiläufig behandelt. Sie soll
nunmehr etwas genauer betrachtet werden.

---

93   Ob man auch in Ri 1,23-26 mit einem *dtr* Redaktor rechnen kann (so
     Soggin, Judges 29), ist indes kaum mit ausreichenden Gründen zu belegen.
94   Da v.19 von einer noch späteren Hand eingefügt wurde, stößt sich die dort
     gebrauchte Präposition אֵת "mit" nicht mit der in v.22 verwendeten עַם. Vgl.
     aber v.16 אֶת בְּנֵי יְהוּדָה (zur Juda-Redaktion gehörend).
95   Vgl. zu dieser Frage ausführlich Veijola, Verheißung 176-210.

2.3. Ri 2,1-5

2.3.1. Das literarische Problem

Innerhalb des als älter erkannten Eingangs zum Ri-Buch in 1,21.27-35*; 2,1-5 hat der Abschnitt 2,1-5 offenkundig Schlüsselfunktion: Die Nichter-oberung von Städten, die in 1,21.27ff. in nüchtern-berichtender Art mitge-teilt wurde, ist Ausdruck der Sünde der Israeliten.[96] Das durch einen Jahweengel ausgerichtete mahnend-anklagende Wort in 2,1b-3 bezieht sich zurück auf die in 1,32.33 erwähnten "Bewohner des Landes" (2,2a), und auch der Rekurs auf das "Nichtvertreiben" verbindet 1* und 2,1-5.

Es fällt aber auch auf, daß die Verbindungen in manchem so eng nicht sind. Man wünschte sich z.b. deutlichere Bezüge in der Engelrede auf die Liste der uneroberten Städte. Auffällig ist vor allem dies, daß in Ri 1 das Nichtvertreiben als solches als *Sünde* verstanden zu werden scheint, während es in 2,3 (und auch in Jos 23; Ri 2,20f.23) offenbar als göttliche *Strafe* für die Sünde aufgefaßt wird.[97] Es kommt hinzu, daß hier zwei verschiedene Verben benutzt werden: In 1,21.27ff. ירשׁ *hif* und in 2,3 גרשׁ *pi* (zudem mit unterschiedlichen Subjekten!). Auf dieses Pro-blem wird noch zurückzukommen sein. Zuvor aber ist das Stück 2,1-5 einmal für sich zu betrachten.

In literarischer Hinsicht wirft der eigentümliche Abschnitt ein Pro-blem auf, das bisher noch nicht befriedigend geklärt werden konnte. Ei-nerseits ist die Engelrede selbst (v.1b-3) in Sprache und Vorstellung ein-deutig dem (spät-)dtr Literaturbereich zuzuweisen.[98] Andererseits macht der *Rahmen* der Rede (v.1a.4f.) einen eher älteren Eindruck. So erscheint es nicht verwunderlich, daß man in dem Zug des Jahweengels eine eige-ne ältere Tradition vermutet hat.[99] Gegenüber solchen und ähnlichen Versuchen ist jedoch festzuhalten, daß es "literarkritisch keine *positiven* Gründe (gibt), Rede und Rahmen zu scheiden".[100] *Halbe* zieht aus der so vehement verteidigten literarischen Einheitlichkeit von 2,1-5 den nicht unproblematischen Schluß, daß es sich bei dem Stück als Ganzes um

---

96 Vgl. auch Smend, Gesetz 135.

97 Vgl. Smend, Gesetz 136, mit Folgerungen für das literarische Verhältnis von 2,1b-3 zu Jos 23; Ri 2,20f.23.

98 Eine Auflistung der Parallelen bei Veijola, Verheißung 185 Anm. 25.

99 Wellhausen, Composition 210; Budde, Richter 17, nehmen einen ursprünglichen Zusammenhang v.1a.5b an, der durch Einfügung dtr Anschauungen durchbro-chen worden sei. Vgl. auch Perlitt, Bundestheologie 22 Anm. 1.

100 Halbe, Privilegrecht 354 (vgl. die weitere Begründung S. 354-358).

eine alte Ortsüberlieferung handle, deren Sitz im Leben in den Klage-
und Bußfeiern bereits der vorstaatlichen Zeit zu suchen sei.[101] Diese
Frühdatierung stellt mit Recht *Veijola* in Zweifel: Mit der Ortung von
2,1-5 durch Halbe "ist der *kultische* Sitz des Textes im Leben ohne
Zweifel richtig bestimmt, sein *historischer* Sitz im Leben jedoch um ein
halbes Jahrtausend nach vorn vorgelegt."[102] Die bereits angesprochene
Fülle dtr Termini in der Rede selbst belegt diese Auffassung zur Genü-
ge. Daß aber auch der *Rahmen* kaum auf eine ältere Überlieferung zurückgeht, sondern in einem Zuge mit dem Redekorpus verfaßt wurde,
soll nun gezeigt werden.

Zunächst zur Gestalt des Engels: Der Jahweengel hat in den in
vielerlei Hinsicht mit Ri 2,1-5 verwandten Texten Ex 23,20-33; 33,2
(auch Ex 32,34; Num 20,16) von Jahwe die Aufgabe erhalten, die Israeliten in das gelobte Land zu führen.[103] Im Rahmen dieser Funktion richtet
der Engel in 2,1-5 seine anklagende Rede an die Israeliten. Besonders
zu beachten ist nun, daß in Ex 23,20ff. und 33,1f. eine Reihe weiterer
Parallelen - nun aber zum dtr Korpus der Rede! - bestehen: So wird in
Ex 23,28-31 auf das "Vertreiben" (גרשׁ *pi*) der Landesbewohner Bezug
genommen. Ferner: "auf die Stimme (des Engels!) hören" (Ex 23,21 /
Ri 2,2); Warnung vor Götzendienst (23,24 / 2,2); Verbot des Bundesschlusses mit den Landesbewohnern (23,32 / 2,2); die fremden Götter werden
zum Fallstrick (מוֹקֵשׁ) (23,33 / 2,3). Und Ex 33,1f.: Herausführung aus
Ägypten mit Väterschwur verbunden (Ex 33,1 / Ri 2,1b); Vertreiben
(גרשׁ *pi*) der Kanaanäer etc. (33,2 / 2,3). Sollte 2,1-5 von diesen genannten Texten abhängig sein - und dafür spricht einiges[104] -, dürfte die
Gestalt des Engels *zusammen* mit den für den (spät-)dtr Literaturbereich
typischen Topoi aufgenommen worden sein.

Auch die Vorstellung von der *Wanderung* des Engels von Gilgal
nach Bochim ist in diesem Zusammenhang erklärbar. Gilgal gilt im Jos-
Buch an mehreren Stellen als Ausgangspunkt der israelitischen Landnahme, als Ort des Lagers Israels (so in Jos 4,19; 10,6-9.15.43; 14,6; in
4,19 sogar betont als erster Lagerplatz Israels auf dem linken Jordanufer). Bochim - gemeint ist zweifellos Bet-El[105] - liegt im Zentrum des
Landes. Bet-El dürfte gerade in exilisch(-nachexilischer) Zeit eine

---

101 Vgl. Halbe, Privilegrecht 356-358.385.

102 Veijola, Verheißung 185.

103 Zur Funktion des "Boten" in der Auszugstradition vgl. auch Dohmen, Bilderver-
     bot 122f.

104 Vgl. Nelson, Redaction 45f., und unten Kap. 2.3.2.

105 Vgl. die "Eiche des Weinens" bei Bet-El in Gen 35,8; siehe auch schon LXX,
     die in v.1 "Bet-El" ergänzt; ferner Wellhausen, Composition 210; Hertzberg,
     Richter 155; Veijola, Verheißung 186.

wichtige Rolle, vielleicht auch als bevorzugter Ort von Klagefeiern[106], gespielt haben.

Der Zug des Jahweengels von Gilgal nach Bochim symbolisiert und impliziert also das auch im Redekorpus Enthaltene: Jahwe war bei der Landnahme mit dabei (von Gilgal an bis in das Herz des gelobten Landes), doch Israel hat sich nicht an die Verbote Jahwes gehalten. Es vollzog einen Bundesschluß mit den Bewohnern des Landes. So kam es zu diesem jammervollen Zustand ("Bochim"), der in die Klage vor Jahwe und in die Buße hineinführt (2,4f.). So ist das Stück 2,1-5 als ein geschlossenes, literarisch einheitliches und spät-dtr Kreisen entstammendes Ganzes zu verstehen und zu interpretieren, das sich zurückbezieht auf das Verbot des Bundesschlusses mit den Landesbewohnern und von da aus urteilt.[107]

2.3.2. Die Parallelen zu Ri 2,1-5

Die Engelrede weist Parallelen zu Stücken aus der engeren Umgebung auf, die im allgemeinen der spät-dtr Schule (bzw. genauer DtrN) zugeordnet werden: Jos 23 (vor allem v.13b) und Ri 2,20f.23; 3,5f. (vgl. auch 6,7-10). Doch es liegen auch - z.t. sehr enge - Berührungen mit Texten aus dem Pentateuch vor, die die Frage nach der Art der Abhängigkeit aufwerfen: Ex 23,20-33; 34,11-16; Num 33,50-56; Dtn 7.[108] Es fällt freilich schwer, eine eindeutige (literarische) Abhängigkeit zwischen Ri 2,1-5 und einem oder mehreren dieser Texte nachzuweisen. Schon das Verhältnis der vier Pentateuchtexte untereinander ist weitgehend ungeklärt.

Als jüngstes Stück wird man wohl *Num 33,50-56* ansprechen können, da es dtr und priesterschriftliche Vorstellung und Sprache in sich vereinigt und in den Bereich der Zusammenarbeit des Tetrateuch mit dem dtr Geschichtswerk gehört.[109] Gerade dieser späte Text aber enthält Elemente und Wendungen, die sowohl für Ri 1,21.27ff. wie auch für 2,1-5

---

106 Vgl. dazu Veijola, Verheißung 190-198.

107 Für eine spät-dtr Entstehung spricht auch eine traditionsgeschichtliche Beobachtung: In 2,1b begegnet die Vorstellung, daß *Jahwe* seinen Bund nicht brechen werde, wohl als bewußte Weiterführung *dtr* Gedanken (dazu Thiel, Heferit berit 222f.).

108 Vgl. die Übersichten über die Parallelen im einzelnen bei Thiel, Hefer berit 222, und Veijola, Verheißung 185 Anm. 25.

109 Vgl. Noth, Numeri 214 (auf den gesamten Abschnitt Num 33,50-34,29 bezogen); Smend, Land 224; G. Schmitt, Frieden 42; Auld, Joshua, Moses 74f.; Lohfink, Schichten 102-104.

charakteristisch sind: So scheint sich die Liste nichteroberter Städte unmittelbar auf Num 33,50-56 zurückzubeziehen, da hier das in Ri 1,1-2,5
vorausgesetzte Vertreibungsgebot ausdrücklich formuliert ist (Num 33,52.
55).[110] Hinzu kommt, daß auch in Num 33 - wie in Ri 1 - Israel bzw.
die israelitischen Stämme das grammatische Subjekt des mit יר״ש hif
umschriebenen Vertreibens sind. Was Ri 2,1-5 betrifft, liegt eine auffällige Parallele zwischen 2,3b und Num 33,55 vor: Beide Stellen sehen
die nichtvertriebenen Völker als ständige Geißel für Israel an. Dabei begegnet das Wort צְדִים in beiden Texten, jedoch in ganz unterschiedlichen Verbindungen. Offenbar bietet die Num-Lesart ("Stacheln *an euren
Seiten*") eine Erleichterung der schwierigen Form לְצִדִּים in Ri 2,3b.[111]
Es scheint daher wahrscheinlicher zu sein, daß Num 33,50-56 Elemente
aus Ri 1,1-2,5 aufgenommen hat, als eine umgekehrte Abhängigkeit zu
vermuten. Man mag zwar einwenden, daß Ri 1* ein Vertreibungsgebot,
wie es nur Num 33 bietet, voraussetze. Doch daß die Nichtvertreibung,
von der Ri 1,21.27ff. berichtet, als Sünde zu verstehen ist und verstanden werden soll, macht 2,1-5 mit hinreichender Deutlichkeit klar, auch
ohne daß ein entsprechendes Verbot formuliert wäre.[112] Es kommt hinzu,
daß das Schwergewicht in Ri 1 offenbar nicht auf die Nichtvertreibung
als solche gelegt wird, sondern auf die jeweils abschließende Feststellung, die Kanaanäer wohnten nun inmitten der israelitischen Stämme (so
oder ähnlich in 1,21.27.29.30.32.33.35). *Darauf* also kommt es an, daß
Israel nun mit den Kanaanäern *zusammenlebt*. Und dieser Umstand wird
in 2,1-5 durchaus sachgemäß als Vergehen gegen das Verbot des Bundesschlusses mit den "Bewohnern des Landes" gewertet. Ri 1,1-2,5* bezieht
sich somit gar nicht so eindeutig auf Num 33,50-56 zurück, wie es auf
den ersten Blick erscheinen mag. Daß Verteibungsgebot einerseits und
Verbot des Bundesschlusses andererseits natürlich eng zusammengehören,
bedarf keiner ausführlichen Begründung.[113] In Num 33,50-56 dürfte eine
Kompilation aus verschiedenen Texten aus dem Bereich der Landnahme-
überlieferungen (u.a. auch Ri 1,1-2,5) vorliegen. Der zusammengesetzte
Charakter ist deutlich an der Aufeinanderfolge der Verse 52, 53 und 54
erkennbar. Literarkritische Operationen sind hier nicht am Platze.[114]

---

110 Vgl. G. Schmitt, Frieden 42; Smend, Land 224.
111 Vgl. zu diesem Problem G. Schmitt, Frieden 41, der Jos 23,13b mit Ri 2,3b
     vergleicht; ferner Lohfink, Schichten 102-104. Spreafico, lṣdym 390-392, ändert
     לְצִדִּים in לְצָדִים ("zu Schlingen").
112 Auch Seebass bemerkt (gegen Smend, Land 224f.), daß "Num 33,50-56 keine
     sichere Beziehung zu Ri. 1, wohl aber zur Endredaktion von Ex. bis Jos." auf-
     weise (Grenzbeschreibungen 83).
113 Vgl. dazu G. Schmitt, Frieden 42.
114 So mit Recht Noth, Numeri 215.

Als ältestes Stück in der Reihe der oben genannten Pentateuchtexte wird gewöhnlich das Privilegrecht Jahwes in *Ex 34,11-16* aufgefaßt,[115] ein Text, der das Verbot eines Bundesschlusses mit den Bewohnern des Landes zum Inhalt hat. Freilich wirft das Stück schon in literarkritischer Hinsicht erhebliche Probleme auf. So differieren die Beurteilungen stark: Während *Noth* die Verse 11b-13.14b-16 als sekundäre Einschübe dtn-dtr Stils innerhalb des J-Zusammenhangs ausscheidet,[116] betrachtet *Schmitt* gerade den v.12, der das Verbot des Bundesschlusses mit den kanaanäischen Landesbewohnern enthält, für den ältesten Kern des Abschnitts.[117] Die Verse 13.15-16 werden - ähnlich Noth - als Eintragungen aus dem Dtn angesehen.[118] Eine stark abweichende Abgrenzung nimmt *Halbe* vor: Gerade die von Schmitt als sekundär eingestuften Verse werden von ihm zum Grundbestand gerechnet, der noch nicht dtn-dtr beeinflußt sei. Es handelt sich hier um 34,11b.12-15.[119]

Halbe liegt wie Schmitt sehr daran, das Verbot, mit den Landesbewohnern einen Bund / Vertrag zu schließen, in die frühe und früheste, auf jeden Fall aber vorstaatliche Zeit zu datieren.[120] So berechtigt indes die traditionsgeschichtliche Rückfrage hinter die Texte ist, die Frühdatierung des Bundesschluß-Verbotes in der in Ex 34 vorliegenden Form ist mit guten Gründen zu bezweifeln.[121] Es fällt an der Hauptgebotsformulierung in v.12-15 auf, daß v.15a mit v.12aα identisch ist. Zwischen beiden Versteilen aber steht einwandfrei (spät-)dtr Gut, so in v.12b[122] und in v.13[123]. So ist es denkbar, daß v.15a der *Wiederaufnahme* von v.12aα zwecks Einschaltung von v.12b-14 dienen sollte. Dies würde bedeuten, daß die Hauptgebotsformulierung in v.12a jedenfalls nicht spät-dtr Ursprungs ist. Man kann an den ersten dtr Autor denken - wofür freilich

---

115 Vgl. z.B. G. Schmitt, Frieden 30; Halbe, Privilegrecht 147.

116 Vgl. Noth, Exodus 213-216; Perlitt, Bundestheologie 220f.

117 G. Schmitt, Frieden 30: "Das Verbot eines Friedens mit den Landesbewohnern gehört in Ex 34 wahrscheinlich zum älteren, von Dt und von Ex 23 unabhängigen Bestand (v.12). Es steht im J-Zusammenhang."

118 Vgl. G. Schmitt, Frieden 30.

119 Vgl. Halbe, Privilegrecht 96-147.492f. Die Analyse Halbes wird zustimmend aufgenommen bei Scharbert, Jahwe 161-173 (dort weitere Lit. zu Ex 34).

120 Vgl. z.B. G. Schmitt, Frieden 154: "Das Vertreibungsgebot oder Verbot eines Friedensschlusses ist die älteste Norm für das Verhalten Israels zu den Völkern." Vgl. auch Lohfink, Hauptgebot 176ff.

121 Hossfeld, Pentateuch 40f., sieht das Hauptgebot in Ex 34,12-15* als das Werk des um das Jahr 700 v.Chr. (S. 32) datierten *Jehowisten* an: "Im *Privilegrecht* (Ex 34,10-26*) schafft der Jehowist ein Grundgesetz der Jahwegesellschaft im Gelobten Land" (S. 40). Eine Frühdatierung des Bundesschluß-Verbotes in die vorstaatliche Zeit schließt auch Rose, Deuteronomist 214-220, aus.

122 מוֹקֵשׁ: vgl. Ex 23,33; Dtn 7,16; Jos 23,13; Ri 2,3; 8,27 u.a.

123 Vgl. Hoffmann, Reform 341f.

keine expliziten Belege beizubringen sind - oder aber noch an die (späte) Königszeit.[124] Eine exaktere Verortung dürfte kaum gelingen, doch daß die Vorstellung von einem Verbot des Bundesschlusses mit den Landesbewohnern keine dtr Erfindung ist, darf man annehmen. Insofern wird man Schmitt und Halbe - einmal abgesehen von der unwahrscheinlichen Frühdatierung - wenigstens darin zustimmen können, daß in Ex 34 die älteste Fassung dieses Verbotes enthalten ist.

Zahlreiche signifikante Parallelen zu Ri 2,1-5 weist der offenbar auf Ex 34,12-15* basierende Abschnitt *Ex 23,20-33* auf.[125] Dieser das Bundesbuch abschließende Anhang, "der schwerlich aus einem Guß ist, sondern allmählich zu seinem überlieferten Bestand angewachsen zu sein scheint, trägt in Stil und Inhalt im allgemeinen deuteronomistisches Gepräge."[126] Offenbar bildete u.a. dieser Text die Vorlage für Ri 2,1-5 oder stammt aus demselben Literaturbereich, worauf die schon genannten Parallelen hinweisen. Eine Differenz besteht freilich darin, daß Ex 23,28ff. in Form einer Mahnung ankündigt, Jahwe werde die fremden Völker *nicht schnell* vertreiben (ähnlich Ri 2,23), Ri 2,3 hingegen ein Vertreiben für die Zukunft überhaupt ausschließt *("nicht mehr")*. Dieses Problem löst sich indes, wenn man das Stück Ex 23,28-31a als Einschub einer späteren Hand herauslöst.[127]

Dtn 7 schließlich gehört in der jetzigen Fassung wohl schon zu den späten, vielleicht nach-dtr Passagen innerhalb des Dtn-Buches.[128] Gleichwohl können sich gerade in den hier interessierenden v.1-5 ältere, freilich auch schon dtr Teile verbergen. Ein Vergleich mit den bereits genannten Pentateuchtexten legt den Schluß nahe, daß Ex 23,20-33* "die unmittelbare Vorlage von Dt 7"[129] gewesen ist.

Die grobe Übersicht über die Parallelen zu Ri 2,1-5 aus dem Pentateuch kann angesichts des schwierigen Befundes und der höchst umstrittenen Deutungen kaum zu einer eindeutigen und befriedigenden Antwort im Hinblick auf die Frage führen, wie die Beziehung dieser Texte zu Ri 2,1-5 im einzelnen zu bestimmen sei.[130] Gleichwohl kann festgehalten werden, daß von den hier aufgeführten Pentateuch-Texten her

---

124 Vgl. auch Noth, Exodus 215f., der v.12.15 auf eine dtn-dtr Hand zurückführt.

125 Nach Halbe, Privilegrecht 488f., geht der Grundbestand von Ex 23,20ff. (v.20-27.31b-33) auf Ex 34,11b-15a zurück. Zu den Parallelen s.o. Kap. 2.3.1.

126 Noth, Exodus 156. Ganz anders G. Schmitt, Frieden 20f.: "höchstens in Bezug auf Ex 23,23f. (als sekundär eingestuft, vgl. S. 22-24) bleibt ein Rest von Zweifel. Sonst ist kein Wort deuteronomistisch."

127 So mit guten Gründen Halbe, Privilegrecht 486.

128 So Lohfink, Kerygmata 100; vgl. Preuß, Deuteronomium 101f.

129 G. Schmitt, Frieden 21. Vgl. auch Halbe, Privilegrecht 111-114.

130 Vgl. auch Perlitt, Bundestheologie 220 Anm. 7.

keine Bedenken bestehen, Ri 2,1-5 einem *spät-dtr* Redaktor zuzuweisen, der auf ein vermutlich in Ex 34,12-15* vorliegendes Bundesschluß-Verbot zurückgreifen konnte.

2.3.3. Literarhistorische Einordnung von Ri 2,1-5

Es konnte aufgrund der Sprache und der Vorstellung wahrscheinlich gemacht werden, daß in 2,1-5 ein spät-dtr Autor (möglicherweise DtrN) am Werk war. Wie verhält sich aber diese Engelrede zu den ebenfalls DtrN zuzuweisenden Stücken Jos 23 und Ri 2,20f.?

Man könnte vermuten, in Ri 2,1b-3 und 2,20f. hätte man es mit Dubletten zu tun.[131] Immerhin ist die Aussage, Jahwe werde die übrigen Völker nicht (mehr) vertreiben, zweimal zu finden (2,3 גרשׁ *pi* und 2,21 ירשׁ *hif*). So scheint eine gerade Linie von Jos 23 zu Ri 2,20f. zu verlaufen. Smend hält es für möglich, daß Jos 23,13b und Ri 2,20b.21 nach dem Vorbild von Ri 2,1b-3 formuliert worden sind.[132] Demnach wäre 2,1b-3 also älter als Jos 23; Ri 2,20f.

Zweifellos setzt die Aussage über die übriggebliebenen Völker in Ri 2,21 das Stück 1,1-2,5* sachlich voraus. Aber muß dann Ri 1,21.27ff.; 2,1-5 auch älter sein? Gegen diese Verhältnisbestimmung erheben sich Bedenken: Ri 2,1-5 und 2,20f. können nicht eigentlich als Dubletten angesehen werden: 2,20f. bezieht sich auf die durch DtrN überarbeitete dtr Einleitung 2,11-19 zurück und reflektiert die ständige innere Bedrohung, die die Kanaanäer für Israel darstellen sollen ("Räuber" 2,14a.16b). Ri 2,1-5 hingegen korrespondiert mit Jos 23,12f.: Mit dem Nichtvertreiben der Kanaanäer hat sich Israel faktisch mit ihnen vermengt (vgl. die Wendung "in ihrer Mitte" o.ä. in Ri 1!), wie es nach Jos 23,12 verboten war. Diese "Vermengung" wird in Ri 2,2 als Bundesschluß mit den Bewohnern des Landes bezeichnet und als Ungehorsam gegen Jahwes Wort gebrandmarkt. Erst jetzt, also in Ri 2,3, kündigt Jahwe an, er werde nun seinerseits die Völker nicht vertreiben. Sie sollen Israel vielmehr zur (ständigen) Falle werden.

So löst sich auch der (vermeintliche) Widerspruch, daß in Ri 1 von ירשׁ *hif* mit dem Subjekt der Stämme die Rede ist, Ri 2,3 hingegen von *Jahwes* Nichtvertreiben (גרשׁ *pi*) spricht. Israels Schuld besteht darin, die Bevölkerung des Landes nicht vertrieben zu haben, weil dies de facto den Bundesschluß mit ihnen bedeutet. Jahwe nun will Israel bei ebendieser

---

131 So Smend, Gesetz 136.
132 Vgl. Smend, Gesetz 136. G. Schmitt, Frieden 41, sieht in Jos 23,13b (בְּצִדֵּיכֶם) eine bewußte Erleichterung von לְצִדִּים in Ri 2,3.

Schuld behaften. Deshalb kündigt er an, daß er selbst keine Anstrengung unternehmen werde, Israel aus der schuldhaften Verstrickung mit den Landesbewohnern zu befreien ("ich will sie nicht vertreiben"). Zeichnet man nun den Gedankengang von Jos 23 über Ri 2,1-5 bis hin zu 2,21f. nach, so ergibt sich folgendes: Jos 23,12 warnt vor einer Vermengung mit den im Lande übriggebliebenen Völkern. Eine solche Vermengung wäre Sünde. Als *Strafe* für diese Sünde wird Jahwe die Völker nicht mehr vertreiben (Jos 23,13). Genau dieser Fall tritt in Ri 1,21. 27ff.; 2,1-5 ein: Israel hat sich durch die Vermengung mit den Kanaanäern in Schuld verstrickt, bei der Jahwe Israel nun behaftet (2,3). Die von DtrN überarbeitete geschichtstheologische Einleitung 2,11-19 bestätigt dies: Die *inneren* Feinde, an die DtrN vor allem denkt, bleiben eine ständige Versuchung für die Israeliten. Dies wird noch einmal interpretierend in 2,20f.; 3,5f. ausgesagt. Es spricht also nichts dagegen, Ri 2,1-5 dem spät-dtr Verfasser von Jos 23 und Ri 2,20f.; 3,5f. zuzuweisen.

Vor diesem Hintergrund hat die Zuweisung der beiden Stücke 1,21. 27ff. einerseits und 2,1-5 andererseits zu derselben spät-dtr Hand an Wahrscheinlichkeit gewonnen.

Die bereits angesprochene Hauptschwierigkeit, daß das Nichtvertreiben in 1* als *Schuld*, in 2,1-5 hingegen als *Strafe* für Schuld gedeutet wird,[133] läßt sich nun relativ zwanglos erklären: In Ri 1,21.27ff. kommt es primär nicht auf den Vorgang des Nichtvertreibens an, sondern auf das Resultat, daß nämlich Kanaanäer und Israeliten im Lande *zusammenleben* (vgl. die Betonung, daß die kanaanäischen *Bewohner* in ihren Orten verbleiben). Dies ist die eigentliche Schuld Israels. Jahwes Strafe besteht nun darin, die Völker nicht zu vertreiben, Israel also nicht aus dieser Schuld zu entlassen. Beides fügt sich also gut zusammen. Es kommt hinzu, daß für den Vorgang des "Vertreibens" verschiedene Verben benutzt werden (Ri 1 ירשׁ *hif*; 2,1-5 גרשׁ *pi*), vielleicht um die unter-

---

133 Vgl. zu diesem Problem auch Smend, Gesetz 136; dazu Mayes, Story 161 Anm. 5. Zu erwägen ist freilich auch eine *literarkritische* Lösung: Wenn man 2,3 herausnähme, entfiele das skizzierte Problem. Diese Möglichkeit zieht G. Schmitt, Frieden 40f., in Betracht, ohne sich ihr allerdings anzuschließen (vgl. auch die Textänderung Weinfelds, Period 96 Anm. 2, der תִּגְרֹשׁ statt אֲגָרֵשׁ liest, sowie Rösel, Überleitungen 348 Anm. 16). Der Anschluß וְגַם אָמַרְתִּי (2,3aα) wirkt tatsächlich schwierig, kann aber doch erklärt werden (vgl. die Übersetzung von Halbe, Privilegrecht 353 Anm. 53: "Fürwahr, so erkläre ich hiermit..."). Eine literarkritische Operation ist also nicht genügend begründet.

schiedlichen Ebenen zu akzentuieren, auf denen jeweils argumentiert
wird. [134]

2.4. Die Entstehung von Ri 1,1-2,5

Nach den bisherigen Analysen läßt sich nun die Entstehungsgeschichte von Ri 1,1-2,5 nachzeichnen. Es sind in der Hauptsache zwei Autoren
bzw. Redaktoren ausgemacht worden:

(1) Ein spät-dtr Autor hat eine Liste nichteroberter Orte einschließlich der deutenden Engelrede in 2,1-5 vor das dtr Richterbuch gestellt,
um die Darstellung der vollständigen Landnahme, wie sie das Jos-Buch
bietet, im Sinne seiner Ungehorsamstheorie zu korrigieren. Dem Verfasser
kam es besonders auf die Aussage an, daß die israelitischen Stämme mit
den kanaanäischen Landesbewohnern zusammenleben. Gerade hierin besteht die schuldhafte Verstrickung, in die Israel geraten ist. Zu dieser
Liste haben die Verse 21.27-35* gehört, wobei in v.21 - entsprechend
Jos 15,63 - ursprünglich "Juda" (und nicht "Benjamin") gestanden haben
dürfte. Die entschuldigenden Fronnotizen sind später hinzugetreten. Nicht
mehr erhalten ist wohl der Anfang der Liste; v.21 ist als Einleitung
schlecht denkbar. Deutlich ist in jedem Fall, daß auch der südliche
Stamm Juda keinen vollständigen Landbesitz erhalten konnte. Es ist in
diesem Zusammenhang zu beachten, daß auch die anklagende Engelrede
(2,1-5) nichts von einer Ausnahme (etwa Juda) weiß: *alle* Israeliten sind
schuldig geworden. Das Verzeichnis nichteroberter Orte ist in der vorliegenden Form sicher spät formuliert worden. Es läßt sich auf *literarkritischem* Wege kein altes Dokument herausarbeiten, was jedoch nicht bedeutet, daß der Verfasser alle Angaben erfunden hätte.

(2) Diese Liste hat ein - hier so genannter - "Juda-Redaktor" in
ihrer Aussage und Tendenz völlig umgestaltet: War bisher auch judäisches

---

134 Es kommt eine Beobachtung zum Gebrauch von גרש *pi* und ירש *hif* hinzu:
Wo fremde Völker als Objekt des mit גרש *pi* umschriebenen Vertreibens angegeben werden, ist stets *Jahwe* das Subjekt (Ex 23,29.30; 33,2; (Dtn 33,27); Jos
24,18; Ri 2,3; 6,9; Ps 78,55; 80,9; auch 1Chr 17,21; hinzu kommen die beiden
Belege Ex 23,28; Jos 24,12, wo Jahwe zwar nicht grammatisches, wohl aber
logisches Subjekt ist). Vgl. auch die Umkehrung in dem Drohwort Hos 9,15
(Jahwe will Israel vertreiben). Allein in Ex 23,31b ist Israel das Subjekt von
גרש *pi*. - Anders bei ירש *hif*: Es begegnet - wo fremde Völker das Objekt
des Vertreibens sind - sowohl Jahwe wie auch Israel als Subjekt (z.B. Jahwe
als Subjekt in Dtn 9,4.5; 11,23; 18,12; Jos 3,10; Ri 2,21.23; 11,23f.; Israel als Subjekt in Num 21,32; Dtn 9,3; Ri 1,20ff.).

Territorium von der unvollständigen Landnahme betroffen (Jerusalem!), liegt die Sache nun anders: Juda allein erhält *vollständigen* Landbesitz, sogar legitimiert durch ein Jahwewort, das eigens für Juda bestimmt ist. Der Juda-Redaktor gestaltete einen völlig neuen Eingang (v.1-18), nahm dabei aber unterschiedliche Traditionsstücke auf, die z.T. wörtlich aus dem Jos-Buch entlehnt wurden. Das aufgenommene Material beschäftigte sich mit der Landnahme der im judäischen Süden lebenden Sippen (Kalebiter, Otnieliter, Keniter). An einer Stelle (v.10) wurde "Kaleb" (Jos 15,14f.) durch "Juda" ausgetauscht, wodurch auch in v.11 "Juda" zum Subjekt geworden ist. Ähnliches geschah in v.21, wo ursprüngliches "Judäer" (Jos 15,63) in "Benjaminiter" geändert wurde. Daß v.21 in der korrigierten Form ein wenig mit v.8 konkurrierte, hat diesen Redaktor offenbar wenig gestört.

Vor dem Hintergrund dieser Sicht der Entstehung von Ri 1 lassen sich die verschiedenartigen - nur z.T. wörtlichen - Parallelen mit den Landverteilungsüberlieferungen des Jos-Buches nun schlüssig erklären:

(1) Beim spät-dtr Verfasser der Liste nichteroberter Orte (1,21.27ff.) sind *keinerlei* Einflüsse aus dem Jos-Buch nachweisbar.

(2) Die in 1,21.27ff. genannten *Orte* werden in den entsprechenden Abschnitten im Jos-Buch in die Territorien der jeweiligen Stämme eingegliedert: Jos 17,11 (aus Ri 1,27); 19,15 (aus Ri 1,30); 19,25-30 (aus Ri 1,31); 19,38 (aus Ri 1,33). - Jerusalem (1,21) und Geser (1,29) brauchten von diesem Redaktor nicht übertragen zu werden, weil beide Orte bereits in den Grenzbeschreibungen enthalten waren (Jos 16,3: Geser [135]; 18,28: Jerusalem, hier aber zum Gebiet Benjamins gerechnet).

(3) Einfügung der Notizen über die Fronpflicht der Kanaanäer in 1,28.30.33.35.

(4) Einfügung von Jos 15,63; 16,10; 17,12f. aus Ri 1,21.27f.29.

(5) Der Juda-Redaktor entnahm Jos 15,14-19 in nahezu wörtlicher Form (Ri 1,10-15), jedoch unter leichter Korrektur: Juda wird nun Subjekt der Eroberungszüge. Ferner wird in v.21 das Mißlingen der Eroberung Jerusalems nun den Benjaminitern zugeschrieben. [136]

---

135 Den Namen Geser sieht Seebass, Grenzbeschreibungen 77, freilich als sekundären Einschub an, der auf einer redaktionellen Linie mit 16,10 liege.

136 Die Stellung von (5) nach (3) und (4) erklärt sich daraus, daß in Jos 15,63 noch das Subjekt "Judäer" (aus 1,21) vorausgesetzt wird, das erst die Juda-Redaktion in "Benjamin" geändert hat. Der unter (2) aufgeführte Schritt hingegen kann auch später erfolgt sein.

Die Übersicht zeigt, daß der Juda-Redaktor der *erste* war, der Material aus dem Jos-Buch aufnahm (Jos 15). Alle anderen Parallelen erklären sich durch eine Abhängigkeit in der anderen Richtung, also durch die Annahme der Priorität von Ri 1. Die pauschale Ableitung von Ri 1 aus dem Jos-Buch, wie sie Auld vornimmt, läßt sich somit nicht halten, denn ausschließlich die Juda-Redaktion schöpft direkt aus dem Jos-Buch.[137] Es bleibt indes das Verdienst Aulds, gezeigt zu haben, daß wir es in Ri 1 nicht mit altem Material zu tun haben, das *unmittelbar* historisch auswertbar wäre. Die von Auld für diese These beigebrachten Argumente behalten häufig auch dann ihre Gültigkeit, wenn man seiner einseitigen Ableitung des Kapitels aus dem Jos-Buch nicht zu folgen bereit ist.[138]

Die ähnlich pauschale Zuweisung von Ri 1 *als Ganzes* zu DtrN, wie sie von Smend vorgeschlagen und begründet wurde, muß ebenso auf der Basis der differenzierteren Analyse des Kapitels in Zweifel gezogen werden. Genaugenommen beruhen die Beobachtungen Smends, die er für seine literarhistorische Einordnung von Ri 1,1-2,5 beibringt, vor allem auf den Versen 1,21.27ff. (sowie 2,1-5). Daß sich der erste Teil von Ri 1 sowohl in der Sprache wie auch in der Tendenz erheblich von der Liste nichteroberter Orte unterscheidet, wird nicht fruchtbar gemacht.

Dabei dürfte es nicht schwerfallen, die Intentionen des spät-dtr Autors von 1,21.27ff. einerseits und der Juda-Redaktion andererseits voneinander abzuheben. Die Liste nichteroberter Orte wird nicht mehr - jedenfalls nicht mehr ausschließlich - als Dokumentation der Schuld Israels gewertet, sondern dient nun dem Aufweis der ungeregelten Zustände "nach dem Tode Josuas" (1,1). Nach dem Abtreten Josuas, des großen Anführers und Garanten für die Einheit Israels, ist ein Vakuum entstanden. Ein Nachfolger ist nicht in Sicht, die Stämme sind auf sich allein gestellt - mit einer Ausnahme freilich! Juda allein wird göttlicher Beistand zugesprochen, der schließlich dazu führt, daß dieser Stamm als einziger - sowie das Haus Josef in v.22-26 (die Erwähnung Simeons ist sekundär) - eine erfolgreiche Landnahme vorweisen kann. So ist es keineswegs abwegig, in der vorliegenden Gestalt von Ri 1 die Frage nach der rechten Organisationsform der Stämme Israels nach dem Tode Josuas gestellt zu sehen: "Through emphasizing the disunity of Israel and its failure to secure the land in the pre-monarchic period, Judg. 1 intends

---

137 Ebenso unwahrscheinlich ist eine undifferenzierte *Bestreitung* einer Abhängigkeit vom Jos-Buch (so Cortese, Gios. 21, vgl. ZAW 98, 1986, 451). Daß man kaum mit einer einlinigen Abhängigkeit rechnen kann, ist auch die Meinung vieler älterer Exegeten, freilich mit sehr unterschiedlichen Variationen im einzelnen (vgl. z.B. Rudolph, Elohist 237f.).

138 Vgl. z.B. den Hinweis, daß der Terminus "Tochterstädte" (בְּנוֹתֶ, vgl. Ri 1,27) überwiegend im chr Werk Verwendung findet (Auld, Judges I, 282).

to highlight the need for strong and united leadership as provided by the monarchy, through which the land is secured. This is an account which in fact vindicates the monarchy, and especially the monarchy of David and Solomon, under whome those areas which the tribes could not conquer were incorporated into Israel."[139] War der Juda-Redaktor also ein "Monarchist", der die Lösung der unhaltbar verwirrenden Zustände in der vorstaatlichen Zeit vom Königtum - vielleicht sogar in erster Linie vom davidischen (vgl. die Hervorhebung Judas!) - erwartete? Man wünschte sich, daß dies deutlicher ausgesprochen würde. Doch gerade der Umstand, daß die in 1,27ff. genannten nichteroberten Orte unter dem Königtum schließlich tatsächlich eingenommen werden konnten, deutet darauf hin, daß der Gedanke so unbegründet nicht ist. Die Analyse der "Anhänge" des Ri-Buches in c.17-21 mit dem sogenannten königsfreundlichen Kehrvers dürfte hier weiteren Aufschluß geben.

Als sekundär erkannt wurden auch die *Fronnotizen* in v.28, 30, 33 und 35. Wie sind deren Intention und Herkunft zu bestimmen? Die Notizen gehen davon aus, daß die israelitischen Stämme zunächst zu schwach waren, um gegen die Kanaanäer anzugehen, und erst später die Oberhand über die Landesbewohner zu erringen vermochten. Diese Sicht entspricht in etwa der Tendenz der aus Ri 1 entnommenen Verse Jos 15,63; 17,12f., wonach es nicht Schuld, sondern Unfähigkeit war, die zum Verbleiben der Kanaanäer im Lande führte (vgl. auch Ri 1,19). Es ist aber kaum anzunehmen, daß ein und derselbe Redaktor in den Fronnotizen *und* in Jos 15,63; 17,12f. am Werk war.

Zu dem entschuldigenden Charakter der Notizen kommt aber noch ein wesentlicher Aspekt hinzu: Es liegt nahe, in der Wendung "als Israel stark wurde..." (v.28) eine Anspielung auf das Königtum zu vermuten,[140] unter dem die verzeichneten Orte eingenommen werden konnten. Somit dienen diese Zusätze auch dazu, durch den Verweis auf die spätere positive Geschichte das düstere Bild der Gegenwart etwas aufzuhellen. Es ist deshalb von vornherein unwahrscheinlich, daß es der Juda-Redaktor war, der die Notizen über die spätere Fronpflicht der Kanaanäer eintrug. Ihm war ja an einer möglichst negativen Darstellung der vorstaatlichen Periode gelegen.

Abschließend soll nun der Versuch einer etwas genaueren literarhistorischen Verortung des Juda-Redaktors gewagt werden. Ein solcher Ver-

---

139 Mayes, Judges 15f. Vgl. auch Mullen, Judges 53, über Ri 1: "The intent is to protect and project the significance of Judean primacy and to explain why Judah emerged in monarchical times as the dominant tribe."

140 Vgl. schon Wellhausen, Prolegomena 229.231.

such freilich stößt auf nicht zu unterschätzende Schwierigkeiten, da z.B. das Kriterium des *Sprachbeweises* nur sehr bedingt angewendet werden kann. Dies hat seinen Grund darin, daß der Juda-Redaktor fast ausschließlich mit vorgegebenem, traditionellem Material arbeitet, das zum größten Teil dem Jos-Buch entnommen wurde. Wendungen und Vorstellungen, die für den Juda-Redaktor selbst charakteristisch sind, wird man deshalb vor allem in den redaktionell *verfaßten* Versen 1-2.4.7b-9.18 suchen müssen. Aber auch dieses "Sondergut" basiert in vielen Einzelheiten auf der Darstellung des Jos-Buches (vgl. etwa v.8f. mit Jos 10), so daß sich kaum Anhaltspunkte für eine genauere literarhistorische Einordnung aufspüren lassen. Allein die beiden Eingangsverse, die von einer Gottesbefragung der Israeliten berichten (1,1-2), lassen spezifische Merkmale hervortreten, die ausgewertet werden können.

Es wurde schon kurz darauf hingewiesen, daß zu beiden Versen eine auffällige, fast wörtliche Parallele in Ri 20,18 vorliegt. Einige kleinere Abweichungen sind leicht als kontextbedingt zu erklären, so daß sich der Schluß nahelegt: "Die Orakeleinholung in Ri 20,18 stammt von demselben Verfasser wie Ri 1,1-2 und hat auch den gleichen Inhalt."[141] Daß der Ort *Bet-El* in Ri 1,1-2 gegenüber der Parallele in Ri 20,18 (vgl. auch Ri 20,26-28; 21,2-4) nicht erwähnt wird, die Gottesbefragung vielmehr unlokalisiert bleibt, darf nicht weiter verwundern. Dem Duktus der Erzählung Ri 1 gemäß kann eine solche Gottesbefragung sinnvollerweise erst dann an der alten Kultstätte lokalisiert werden, wenn der Ort auch tatsächlich eingenommen ist. Von der Eroberung Bet-Els aber berichten erst die ebenfalls auf den Juda-Redaktor zurückgehenden v.22-26! Die Verbindung zwischen dem Orakel und dem Ort Bet-El ist mithin sowohl in Ri 20f. wie auch in Ri 1 sehr eng.

Welche Konsequenzen sich in literarhistorischer Hinsicht aus der hier festgestellten Beziehung zwischen dem Juda-Redaktor in Ri 1* und Ri 20f. ergeben, kann erst nach einer Analyse der betreffenden Kapitel abschließend bedacht werden. Klar ist einstweilen nur, daß die für 1,1-2 verantwortliche Hand *nicht* aus dem (spät-)dtr Umfeld stammen kann.[142] Vielleicht darf man den Juda-Redaktor mit einem Autor im priesterlichen Stil aus dem Umkreis des Pentateuchredaktors identifizieren.[143] Auch erinnert die knappe Mitteilung an den Tod des Josua in Ri 1,1aα stark

---

141 Veijola, David 60; ausführlicher ders., Verheißung 186f. Anders Auld, Judges I, 268: Ri 1,1-2 sei evtl. eine Nachbildung von Ri 20,18 (und Jos 1,1); vgl. Boling, Judges 63, der Ri 1,1-36 und 20f. auf denselben exilischen Redaktor zurückführt.

142 So z.B. Veijola, Verheißung 186f., der an DtrN denkt.

143 Zu dieser Ansetzung vgl. auch Auld, Judges I, und v. Seters, Search 339-341, der freilich insgesamt zu pauschal urteilt.

an den Eingang des Jos-Buches (Tod des Mose). Offenbar war Ri 1,1-18 bewußt als Einleitung eines selbständigen Richterbuches konzipiert worden (ähnlich Jos 1,1 ?). Die Arbeit des Juda-Redaktors wäre also zeitlich mit der Aufteilung in Einzelbücher zu verbinden. [144]

---

144 Ähnlich Auld, Judges I, 285; Smend, Entstehung 110, der hier allerdings an *dtr* Redaktoren denkt.

Kap. 3

Ri 2,6-9 und der ursprüngliche Übergang vom Josua- zum Richterbuch

3.1. Vorbemerkung

Als ein wesentliches Ergebnis der Analyse des jetzigen Eingangs zum Ri-Buch in 1,1-2,5 konnte festgehalten werden, daß sich dieses Stück - in der Hauptsache - zwei in Sprache und Tendenz völlig verschieden-artigen Redaktoren bzw. Autoren verdankt, die beide zeitlich recht spät anzusetzen sind. Man wird schon aufgrund der vorgenommenen Datie-rung(en) der in der Vergangenheit gelegentlich geäußerten Vermutung, in Ri 1,1ff. liege ein alter, jedenfalls noch *vor-dtr* Übergang vom Jos- zum Ri-Buch vor,[1] eher skeptisch gegenübertreten müssen. Vor allem aber erfordert die Einsicht, daß 1,1-2,5 keineswegs einfach als einheitlicher Block betrachtet werden kann,[2] ein Überdenken bisheriger Anschauungen über das literarische Verhältnis des Jos-Schlusses (c.21-24) zum Beginn des Ri-Buches. Dabei wird dem Vergleich der beiden nahezu wörtlich übereinstimmenden Passagen Jos 24,28-31 und Ri 2,6-9 eine besondere Bedeutung zukommen, ist es doch vor allem diese Dublette, die eine Er-klärung erfordert.

Es ist im folgenden allerdings nicht beabsichtigt, die gesamte Proble-matik, die mit den Schlußkapiteln des Jos-Buches verbunden ist - ge-nannt sei hier nur das Nebeneinander der beiden Josua-Reden c.23 und 24 -, in extenso aufzuarbeiten.[3] Eigentliches Ziel der Analyse bleibt auch hier, das Stück Ri 2,6-9 redaktionsgeschichtlich exakt zu verorten.

---

1   Vgl. zB. Eißfeldt, Hexateuch-Synopse 83; ders., Einleitung 339f.; Weinfeld, Period 97; Rösel, Überleitungen 345f.
2   Wie z.B. Smend, Gesetz 135; Auld, Judges I.
3   An neuerer Literatur vgl. vor allem Mölle, Landtag; Nelson, Redaction 94-98; Mayes, Story 59f.; Rösel, Erwägungen 41-46; v. Seters, Joshua 24, 139-158; Le-vin, Verheißung 114-119; Kreuzer, Frühgeschichte 183-213.

3.2. Vergleich von Jos 24,28-31 und Ri 2,6-9

Die beiden nahezu identischen Abschnitte Jos 24,28-31 und Ri 2,6-9 markieren einen entscheidenden Wendepunkt im geschichtstheologischen Aufriß der prophetae priores: Mit der Mitteilung über den Tod und das Begräbnis Josuas wird einerseits die insgesamt als heilvoll bewertete Josua-Zeit abgeschlossen (vgl. das Summarium über die erfolgreiche Beendigung von Landgabe und Landverteilung in Jos 21,43-45), andererseits aber wird (vor allem durch den Verweis auf den Jahwegehorsam Josuas und seiner Generation Jos 24,31 / Ri 2,7) auf die nachfolgende Geschichtsperiode vorausgeblickt, die als eine Epoche des fortgesetzten Abfalls von Jahwe geschildert wird (Ri 2,11ff.).

Wie aber kommt es zu der Dublette Jos 24,28-31 / Ri 2,6-9? Daß eine literarische Abhängigkeit zwischen beiden Fassungen besteht, dürfte aufgrund des beinahe identischen Wortlauts außer Zweifel stehen. So sind im wesentlichen drei Möglichkeiten denkbar, die gegenwärtig auch vertreten werden:

(1) Priorität von Jos 24,28-31: Die Josua-Fassung wäre nach diesem Modell in Ri 2,6-9 wiederholt worden, sei es zum Zwecke der Wiederaufnahme nach Einfügung des Stückes Ri 1,1-2,5,[4] sei es aufgrund der Annahme zweier paralleler Erzählungsfäden, eines älteren in Jos 24 / Ri 1,1-2,5 und eines jüngeren in Jos 23 / Ri 2,6ff.[5]

(2) Priorität von Ri 2,6-9: Jos 24,28-31 wäre aus Ri 2,6-9 übernommen worden, um einen passenden Abschluß des Jos-Buches herzustellen.[6]

(3) Differenziertere Beurteilung des literarischen Verhältnisses: Nicht eine Fassung *als Ganzes* kann als primär oder sekundär erwiesen werden, vielmehr muß man die Priorität von Vers zu Vers prüfen, so daß sich möglicherweise ein komplizierteres Bild von der Entstehung der Dublette ergibt.[7]

Die folgende Analyse wird sich im Rahmen der dritten der hier angegebenen Möglichkeiten bewegen, da sie die verschiedenen - zumeist

---

4   So z.B. Schüpphaus, Richtergeschichten 126-128; Smend, Gesetz 134f.; vgl. O'Brien, History 80f.

5   Diese im Horizont der Quellenscheidung stehende Sicht wird z.B. vertreten von Eißfeldt, Einleitung 339f., und jüngst wieder von Rösel, Überleitungen 343-345; vgl. auch Rudolph, Elohist 240-244 (dazu Noth, ÜSt 6-9).

6   So z.B. Noth, ÜSt 8f. Anm. 3; O'Doherty, Problem 5-7; Weinfeld, Period 97 Anm. 1; Auld, Judges I, 264f.; ders., Joshua, Judges 142.

7   Diesen Weg beschreitet vor allem Richter, BR 44-49 (ihm folgend auch Halbe, Privilegrecht 346-349; Soggin, Judges 41); eine differenzierte Sicht auch bei Mayes, Story 59f. und 161 Anm. 3.

nur leichten - Differenzen zwischen beiden Fassungen am besten zu erklären vermag. Insgesamt lassen sich acht solcher Differenzen beobachten:

(1) Der offenkundigste Unterschied zwischen Jos 24,28-31 und Ri 2,6-9
liegt in der Reihenfolge, in der die Notizen mitgeteilt werden: In Ri
2 findet sich die positive Bemerkung über den Jahwegehorsam Josuas
und seiner Generation bereits *vor* der Notiz über den Tod und das
Begräbnis Josuas, während sie in Jos 24 den Abschluß bildet. Welche der beiden Fassungen ist hier vorzuziehen? Insofern die positive
Beurteilung der Josua-Generation auch diejenigen einbezieht, die Josua *überleben*, erscheint die Stellung von Jos 24,31 *hinter* der Mitteilung über seinen Tod und sein Begräbnis als die sachgemäßere.[8]
Ja, Jos 24,31 markiert in deutlicherer Weise den Abschluß der heilvollen Josua-Zeit, indem durch den Verweis auf den Jahwegehorsam
auch der Zeitgenossen Josuas, die ihn überleben, die positive Folie
geliefert wird, vor deren Hintergrund sich nun - in der neuen Generation (vgl. Ri 2,10) - der Abfall von Jahwe ereignet. Die von Ri
2,6-9 gebotene Satzfolge hingegen läßt diesen für die dtr Geschichtsschreibung wesentlichen Wendepunkt nicht so klar hervortreten, weil
Ri 2,7 - ein wenig anachronistisch - schon *vor* der Mitteilung des
Todes Josuas auf diejenigen vorausblickt, die ihn überleben. Die entscheidende methodische Frage aber lautet nun, ob man aus der Beobachtung, daß die Abfolge der Sätze in Jos 24 plausibler erscheint,
schließen darf, daß der Jos-Fassung auch in zeitlicher Hinsicht die
Priorität zuzuerkennen ist. Dieser Schluß wird allgemein vollzogen,[9]
ist aber keinesfalls zwingend. Könnte nicht der glattere Ablauf der
Ereignisse in Jos 24 ein Indiz dafür sein, daß es sich um eine *sekundäre* Glättung einer ursprünglich "schwierigeren" Satzfolge handelt?
Gilt nicht auch in der Literarkritik oftmals die textkritische Faust-
regel "lectio difficilior probabilior"? Wenn man auch keine in jeder
Hinsicht befriedigende Lösung wird finden können, so darf doch die
grundsätzliche Priorität der Ri-Reihenfolge gegenüber Jos 24 vorläufig als wahrscheinlich gelten, da sich letztere leichter aus ersterer
ableiten läßt.

(2) In Ri 2,6 findet sich nach der Entlassung des Volkes gegenüber Jos
24,28 zusätzlich der Infinitiv לָרֶשֶׁת אֶת־הָאָרֶץ. Diese Differenz
hat zur Folge, daß in 2,6b ein neuer Satz mit neuem Subjekt (בְּנֵי
יִשְׂרָאֵל) eingeführt wird. Nun setzt der Infinitiv "um das Land in
Besitz zu nehmen" voraus, daß das Land noch nicht (vollständig) ein-

---

8   Vgl. auch Richter, BR 47; Soggin, Judges 38; Rösel, Überleitungen 344f.
9   So bei den in Anm. 8 genannten Arbeiten.

genommen werden konnte. Die Angabe stößt sich also mit der Konzeption des ersten dtr Geschichtsschreibers (DtrH), wie sie in prägnanter Weise in dem Summarium Jos 21,43-45 dargelegt ist (vgl.
nur v.43), aber auch mit dem Kapitel Jos 24 (vgl. v.18). Von der
Unvollständigkeit des Landbesitzes hingegen legt das spät-dtr Stück
Ri 1,21.27ff.; 2,1-5 (sowie Jos 23) Zeugnis ab. Es liegt deshalb nahe,
den Infinitiv mit diesem Stück in Verbindung zu bringen.[10] Offenbar
soll deutlich gemacht werden, daß die Einnahme des ganzen zuge-
sprochenen Landes durch Ungehorsam vorläufig (vgl. Ri 2,23!) ver-
spielt ist und noch ein zukünftiges Gut darstellt. 2,6 paßt also durchaus zu den spät-dtr Stücken Jos 23 und Ri 1,21.27ff.; 2,1-5. Wie
aber ist das literarische Verhältnis zu Jos 24,28 zu beurteilen? Auch
hier könnte man die Jos-Fassung wiederum als sekundär gegenüber
Ri 2,6 ansehen: Der Infinitiv wäre dann gestrichen worden, was
leicht erklärbar wäre, denn er ist ja sachlich kaum mit Jos 24 zu
vereinbaren (vgl. Ri 2,23). Indes ist auch der umgekehrte Weg denkbar, wenn man den Infinitiv in 2,6 als Erweiterung der ursprünglich
kurzen Mitteilung über das Auseinandergehen der Israeliten in Jos
24,28 betrachtet.[11] Eine eindeutige Entscheidung muß vorerst offenbleiben; weitere Indizien müssen hinzutreten.

(3) Mehrere Abweichungen betreffen die Notiz über den Jahwegehorsam
Josuas und seiner Zeitgenossen (Ri 2,7 / Jos 24,31). Gegenüber Jos
24,31 wird das "Tun Jahwes" in Ri 2,7 zusätzlich mit dem Adjektiv
גָּדֹול charakterisiert.[12] Hier liegt offenbar eine bewußte Steigerung
vor, die die Ursprünglichkeit von Jos 24,31 erweist.

(4) Während Jos 24,31 vom "Erkennen" (ידע) des Tuns Jahwes spricht,
bietet Ri 2,7 das Verbum ראה (vgl. auch Jos 23,3). Auch hier sprechen einige Gründe für die Ursprünglichkeit der von Jos 24,31 gebotenen Version:[13] (a) Das Verbum ידע scheint typisch zu sein für

---

10   Richter, BR 46f., hält den Infinitiv für sekundär; ähnlich Lohfink, Bedeutungen 22 Anm. 28. Anders Halbe, Privilegrecht 346f., der Richters Analyse zwar
weitgehend folgt, den Infinitiv aber anders deutet: Dieser könne sowohl auf
Jos 23 wie auch auf Jos 24 bezogen werden, wenn man ירש als Rechtster-
minus auffaßt (im Sinne einer "formelle(n) Übernahme eines herrenlosen
Guts", S. 346). Halbe hat insofern recht, als der finale Infinitiv bei einem
kriegerischen Verständnis in der Tat nicht gut zu Ri 1,1-2,5* paßt, wo die
Eroberung des Landes gerade als *gescheitert* festgestellt wird (vgl. S. 347
Anm. 7). Aber vielleicht sollte man den Infinitiv in 2,6 nicht überinterpretie-
ren, sondern ihn einfach als Verdeutlichung der Vorstellung ansehen, daß
noch nicht alles von Jahwe zugesprochene Land im Besitz Israels ist.
11   Vgl. Richter, BR 46f.; Rösel, Überleitungen 344.
12   Vgl. auch Dtn 11,7: "das große Tun Jahwes" mit ראה verbunden.
13   Vgl. Rösel, Überleitungen 344; anders Richter, BR 47.

den DtrH-Zusammenhang (vgl. Ri 2,10, wo יָדַע ebenfalls - freilich mit einem etwas anderen Objekt - auftritt). - (b) רָאָה *präzisiert*: Es geht beim Wahrnehmen des (großen) Tuns Jahwes um *Augenzeugenschaft*!

(5) Keine eindeutige Entscheidung hinsichtlich der Priorität von Ri 2,7 oder Jos 24,31 ist hingegen bei einer weiteren Abweichung zu gewinnen: Ri 2,7 liest zu Beginn וַיַּעַבְדוּ הָעָם, Jos 24,31 יִשְׂרָאֵל וַיַּעֲבֹד. Beide Versionen sind gleichermaßen möglich.

(6) Gegenüber Jos 24,30 fehlt in Ri 2,9 die Relativpartikel אֲשֶׁר vor der Angabe "auf dem Gebirge Efraim". Auch hier sind wiederum beide Konstruktionen möglich und belegt,[14] so daß sich eine bestimmte Richtung der Abhängigkeit nicht beweisen läßt. Vielleicht hat man eher damit zu rechnen, daß die Relativpartikel bewußt in verdeutlichender Absicht *hinzugefügt* wurde, was für die Priorität von Ri 2,9 spräche. Sicher ist dies freilich nicht.

(7) Die Zeitangabe "und es geschah nach diesen Ereignissen" (Jos 24,29) bezieht sich zurück auf den zuvor berichteten Bundesschluß zu Sichem. Das Fehlen der Angabe in Ri 2,6-9 ist also kontextbedingt. Bei dieser Differenz kann man sowohl mit bewußter Auslassung wie auch Hinzufügung rechnen. Eine eindeutige Entscheidung ist nicht möglich.

(8) Etwas sichereren Boden betritt man demgegenüber bei der letzten hier zu notierenden Abweichung: Der Begräbnisort Josuas liegt nach Jos 24,30 in תִּמְנַת־סֶרַח, nach Ri 2,9 in תִּמְנַת־חֶרֶס. Die Konsonanten des Nomen rectum werden also in umgekehrter Reihenfolge gelesen. Zur Erklärung der unterschiedlichen Benennung des Begräbnisplatzes bieten sich verschiedene Möglichkeiten an: (a) Daß die differierende Lesart mit einer bloßen *Verschreibung* (irrtümliche Vertauschung der Konsonantenreihenfolge) zu erklären sei, ist die wohl am wenigsten wahrscheinliche Erklärung. - (b) Eher könnte man an eine bewußte Korrektur aufgrund von Ri 1,35 denken, wo die Lokalität הַר־חֶרֶס begegnet. In diesem Fall wäre Ri 2,9 vorzuziehen. - (c) Die bei weitem wahrscheinlichste und auch am häufigsten vertretene Erklärung aber rechnet mit einer "dogmatischen" Korrektur von חֶרֶס (Ri 2,9) in סֶרַח (Jos 24,30), um den Anschein einer Sonnenverehrung zu vermeiden.[15] So dürfte der Version in Ri 2,9 der Vorzug zu geben sein; der in Jos 24,30 begegnende Name תִּמְנַת־סֶרַח er-

---

14 Vgl. Jos 19,50 sowie den App. der BHS zu Jos 24,30[c].

15 חֶרֶס = "Sonne", vgl. Ri 14,18; Hi 9,7; Jes 19,18 (s. App.). Diese Ansicht wird vertreten von Moore, Judges 67; Budde, Richter 21; Hertzberg, Richter 139 Anm. 2; Auld, Judges I, 264; Kallai, Traditions 71f. Anders Boling, Judges 72.

klärt sich gut als Milderung einer anstößigen Form. Obwohl man bei
der Übertragung dieses nur einen Namen betreffenden Befundes auf
den gesamten Vers Vorsicht walten lassen muß - den Namen könnte
ja auch ein späterer Korrektor geändert haben -, läßt sich doch die
Priorität von Ri 2,9 wahrscheinlich machen, zumal dann, wenn man
die bisher gewonnenen Indizien (siehe Punkt 6) hinzunimmt.

Als Ergebnis des Vergleichs zwischen Jos 24,28-31 und Ri 2,6-9 ergibt sich ein vielschichtiges, fast unübersichtliches Bild. Eine eindeutige
Priorität des einen oder anderen Stückes *als Ganzes* konnte nicht erwiesen werden. So scheint einerseits der Vers Jos 24,31 gegenüber seiner
Ri-Parallele ursprünglich zu sein (siehe Punkte 3 und 4), während man
bei Jos 24,28-30 / Ri 2,6.8f. andererseits die Priorität der Ri-Verse anzunehmen geneigt ist (vgl. die Punkte 2, 6 und 8).

3.3. Der Übergang vom Josua- zum Richterbuch

Um nun zu einer befriedigenden Gesamtsicht zu kommen, müssen
weitere, den Gedankengang des Übergangs von der Josua- auf die Richterzeit insgesamt berücksichtigende Aspekte hinzutreten.

Dem Duktus des ersten dtr Geschichtsschreibers DtrH zufolge mar-
kiert die summarische Notiz in Jos 21,43-45 den feierlichen End- und
Gipfelpunkt der unter Josuas Leitung sich vollziehenden Landgabe und
Landverteilung:[16] הַכֹּל בָּא "alles ist eingetroffen".

Die unmittelbare Fortsetzung in Jos 22,1-6 weist zwar dtr Sprache
auf, doch dürfte das Stück kaum auf den ersten Dtr (DtrH) zurückzuführen sein:[17] Gedanklich wird der feierliche Abschluß in 21,43-45 durch
die nachholende Schilderung über die Entlassung der zweieinhalb ostjordanischen Stämme ein wenig um seine Wirkung gebracht. Zu beachten
ist auch der relativ lockere Anschluß mit אָז (22,1). Es kommt hinzu,
daß die Sprache aufgrund ihrer ausgeprägten Gesetzesterminologie bereits
ein fortgeschrittenes Stadium innerhalb der dtr Historiographie widerspiegelt.[18] Eher ist an eine spät-dtr Schicht zu denken.

Es schließt sich die breite Erzählung über den Altarbau im Ostjordanland in 22,(7-8.)9-34 an. Sie geht gewiß auf einen späten, im Um-

---

16   Vgl. Noth, Josua² 9.133; Smend, Gesetz 130f.; ders., Land 217f.
17   Anders z.B. Noth, Josua² 133; Smend, Gesetz 128.130, der nur 22,5 als Zusatz
      eines spät-dtr Redaktors (DtrN) ansieht; Mayes, Story 55.
18   Zur dtr Sprache vgl. die Nachweise bei Kloppenborg, Joshua 351 Anm. 12.14.

kreis von P bzw. R^P anzusetzenden Autor zurück, der gleichwohl älteres Material verwendet hat.[19]

Mit c.23 liegt wieder ein dtr formulierter Abschnitt vor, der sich direkt auf 21,43-45 zurückbezieht (vgl. הֵנִיחַ "Ruhe verschaffen" 21,44 und 23,1), jedoch mit der Vorstellung von den "übriggebliebenen Völkern" (23,4.7.12) einen von 21,43-45 verschiedenen, neuen Gedanken einbringt.[20] Man hat es hier wieder mit einem spät-dtr Stück (DtrN) zu tun.

Zu den schwierigsten und infolgedessen sehr umstrittenen Problemen innerhalb des Jos-Buches gehört sicherlich die Frage, wie c.24 - vor allem im Verhältnis zu c.23 - redaktionsgeschichtlich einzuordnen sei.[21] Versuchsweise soll hier die mehrfach vertretene Vermutung verfolgt werden, daß der Bericht über den Bundesschluß zu Sichem (c.24*) *später* eingefügt worden ist als c.23.[22]

Wo findet sich dann - unter dieser Voraussetzung - die ursprüngliche Fortsetzung von Jos 21,43-45 im DtrH-Zusammenhang? Es spricht einiges dafür, diese Fortsetzung in Jos 24,31 zu sehen. Dieser Vers war ja bereits bei dem oben durchgeführten Vergleich als ursprünglich gegenüber der Ri-Parallele in 2,7 erkannt worden, was für die vorausgehenden Verse 24,28-30 nicht erwiesen werden konnte. Schließt man nun Jos 24,31 direkt an 21,43-45 an, ergibt sich ein schöner Gedankengang: Nach dem feierlichen Abschluß der Landnahmezeit unter Josuas Führung berichtet 24,31 sachgemäß von seinem Jahwegehorsam, der auch für die ihn überlebenden Zeitgenossen festgestellt wird. Eine Notiz über den Tod des Josua (und sein Begräbnis) dürfte gefolgt sein. Angesichts des obigen Vergleichs wird man sie in Ri 2,8f. sehen dürfen. Mit dem in 2,9 berichteten Begräbnis Josuas ist die heilvolle Zeit endgültig abgeschlossen. Es beginnt eine Epoche, in der man Jahwe nicht mehr anerkennt, von ihm abfällt. Diesen Umschwung markiert der Vers 2,10, der sich unmittelbar auf 2,9 zurückbezieht: Mit der Eingangsbemerkung "als auch jenes ganze Geschlecht zu seinen Vätern versammelt war..." wird auf das in 2,9 erwähnte *Begräbnis* Bezug genommen. 2,9 und 2,10 gehören also sehr eng

---

19 Vgl. Noth, Josua^2 133, und insbes. Kloppenborg, Joshua 347-371.

20 Vgl. insbes. Smend, Gesetz 130-132, der c.23 zu DtrN rechnet.

21 Es sei hier als Beispiel an Noths Ringen mit diesem Problem erinnert, vgl. Noth, Josua^1 101; ders., Josua^2 139; ders., ÜSt 9 Anm. 1.

22 Vgl. neben Noth, Josua^2 139, auch O'Doherty, Problem 4f.; Nelson, Redaction 94-98; Mayes, Story 49-52 mit eingehender Begründung; Levin, Verheißung 114-119; Blum, Komposition 45-61.

zusammen und können kaum verschiedenen Redaktoren zugewiesen werden.[23]

Es läßt sich auch eine klare Verbindungslinie von 2,10 zurück zu Jos 24,31 ziehen: Beide Verse beschreiben das Verhältnis der Josua-Generation zu Jahwe und seinem Werk mit dem Verbum ידע (anders Ri 2,7!), wobei freilich anzumerken ist, daß als *Objekt* dieses Verbums einmal direkt *Jahwe* angegeben wird (Ri 2,10), das andere Mal aber sein *Tun* (Jos 24,31).[24] Man wird hierin indes nur eine leicht variierende Redeweise sehen können: Im Erkennen (ידע) der Heilstaten Jahwes für die Seinen vollzieht sich – recht verstanden – die Erkenntnis bzw. Anerkenntnis Jahwes selbst.[25] Das in diesem Sinne theologisch "gefülltere" Wort ידע ist in Ri 2,7 durch das Verbum der visuellen Wahrnehmung ראה ersetzt worden, wodurch sich zugleich eine Bedeutungsverengung im Hinblick auf *Augenzeugenschaft* vollzog.[26]

Versucht man nun eine Synthese, so ergibt sich folgendes Bild von der Entstehung des jetzigen Übergangs vom Jos- zum Ri-Buch: Die älteste Überleitung von der Josua- zur Richter-Zeit geht auf den ersten dtr Geschichtsschreiber DtrH zurück. Sie liegt vor in Jos 21,43-45; 24,31; Ri 2,8-10.[27] Durch einen spät-dtr Redaktor, den man im Gefolge Smends mit DtrN identifizieren kann, ist der Vers 24,31 von dem Summarium 21,43-45 abgetrennt worden, und zwar als Folge der Einfügung von

---

23 Anders Smend, Gesetz 134f., der 2,10 direkt an Jos 24,31 anschließt, um das zwischen beiden Versen Stehende als späteren Einschub zu erweisen. Daß sich das kleine Wörtchen גם (primär) nicht auf כָּל־הַדּוֹר הַהוּא, sondern auf das Begräbnis (2,9) bezieht, wird dabei nicht genügend berücksichtigt.

24 Vgl. aber auch 2,10bβ, wo ebenfalls Jahwes *Tun* das Objekt bildet.

25 Vgl. Schottroff, Art. ידע 694f.; Botterweck, Art. ידע 499f. Zur Verbindung zwischen Jahweerkenntnis und geschichtlichem (Heils-)Handeln vgl. die sogen. "Erkenntnisformel" (vgl. Zimmerli, Erkenntnis 41-119; ders., Grundriß 127).

26 Wenn Beyerlin, Gattung 8, den Vers 2,10 mit der Begründung von 2,11ff. abkoppeln will, daß der Abfall von Jahwe "lediglich dadurch verursacht" sei, daß die Israeliten "ihn und sein Heilswerk eben nicht mehr aus eigener Anschauung kannten", während die Fortsetzung 2,11ff. von einer bleibenden Unbußfertigkeit ausgehe, so scheint er zu stark vom Wortlaut des sekundären Verses 2,7 auszugehen. Das Verbum ידע in 2,10 meint mehr als nur visuelle Wahrnehmung: "Jahwe nicht kennen" (2,10) ist gleichbedeutend mit "Unglaube". Ein Gegensatz zwischen 2,10 und 2,11ff. ist mithin nicht erkennbar (vgl. mit anderen Argumenten auch Smend, Gesetz 135 Anm. 46).

27 Daß sich Jos 24,31 und 2,10 *dtr* Herkunft verdanken, zeigen einige sprachliche Indizien. Jos 24,31: Das Verbum ארך *hif* begegnet mehrfach im Dtn (und dort zumeist in späteren Abschnitten), ferner in den dtr Versen 1Kön 3,14; 8,8 (vgl. auch Eißfeldt, Hexateuch-Synopse 81: 24,31 sei "zugestandenermaßen deuteronomistische Arbeit"; Richter, BR 47). – Ri 2,10: Die Formel "zu seinen Vätern versammelt werden" (אסף *nif*) ist nur noch in dem dtr Vers 2Kön 22,20 (/2Chr 34,28) belegt (vgl. Budde, Richter 21).

Jos 22,1-6(?); 23. Auf denselben Redaktor geht das Aufbrechen des Zusammenhangs zwischen Jos 24,31 und Ri 2,8ff. zurück (durch Ri 1,21.27ff.;
2,1-5.6-7). Danach erst wurde der - z.T. sicher aus altem Material komponierte - Bericht über den Bundesschluß zu Sichem Jos 24,1-30 eingefügt. Die Schlußverse 24,28-30 gehen dabei auf Ri 2,6.8f. zurück, wobei
aber nicht Ri 2,7, sondern der ältere Vers Jos 24,31 als Abschluß gewählt wurde. Dieses Verfahren erklärt die glattere Satzfolge, die für
Jos 24,28-31 festgestellt wurde.

Es fragt sich nun, ob nicht die beiden das Jos-Buch abschließenden
Nachrichten über das Grab Josefs und den Tod Eleasars (24,32f.) von
demselben Redaktor herrühren können wie die unmittelbar vorausgehenden Verse 24,28-31. Angesichts der vorgenommenen literarhistorischen
Einordnung des Stückes, die auf eine nach-dtr Zeit weist, ist diese Möglichkeit kaum von der Hand zu weisen,[28] zumal die Abtrennung von
24,32f. bislang stets damit begründet wurde, daß wesentliche Pentateuch-
traditionen vorausgesetzt seien[29] oder aber auffällige Verbindungen zum
priesterschriftlichen Literaturbereich bestünden.[30] Man wird auch hier
wieder an den Umkreis des Pentateuchredaktors zu denken haben, auf
den bereits der jetzige Eingang zum Ri-Buch 1,1-18 vermutungsweise
zurückgeführt wurde.

Somit kann man die Einfügung von Jos 24, vor allem aber die abschließenden Verse 24,28-33, und Ri 1,1-18.22-26 auf eine redaktionelle
Stufe stellen.[31] In dieser Phase dürfte auch eine Aufteilung in die Einzelbücher vorgenommen worden sein. Jedenfalls scheint die einleitende
Bemerkung "und es geschah nach dem Tod des Josua..." (Ri 1,1) eine
deutliche Zäsur markieren zu wollen, die mit dem Buchanfang zusammen-
fällt.[32]

Der Übersicht halber seien die redaktionsgeschichtlichen Ergebnisse
in einer Tabelle zusammengefaßt:

---

28 Vgl. auch Auld, Judges I, 265; v. Seters, Search 340f.; Blum, Komposition 60.
29 So z.B. Noth, Josua[2] 141, in Bezug auf v.32. Dieser Vers weist auf Gen 33,19
    zurück, eine Stelle, die evtl. auf R[P] zurückzuführen ist (vgl. Scharbert, Ge-
    nesis 12-50, 225; Blum, Komposition 44f.; auch Westermann, Genesis 12-36,
    643). Eine andere Sicht bei Hossfeld, Pentateuch 41f.: v.32 sei *jehowistisch*.
30 Vgl. v. Seters, Search 340f.
31 Vgl. auch O'Doherty, Problem 7, und Mayes, Story 60f., die die Einfügung
    von Jos 24,1-28(31) und Ri 1,1-2,5 auf denselben Redaktor zurückführen. Auch
    Mayes denkt dabei an einen nach-dtr Bearbeiter. Im Hinblick auf Ri 1,1-2,5
    wird freilich nicht genügend differenziert.
32 Vgl. Blum, Komposition 56. - Man beachte auch, daß Jos 24 nicht allein
    das Jos-Buch abschließt, sondern eine den gesamten Hexateuch umfassende
    Perspektive hat (vgl. Blum, Komposition 60).

DtrH	spät-dtr (DtrN)	spätere Redaktoren (evtl. aus dem Umkreis von R^P)
Jos 21,43-45		
	Jos 22,1-6 (?)	Jos 22,(7f.) 9-34
	Jos 23	Jos 24,(1-27.) 28-30
Jos 24,31		Jos 24,32-33
		Ri 1,1-18.22-26
	Ri 1,21.27ff.	
	Ri 2,1-5.6-7	
Ri 2,8-10.11ff.*		

Zwar mutet die hier vorgeschlagene Entwicklungsgeschichte recht kompliziert an. Doch sie vermag eine Reihe von Schwierigkeiten zu erklären und mehrere bisherige Beobachtungen aufzunehmen. Im Hinblick auf das Übergangsstück Ri 2,6-9 kann man folgendes festhalten: 2,6 gehört in der Tat mit Jos 23 zusammen, wie vielfach vermutet wurde,[33] jedoch kann man diese Beziehung nicht auf das ganze Stück 2,6-9 ausdehnen. Genaugenommen gehört neben 2,6 nur noch 2,7 zu dieser Schicht. Dabei kann 2,7 durchaus als - leicht veränderte - Wiederaufnahme von Jos 24,31 angesehen werden, die durch die Zwischenschaltung der Liste nichteroberter Orte samt deutender Engelrede notwendig geworden ist.[34] Daß 2,6f. tatsächlich die Funktion haben, an die Situation *vor* Ri 1 anzuknüpfen und einen passenden Übergang zu Ri 2,8ff. zu gewährleisten, belegt eine kleine Eigentümlichkeit, nämlich die etwas unvermittelte Erwähnung Josuas nach 2,1-5. Daß 2,6 "als ursprüngliche Fortsetzung nicht in Betracht"[35] komme, weil in 1,1 der Tod Josuas vorausgesetzt werde, obwohl er in 2,6 handelnd auftrete, hält nicht Stich: Ri 1,1 gehört zu einer späteren redaktionellen Schicht; der Tod des Josua wird in 2,6f. eben noch nicht vorausgesetzt, vielmehr erst in dem zu DtrH gehörenden Vers 2,8 mitgeteilt.

Das Stück 2,6-9 verdankt sich also zwei verschiedenen dtr Händen: In 2,6f. liegt eine Wiederaufnahme aus spät-dtr Feder vor, während der erste dtr Historiograph für die sich anschließenden Verse 2,8-10 verantwortlich ist.

Daß sich auch die geschichtstheologische Einleitung zur Richterzeit in 2,11ff. auf DtrH und spätere Redaktoren zurückführen läßt, soll nun gezeigt werden.

---

33 Vgl. Noth, ÜSt 8f.; Eißfeldt, Einleitung 339f.; Rösel, Überleitungen 345f. u.a.
34 Damit ist auch die Beobachtung Smends, Gesetz 134-137, wenigstens teilweise aufgenommen.
35 Halbe, Privilegrecht 346.

Kap. 4

Ri 2,10-19 und der Rahmen der Richtererzählungen

4.1. Das Problem

In dem Vers Ri 2,10 vollzieht sich im Handlungsablauf des ersten dtr Geschichtsschreibers die Wende: Eine neue Generation betritt die erzählerische Bühne, die "Jahwe nicht mehr kannte und auch nicht das Tun, das er für Israel getan hatte." Damit wird die sachliche Voraussetzung für die geschichtstheologische Einleitung zum dtr Richterbuch in 2,11-19 geschaffen. Diese Einleitung entwirft einen Geschehensablauf, der in den nachfolgenden Richtererzählungen und vor allem in deren Rahmenwerk zu einer planmäßigen Ausführung kommt. Dabei liegen bekanntlich nicht zu übersehende Differenzen zwischen der Einleitung und den Rahmenstücken vor: Nicht alle in 2,11-19 genannten formelhaften Elemente kehren in den Rahmenstücken wieder, und nicht alle Teile des Rahmens haben ihr Gegenstück in der Einleitung. Dieser Umstand bedarf einer Erklärung, die auch von großer Bedeutung sein wird für die Entstehungsgeschichte des gesamten dtr Richterbuches. Nachdem sich insbesondere W. Richter diesem Problem in bisher intensivster Weise angenommen hat, ist es sinnvoll, an seine Analysen anzuknüpfen.[1] Bevor jedoch das Verhältnis zwischen Rahmen und Einleitung genauer in den Blick genommen wird, soll das geschichtstheologische Schema in 2,11-19 für sich auf seine literarische Einheitlichkeit hin überprüft werden. Eine abschließende Skizze wird das deuteronomistische Richterbild, das sich in Rahmen und Einleitung ausdrückt, näher charakterisieren.

---

1   Richter, BR; siehe aber auch Beyerlin, Gattung; Weinfeld, Period; Schüpphaus, Richtergeschichten 131-142; Brueggemann, Criticism 101-114; Blum, Komposition 45-61; Ibáñez Arana, Deuteronomismo 55-65; Alghisi, Pentimento 3-27; Greenspahn, Theology 385-396.

4.2. Literarkritische Analyse von Ri 2,11-19

Versucht man, den Gedankengang von 2,11-19 nachzuzeichnen, ergeben sich Unebenheiten und Sprünge, die auf eine nachträgliche Bearbeitung eines Grundbestandes hinweisen. In der Aussonderung der sekundären Elemente freilich ist man - abgesehen von wenigen Ausnahmen -
von einem Konsens weit entfernt. Dies ist kaum verwunderlich, da jede
literarkritische Analyse von bestimmten Vorentscheidungen zumindest
mitgeprägt ist. Im folgenden soll dennoch eine solche Analyse versucht
werden, die mit relativ geringfügigen literarkritischen Operationen auskommt. Dabei wird sich ergeben, daß der Grundbestand in 2,11-19 auf
den ersten dtr Geschichtsschreiber (DtrH) zurückgeht, dessen Darstellung
durch die Hand eines spät-dtr Autors (DtrN) ergänzt und nicht unwesentlich korrigiert wurde.

Die sogenannte Sündenformel in *v.11* bezeichnet den Abfall der Israeliten in eher allgemeiner Weise. Auch hinter der Notiz "sie dienten
den Baalen" (v.11b) steht kaum noch eine konkrete Vorstellung: Die
Baalim sind - zumal im dtr Literaturbereich - zur Chiffre geworden für
den Fremdgötterdienst überhaupt.[2] Die Zuweisung von Versteil 11b an
eine spät-dtr Hand (DtrN)[3] läßt sich kaum rechtfertigen.[4]

V.12 konkretisiert die allgemeine Charakterisierung des Abfalls von
v.11: Israel hat durch den Fremdgötterdienst den Gott verworfen, der es
heilvoll aus Ägypten geführt hat. Der Rekurs auf den "Gott der Väter"
und die Errettung aus Ägypten läßt die Abwendung der Israeliten von
Jahwe als noch unverständlicher erscheinen.

Gleichwohl wirkt der Vers stark überfüllt, da er nicht weniger als
vier Wendungen enthält, die den Abfall Israels umschreiben. Es liegt
nahe, hier Erweiterungen einer späteren Hand zu vermuten. Aufgrund
sprachlicher Indizien kommen die beiden letzten Ausdrücke in Betracht
("und sie warfen sich vor ihnen nieder und reizten Jahwe"): Das Verbum
כעס *hif* begegnet vornehmlich in spät-dtr Zusammenhängen;[5] ähnliches

---

2   Belege bei Hoffmann, Reform 327-329; ferner Spieckermann, Juda 200-212.

3   So Spieckermann, Juda 209f. Anm. 115.

4   Ob tatsächlich der Gebrauch des Plurals "Baalim" auf DtrN deute, während
     der in v.13 begegnende Singular "Baal" typisch für DtrH sei, wie Spieckermann
     (Juda 207) vermutet, läßt sich kaum generell erweisen.

5   Dtn 4,25; 9,18; 31,29; 32,16.21; 1Kön 14,9.15; 15,30; 16,2.7.13.26.33; 21,22; 22,54;
     2Kön 17,11.17; 21,6.15; 22,17; 23,19.26; weitere Belege bei Jer-D. Vgl. auch Loh-
     fink, Art. כעס 300-302.

gilt für וַיִּשְׁתַּחֲוּוּ.[6] In v.12aβb dürfte also eine Ergänzung durch DtrN vorliegen, die den Abfall Israels unterstreichen soll.[7]

Seit langem schon ist erkannt, daß *v.13* aufgrund seiner Parallelität mit v.11-12 als Einschub zu betrachten ist.[8] Es ist freilich nicht leicht, einleuchtende Gründe für diese Einfügung anzugeben. Erkennt man indes auch die folgende Zornesformel in *v.14aα* als sekundär an, so könnte der Sinn von v.13 darin liegen, den Vorwurf des Fremdgötterdienstes noch einmal resümierend und pointiert der Zornesformel voranzustellen, auf die es dem Ergänzer eigentlich ankam. Mit dem Gedanken des Zornes Jahwes kommt zudem ein neues Motiv in den Handlungsablauf. Liest man 2,12-14* *ohne* die Zornesformel, so liegt ein klarer Tun-Ergehen-Zusammenhang vor, der den Rahmenstücken der Richtererzählungen gleicht:[9] Der Götzendienst führt gleichsam "automatisch" dazu, daß Jahwe die Israeliten in die Hand der Feinde gibt. Tritt hingegen die Zornesformel hinzu, wird der Zusammenhang von Abfall und Strafe durch ein drittes Element, nämlich den Gedanken des unberechenbaren göttlichen Gerichts, weiter theologisiert. Für den sekundären Charakter der Zornesformel spricht nicht zuletzt die Beobachtung, daß die Formel auch an den beiden übrigen Stellen im Ri-Buch (3,8aα und 10,7a) auf DtrN zurückgehen dürfte. Dieser Redaktor hätte also die Formel nur an programmatischer Stelle, nämlich in der Einleitung (2,14) und in dem ersten Beispielstück (3,8) sowie in 10,7, ergänzt. Dies erklärt jedenfalls das Fehlen der Formel in den übrigen Rahmenstücken. Es ist somit festzuhalten, daß das zusammenhängende Stück v.12aβ-14aα auf einen spät-dtr Redaktor (DtrN) zurückgeht.

An dieses Stück schließt sich ein Versteil an, der ebenfalls in Verdacht steht, nachträglich eingefügt worden zu sein: "und er gab (נתן) sie in die Hand von Räubern (שֹׁסִים), und die raubten sie aus" (v.14aβ). Die Parallelität zu der Aussage von v.14b, wo vom "Verkaufen" (מכר) in die Hand der "Feinde" (אוֹיְבִים) die Rede ist, liegt auf der Hand.

---

6 Belege bei Hoffmann, Reform 329.

7 Vgl. Dietrich, Prophetie 90f.; Spieckermann, Juda 45 Anm. 28 und 209f. Anm. 115 (der freilich den gesamten v.12 für sekundär hält); vgl. auch Noth, ÜSt 7, der in 2,11b.12.13 drei parallele Sätze dtr Stils sieht. Mayes, Story 67 (vgl. ders., Judges 31), unterscheidet zwischen den "Baalim" in v.11b, die auf inländische, kanaanäische Götzen hindeuten, und den "Göttern der Völker rings um sie her" (v.12aα*). Aus diesem Grund rechnet er v.12 (ab וַיֵּלְכוּ) zu einer späteren dtr Hand ("dtr editor") als v.11 ("dtr historian").

8 Vgl. Budde, Richter 22; Eißfeldt, Quellen 1; Beyerlin, Gattung 2; Richter, BR 28; Schüpphaus, Richtergeschichten 134 (v.13 gehöre – anders als v.11f. – zum alten, vor-dtr Bestand des Kapitels); Mayes, Story 67.

9 Vgl. hierzu Beyerlin, Gattung 4, und Brueggemann, Criticism 104-106.

Nun hat vor allem W. Richter darauf aufmerksam gemacht, daß beide Versteile keineswegs bedeutungsgleiche Dubletten darstellen, sondern durchaus unterschiedliche Akzente setzen.[10] Dies werde allein schon durch die unterschiedlichen Konnotationen der verwendeten Worte deutlich. Insbesondere aber die Beobachtung, daß sich die beiden Verben נתן und מכר in formelhafter Verwendung an jeweils verschiedenen Stellen in den nachfolgenden Rahmenstücken finden,[11] führt W. Richter zu dem Schluß, v.14 müsse literarisch einheitlich sein: "Wenn nunmehr die planvolle Verwendung der in 2,14 stehenden Formeln wahrscheinlich gemacht ist als die zusammenfassende Vorausnahme der später verwandten Formeln, besteht kein Grund mehr für die Zerreißung des Verses."[12]

Diese Folgerung indes ist – so plausibel sie zunächst erscheinen mag – keineswegs zwingend. Ein etwas anderes Bild ergibt sich nämlich, wenn man die Vorstellungen näher betrachtet, die sich mit den "Räubern" und "Feinden" verbinden: "[D]er Feind ist immer der von außen her kommende Angreifer."[13] Der Plünderer, Räuber (שֹׁסֶה) hingegen läßt eher an eine *innere* Bedrängnis im Lande denken, vor allem als *Folge* eines Krieges.[14]

Dem Duktus des ersten dtr Historiographen zufolge kann es eigentlich nur "Feinde ringsumher" geben, denn nach seiner Vorstellung hatte Israel das Land nach Ausrottung der kanaanäischen Vorbewohner *vollständig* eingenommen (vgl. die Summarien Jos 11,16-23* und 21,43-45). Feinde im Innern haben in dieser Konzeption keinen Platz. Mit dem Ende der heilvollen Josua-Zeit ändert sich allenfalls dies, daß Israel fortan nur noch eine ungesicherte, "unruhige" Existenz im Lande führen kann, das gleichwohl als Ganzes im Besitz Israels bleibt. Anders hingegen urteilt der nomistische Redaktor DtrN, der – ausgehend von der Vorstellung einer *unvollständigen* Landnahme – mit dem Wohnenbleiben großer Teile der kanaanäischen Bevölkerung im Lande rechnet (vgl. Jos 23; Ri 1,21. 27ff.; 2,1-5). Als "Feinde" kommen für ihn deshalb nicht allein die umliegenden Nachbarn Israels in Betracht, sondern vor allem auch die *im Lande* lebenden Kanaanäer, die Israel "zur Schlinge und zum Fallstrick" (Jos 23,13) werden. Daß zur Beschreibung dieser ständigen inneren Bedrohung der Existenz Israels nicht der Terminus אוֹיֵב, sondern שֹׁסֶה verwendet wird, ist deshalb gut verständlich. Es liegt somit nahe, die Über-

---

10   Vgl. Richter, BR 29f.
11   נתן: Ri 6,1.13; 13,1; מכר: 3,8; 4,2; 10,7.
12   Richter, BR 30.
13   Ringgren, Art. איב 231; ähnlich Jenni, Art. אֹיֵב 119.
14   Vgl. Richter, BR 29. Belege: 1 Sam 14,48; 17,53; 23,1; 2 Kön 17,20; Jes 13,16; 17,14; 42,22; Jer 30,16; Hos 13,15; Sach 14,2; Ps 44,11; 89,42.

eignungsformel in v.14aβ der Hand des DtrN zuzuweisen.[15] Daß damit auch v.16b, in dem auf die םיִֹטֱֹשׁ Bezug genommen wird, als Zusatz verdächtig ist, liegt auf der Hand.

Die ursprüngliche Fortsetzung von v.11-12abα im DtrH-Zusammenhang ist demnach in v.14b zu sehen, worauf nicht zuletzt die verwandten Wendungen "Götter der Völker *rings um sie her*" (v.12bα) und "Feinde *ringsumher*" (v.14a) weisen.

V.14b-15 beschreiben die Strafe, die Israel widerfährt, mit mehreren verschiedenen Ausdrücken (Verkaufen in die Hand der Feinde; Israel kann nicht mehr vor den Feinden bestehen; die Hand Jahwes war gegen sie; sie gerieten in große Not). Nicht selten werden aus dieser Häufung literarkritische Konsequenzen gezogen.[16] Meist aber wird der eigentümliche doppelte Rückverweis auf ein Jahwewort und einen Schwur in v.15b* für sekundär gehalten, weil unklar bleibt, worauf sich die Angaben konkret beziehen.[17] Indes sind literarkritische Operationen innerhalb des Stückes v.14b-15 nicht notwendig, wenn man eine interessante Parallele für diese Verse in die Überlegungen einbezieht. In dem aus der Feder des DtrH stammenden Summarium Jos 21,43-45 nämlich liegt so etwas wie das positive Gegenstück zu Ri 2,14b-15 vor.[18] Dies läßt sich vor allem sprachlich belegen, wie die folgende Gegenüberstellung zeigt:

Jos 21,44-45	*Ri 2,14b-15*
Und Jahwe verschaffte ihnen *ringsum Ruhe*, ganz wie er ihren Vätern *geschworen* hatte, und keiner *hielt stand* vor ihnen von all ihren Feinden; alle ihre Feinde gab Jahwe *in ihre Hand*. Nichts fiel dahin von *all dem Guten*, das Jahwe dem Haus Israel *versprochen hatte*; alles traf ein.	Und er verkaufte sie *in die Hand* ihrer Feinde *ringsumher*, so daß sie ihren Feinden nicht mehr *standhalten* konnten.
	Sooft sie auch auszogen, die Hand Jahwes war gegen sie zum *Unheil*, wie Jahwe *gesagt* hatte und wie Jahwe ihnen *geschworen* hatte; und sie gerieten in große *Not*.

Das in Jos 21,43-45 summarisch umschriebene Heilsgut, die Einnahme des ganzen Landes nach Vernichtung aller Feinde und die Ruhe im Land, wird aufgrund des Abfalls der Israeliten in Ri 2,14b-15 *partiell* wieder

---

15   Vgl. auch Spieckermann, Juda 209f. Anm. 115.
16   Schüpphaus, Richtergeschichten 131-135, unterscheidet z.B. zwischen einem vordtr Grundbestand in v.14aαbβ.15b und einer dtr Bearbeitung in v.14aβbα.15a.
17   Vgl. Noth, ÜSt 7; Richter, BR 30; Soggin, Judges 42; Mayes, Story 67. Beyerlin, Gattung 25, sieht einen Rückbezug auf Dtn 31f.
18   Vgl. Braulik, Konzeption 224.

rückgängig gemacht: Zwar wird in Ri 2,14b-15 das Land als *die* Heilsgabe schlechthin nicht zur Disposition gestellt. (Dies wird später bei
DtrN anders!) Doch liegt DtrH daran zu betonen, daß Israel in diesem
Land nur noch ein ruheloses, bedrohtes und ungesichertes Dasein haben
kann - jeweils bis zur Erweckung eines rettenden und helfenden Richters![19] Daß diese Korrespondenz von Jos 21,43-45 und Ri 2,14b-15 tatsächlich von DtrH beabsichtigt ist, belegen mit hinreichender Deutlichkeit die sprachlichen Übereinstimmungen zwischen beiden Texten, wie
sie oben angedeutet wurden: Aus dem "Guten" (טוֹב), das Israel von
Jahwe widerfährt, wird "Unheil" (רָעָה). Die von Jahwe gewährte "Ruhe"
(נוּחַ *hif*) kehrt sich um in große Not (צרר). Konnte nach Jos 21,44
kein Feind vor *Israel* "standhalten" (עמד), so ist es nun Israel, das den
Feinden nicht mehr gewachsen ist.

Die auffällige Parallelität zwischen beiden Texten hat nun aber eine
wichtige Konsequenz für die literarische Beurteilung von Ri 2,14b-15: Für
alle Ausdrücke, die in 2,14b-15 die Bestrafung Israels charakterisieren,
finden sich entsprechende Wendungen in Jos 21. Auch der doppelte Rückverweis "wie Jahwe gesagt hatte und wie Jahwe ihnen geschworen hatte"
(v.15b) läßt sich als Übernahme aus Jos 21,44f. erklären, wo ebenfalls
die Verben דבר und שׁבע *nif* begegnen.

Somit sind v.14b-15 als literarisch einheitlich zu beurteilen; sie wurden von DtrH in wohlüberlegter Korrespondenz zu dem die Josua-Zeit
abschließenden Summarium Jos 21,43-45 geschaffen. Literarkritische
Operationen sind also nicht notwendig. Es bestätigt sich ferner die oben
vorgenommene Zuweisung von v.14a zu DtrN: Für diesen Versteil liegt
keine entsprechende Formulierung in Jos 21 vor.

V.15b charakterisiert zusammenfassend die Lage, in der sich Israel
nun befindet: "Sie gerieten in große Not."[20] Im Anschluß an diese Feststellung, also unmittelbar vor der in v.16 geschilderten Erweckung eines
Richters, wird von den meisten Exegeten in Anlehnung an die Rahmenstücke Ri 3,9.15; 4,3; 6,6; 10,10 die sogenannte Notschreiformel וַיִּזְעֲקוּ
אֶל־יְהוָה eingefügt.[21] Einmal abgesehen davon, daß sich für eine derartige Textergänzung keinerlei textkritische Zeugen beibringen lassen, ist
sie auch aus anderen Gründen abzulehnen: Eine dem Verbum זעק ganz
ähnliche Aussage findet sich nämlich in 2,18b: "Denn Jahwe hatte Mitleid

---

19 Wird hier vielleicht schon auf die *endgültige* Preisgabe des Heilsgutes "Land"
    durch das Exil angespielt? Vgl. auch Soggin, Judges 111.
20 Eine Änderung von וַיֵּצֶר in וַיָּצַר mit dem grammatischen Subjekt "Jahwe"
    gemäß LXX ist nicht erforderlich. Auch bei dem unpersönlichen Verständnis
    des MT ist Jahwe der Urheber der Not, damit also logisches Subjekt.
21 Vgl. z.B. Moore, Judges 71f.; Budde, Richter 23; Hertzberg, Richter 156; Rich-
    ter, BR 30f.; Boecker, Redeformen 65; Soggin, Judges 39.

aufgrund ihres Jammerns (נַאֲקָה) über ihre Bedränger und Bedrücker."
Eine Ergänzung der Notschreiformel vor v.16 in Analogie zu den nachfolgenden Richtererzählungen ist also nicht erforderlich,[22] da sie der Sache
nach in v.18b vorliegt. Es ist ferner zu beachten, daß das Verbum זעק
keineswegs den Gedanken der Reue oder Umkehr impliziert und damit
auch keinen gegenüber v.18b zusätzlichen Aspekt enthält.[23] Dieser Zusammenhang wird erst sekundär in 10,9f. hergestellt. Vielleicht ist die
sonst gebrauchte Bemerkung über das "Schreien" ganz bewußt in der
programmatischen Einleitung der Sache nach an den Schluß gesetzt worden (v.18b), um allen Nachdruck auf die *Begründung* des heilvollen Eingreifens Jahwes zu legen.

Durch die Erweckung eines Richters *(v.16)* leitet Jahwe seine Rettungstat ein, die allein durch die Not der Israeliten, nicht aber durch
eine Umkehr des Volkes motiviert ist. Nun ist v.16 aber kaum einheitlich:
Im Zusammenhang mit v.14a wurde schon darauf hingewiesen, daß die
Verwendung des Begriffs "Räuber" (שֹׁסִים) in v.16b offenbar auf DtrN
zurückgeht, der daran interessiert war, Bedränger *im Innern* des Landes
einzuführen. V.16b dürfte somit sekundär sein.

Dasselbe gilt - nahezu unbestritten - auch für den unmittelbar folgenden *v.17*:[24] "Der Vers sieht die Richter (singulär) als Lehrer, Unter-
weiser, auf die man hört, weil sie den Weg weisen, den die Väter gin-
gen, nämlich die Befolgung der Gebote Jahwes."[25] Nicht mehr die Aufgabe des Rettens steht im Vordergrund, sondern die Predigt des Gesetzes.
Ob freilich v.17 tatsächlich "in handgreiflichem Widerspruch"[26] zum
Generationenschema von v.19 steht, wie oft zu lesen ist, kann man mit
guten Gründen bezweifeln (s.u.).

Man wird den Vers aufgrund seiner Tendenz mit Smend dem am
Gesetz orientierten DtrN zuweisen dürfen. Die Einfügung von v.17 geschah durch das Verfahren der Wiederaufnahme: Der Beginn von v.18aα
(bis שֹׁפְטִים) nimmt v.16a in einem Nebensatz wieder auf. Klar wird nun
auch der Sinn von v.16b: Bevor DtrN auf den Ungehorsam Israels auch
gegenüber den von Jahwe gesandten Richtern hinweisen konnte (v.17),
mußte er notwendigerweise zunächst ihre eigentliche Aufgabe herausstellen, wie sie der Vorlage DtrH entspricht, nämlich die Rettung Israels.
Dies geschah durch Hinzufügung von v.16b.

---

22 Vgl. Beyerlin, Gattung 4; Schüpphaus, Richtergeschichten 135f.
23 Dazu s.u. Kap. 4.3.2.
24 Vgl. Richter, BR 33f. (ältere Literatur in Anm. 94); Smend, Gesetz 133;
　　Soggin, Judges 42; Mayes, Story 67. Anders Beyerlin, Gattung 4 Anm. 17.
25 Richter, BR 34.
26 Smend, Gesetz 133.

Löst man nun den DtrN-Einschub *v.16b-18aα* (bis שֹׁפְטִים) heraus, so ergibt sich ein klarer Gedankengang: Jahwe läßt – auf die Not Israels hin – Richter erstehen (v.16a); Jahwe war mit diesem Richter (v.18aα*); und er (d.h. der Richter) errettete die Israeliten aus der Hand ihrer Feinde, solange er lebte (v.18aβ). In diesem Zusammenhang hat die wichtige Aussage "und Jahwe war mit dem Richter" (v.18a) ihren sachgemäßen Ort *vor* der Mitteilung über die Errettung, denn zunächst muß ja herausgestellt werden, daß Jahwe tatsächlich in diesem Richter wirksam ist, bevor er – stellvertretend – retten kann. Erst DtrN verursachte durch Hinzufügung von v.16b die jetzige Unklarheit.

In *v.18b* begründet DtrH die Erweckung des Richters mit Jahwes Mitleid (נחם *nif*), das ausgelöst wird durch das Jammern der Israeliten: "Jahwes Mitleid löst für Israel eine Zeit der Strafe ab und führt eine Zeit herauf, die von Jahwes Nähe und Güte bestimmt ist."[27] Die Aussetzung der Strafe indes ist befristet; sie währt nur "so lange, wie der Richter lebt" (v.18a). Dies bedeutet freilich nicht, daß Israel zu *Lebzeiten* der Richter von seinem Götzendienst abgelassen hätte. Genaugenommen setzt der Gedanke des Mitleids, der Selbstbeherrschung Jahwes die bleibende Unbußfertigkeit des Volkes voraus.[28] Jahwes Mitleid hat keinen Anhalt am menschlichen Tun: Die *Sünde* Israels bleibt; lediglich die daraus resultierende *Strafe* wird für eine befristete Zeit ausgesetzt.

Der von DtrN eingeschobene v.17 knüpft insofern gut an die theologische Konzeption des DtrH an, als er ebenfalls von der bleibenden Unbußfertigkeit des Volkes ausgeht, ja diese noch sehr viel stärker herausstellt. In *dieser* Frage unterscheiden sich beide dtr Redaktoren *nicht*. Ihre Differenz liegt vielmehr darin, daß sie die Aufgaben des Richters unterschiedlich akzentuieren: Neben der Tätigkeit des Rettens übernimmt der Richter bei DtrN das Amt eines Bußpredigers.

Nun ist es insbesondere *v.19*, aus dem in der Regel geschlossen wird, daß der Rettungstat Jahwes beim ersten dtr Geschichtsschreiber jeweils eine *Umkehr* des Volkes vorausgehe.[29] Wäre diese Interpretation richtig, bestünde in der Tat ein eklatanter Widerspruch zum Richterbild des DtrN, wie es sich aus v.17 ergibt. Indes ist dieser Schluß keineswegs zwingend. Er beruht vor allem auf einer bestimmten Übersetzung des Verseingangs: "Sobald der Richter starb, wurden sie rückfällig (יָשֻׁבוּ)

---

27 Jeremias, Reue 114.

28 Vgl. bes. Jeremias, Reue 114-117.119f.

29 So z.B. Richter, BR 34; Schüpphaus, Richtergeschichten 131.141 ("die Zeit während des Auftretens eines Richters (war) eine von Bosheit und Sünde freie Zeit"); Smend, Gesetz 133; Mayes, Story 67. Bekanntlich zog Wolff, Kerygma 308-324, aus dem Gedanken der "Umkehr" recht weitreichende Schlüsse für das Kerygma des gesamten dtr Werkes.

und trieben es schlimmer als ihre Väter...”[30] Übersetzt man שׁוּב, wie
es hier geschieht, als Vollverb, kommt man in der Tat zu der Auffassung,
die Israeliten seien zeitweise (zu Lebzeiten des Richters) ”sündlos” gewesen. Eine andere Möglichkeit ergibt sich, wenn man שׁוּב der nachfolgenden Verbform וְהִשְׁחִיתוּ unterordnet.[31] יָשֻׁבוּ würde demnach den
Modus der mit שׁחת *hif* umschriebenen Handlung näher bestimmen: ”Sobald der Richter starb, trieben sie es *wiederum / weiterhin* schlimmer
als ihre Väter...”[32] Der iterative Akzent des Verbums שׁוּב bezieht sich
damit eindeutig auf den *Komparativ* (... מִן וְהִשְׁחִיתוּ). Dies kann man
nur so verstehen, daß der Götzendienst der Israeliten nach dem Tod des
Richters *noch schlimmer* wird, als er vorher - nämlich zu Lebzeiten des
Richters - ohnehin schon war. Hiermit soll offensichtlich der Gedanke
der *Steigerung* der Sünde ausgedrückt werden. Eine ganz ähnliche Vorstellung liegt in der DtrH zuzuweisenden Sündenformel der meisten Rahmenstücke vor (3,12; 4,1; 10,6; 13,1): וַיֹּסִפוּ בְּנֵי יִשְׂרָאֵל לַעֲשׂוֹת הָרַע bedeutet kaum ”sie taten *wieder* das Böse...”, sondern ist eher im Sinne
einer Fortsetzung oder gar Vermehrung des sündhaften Tuns aufzufassen
(”sie taten *weiterhin* das Böse”).[33]

V.19a geht also keineswegs davon aus, daß die Israeliten zu Lebzeiten des Richters von ihrem Frevel abgelassen hätten, sondern will im
Gegenteil herausstellen, wie sich Israel - trotz des helfenden Eingreifens
der gottgesandten Richter - nur noch mehr in seine Sünde verstrickt hat,
ein Gedanke übrigens, der durch Versteil 19b vollends bestätigt wird:
”Nicht ließen sie ab[34] von ihren Taten und von ihrem halsstarrigen
Wandel.”

Was die literarhistorische Zuordnung von v.19 betrifft, so ist von der
theologischen Tendenz her keine eindeutige Festlegung möglich: Sowohl
DtrH wie auch DtrN setzen eine bleibende Sündhaftigkeit des Volkes
voraus, die auch während der Wirkungszeit des Richters nicht nachläßt.
Mehrere sprachliche Indizien indes weisen eher auf DtrN. So trifft man
die drei Infinitive לְהִשְׁתַּחֲוֹת / לְעָבְדָם / לָלֶכֶת auch in Jos 23,16
(DtrN) an.[35] Ferner ist die Fortsetzung v.20ff. eindeutig DtrN zuzuweisen, so daß v.19 gut als Zusammenfassung des bisherigen Geschehens
zum Zwecke der Anfügung von v.20ff. verstanden werden kann. Immerhin

---

30 Vgl. Hertzberg, Richter 157; Soggin, Judges 38, und viele andere.
31 Zum Phänomen vgl. Gesenius–Kautzsch § 120d; ferner Holladay, Root 144.
32 Ähnlich in der Zürcher Bibel. Als Parallele vgl. Ri 8,33.
33 Vgl. bes. Noth, ÜSt 50, der ebenfalls einen Bezug zu 2,19 sieht; ferner
    Greenspahn, Theology 394.
34 נפל *hif* in dieser Bedeutung ”(von der Sünde) ablassen” singulär.
35 Dort ebenfalls (wie in Ri 2,20) von der Zornesformel gefolgt. Den ausgeprägt
    dtr Charakter der in v.19 begegnenden Wendungen belegt Beyerlin, Gattung 13-15.

nimmt v.19 verschiedene Wendungen und Vorstellungen aus v.11f.17.18a
auf.[36]

Ordnet man v.19 dem spät-dtr Überarbeiter DtrN zu, so ist klar,
daß die ursprüngliche Einleitung zur Richterzeit aus der Feder des DtrH
mit v.18b geendet haben muß, und zwar mit einer theologisch überaus
gewichtigen Charakterisierung Jahwes: Es war nicht menschliche Vorleistung oder gar Umkehr, die Jahwe zu einer Aussetzung der verdienten
Strafe bewegte; ausschlaggebend war allein sein grundloses Mitleid angesichts der Not Israels. An diesen Schlußgedanken fügte DtrH sachgemäß
das erste Beispielstück über den Richter Otniel an (3,7-11), das "erwartungsgemäß" einsetzt mit einer Bemerkung über den Abfall Israels.

Als literarkritisches Ergebnis läßt sich folgendes festhalten: Als Verfasser der geschichtstheologischen Einleitung zur Richterzeit ist DtrH erkannt worden. Seine Darstellung liegt vor in v.11.12aβb.14b.15.16a.18a
(ab וְהָיָה).b. Der Überarbeiter DtrN hingegen ist greifbar in v.12aα.13.
14a.16b.17.18aα*.19. Sieht man einmal von dem abschließenden v.19 ab,
der in v.20ff. seine Fortsetzung findet, ist der DtrH-Zusammenhang an
nur zwei Stellen aufgebrochen worden. Die vorgenommenen literarkritischen Operationen halten sich also gegenüber manchen anderen Versuchen in Grenzen. Daß diese literarkritische Beurteilung von 2,11-19 zunächst nur eine vorläufige sein kann, solange die nachfolgenden Rahmenstücke noch nicht in die Betrachtung einbezogen worden sind, bedarf
keiner ausführlichen Begründung, sondern versteht sich von selbst.

4.3. Der Rahmen der Richtererzählungen und sein Verhältnis zu 2,11-19

4.3.1. Differenzen

Es gehört zu den gesicherten Erkenntnissen der Forschung am Ri-
Buch, daß die relativ leicht herauslösbaren stereotypen Wendungen zu
Beginn und am Ende der einzelnen Heldengeschichten in einer noch näher
zu bestimmenden Beziehung zur dtr Einleitung in 2,11-19 stehen. So ist
es nicht verwunderlich, daß man sowohl die Rahmenstücke als auch die
Einleitung auf ein und denselben - dtr - Verfasser zurückführte.[37] Es
hat jedoch nie an Stimmen gefehlt, die auch auf die *Unterschiede* zwi-

---

36 Vgl. Richter, BR 34f.; ferner Niehr, Herrschen 152.
37 Vgl. die älteren Belege bei Richter, BR 2 Anm. 6; sodann Noth, ÜSt 50-54.

schen Rahmen und Einleitung hingewiesen haben. Neben älteren, vor allem im Kontext der Quellenhypothese erfolgten Versuchen[38] war es insbesondere W. Richter, der bisherige Beobachtungen aufnahm und aufgrund neuer Analysen zu einem beeindruckenden redaktionsgeschichtlichen Gesamtbild vereinte.[39] Etwa gleichzeitig erschien ein Aufsatz W. Beyerlins, der sich demselben Problem stellte und zu ganz ähnlichen Ergebnissen kam wie W. Richter.[40] Seither wird überwiegend zustimmend auf die Studien W. Richters (und auch W. Beyerlins) Bezug genommen.[41] Bevor jedoch näher auf deren Thesen eingegangen wird, sollen die in Einleitung und Rahmenstücken enthaltenen formelhaften Wendungen in einer Übersicht verzeichnet werden (Bezeichnungen i.a. nach W. Richter):

	2,11-19	3,7-11	3,12-30	4-5	6-9	10,6-12,7	13-16
Sündenformel	2,11	3,7	3,12	4,1a	6,1	10,6	13,1
Zorn Jahwes	2,14	3,8	–	–	–	10,7a	–
Übereignung	2,14	3,8	3,12b-14	4,2	6,1	10,7b-8	13,1
Dauer	–	3,8	3,14	4,3	6,1	10,8	13,1
Not	2,15	–	–	–	–	10,9	–
Schreien	–	3,9	3,15	4,3	6,6	10,10	–
Erweckung	2,16a	3,9	3,15	–	–	–	–
Beugeformel	–	(3,10b)	3,30a	4,23	8,28	11,33b	–
Ruheformel	–	3,11a	3,30b	5,31	8,28	–	–
Richterformel	(2,16)	3,10	–	(4,4f.)	–	12,7a	15,20; 16,31
Todesformel	2,19	3,11b	4,1b	–	8,28	12,7b	–

Schon bei einem flüchtigen Blick auf die Tabelle fällt die Sonderstellung der Simsonüberlieferung ins Auge: Wesentliche Formeln fehlen hier; die drei (neben der Richterformel) vorhandenen sind in einem Vers (13,1) konzentriert. Inkongruenzen sind aber auch sonst reichlich festzustellen. So ist vor allem zu beobachten, daß die verschiedenen formelhaften Wendungen keineswegs immer denselben Wortlaut haben. Die Übereignungsformel z.B. wird mit drei unterschiedlichen Verben konstruiert (מכר, נתן, חזק pi), und auch die Todesnotiz lautet nicht überall gleich (vgl. 4,1b). Offenbar wurde das Schema nicht so streng durchgehalten, daß es nicht auch kleinere Abweichungen zuließ. Es kommt hinzu, daß anstelle einer stereotypen Wendung gelegentlich eine sachlich ähnliche Aussage begegnet: So ersetzt der ausführliche Bericht über die

---

38 Vgl. z.B. Eißfeldt, Quellen 109-115. Weitere Belege bei Jenni, Forschung 129-132; Richter, BR 2 Anm. 6.
39 Richter, BR, in Fortführung von ders., TU.
40 Beyerlin, Gattung.
41 Vgl. die Einleitungen; ferner z.B. Brueggemann, Criticism 101f.; Mayes, Story 72f.; Greenspahn, Theology 386; Niehr, Herrschen 101.

Berufung Gideons in 6,11-24 zweifelsohne die kurze Erweckungsnotiz (vgl. auch 10,18; 11,29). *Beide* Aussagen betonen ja, daß der Helfer *von Jahwe* gesandt und beauftragt wird.

Welche Schlüsse man aus diesen Beobachtungen, die sich leicht vermehren ließen, ziehen kann, wird die folgende Analyse ergeben. Sie knüpft sinnvollerweise an die Untersuchung W. Richters an.

4.3.2. Die Thesen W. Richters und W. Beyerlins

Bekanntlich führt W. Richter die Untersuchung der redaktionellen Bestandteile des Ri-Buches zur Auffassung einer mehrphasigen Redaktionsarbeit: Das alte nordisraelitische "Retterbuch" in c.3-9 sei zunächst durch eine erste *deuteronomische* Redaktion (Rdt1) um die Rahmenstücke 3,12.14.15a.30; 4,1a.2f.23f.; 5,31b; 6,1.2a.6; 8,28 erweitert worden. Sodann sei in einer weiteren Phase (2. dt. Redaktion, Rdt2) das Beispielstück über Otniel hinzugekommen. Der dtr Geschichtsschreiber schließlich habe das um zwei dt. Redaktionen erweiterte Retterbuch aufgegriffen, es um die Jiftach- und Simsonüberlieferung ergänzt und mit der älteren Richterliste (10,1-5; 12,7-15) verknüpft. Dem Ganzen stellte er die geschichtstheologische Einleitung 2,10-19* voran, in der die Verbindung von Richter und Retter explizit vollzogen wird; auch formulierte er den ausführlichen Vorspann zur Jiftachüberlieferung in 10,6-16*.[42] Die sogenannte Richterformel, die ursprünglich mit der älteren Liste der kleinen Richter verbunden war (וַיִּשְׁפֹּט אֶת יִשְׂרָאֵל), ergänzte Dtr in 3,10; 15,20; 16,31, um Retter- und Richterfunktion aneinander anzugleichen.[43] Hieraus zieht W. Richter eigentümlicherweise aber nicht den Schluß, daß Dtr die Retter und Richter *identifiziere.* Er versucht vielmehr, eine Retterperiode von einer darauf folgenden Richterperiode zu unterscheiden: DtrG verknüpft die Traditionen über die Retter und die Richter, "indem er zwischen Samuel und die kleinen Richter eine Verbindung über Simson und Eli zieht (nur diese beiden sind 'Richter', aber nicht charismatische Helden) und davor die Retter oder sog. charismatischen Helden stellt und als solche beläßt, indem er ferner beide Wurzeln zusammenordnet (nur zweimal, nämlich Ri 2,16.18), und zwar so, daß der Richter nun auch die Rettertätigkeit übernimmt, nicht umgekehrt! Der Retter wird somit in die Vorstellung der Richter-Periode eingeordnet und den Richtern vorgeordnet; nur der Retter Othniel wird durch Richter- und Ruheformel an die Richter angeglichen. Dabei präzisiert aber Ri 2,18 die Aussage theolo-

---

42 Vgl. Richter, BR 115-131.
43 Vgl. Richter, BR 128.

gisch dahin, daß nicht der Richter rettet, sondern Gott, der einmalig den Richter einsetzt (V.16), trotzdem aber zu seinen Lebzeiten rettend eingreift. Damit liegt die Einheit beider Stände weder im Richter noch im Retter, sondern im Herrn der Geschichte Jahwe. Diese und nur diese Konzeption ist DtrG eigen; und diese gilt im Vollsinn nur für die sog. großen Richter; von da ab läßt er die echten Richter beginnen, die er über die sogenannten kleinen Richter, Simson und Eli bis Samuel führt."[44]

Dieses längere, nicht in allem ganz durchsichtige Zitat W. Richters entwirft ein recht kompliziertes dtr Retter-Richter-Bild, bei dem man sich fragen kann, ob es den eigenen literarischen Analysen tatsächlich gerecht wird. Immerhin fehlt in der Einleitung zur - nach W. Richter - "eigentlichen" Richterzeit in 10,6-16 sowohl das Verbum שָׁפַט als auch das Substantiv שׁוֹפֵט.[45] Ferner: Warum ergänzte Dtr die Richterformel schon in 3,10? Näher liegt es - nach W. Richters eigenen Untersuchungen - davon auszugehen, daß Dtr Retter und Richter voll und ganz identifizierte. Dieser Schluß scheint mir aufgrund der Stellung und Funktion der einleitenden Reflexion 2,11-19* unzweifelhaft zu sein.

Was die redaktionsgeschichtlichen Analysen W. Richters angeht, so hat seine These von der mehrstufigen Redaktion etwas Bestechendes an sich: Sie vermag in der Tat die Abweichungen zwischen den Rahmenstükken und der Einleitung 2,11-19* (sowie 10,6-16) in einer durchaus gut nachvollziehbaren Weise zu erklären. Indes erhebt sich die Frage, ob die literarhistorischen Voraussetzungen W. Richters mit dem Befund in Einklang zu bringen sind. Lassen sich die beiden herausgearbeiteten *deuteronomischen* Redaktionen wirklich so klar und eindeutig von der *dtr* Bearbeitung abheben? Zweifel stellen sich unweigerlich dann ein, wenn man die formelhaften Wendungen des Rahmenschemas, das Rdt₁ zugewiesen wird, näher in den Blick nimmt. Es handelt sich um folgende sechs Formeln:

(1) Sündenformel (3,12; 4,1; 6,1)[46]
(2) Übereignungsformel (3,12.14; 4,2f.; 6,1)[47]
(3) Notschreiformel (3,15; 4,3; 6,6)
(4) Erweckungsformel (nur 3,15)
(5) Beugeformel (3,30; 4,23; 8,28)
(6) Ruheformel (3,30; 5,31b; 8,28)

---

44 Richter, BR 129.
45 Auf diese Eigentümlichkeit weit Schlauri, Beitrag 392f. Anm. 1, hin.
46 וַיִּסְפ֫וּ in 3,12; 4,1 geht nach Richter erst auf DtrG zurück (vgl. BR 4.6).
47 Die Zahlenangaben seien erst durch DtrG eingefügt worden (vgl. BR 113.133).

Untersucht man diese Formeln nun etwas genauer, so wird man zu dem - hier vorweggenommenen - Ergebnis kommen müssen, daß sie kaum auf eine dt. Redaktion aus der Zeit Joschijas zurückgehen, sondern als eindeutig *dtr* anzusprechen sind und damit auf einer redaktionellen Ebene mit dem Grundbestand von 2,11-19 liegen.

So begegnet die *Sündenformel*, die mit der entsprechenden Wertungsformel in den Königsbüchern zu verbinden ist, ausschließlich in dtr und nach-dtr Texten.[48]

Auch die *Übereignungsformel* ist in der Gestalt, wie man sie in 3,12.14; 4,2f.; 6,1 antrifft, kaum vor-dtr: Zwar dürfte die Formel als solche (mit dem Verbum נתן) zum Bestand des Jahwekrieges gehören,[49] doch es ist zu beachten, daß ihre Aussagerichtung in Ri 3-6 umgekehrt ist: Sie richtet sich nicht mehr gegen Israels Feinde, sondern nun gegen Israel selbst.[50] Offenbar spiegelt die Verwendung in den Rahmenstücken schon ein traditionsgeschichtlich jüngeres Stadium wider, was freilich allein noch nicht ihre dtr Herkunft beweist.

Es kommt jedoch hinzu, daß die Formel in 4,2 (sowie 2,14; 3,8; 10,7) mit מכר "verkaufen" gebildet wird, einem Verbum also, das von Hause aus nichts mit der Vorstellung vom Jahwekrieg zu tun hat und überhaupt erst sehr spät die Bedeutung "preisgeben (in die Hand der Feinde)" o.ä. an sich zog.[51] Ursprünglich bezeichnet מכר eine dauerhafte Übereignung (Verkauf) insbesondere von lebendem Besitz (Vieh, Sklaven).[52] In einer ganz spezifischen Bedeutung begegnet das Verbum in Lev 25: Jahwe ist eigentlicher Besitzer des Landes, das deshalb nicht veräußert (מכר) werden darf (Lev 25,23-28). Das gleiche gilt mutatis mutandis für Personen: Sie dürfen - nur sofern sie Israeliten sind! - nicht als Sklaven "verkauft" werden (Lev 25,39-43).

Dieser Bedeutungshintergrund ist sehr aufschlußreich, wenn man ihn auf die entsprechenden Belege in Ri 2,14; 3,8; 4,2; 10,7 bezieht: Wie in Lev 25 steht das besondere Verhältnis zwischen Jahwe und Israel auf

---

48 Vgl. Hoffmann, Reform 285.331; ferner Eißfeldt, Quellen 113; Smend, Entstehung 116; Spieckermann, Juda 42f. Die Stellen aus dem Dtn gehen auf dtr Zusätze zurück: so Dtn 4,25 (vgl. Knapp, Deuteronomium 4, 112f.); 9,18 (vgl. Preuß, Deuteronomium 102); 17,2 (vgl. Rüterswörden, Gemeinschaft 37); 31,29 (vgl. Preuß, Deuteronomium 159f.). Entsprechendes gilt für die Belege bei Jer, die alle der dtr Redaktion zuzuschreiben sind (vgl. Thiel, Redaktion I, 128.214 u.a.). Zu anderen literarhistorischen Ergebnissen kommt Weippert, Beurteilungen, bei ihrer Untersuchung der Formel in den Königsbüchern.

49 Vgl. Lipiński, Art. נתן 699; Schwienhorst, Eroberung 42-47.

50 So mit dem Verbum נתן nur noch in 2Kön 13,3; Ps 106,4; vgl. Jer 12,7.

51 So in Dtn 32,30; Jes 50,1; 52,3 *(nif)*; Ez 30,12 (vgl. 40,14); Joel 4,6.7.8; vgl. Sach 11,5; Ps 44,13; Est 7,4; Belege im *hitp*: Dtn 28,68; 1Kön 21,20.25; 2Kön 17,17.

52 Vgl. Lipiński, Art. מכר 869-875.

dem Spiel. Ein Israelit darf nicht "verkauft" werden, da er eigentlich Jahwe "gehört". Diese Vorrangstellung der Israeliten gegenüber den Heiden begründet sich aus Jahwes grundlegender Heilstat, der Befreiung aus Ägypten (Lev 25,42.55). Im Ri-Buch nun wird eben dieses exklusive Verhältnis - wenn auch nur jeweils für eine begrenzte Zeit - in Frage gestellt: Jahwe "verkauft" sein Eigentumsvolk in die Hand der Feinde, errettet es aber immer wieder durch Erweckung eines Richters. Es ist zu erwägen, ob das periodische "Verkaufen" in die Hand der Feinde nicht vom Leser als *Vorspiel des Exils* gedeutet werden soll. Immerhin wird das Exil bei Dtjes (50,1; 52,3) mit dem Verbum מכר näher bestimmt, und zwar ebenfalls als Folge großer Versündigung. Drohend im Hintergrund stünde also das Exil als das endgültige Verkaufen Israels in die Hand der Fremden, als eine durch Israel verschuldete endgültige Aufkündigung der einzigartigen Beziehung zwischen Jahwe und Israel. Sollte diese Deutung das Richtige treffen, so wäre eine Einordnung der Übereignungsformel in der Gestalt, wie sie in 4,2 begegnet, noch in die vorexilische Zeit jedenfalls sehr unwahrscheinlich. Sie setzt offenbar das Exil und die dtr Deutung des Geschehens voraus.

Die *Notschreiformel* wird man gewiß nicht als typisch dtr ansprechen können,[53] doch begegnet sie gerade im Bereich Ri 1 - 1 Sam 12 in markanten dtr Zusammenhängen.[54] Eine Zuweisung von Ri 3,15; 4,3; 6,6 zu DtrH legt sich von daher zumindest sehr nahe.

Ob die *Erweckungsformel*, die nur in 3,15 begegnet, typisch dtr ist, läßt sich vom Sprachgebrauch her nicht sagen. Daß sie dennoch auf DtrH zurückgehen dürfte, zeigt ihre inhaltliche Ausrichtung, auf die unten noch näher einzugehen ist.

Untersucht man das fünfte Rahmenelement, die *Beugeformel*, etwas genauer, ergibt sich ein ähnliches literarhistorisches Bild. Das in der Formel verwendete Verbum כנע *nif/hif* trifft man in zwei Hauptbedeutungen an: "demütigen, unterwerfen" und - reflexiv - "sich (vor Jahwe) demütigen".[55] Während das Verbum in reflexiver Bedeutung "beinahe als chron. Begriff erscheint"[56], gibt es in den sonstigen Verwendungen zwar ältere Belege, doch reichen diese - sieht man einmal von den Ri-Stellen sowie 1 Sam 7,13 ab - kaum hinter die exilische Zeit zurück.[57] Man wird aufgrund dieses Befundes auch die Beugeformel im Ri-Buch am ehesten DtrH zuweisen können.

---

53   Anders Hoffmann, Reform 285 Anm. 63.
54   Ri 6,7; 10,10.14; 1 Sam 7,8f.; 12,8.10.
55   Belege bei Wagner, Art. כנע 216-224.
56   Wagner, Art. כנע 222.
57   Dtn 9,3 (?); 2 Sam 8,1 (vgl. Veijola, Dynastie 96); Ps 81,15; Neh 9,24; 1 Chr 17,10; 18,1; 20,4.

Entsprechendes läßt sich mit einiger Wahrscheinlichkeit auch von der abschließenden *Ruheformel* sagen. Die Formel von der 40-jährigen "Ruhe" (שָׁקַט) des Landes ist in dieser Form überhaupt nur im Ri-Rahmen belegt (3,11.30; 5,31; 8,28). In ähnlicher Verwendung trifft man שָׁקַט mit dem Subjekt אֶרֶץ z.B. als Abschluß des dtr Summariums Jos 11,16-23* (ähnlich Jos 14,15) sowie in einigen erwiesenermaßen späten Stellen an.[58] So scheint die Aussage, daß "das Land Ruhe hatte", gerade von Jos 11,23 her eine für DtrH wichtige Funktion zu haben: Die Formel will innerhalb des Ri-Rahmens deutlich machen, daß Jahwe die Bedrohung Israels durch feindliche Übergriffe eine Zeitlang aussetzt, wobei die 40 Jahre sicherlich den Generationenwechsel im Blick haben.[59] Damit zeigt die Formel zugleich die Änderung an, die sich mit dem Wechsel von der heilvollen Josuazeit zur Richterzeit vollzogen hat: Jahwes allumfassende "Ruhe", die er mit dem Ende der Landnahme- und Landverteilungszeit gewährte (Jos 11,16-23; 21,43-45), ist durch die Verschuldung und Unbußfertigkeit Israels gefährdet worden, ja die Ruhe wird zeitweise zurückgenommen. Israels Existenz im Lande ist hinfort eine von außen bedrohte und deshalb ungesicherte.[60] Eben dies aber entspricht genau der theologischen Konzeption des DtrH, wie sie sich in der Einleitung 2,11-18* widerspiegelt. Es spricht somit alles dafür, auch die Ruheformel auf den ersten dtr Geschichtsschreiber zurückzuführen. Daß die Formel in 2,11-18* selbst nicht begegnet, mag sachliche Gründe haben: Sie kann sinnvollerweise erst dann gebraucht werden, wenn ein konkreter Fall vorliegt. Dies ist erstmals in dem - wie noch zu zeigen sein wird: von DtrH selbst formulierten - Beispielstück 3,7-11 möglich. Immerhin enthält die Einleitung 2,11-18* ja denselben Gedanken: Jahwe errettet Israel, *solange der Richter lebt*. Diese Lebenszeit des Richters aber bedeutet nichts anderes als der Zustand der "Ruhe des Landes".

Als Ergebnis wird man somit festhalten dürfen: "Die These vom ursprünglichen vordtr Kurzrahmen läßt sich nicht länger aufrechterhalten."[61]

Bevor nun weitergehende Überlegungen, die sich aus diesem Schluß ergeben, angestellt werden, soll zunächst auf die mit W. Richters Ergeb-

---

58 Jes 14,7; Sach 1,11; Ps 76,9; 1 Chr 4,40; 2 Chr 13,23; 14,5. Vgl. auch Hoffmann, Reform 285f.

59 Vgl. Noth, ÜSt 21; Richter, BR 135.

60 Daß hier שָׁקַט, in Jos 21,43-45 hingegen נוח hif gebraucht wird, mag auf eine bewußte Unterscheidung in der Sache hindeuten: Der allumfassenden Ruhe der Josuazeit (נוח hif) ist Israel verlustig gegangen; die nur periodische Ruhe der Richterzeit wird deshalb mit einem anderen Verbum bezeichnet (vgl. jedoch Jos 11,23b). Etwas anders Braulik, Konzeption 224.

61 Hoffmann, Reform 286; ähnlich wohl auch Smend, Entstehung 116.

nissen verwandte These W. Beyerlins eingegangen werden.[62] Auch er führt Einleitung und Rahmenstücke auf verschiedene Verfasser zurück: "Jenes in Ri. 2,11-19 vorangestellte Stück ist *nach* den Umrahmungen der einzelnen Großen-Richter-Traditionen entstanden und im Hinblick auf sie."[63] Zu diesem Ergebnis gelangt Beyerlin aufgrund eines sprachlichen und sachlichen Vergleichs beider redaktioneller Komplexe. So sieht er eine deutliche sachliche Differenz: Während die Rahmenstücke einen konsequenten Tun-Ergehen-Zusammenhang vertreten "und die Errettung aus Feindeshand die Rückwendung der Jahwegemeinde zu ihrem Gott voraussetzt"[64], zeichnet sich das geschichtstheologische Schema 2,11-19 gerade dadurch aus, daß Jahwe die Israeliten grundlos, also *ohne* vorausgehende Umkehr aus ihrer Not rettet (vgl. 2,18b). Dieser Schluß stützt sich auf eine bestimmte Interpretation der nur in den Umrahmungen begegnenden Notschreiformel (צעק / זעק): "Zu Jahwe schreien, das heißt, in einem ausdrücklichen Sündenbekenntnis den Bundesbruch eingestehen..."[65] Beyerlin kann sich dabei mit einem gewissen Recht auf 10,10 berufen, wo der Zusammenhang zwischen "Schreien" und Umkehr explizit hergestellt wird. Es erhebt sich indes - gerade bei Ri 10,10 - die Frage, ob diese Verbindung ursprünglich ist.[66] Wie bereits bei der literarkritischen Analyse von 2,11-19 bemerkt wurde, impliziert das Verbum צעק / זעק keineswegs überall den Gedanken der Reue oder Umkehr, sondern meint zunächst den Hilfeschrei aus einer akuten Notlage heraus. In dieser Weise dürfte das Verbum auch in den Rahmenstücken zu verstehen sein.[67] Es bezeichnet sachlich etwa dasselbe wie das eher ungerichtete "Stöhnen, Jammern" (נְאָקָה) von 2,18b.[68] Immerhin kann נְאָקָה durchaus

---

62   Eine Verwandtschaft mit den Ergebnissen Richters und Beyerlins bei Schüpphaus, Richtergeschichten (zusammenfassend 199-211).

63   Beyerlin, Gattung 6f. Dabei ordnet er die älteren Rahmenstücke aber keineswegs einem dt. Redaktor zu (wie W. Richter), sondern rechnet – aufgrund der Ableitung des Materials aus der Gattung des Bundesbruch-rib – mit vor-dt. Entstehungszeit, ja er geht bis in die frühe Königszeit zurück (vgl. S. 15-23). Kritisch dazu: Weinfeld, Period 106-109.

64   Beyerlin, Gattung 4.

65   Beyerlin, Gattung 3; ähnlich Schüpphaus, Richtergeschichten 141; R. Schmitt, Abschied 95; Hoffmann, Reform 274.

66   Sie geht wohl erst auf DtrN zurück (s.u. zu 10,6-16); vgl. 1 Sam 12,8-11 (DtrN).

67   So gegen Beyerlin z.B. Weinfeld, Period 107 (mit Verweis auf Ri 4,3; 10,14). Vgl. auch Richter, BR 18-20; Brueggemann, Criticism 108f.; Blum, Komposition 48-50; Greenspahn, Theology 392. Daß sich der an Jahwe gerichtete Hilfeschrei leicht mit einem Bekenntnis der Schuld verbinden konnte, läßt sich leicht einsehen (vgl. die Belege bei Hasel, Art. זעק 637f.).

68   Vgl. Blum, Komposition 49.

synonym mit פֶּשַׁע auftreten, wie Ex 2,23f. (P) beweist.[69] Damit aber besteht keine theologische Differenz mehr zwischen der Einleitung und den
Rahmenstücken: *Beide* Komplexe motivieren die Rettungstat allein mit
Jahwes grundlosem Mitleid und setzen gerade keine Buße des Volkes
voraus.[70]

Schwerer wiegen da schon die *sprachlichen* Indizien, die Beyerlin für
seine These von den verschiedenen Verfassern beibringt, indem er auf
das umfangreiche "Sondergut" hinweist, das 2,11-19 gegenüber den Umrahmungen biete.[71] Im einzelnen nennt er folgende Wendungen: "hinter anderen Göttern herlaufen"; "sich niederwerfen"; "kränken" (v.12); Jahweid,
der Unheil androht (v.15); v.19b. Vor allem aber die Tatsache, daß die
Rettergestalten nur in der Einleitung als "Richter" bezeichnet werden,
deute auf einen späteren Verfasser hin. Auch diese Argumentation freilich
hält bei näherer Betrachtung nicht Stich: Die meisten der genannten "Son-
dergutstücke" stehen ausgerechnet in solchen Versen, die einer spät-dtr
Überarbeitung von 2,11-19 zugewiesen wurden; manches (z.B. v.15) erklärt
sich aus der gewollten Parallelität der Einleitung zu Jos 21,43-45.

4.3.3. Zusammenfassung

Die kritische Sichtung der Thesen W. Richters und W. Beyerlins,
die in grundsätzlich ähnlicher Weise zwischen der jüngeren (dtr) Einleitung in 2,11-19 und den älteren Umrahmungen der einzelnen Heldengeschichten unterscheiden, hat auf der Basis sprachlicher und sachlicher
Indizien zu dem Ergebnis geführt, daß Einleitung wie Rahmen auf denselben *dtr* Verfasser (DtrH) zurückgehen. Damit nähert man sich wieder
den Auffassungen Noths, der von einer größeren Einheitlichkeit des Rahmenwerks ausging.[72] Die gleichwohl zu beobachtenden Abweichungen
zwischen beiden Komplexen erklären sich relativ zwanglos: Für manche
der Differenzen lassen sich sachliche Gründe namhaft machen, etwa die
gewollte Parallelisierung von 2,14f. mit Jos 21,43-45 oder aber die
schlichte Tatsache, daß die Einleitung eben noch keinen konkreten Fall

---

69   נֶאָקָה ist sonst nur noch in Ex 6,5 (P) und Ez 30,24 belegt.

70   Weinfeld, Period 109, zieht hieraus freilich den Schluß, daß 10,6-16, wo von
einer Umkehr die Rede ist, von einem anderen, früheren Redaktor stammen
müsse als das übrige Rahmenwerk einschließlich 2,11ff. (er denkt an E).

71   Vgl. Beyerlin, Gattung 5f.

72   Vgl. Blum, Komposition 50, im Anschluß an die Diskussion der Thesen Beyerlins und Richters. Er ist sogar der Ansicht, daß "die Rahmungen ohne die
durch die Einleitung vorgegebenen »Informationen«... unverständlich" bleiben.

schildert. Anstelle der sonst gebrauchten Notschreiformel z.B. will DtrH
in 2,18b Jahwes grundloses Mitleid als das die Richterzeit bestimmende
Leitmotiv betont an das Ende der Einleitung stellen. Ein anderer Teil
der Abweichungen aber geht erst auf die Redaktionstätigkeit des DtrN
zurück, der nicht nur in 2,11-19 an mehreren Stellen eingriff, sondern
auch die Umrahmungen der Heldenerzählungen gelegentlich ergänzte (vgl.
den Gedanken des Zornes Jahwes in 3,8 und 10,7a). Daß mit diesem
Erklärungsmodell aber nicht einfach die traditionelle Unterscheidung
zwischen vorexilischer und exilischer (dtr) Ausgabe durch die Annahme
zweier exilischer Redaktionen ersetzt wird, also im wesentlichen nur eine
zeitliche Verschiebung der Schichten stattfindet, soll ausdrücklich festgehalten werden. So sind beispielsweise nicht nur die von Richter den beiden deuteronomischen Redaktionen zugewiesenen Rahmenstücke eindeutig
auf DtrH (und DtrN) zurückzuführen, sondern auch beträchtliche Teile
des Bestandes, der vom Bearbeiter des Retterbuches stammen soll. Dies
freilich kann erst die literarkritische Analyse der einzelnen Heldengeschichten erweisen.

4.4. Das deuteronomistische Richterbild

Als typisch für die dtr Konzeption der Richterzeit wird man ihren
fast starren *Schematismus* ansehen können, der sich deutlich vom lebendigen Charakter der älteren Erzählungen abhebt. So scheint sich in der
Aufeinanderfolge der einzelnen Elemente des Rahmenwerks die ständige
Wiederkehr des immer gleichen Geschehens zu vollziehen: Israels Sünde
- Verkaufen in die Hand der Feinde - Schreien in der Not - Errettung
und zeitweise "Ruhe des Landes" - wiederum Bemerkung über Israels
Sünde u.s.w. Man ist angesichts dieser Regelmäßigkeit geneigt, das zugrundeliegende Geschichtsbild als *zyklisch* zu bezeichnen. G. v. Rad fragt
gar, "ob Israel in diesem geschichtstheologischen Programm des Richter-
buches dem altorientalischen Kreislaufdenken nicht einen gefährlichen
Tribut gezahlt hat"[73]. In dieser oder ähnlicher Weise urteilen viele,[74]

---

73 V. Rad, Theologie I, 343. Bekanntlich sieht v. Rad hier eine Differenz gegenüber dem "linearen" Geschichtsbild, das Dtr in den Königsbüchern entwerfe,
und zieht daraus den weitreichenden Schluß, daß die dtr Redaktionen von Ri
und Kön kaum "in einem Arbeitsgang erfolgt" (Theologie I, 359) sein können.
74 Vgl. Noth, ÜSt 50; Hoffmann, Reform 273f.284-286. Richter, BR 66, mag im
Hinblick auf seinen vor-dtr Kurzrahmen noch nicht von einer zyklischen
Struktur sprechen; diese sei erst kennzeichnend für die *dtr* Einleitung 2,11ff.

und dies ist ja auch nicht verwunderlich. Nun stellt sich aber doch die
Frage, ob dieses weitverbreitete Urteil über das "zyklische" Geschichts-
bild des DtrH im Ri-Buch einer genaueren Nachprüfung standhält. Denn
ob die Richterzeit "in der Konzeption der dtr Geschichtsdarstellung durch
ständigen Wechsel von *Kultreform* und *Gegenreform*, d.h. Rückfall ins
Heidentum gekennzeichnet"[75] ist - und eben dieser Wechsel liegt der
Vorstellung vom zyklischen Geschichtsdenken offenbar zugrunde -, ist
alles andere als sicher. Die Analyse der dtr Einleitung hat ja zu dem
Ergebnis geführt, daß die Israeliten nach dem Urteil des DtrH auch zu
Lebzeiten der helfenden Richter *nicht* von ihrer Sünde umgekehrt sind.
Wenn Israel zu Jahwe "schreit", ist damit noch keine Reue oder Buße
impliziert. Auch das in diesem Zusammenhang wichtige וַיֹּסִפוּ in 3,12;
4,1; 10,6; 13,1 ist nicht im Sinne einer bloßen Wiederholung ("sie taten
wiederum das Schlechte..."), sondern einer *Steigerung* des Frevels zu
verstehen ("sie taten *weiterhin* - ohne Unterbrechung! - das Schlechte..."). Vorausgesetzt wird bei DtrH eine bleibende Unbußfertigkeit des
Volkes, die auch während der Wirkungszeit des Richters nicht nachläßt,
sondern eher noch ansteigt. Diesen Gedanken der *Steigerung* der Sünde,
die schon bei DtrH vorhanden war (vgl. das וַיֹּסִפוּ), hat die Redaktionstätigkeit des DtrN noch schärfer herausgearbeitet. Dies geschah einmal
durch die ausdrückliche Feststellung, daß die Israeliten auch auf ihre
Richter nicht gehört hätten (2,17), zum andern durch Hinzufügung von
2,19.

Die Auffassung, der Ri-Rahmen entwerfe ein - gar noch dem Alten
Orient nahekommendes - zyklisches Geschichtsbild, läßt sich mithin nicht
aufrechterhalten. Von einem Zyklus von Sünde und Buße ist nicht die
Rede. Eher kann man die dtr Konzeption als den Versuch werten, die
Vergeblichkeit der ständigen Heilsangebote Jahwes herauszustellen: Israel
schlägt das - unverdiente! - Heil aus, ja verstrickt sich nur noch heil-
loser in seine Sünde. Wenn man hier überhaupt die fragwürdige Unterscheidung von zyklischem und linearem Denken anwenden wollte, müßte
man wohl eher von einem *linearen* Ansteigen der Sünde sprechen.[76]

---

75   Hoffmann, Reform 274.
76   Vgl. W.H. Schmidt, Einführung 151 ("Spirale mit bestimmter Zielrichtung");
      Mayes, Story 165 Anm. 52. In *dieser* Frage besteht also (anders als v. Rad
      meinte) keine Differenz zum dtr Geschichtsbild der Königsbücher. - Abgese-
      hen davon, ob die Unterscheidung zwischen "zyklisch" und "linear" überhaupt
      etwas austrägt, wird man zudem nicht generalisierend von *dem* altorientali-
      schen Denken sprechen können (vgl. bes. Cancik, Grundzüge, der S. 69 Anm.
      8 auch kritisch zu v. Rad Stellung nimmt; ferner R. Schmitt, Abschied 111-120.;
      W.H. Schmidt, Glaube 100-105).

Wenn die dtr Konzeption der Richterzeit tatsächlich eine *bleibende* Unbußfertigkeit der Israeliten voraussetzt, ja die Sünde des Volkes eher noch ansteigen sieht, stellt sich umso schärfer die Frage, welche konkreten Vorstellungen sich mit den Richtergestalten verbinden und welche Aufgaben ihnen zugewiesen werden. Vor allem ist hier die Frage zu stellen, warum DtrH die Heldengestalten ausgerechnet שֹׁפְטִים nennt, läßt doch im Ri-Buch nichts an eine speziell rechtsprechende Tätigkeit denken (außer 4,5). Nicht minder bedeutsam und der Erklärung bedürftig ist der Umstand, daß eben nur in 2,11-19 von "Richtern" die Rede ist, während sonst der Terminus מוֹשִׁיעַ bzw. das Verbum יֹשׁע auftritt. Daß man diese Beobachtung nicht im Sinne W. Richters oder W. Beyerlins literarkritisch auswerten kann, wurde bisher ja nur behauptet und muß nun näher begründet werden.

Abgesehen von der Richterformel (3,10; 15,20; 16,31) und der Liste der kleinen Richter (10,1-5; 12,7-15), wo das *Verbum* שׁפט begegnet, ist das Substantiv שׁוֹפֵט innerhalb des Ri-Buches ausschließlich in der geschichtstheologischen Einleitung (2,16.17.18.19) sowie in dem nach-dtr Stück 11,12-28 (v.27), wo Jahwe selbst als שׁוֹפֵט bezeichnet wird, belegt (vgl. auch 4,4). Es besteht also kein Zweifel, daß der Titel die spezifisch *dtr* Sicht der vorstaatlichen Geschichtsperiode wiedergibt. In Bezug auf den Terminus שׁוֹפֵט ist nun aber zwischen zwei Fragestellungen zu unterscheiden:[77] Zum einen muß der Versuch unternommen werden zu klären, *woher* DtrH den Begriff שׁוֹפֵט - und überhaupt die Vorstellung von der Richterzeit - nahm. Davon zu trennen ist die andere Frage, wie DtrH den Titel in *seiner* Darstellung der Richterzeit konkret füllte.

Eine sehr eindeutige Antwort auf beide Fragen hat bekanntlich M. Noth entwickelt. Er sah in der Liste der kleinen Richter (10,1-5; 12,7-15) "auch inhaltlich ein notwendiges Element des deuteronomistischen Werkes..., sofern die Vorstellung von einer 'Richter'-Zeit, die sich aus den großen Heldenerzählungen des Richterbuches in gar keiner Weise ableiten läßt, offenkundig eben aus diesem Abschnitt stammt. Die großen Heldenerzählungen *und* die Aufzählung von Ri. 10,1-5; 12,7-15, die sich in der Gestalt des Jephthah kreuzten, haben erst *zusammen* jenes Bild von der 'Richterzeit' ergeben können, das auch die charismatischen Krieger der Heldenerzählungen zu uneigentlichen 'Richtern' machte."[78] Waren die kleinen Richter *ursprünglich* mit rechtsprechenden Aufgaben im Rahmen der vorstaatlichen Amphiktyonie betraut, ordnet die dtr Fiktion dem alten Richteramt die rettende Funktion der Helden zu, wodurch ein neues Leitungsamt sui generis entstanden ist.

---

77 Vgl. V. Rad, Theologie I, 343f. Anm. 7.
78 Noth, Amt 74; vgl. insgesamt ders., ÜSt 47-50.

Ganz abgesehen von der im Zusammenhang mit 10,1-5; 12,7-15 noch
zu erörternden vielschichtigen Problematik, die u.a. mit Noths Beurteilung
der Liste der kleinen Richter angezeigt ist, muß doch schon an dieser
Stelle darauf hingewiesen werden, daß das Verbum שׁפט in seiner Bedeutung keineswegs auf den forensisch-jurisdiktionellen Bereich eingeschränkt werden darf, sondern gleichermaßen Leitungsfunktionen im ad-
ministrativ-politischen Raum ("herrschen", "regieren") umfassen kann,[79]
wobei zu berücksichtigen ist, daß in der Liste der kleinen Richter eben
nur das *Verbum*, nicht jedoch der *Titel* שׁוֹפֵט begegnet.

In seiner ausführlichen Analyse des Titels שׁוֹפֵט kommt Niehr zu
dem überraschenden Ergebnis, daß das Substantiv ursprünglich ein all-
gemeines - freilich nur lokal ausgerichtetes - Leitungsamt in der vorstaatlichen Zeit bezeichnet habe, ohne daß sich eine jurisdiktionelle Funktion
erkennen ließe.[80] Mit gerichtlicher Konnotation sei der Titel erst seit
der Zeit Joschijas belegt, der in der Geschichte der israelitischen Gerichtsorganisation *erstmalig* für die Rechtsprechung zuständige Beamte
("Richter") einsetzte.[81] DtrH nun habe - so die These Niehrs - beide
Traditionsstränge gekannt und sie in der Weise miteinander verbunden,
daß er die von 1 Sam 8,1 her vorgegebene Vorstellung von den politischen
Leitungsgestalten der vorstaatlichen Zeit "seiner Zeit entsprechend ebenfalls forensisch verstand"[82]. Die Argumentation bewegt sich dabei im
Horizont der redaktionsgeschichtlichen These W. Richters: DtrH habe
den Begriff שׁוֹפֵט bewußt an die Stelle des in dem älteren Beispielstück
(3,9) sowie in 3,15 verankerten מוֹשִׁיעַ gesetzt, einem Substantiv, das
eindeutig forensische Konnotationen aufweise. Unter "forensisch" versteht
Niehr jedoch mehr als nur "jurisdiktionell" im engeren Sinne der geordneten Rechtsprechung; eingeschlossen ist vielmehr jedes Retten aus einer
Situation der Ungerechtigkeit. Hier wäre eine klarere Differenzierung
sicherlich hilfreich. Es ist doch kaum zufällig, daß die Wurzel ישׁע *hif*
eben nicht im rein jurisdiktionellen Bereich auftritt, sondern - z.B. im
sogenannten Zetergeschrei - allenfalls einen rechtsinstitutionellen *Hintergrund* hat, sonst aber losgelöst von einer Institution mit einer allgemein-

---

79 Vgl. zu dieser Frage Richter, Richter Israels 41-71 (mit Diskussion der älte-
    ren Literatur); Liedke, Art. שׁפט 999-1009, und vor allem Niehr, Herrschen
    79-312, der das Verbum שׁפט in der Liste der kleinen Richter - wie W. Rich-
    ter - in einem eher administrativen Sinn versteht (S. 125).
80 Vgl. Niehr, Herrschen 127f.154. Als Hauptbeleg dient 1 Sam 8,1 (ferner 1 Sam
    7,16 und Ri 10,1-5; 12,7-15).
81 Vgl. Niehr, Herrschen 153f.; ausführlicher ders., Rechtsprechung 87-101.
82 Niehr, Herrschen 154.

soteriologischen Ausrichtung begegnet.[83] Gemeint ist an den entsprechenden Stellen, daß ein Bedrängter *zu seinem Recht kommt*, sei es nun
durch Hilfe von Menschen oder durch Jahwe selbst.[84] Beachtenswert
sind dabei die späteren Belege – namentlich aus dem Psalter –, die die
weisheitliche Frage nach dem "Recht" des Gerechten (צַדִּיק) themati-
sieren (vgl. Ps 7).

Die im Zusammenhang mit der These Niehrs – die in ihrem Bezug
auf die Thesen W. Richters stellvertretend für viele steht – entscheidende Frage ist nun, ob מוֹשִׁיעַ tatsächlich ein DtrH *vorgegebener* Titel
war. So soll im folgenden begründet werden, daß die Partizipbildung
מוֹשִׁיעַ zur Beschreibung eines *menschlichen* Retters von DtrH selbst
geschaffen wurde, wie er auch das Beispielstück 3,7-11 nicht vorfand,
sondern als Auftakt der Rettergeschichten allererst formulierte.

Es ist naturgemäß schwer zu entscheiden, wann die Partizipbildung
מוֹשִׁיעַ überhaupt in einem titularen Sinne auftritt. Vielfach wird man
jedoch keinen spezifischen Gebrauch feststellen können. Mustert man in
großzügiger Weise die Belege durch, die offensichtlich ein Substantiv
meinen oder meinen könnten, so ergibt sich folgender Befund: In den
weitaus meisten Fällen ist מוֹשִׁיעַ eine Prädikation Jahwes, der als "Retter" Israels und des einzelnen in Erscheinung tritt oder aber erwartet
wird.[85] Von einer *menschlichen* Rettergestalt ist hingegen viel seltener
die Rede. So ist das Substantiv in einigen wenigen sehr eng gefaßten und
konkreten Einzelfällen belegt: Dtn 22,27 (Hilfe bei Vergewaltigung), Ri
12,3 (Jiftach als Retter vor den Ammonitern), 1 Sam 11,3 (Belagerung von
Jabesch-Gilead). In allen diesen Fällen ist es nicht sicher, ob überhaupt
an einen Titel gedacht ist oder nicht vielmehr eine verbale Funktion vorliegt, da jeweils nur ein einzelner Rettungs*akt* beschrieben wird.

Eine weitere Gruppe von Stellen nennt den "Retter" in einer länger
andauernden Funktion, ohne daß sein Wirken – wie bei der ersten Gruppe
– auf einen ganz konkreten Einzelfall beschränkt wäre: Neh 9,27 nimmt
Ri 2,16-18 auf. Die auch textkritisch unklare Stelle Ob 21 spricht eine
eschatologische Heilserwartung aus; der Vers ist jedenfalls frühestens in

---

83 Dazu Boecker, Redeformen 61-66; ders., Recht 40-43. Zumeist – vor allem im
    Psalter – liegt der *konkrete* Bezug auf den Zeterruf gar nicht mehr vor (vgl.
    Boecker, Redeformen 66). Ähnliches gilt mutatis mutandis für die dtjes. Ge-
    richtsreden, in denen ebenfalls das Verbum ישע *hif* auftritt (vgl. Jes 43,8-15;
    45,20-25). Hier wird nur die *Gattung* des Gerichtsverfahrens übernommen.
84 Vgl. die Belege bei Stolz, Art. ישע 787-789; Sawyer, Art. ישע 1044ff.
85 1 Sam 10,19; 14,39; 2 Sam 22,3; Jes 43,3.11; 45,15.21; 49,26; 60,16; 63,8; Jer 14,8;
    30,10; 46,27; Hos 13,4; Sach 8,7; Ps 7,11; 17,7; 106,21; vgl. Dtn 28,29.31; Jes 47,15.

exilische, wenn nicht nachexilische Zeit zu datieren.[86] Auch die Ankündigung eines endzeitlichen מוֹשִׁיעַ für Ägypten in Jes 19,20 ist gewiß der
(spät-)nachexilischen Zeit zuzuordnen.[87] Die eigentümliche Notiz über
einen gottgesandten Retter schließlich, der König Joahas aus den Fängen
Arams helfen soll (2 Kön 13,5), geht wohl auf einen spät-dtr Redaktor
zurück.[88] Dieser zweiten Gruppe von Belegen, die am ehesten mit Ri
3,9.15 vergleichbar sind, ist eines gemein: Sie liegen allesamt zeitlich
nach DtrH.

Angesichts dieses Befundes legt sich der Schluß nahe, daß der in Ri
3,9.15 gebrauchte Titel מוֹשִׁיעַ nicht alt ist, sondern mit seinem spezifischen Bedeutungshintergrund - ein von Jahwe gesandter menschlicher
Retter - eine genuin dtr Schöpfung darstellt. Für die oft zustimmend zitierte These O. Grethers, daß מוֹשִׁיעַ der ursprüngliche Titel der charismatischen Heldengestalten der vorstaatlichen Zeit war, spricht nichts.[89]
DtrH hätte also, ausgehend von der Prädikation Jahwes, den Titel erstmals auf eine *menschliche* Gestalt übertragen.[90] Es kommt hinzu, daß
beide Verse - Ri 3,9.15 - auch *literarisch* auf DtrH zurückzuführen sind:
Er war es, der das Beispielstück über Otniel selbst schuf und die Einleitung zur Ehud-Episode (3,12-15*) formulierte. Der Titel ist also in seiner
spezifischen Verwendung im Ri-Buch sowohl traditionsgeschichtlich wie
auch literarisch jung.

Man kann fragen, warum DtrH - neben שׁוֹפֵט - mit מוֹשִׁיעַ einen
neuen, zweiten Titel prägte. Offenbar enthielt das zuvor nur als Prädikation Jahwes bekannte Substantiv Momente, auf die es DtrH besonders
ankam. So umschreibt מוֹשִׁיעַ nicht nur die aktuelle Rettungstat, sondern
impliziert - wie bei Jahwes Rettersein selbst - eine *permanente* heilvolle
Aufgabe. Der Begriff streicht das Helfer*sein* des Retters heraus, ist also

---

86 Vgl. Wolff, Jona 6.42.
87 Vgl. Wildberger, Jesaja II, 729-731.
88 Vgl. Dietrich, Prophetie 34 Anm. 51; Würthwein, Könige II, 360.
89 Vgl. Grether, Bezeichnung 120; im Anschluß daran Beyerlin, Gattung 7;
    Boecker, Redeformen 65; Schüpphaus, Richtergeschichten 153; Stolz, Art. ישׁע
    789. Kritisch Smend, Jahwekrieg 142 Anm. 22. Auch die These Sawyers,
    mošiaᶜ 475-486, מוֹשִׁיעַ bezeichne den Verteidiger des Angeklagten in einem
    Prozeß, ist unwahrscheinlich (vgl. L. Schmidt, Erfolg 156 Anm. 2).
90 Ri 6,36; 12,3; 1 Sam 11,3 haben kaum den *Titel* im Auge; die beiden Ri-Stel-
    len sind zudem jünger als DtrH. Auch in Dtn 22,27 ist eher an einen zu-
    fällig anwesenden Nothelfer gedacht, der das Zetergeschrei hört.

auf eine Art "Amt" hin geöffnet.[91] Dem entspricht die semantische Valenz, die das Substantiv שׁוֹפֵט bzw. das zugrundeliegende Verbum besitzt. Die Wurzel שׁפט nämlich umfaßt nicht nur administrativ-politische Aufgaben ("regieren", "herrschen") oder gerichtliche Funktionen im engeren Sinne, also innerhalb eines geordneten Gerichtsverfahrens ("richten"), sondern ist vielfach mit einer soteriologischen Konnotation belegt ("zum Recht verhelfen").[92] So kann die aus dem Zetergeschrei herzuleitende Bitte הוֹשִׁיעֵנִי "schaffe mir Recht!" sogar synonym mit שָׁפְטֵנִי verwendet werden.[93]

Es sind also Bereiche aufweisbar, in denen sich die Bedeutungen von שׁפט und ישׁע hif überschneiden. Diese Gemeinsamkeiten hat DtrH genutzt, um das Amt des שׁוֹפֵט zu konstituieren, der gleichzeitig מוֹשִׁיעַ ist. Dabei werden beide Titel zum jeweils anderen hin geöffnet; ihre Bedeutungen konvergieren: Mit dem Substantiv מוֹשִׁיעַ ist nun eine *permanente* Retteraufgabe verbunden, während gleichzeitig der soteriologische Aspekt des Verbums שׁפט hervorgehoben wird. Durch die Zusammenordnung der beiden Titel hat DtrH etwas völlig Neues geschaffen: ein Leitungsamt für die vorstaatliche Zeit, in dem sich administrative, soteriologische und auch forensisch-jurisdiktionelle Aufgaben vereinen; ein Leitungsamt zudem, das sich nicht – wie im Königtum – aus eigener Machtvollkommenheit heraus legitimiert, sondern stets von Jahwe abgeleitet bleibt.[94] Der *eigentlich* Handelnde – und damit auch der eigentlich Heilschaffende – ist und bleibt Jahwe. Hierin liegt auch der Grund dafür, daß DtrH die Richter nicht wie später die Könige jeweils einer kritischen

---

91 Anders L. Schmidt, Erfolg 155f., der u.a. mit Bezug auf Ri 3,9.15; 2 Kön 13,5
    überhaupt bestreitet, daß מוֹשִׁיעַ – von Menschen ausgesagt – ein *Titel* sei:
    Der Begriff bezeichne "eine Funktion, eine Tätigkeit, nicht jedoch ein Amt"
    (S. 156). Indes ist die Übertragung der Argumentation, die sich vor allem gegen die genannte These O. Grethers richtet, auf Ri 3,9.15 nicht zwingend,
    zumal dann nicht, wenn man die beiden Stellen erst auf DtrH zurückführen.
92 Vgl. Liedke, Art. שׁפט 1002; Niehr, Herrschen 84-126.
93 Ps 7,2.9; vgl. 1 Sam 24,16; 2 Sam 18,19.31. Zum Zusammenhang von ישׁע hif
    "retten" und שׁפט vgl. auch Sawyer, mošiaᶜ 475-486; ders., Art. ישׁע 1047.
    Richter, BR 31-33, hingegen bestreitet die Bedeutung "retten" für שׁפט ganz.
94 Vor allem das Verbum קום hif (Ri 2,16.18; 3,9.15), auch sonst von der Erweckung von Leitungspersonen bekannt (vgl. Amsler, Art. קום 639f.), hebt die
    Initiative Jahwes hervor. Es ist vielleicht nicht ganz abwegig, bei קום hif
    in Ri 2 und 3 auch eine soteriologische Nuance zu vermuten. Diese ist bei
    dem Verbum sonst zwar nur im Grundstamm belegt (z.B. Ps 3,8; Jer 2,28),
    doch würde sie vorzüglich in die Tendenz des DtrH passen.

Zensur unterwirft.[95] Man geht wohl kaum fehl in der Annahme, daß DtrH mit dem Amt des Richters eine gegenüber dem Königtum "jahwegemäßere" Form der menschlichen Herrschaft entwarf. Die Herrschaft des gottgesandten Richters ist im Grunde allumfassend: Sie erstreckt sich nicht allein auf konkrete Hilfe gegenüber dem Feind, vielmehr widerfährt Israel im Wirken des Richters "Recht" schlechthin. Dieses heilschaffende Wirken aber währt nur, "solange der Richter lebt" (Ri 2,18). Es folgen jeweils Zeiten der Bedrückung, in denen es keinen Richter gibt. DtrH setzt offenbar den Gedanken der Sukzession (trotz 10,1-5; 12,7-15) bewußt nicht voraus: Obwohl mit dem Richtertum eine Herrschaftsinstitution der vorstaatlichen Zeit entworfen wird, die an sich eine feste Amtsfolge impliziert, will DtrH die Souveränität Jahwes wahren, der einen neuen Retter erweckt, wann *er* will. Auch hierin liegt wieder eine spezifische Differenz zum Königtum, für das die Sukzession konstitutiv ist.

Gegenüber dem komplexen Verständnis des שׁוֹפֵט bei DtrH scheint der spätere Redaktor DtrN (vor allem in 2,17) eine Verengung vorzunehmen, indem er den forensisch-jurisdiktionellen Aspekt in den Vordergrund rückt: Der Richter ist zunächst und vor allem *Gesetzesprediger*.

Es bleibt zu fragen, warum DtrH in seiner geschichtstheologischen Einleitung ausschließlich den Titel שׁוֹפֵט verwendet hat, obwohl doch auch der Begriff מוֹשִׁיעַ (auf Menschen übertragen) seine Schöpfung war. Dies mag einmal damit zusammenhängen, daß ihm das Verbum שׁפט in der Liste der kleinen Richter vorgegeben war, zum andern aber eignete sich שׁוֹפֵט aufgrund seiner semantischen Valenz eher zur programmatischen Charakterisierung der vorstaatlichen Geschichtsepoche. Immerhin denkt DtrH an eine vorkönigliche Form der *Herrschaft,* also an eine Leitungsinstanz, zu der ein auch administrative Funktionen implizierender Begriff besser paßt.

---

95 Vgl. v. Rad, Theologie I, 345, der etwas später (S. 359) merkwürdigerweise die unterschiedliche Art der Beurteilung von Richtern einerseits und Königen andererseits dahin gehend deutet, daß die dtr Redaktionen von Ri und Kön nicht in einem Arbeitsgang erfolgt sein können (s.o. Anm. 73; vgl. dazu auch Boecker, Beurteilung 9f.; Mayes, Story 165 Anm. 52).

Kap. 5

Israel und die Völker (Ri 2,20-3,6)

In neuerer Zeit wird das Übergangsstück Ri 2,20-3,6 im allgemeinen auf spätere Redaktoren zurückgeführt.[1] Dieses Urteil kann sich auf die Beobachtung stützen, daß in v.20 das in der geschichtstheologischen Einleitung zur Richterzeit (2,11ff.) entfaltete Schema wieder von neuem beginnt: Auf die Bemerkung über das erneute Ansteigen der Sünde der Israeliten (v.19) folgt sogleich die schon aus v.14 bekannte Zornesformel. Nun sind bei der Analyse von 2,11-19 sowohl die Zornesformel in v.14 als auch v.19 als Ganzer einer spät-dtr Überarbeitung (DtrN) zugewiesen worden. Offenbar liegt mit v.20 die unmittelbare Fortsetzung dieser redaktionellen Schicht vor.[2] Mit der Wiederholung der Zornesformel soll ein gegenüber der DtrH-Einleitung zusätzlicher Gedanke nachgetragen werden, nämlich die für DtrN wichtige Feststellung, daß Jahwe aufgrund des Ungehorsams Israels (v.20) nun keine fremden Völker mehr zu vertreiben gedenkt (v.21). Nach der Konzeption des DtrN, wie sie in theologisch höchst reflektierter Weise in Jos 23 dargelegt ist, hatten die im Lande übriggelassenen Völker *zunächst* die von Jahwe zugewiesene - passive - Aufgabe, Israel auf die Probe zu stellen: Es sollte sich zeigen, ob Israel sich mit diesen Völkern vermischt und also die Gebote Jahwes mißachtet oder aber sich von ihnen absondert (Jos 23,6-8). Für den Fall des Ungehorsams, der zum einen durch das von DtrN selbst formulierte und eingefügte Stück Ri 1,27ff.; 2,1-5 und zum andern durch 2,11ff. zum Ausdruck kommt, wird den Völkern eine neue, nun eher aktive Rolle beigemessen: Sie sollen gemäß der Ankündigung in Jos 23,13 Israel "zur Schlinge und zum Fallstrick" werden, und das Volk wird "sehr schnell aus dem schönen Lande verschwinden", wie es Jos 23,16 drohend vor Augen führt.[3]

---

1 Vgl. Noth, ÜSt 7f.; ausführlich Richter, BR 35-44 (S.35f. Anm. 100 mit einer Übersicht über ältere Auffassungen); Schüpphaus, Richtergeschichten 132f.; Smend, Gesetz 133f.; ders., Land 225; Soggin, Judges 42; Mayes, Story 68f.

2 Vgl. insbes. Smend, Gesetz 133f.; ders., Land 225.

3 Somit "erfüllt" sich die Drohung von Jos 23,16 wörtlich in Ri 2,19 (vgl. die drei Verben הלך / עבד mit אֲחֵרִים אֱלֹהִים / הִשְׁתַּחֲווּ). Wie in Jos 23,16 folgt auch in Ri 2,19 unmittelbar die Zornesformel. Dies ist noch einmal ein Indiz dafür, daß in 2,19 tatsächlich schon DtrN die Feder führt.

Diesem Gedankengang entsprechend stellen die Verse Ri 2,20f. nun den Ungehorsam Israels fest, der eben darin besteht, daß man mit den kanaanäischen Bewohnern *zusammenlebt* und sich so mit ihnen vermengt. Die Verbindung der Themen "Gesetz" und "Völker" rechtfertigt es, diese beiden Verse mit Smend DtrN zuzuweisen.[4] Die unmittelbare Fortsetzung von 2,20f. hat man wohl erst in 3,5f. zu suchen.[5] So friedlich und neutral die beiden Bemerkungen über das Zusammenleben von Israeliten und kanaanäischen Bewohnern (v.5) und deren Konnubium (v.6) klingen mögen, für DtrN beschreiben sie die Sünde Israels par excellence.[6] Was 2,20f. in einer Jahwerede anklagend vor Augen hält, wird in 3,5f. eher nüchtern festgestellt: Israel hat sich versündigt; die göttliche Strafe ist unausweichlich. Die nachfolgenden Richtergeschichten, die von ständigen Bedrohungen und Gefährdungen Israels erzählen, dienen in der Sicht des DtrN gewiß dazu, diesen Strafaspekt hervorzuheben. Dachte DtrH noch ausschließlich an *äußere* Feinde, die Israels Existenz bedrohen, ohne die Heilsgabe des Landes selbst in Frage zu stellen, ist bei DtrN eine Wandlung eingetreten: Es wird der Eindruck erweckt, als falle die Gefährdung durch die *von außen* einfallenden Fremdvölker mit der *inneren* Bedrohung durch die im Lande übriggelassenen Kanaanäer zusammen.

Zu dieser Konzeption des DtrN paßt die Beobachtung, daß die in 3,5 aufgezählten sechs Völker eher an Siedlungsräume *innerhalb* der Grenzen Israels denken lassen, wobei zu bemerken ist, daß mit den genannten Namen kaum mehr konkrete Vorstellungen verbunden sind; sie stehen für die nichtisraelitischen Bewohner Kanaans überhaupt.[7] Die Völkerliste von v.3 hingegen hat Gegenden an der Peripherie Israels im Blick (philistäische Pentapolis; Sidon; Libanon-Gebirge).

Zwischen den beiden DtrN zuzuweisenden Stücken 2,20f. und 3,5f. liegen Nachträge verschiedener Hände vor.

---

4   Vgl. Smend, Gesetz 133f.; ähnlich Mayes, Story 68f. Die kurze Notiz וַיָּ֫מׇת in v.21b wird man wohl auf einen späteren Glossator zurückführen müssen, der das Übriglassen der Völker mit dem (als zu früh vorgestellten) Tod des Josua begründen zu wollen scheint, damit freilich die Theorie des DtrN völlig mißversteht. Vgl. Richter, BR 37: "Die Todesnotiz ist ganz überflüssig".

5   So auch Noth, ÜSt 8. Ähnlich Richter, BR 40; Smend, Gesetz 134; Mayes, Story 68, die freilich alle den Vers 2,23 mit hinzunehmen.

6   Vgl. das aus 1,29.30.32.33 (DtrN) bekannte בְּקֶ֫רֶב "inmitten"; ferner Jos 23,7.

7   Die in 3,5 vorliegende Reihenfolge der sechs Völker ist nur noch in Ex 3,8.17 belegt, wo die Listen auf eine wohl dtr Redaktion zurückzuführen sind (vgl. W.H. Schmidt, Exodus I, 140f.). Zu den Völkerlisten und den darin enthaltenen Namen vgl. Richter, BR 41-44; W.H. Schmidt, Exodus I, 165-167.

So wird 2,22 schon aus syntaktischen Gründen als eine sekundäre Erweiterung von 2,20f. zu betrachten sein: Der Anschluß mit לְמַעַן ist
recht hart. Auch daß Jahwe nun - trotz Jahwerede! - im Unterschied zu
v.21 in der 3. Person erscheint, läßt an einer ursprünglichen Zusammengehörigkeit von v.20f. und 22 zweifeln.[8] Entscheidend aber dürfte eine inhaltliche Erwägung sein: Die Vorstellung von v.22 ist offenbar die, daß
die Erprobung Israels erst mit der Ankündigung Jahwes beginnt, er werde
die fremden Völker hinfort nicht mehr vertreiben (v.21). Damit steht der
Vers aber kaum im Einklang mit dem Gedankengang des DtrN, nach
dem die Zeit der Bewährungsprobe aufgrund des in v.20 festgestellten
Ungehorsams bereits beendet ist.[9] Es kommt hinzu, daß erst in v.22 das
Verbum נסה pi "auf die Probe stellen" auftritt; es fehlt in Jos 23 ganz.
Somit schließt sich v.22 zwar sachlich und sprachlich an DtrN an, gibt
sich aber doch aufgrund seiner veränderten Blickrichtung als späteres
Interpretament zu erkennen.

Das לְבִלְתִּי הוֹרִישָׁם מַהֵר in 2,23 erweckt den Eindruck, als sollten die harten und anstößigen Aussagen von Jos 23 über das Übriglassen
der Völker im Land abgemildert werden: "nicht sogleich, nicht schnell
sollen sie vertrieben werden, aber schließlich dann doch; das Verheißene
kommt später, aber es kommt."[10] Dieser Gedanke widerspricht nicht nur
Jos 23, sondern fügt sich ebensowenig zu Ri 2,21. So wird man v.23
kaum als ursprüngliche Fortsetzung von 2,20f. ansehen können.[11] Immerhin wird auch das Übriglassen der Völker in v.23 anders ausgedrückt als
in v.21 (21: עזב, 23: נוח hif). Schwer zu beantworten ist indes die Frage, in welchem literarischen Verhältnis v.23 zu v.22 steht. Offenbar
setzt die Bemerkung, Jahwe habe die fremden Völker "unbehelligt" (נוח
hif) gelassen (v.23), voraus, daß ihnen immer noch eine aktive Aufgabe
zugewiesen wird, wie sie in v.22 beschrieben ist. Ob aber v.22 und v.23
auf denselben Ergänzer zurückgehen, ist kaum mit Sicherheit zu entscheiden.[12]

Gegenüber v.23 stellt 3,1 ganz offensichtlich eine Erweiterung dar:
3,1 nimmt das Objekt von 2,23 (גּוֹיִם) als Subjekt auf und übernimmt das
Verbum נוח hif, bringt es aber in einem Relativsatz unter. Dieses Ver-

---

8   Vgl. Noth, ÜSt 8; Richter, BR 37.
9   Vgl. Richter, BR 37, und insbes. Smend, Land 225. Man könnte v.22 freilich
    auch "als eine im hiesigen Erzählzusammenhang bereits vergangene Möglich-
    keit" (Smend, ebd.) verstehen und so v.20f. mit v.22 harmonisieren.
10 Smend, Land 225f.
11 So allerdings Richter, BR 37; Smend, Gesetz 134; Mayes, Story 68.
12 Vgl. Noth, ÜSt 8 Anm. 2: V.23 "kann...leicht ein durch das Hereinkommen
    von V.22 veranlaßter Nachtrag sein."

fahren deutet auf eine spätere Ankündigung hin.[13] Mit dem Gedanken
der "Prüfung" (נסה pi) wird auf v.22 zurückgegriffen.

Indes ist auch v.1 nicht einheitlich: Versteil 1b bietet - nur mühsam
angeschlossen - neben אֶת־יִשְׂרָאֵל (v.1a) ein zweites Akkusativobjekt
(...אֵת כָּל־אֲשֶׁר לֹא־יָדְעוּ), das der Einschränkung des ersten dient: Es
sollen nicht alle Israeliten auf die Probe gestellt werden, sondern nur
"die, die nichts von all den Kriegen um Kanaan wußten" (v.1b). Fortgeführt wird dieser Gedanke in v.2. In dem Zusatz v.1b-2 wird das Vorhandensein der fremden Völker also ganz anders gedeutet. Sie haben den
Zweck, Israel das Kriegshandwerk zu lehren, wie v.2b noch einmal abschließend feststellt.[14]

Klammert man 3,1b-2 als Einschub aus, läßt sich 3,3 unmittelbar an
3,1a anschließen. Die in v.1a angedeutete Aufzählung der Völkerschaften
(vgl. וְאֵלֶּה הַגּוֹיִם) liegt in v.3 vor. Gegenüber der Völkerliste von v.5,
die eher ein schiedlich-friedliches Zusammenleben von Israeliten und
Kanaanäern suggeriert, griff der Ergänzer von v.1a und 3 u.a. auf altbe-
kannte Bedroher Israels zurück (vgl. die fünf Philisterstädte), um den
Aspekt der "Prüfung" (v.1a) besser herausstreichen zu können, der doch
eine Konfrontation impliziert.

V.4 verbindet die Themen "Gesetzesgehorsam" und "Prüfung" (2,22)
mit der Völkerliste in 3,3.[15] Dabei vermeidet v.4 die grammatischen Här-
ten, die für 2,22 kennzeichnend sind, und bietet ein wohlformuliertes Re-
sümee. Der Vers liegt also zeitlich nach 2,22; er schließt direkt an v.3
(und 1a) an. Umgekehrt fehlt in v.1a.3.4 der Gedanke des Kriegshand-
werks, was noch einmal darauf hinweist, daß in 3,1b-2 das jüngste Stück
innerhalb von 2,20-3,6 vorliegt.

So bietet der kleine Abschnitt 2,20-3,6 ein schönes Beispiel für das
Ringen um die Frage, wie die Rolle der im Lande verbliebenen fremden
Völker im Verhältnis zu Israel in rechter Weise zu bestimmen sei: Ging
DtrH noch davon aus, daß mit der erfolgreichen Landnahme alle frem-
den Völker vertrieben bzw. vernichtet waren (vgl. Jos 21,43-45), trug
DtrN sein Theologumenon vom schuldhaft durchbrochenen Ideal, von der
unvollständigen Landnahme ein. Spätere Redaktoren deuteten diesen As-
pekt weiter aus oder korrigierten ihn gar: durch den - auch schon bei
DtrN vorhandenen, aber etwas anders akzentuierten - Gedanken der

---

13 Vgl. Richter, BR 38.
14 Vgl. Noth, ÜSt 7f.; Schüpphaus, Richtergeschichten 133. Anders Richter, BR
    38f., der 3,1-2 insgesamt als jüngste Schicht innerhalb von 2,20-3,6 ausschei-
    det, ohne den Bruch zwischen v.1a und 1b genügend zu würdigen.
15 Vgl. Richter, BR 44.

"Prüfung" (2,22); durch die Abmilderung der harten Aussage, Jahwe werde die fremden Völker nicht mehr vertreiben (2,23); durch die Einbeziehung der an der Peripherie Israels lokalisierten Völkerschaften in die
"Prüfung" (3,1a.3.4); schließlich durch die eigenartige Erklärung, die
fremden Völker seien dazu da, daß Israel durch die ständige Konfrontation mit ihnen das Kriegshandwerk lerne. Der Übersicht halber sei eine
nach Redaktionsschichten differenzierte Übersetzung von Ri 2,20-3,6 an
den Schluß gestellt:

DtrN   spätere Redaktoren
Γ   Γ   Γ   Γ

2,20 *Und der Zorn Jahwes entbrannte gegen Israel, und er sprach:*
      "Weil dieses Volk meinen Bund übertreten hat, den ich ihren
      Vätern geboten habe, und nicht auf meine Stimme gehört hat,

21   *so will auch ich kein einziges von den Völkern mehr vor ihnen*
      vertreiben, die Josua übriggelassen hatte, (als er starb,)

22   *um Israel durch sie auf die Probe zu stellen, ob sie auf*
                den Weg Jahwes achten, auf ihm (M: ihnen) zu wandeln,
                wie ihre Väter acht hatten, oder nicht."

23   *Und Jahwe ließ diese Völker unbehelligt, ohne sie schnell*
                zu vertreiben. Er hatte sie nicht in die Hand Josuas ge-
                geben.

3,1   *Und dies sind die Völker, die Jahwe unbehelligt*
                         ließ, um Israel auf die Probe zu stellen,
                                   alle die, die nichts von all den Kriegen
                                   um Kanaan wußten,

2   *nur um der Erkenntnis der Geschlechter*
                                   der Israeliten willen, um sie den Krieg
                                   zu lehren, nur die, die sie (?) vordem
                                   nicht kennengelernt hatten.

3   *die fünf Fürsten der Philister, alle Kanaanäer*
                         und Sidonier und Hiwiter, die auf dem Libanon-
                         Gebirge wohnen, vom Berg Baal-Hermon bis nach
                         Lebo-Hamat.

4   *Und durch diese sollte Israel auf die Probe ge-*
                         stellt werden, damit man erkenne, ob sie auf die
                         Gebote Jahwes hören würden, die er ihren Vätern
                         durch Mose geboten hatte.

5   *So wohnten die Israeliten inmitten der Kanaanäer, Hetiter, Amo-*
      riter, Perisiter, Hiwiter und Jebusiter.

6   *Und sie nahmen sich deren Töchter zu Frauen, und ihre Töchter*
      gaben sie deren Söhnen, und sie dienten deren Göttern.

Kap. 6

Otniel (Ri 3,7-11)

Den Auftakt der Rettergeschichten bildet die eigentümlich blasse und
wenig konkrete Episode über den Judäer Otniel und seine Besiegung des
mesopotamischen Königs Kuschan-Rischatajim. Besonders stark fallen die
sprachlichen Berührungen mit der geschichtstheologischen Einleitung ins
Auge. So findet man hier nahezu alle der auch in 2,11ff.* begegnenden
formelhaften Wendungen: Sündenformel (v.7aα); Fremdgötterdienst
(v.7aβb); Zorn Jahwes (v.8aα); Verkaufen in die Hand der Feinde (v.8aβ);
Beschreibung der Not, hier durch die Notschreiformel (v.9aα); Erweckung
eines Retters (v.9aβb); Betonung, daß Jahwe mit dem Retter ist, hier
durch die Geistbegabung ausgedrückt (v.10a); Aussage über Richtertätig-
keit des Retters, hier freilich nur verbal (v.10a); Tod des Retters (v.11b).

Diese Übersicht, die den engen sprachlichen und sachlichen Zusammenhang zwischen 2,11-18* und 3,7-11 dokumentiert, legt den Schluß nahe, daß die Otniel-Episode von DtrH selbst formuliert worden ist.[1] Sie
diente ihm offenbar als "narratives Beispielstück", wie W. Richter die
knappe Erzählung treffend charakterisiert hat.[2]

Nun sind aber neben einer Vielzahl von Übereinstimmungen auch Unterschiede zwischen diesem Beispielstück und der vorausgehenden Einleitung zu registrieren, die z.T. schon in die obige Aufzählung mit aufgenommen wurden. Warum beispielsweise begegnet in 3,9 ausschließlich
der Titel מוֹשִׁיעַ, nicht aber die aus 2,16.18 geläufige Bezeichnung שׁוֹפֵט?
Wie ist es zu erklären, daß hier eigentümlicherweise von der Geistbegabung die Rede ist (sonst nur noch in 6,34 und 11,29)? Sodann: Was bedeutet "er richtete Israel" (v.10a)? Warum schließlich fehlen die Notschreiformel sowie die abschließende Notiz über die 40-jährige Ruhe des
Landes in der Einleitung?

Zunächst ist zu bemerken - und darauf wurde schon im Zusammenhang der Analyse von 2,11-19 hingewiesen -, daß manche der Abweichungen mit der schlichten Tatsache zu erklären sind, daß das Schema von

---

1   Vgl. Budde, Richter 27; Greßmann, Anfänge 193; Noth, ÜSt 50; Eißfeldt, Ein-
     leitung 324; Smend, Entstehung 116; Soggin, Judges 47; Hecke, Juda 111f.
2   Richter, BR 91.

2,11ff. hier erstmals auf eine konkrete Gestalt angewendet wird (vgl. das Schreien und die Ruhe des Landes). Daß diese Gestalt den Titel מוֹשִׁיעַ trägt, ist aufgrund der primären Aufgabe, die Otniel zu erfüllen hat, nicht verwunderlich. DtrH hat diesen Titel (auf Menschen übertragen) selbst geprägt. Zudem stellt die Beigabe der in 10,1-5; 12,7-15 verankerten Richterformel sicher, daß diesem Retter auch administrative Funktionen zugedacht sind. Die Vorstellung, die sich in 3,7-11 mit der Aufgabe Otniels verbindet, ist dieselbe wie in 2,11-18*. Eine literarkritische Herauslösung der Richterformel mit der Begründung, das Verbum שׁפט stoße sich sowohl mit der Geistbegabung wie auch mit der Retteraufgabe,[3] verkennt die von DtrH bewußt ausgenutzte Bedeutungsspanne von שׁפט. Die Richterformel stört nur dann, wenn man - wie W. Richter - 3,7-11 als vor-dtr Stück ansieht, das die dtr Richterkonzeption noch nicht kenne.[4] Auch einer Ausscheidung der Todesnotiz (v.11b)[5] wird die Grundlage entzogen, wenn man 3,7-11 als freie Schöpfung des DtrH ansieht.[6] So hat auch die Geistbegabung Otniels in der Konzeption des DtrH ihren sachgemäßen Platz, drückt sie doch nur den einen Gedanken aus, daß Jahwe tatsächlich in dem Richter-Retter wirksam ist (vgl. 2,18a).

Ist die Otniel-Erzählung auch im ganzen von DtrH verfaßt worden, sind doch Erweiterungen späterer Hand feststellbar. Hier kommt insbesondere die Ausgestaltung der Sündenformel ("und sie vergaßen Jahwe, ihren Gott, und dienten den Baalen und Ascheren") sowie die sich anschließende Zornesformel in Betracht (v.7aβ-8aα). Rein formale Anhaltspunkte für die Ausscheidung liegen zwar nicht vor, doch lassen sich einige inhaltliche Indizien zusammentragen. So trifft man das Verbum שׁכח "vergessen" mit dem Objekt Jahwe (bzw. seinen Worten oder seinem Bund) in markanten spät-dtr Texten an.[7] Überhaupt fällt ja das Fehlen jeglicher Erweiterung der Sündenformel in 3,12; 4,1; 6,1 auf.[8] Insbesondere

---

3   So Richter, BR 25; ihm folgend Niehr, Herrschen 101.

4   Richter führt 3,7-11 bekanntlich auf einen 2. dt. Redaktor zurück; vgl. BR 56-61; ähnlich Mayes, Story 71-73; ders., Judges 27f.; Niehr, Herrschen 101; Donner, Geschichte I, 155.

5   So wiederum Richter, BR 25, der sowohl Richterformel wie Todesnotiz bezeichnenderweise auf DtrG zurückführt (vgl. BR 61).

6   Vgl. zur Analyse Richters auch Hecke, Juda 113.123. Auch der Versuch von Schüpphaus, Richtergeschichten 151-154, in Analogie zu 2,11-19 auch in 3,7-11 eine vor-dtr Grundlage herauszuarbeiten (3,8b.9aβb.10), die dtr überarbeitet worden sei (3,7-8a.9aα.11a), vermag nicht recht zu überzeugen.

7   Vgl. z.B. Dtn 4,9.23.31 (siehe Knapp, Deuteronomium 4, 112); 6,12; 8,11.14.19; 25,19; 26,13; 32,18; 1 Sam 12,9; 2 Kön 17,38. Vgl. Veijola, Königtum 86; Spieckermann, Juda 210f. Anm. 117.

8   Als ungewöhnlich wird man auch die feminine Pluralform אֲשֵׁרוֹת ansehen müssen, die sonst nur noch an zwei späten Stellen (2 Chr 19,3; 33,3) belegt ist (vgl. Spieckermann, Juda 213).

die Zornesformel steht in Verdacht, später eingefügt zu sein: Sie geht
auch in 2,14.20 und 10,7a auf einen spät-dtr Ergänzer (DtrN) zurück;
man wird sie auch hier DtrN zuweisen dürfen.[9]

In v.9 wird der Name des Retters Otniel in einer stilistisch etwas
harten Weise als Akkusativobjekt angeschlossen. Man wird trotz dieser
grammatischen Härte indes auf eine literarkritische Operation verzichten
müssen: Zum einen liegt eine ganz ähnliche Konstruktion bei der Einführung des Retters Ehud vor (3,15), zum andern kann durch die Nachstel-
lung des *Namens* des Retters seine besondere Hervorhebung intendiert
sein.[10] Allenfalls die beiden letzten Worte von v.9 (הַקָּטֹן מִמֶּנּוּ) dürften
sekundär sein.[11] Sie gehen vielleicht auf denselben Ergänzer zurück, der
sie auch in 1,13 - gegenüber der Vorlage Jos 15,17 - eintrug.

Zum Schluß einige Erwägungen zum Stoff der Erzählung: Es sind in
der Vergangenheit viele Anstrengungen unternommen worden, in 3,7-11
- trotz des anerkanntermaßen schematischen Charakters des Stückes insgesamt - einen historischen Kern zu finden, und sei es nur aufgrund der
darin enthaltenen Namen (z.B. Kuschan-Rischatajim). Derartige Versuche
indes haben, wie noch einmal K.-H. Hecke in Auseinandersetzung mit
mehreren entsprechenden Arbeiten gezeigt hat, nur wenig Aussicht auf
Erfolg.[12] Die Namen dürften - wie die Erzählung überhaupt - rein fiktiv
sein. "Als Motive für eine solche Erfindung wäre der Wunsch des Redaktors zu nennen, eine Gesamtzahl von zwölf Richtern zu erhalten analog
zu der Zwölfzahl der Stämme Israels sowie auch von einer judäischen
Rettergestalt erzählen zu können, zumal er selbst mit Sicherheit Judäer
war...Als Gegner Otniels empfahl sich ein Teil des zu seiner Zeit
scheinbar allmächtigen Mesopotamien. Und als Namen des fiktiven Königs
nahm er den einer weithin wenig bekannten Midianitersippe, den er mit
einem Beinamen versah, der den fiktiven König weiter charakterisieren
und in seiner Gefährlichkeit unterstreichen sollte."[13] Der Name des Protagonisten selbst stammt kaum aus Ri 1,13, wie gewöhnlich angenommen
wird, sondern ist eher der Vorlage Jos 15,17 entnommen.

---

9   Dem Umstand, daß innerhalb der Zornesformel die Kurzform "Israel" begeg-
     net, sonst aber die Langform "Israel*iten*" (v.7a.8b.9; anders v.10a), sollte man
     wohl keine allzu große Beweiskraft beimessen, da die Konstruktion – ähnlich
     2,14 – eher die Kurzform erwarten läßt (vgl. Richter, BR 25 Anm. 72).
10   Ganz ähnlich z.B. in Gen 22,2! Anders Niehr, Herrschen 101, der offenbar
     eine Umstellung (Vorziehung des Akkusativobjekts) vornehmen will.
11   Vgl. auch Richter, BR 137 Anm. 95.
12   Vgl. Hecke, Juda 110-125; vgl. auch Donner, Geschichte I, 157f.
13   Hecke, Juda 122f.

Kap. 7

Ehud (Ri 3,12-30)

7.1. Einleitung

Auf das nüchterne, nur wenig Konkretes bietende Beispielstück über den Retter Otniel folgt nun die umso farbigere, in manchen Zügen recht derbe, aber gleichwohl humorvolle Erzählung über die Ermordung des moabitischen Königs Eglon durch die Hand des Benjaminiters Ehud. So ist es auch relativ leicht, die ältere Ehud-Erzählung von ihrer redaktionellen Einbettung abzuheben. Gewöhnlich rechnet man - von kleineren Abweichungen im einzelnen abgesehen - v.16-26 zum älteren Erzählbestand, wobei die Frage, in welchem Umfang älteres Material auch in den redaktionellen Versen (etwa v.12-15 und 27-30) enthalten ist, durchaus verschieden beantwortet werden kann.[1]

Auf unterschiedliche Weise wird auch der redaktionelle Bestand selbst hinsichtlich seiner literarhistorischen Einordnung beurteilt. M. Noth z.B. führt nur v.12-15a.30 auf den dtr Geschichtsschreiber zurück und läßt dabei die wichtige Frage unbeantwortet, wie etwa v.27-29, die sich aufgrund ihrer gesamtisraelitischen Ausrichtung und ihres gegenüber der alten Erzählung veränderten Horizonts deutlich von v.16-26 abheben, redaktionsgeschichtlich zu bewerten sind.[2]

---

1 Vgl. neben den Kommentaren die Analysen von Wiese, Literarkritik 4-13; Täubler, Studien 21-42; Richter, TU 1-29; ders., BR 3-6; Schüpphaus, Richtergeschichten 155-157; Hecke, Juda 126f. Als endgültig gescheitert wird man die Versuche (z.B. Eißfeldts, Quellen) ansehen dürfen, die Erzählung aufgrund vermeintlicher Doppelungen in zwei selbständige Erzählfäden zu zerlegen (vgl. insbes. Wiese, Literarkritik 4-13; Richter, TU 1-29). Nicht zuletzt die Untersuchung der Erzähltechnik in 3,16-26 hat das Stück als eine wohldurchdachte, meisterhafte Komposition hervortreten lassen, in der jedes Erzählelement seinen Platz hat (vgl. zu diesem Aspekt z.B. Alonso-Schökel, Erzählkunst 148-158; Rösel, Ehud-Erzählung 270-272; Alter, Art 37-41; Webb, Book 128-132; Hübner, Mord 130-135; Soggin, 'Ehud 95-100).

2 Vgl. Noth, ÜSt 51. Eine Übersicht über Zuweisungen in der älteren Literatur bietet Richter, BR 3 Anm. 8.

An diesem Punkt setzt die Analyse W. Richters ein. Vor dem Hintergrund seiner These von der Existenz eines vor-dt. Retterbuches, das die Erzählungen über Ehud, Debora / Barak und Gideon enthalten habe, versucht er auch in 3,12-30 innerhalb des redaktionellen Bestandes zu differenzieren. Dabei führt er v.13.27-29 auf den Verfasser des Retterbuches zurück, während die verbleibenden v.12.14.15aα*.30 dem späteren 1. dt. Redaktor zugewiesen werden.[3] Die folgende Analyse der Ehud-Erzählung freilich wird zu zeigen versuchen, daß sich eine *solche* Aufteilung innerhalb der redaktionellen Partien kaum durchführen läßt. Daß damit auch die These von der Existenz eines "Retterbuches" ins Wanken gerät, sei hier nur angedeutet.

Ein weiteres Problem, das mit den literarischen Fragen aufs engste zusammengehört, betrifft die geographische Einordnung des Geschehens. Zweifellos setzt die Erzählung *in ihrer gegenwärtigen Gestalt* voraus, "daß Moab sich über den Arnon hinaus nach Norden bis an den Unterlauf des Jordan ausgedehnt hatte und nun, wie einst Israel, den Sprung über den Jordan tat."[4] Diese Vorstellung von der Geographie der Geschichte basiert in erster Linie auf zwei Erzählzügen: zum einen auf der Notiz über die Einnahme der zumeist mit Jericho identifizierten "Palmenstadt" (v.13b), zum andern auf den in v.27-29 (insbesondere v.28) mitgeteilten Kriegshandlungen gegen Moab, die sich im unteren, westlichen Jordantal abzuspielen scheinen. Auch die Erwähnung Gilgals (v.19) weist in diesen Bereich. Unklar bleibt einstweilen, wo sich die Übergabe des Tributs und die Ermordung Eglons zugetragen haben sollen: im Westjordanischen, womöglich in der von Moab eroberten "Palmenstadt" (v.13b), oder im Ostjordanischen? Schon die Tatsache, daß sich konkrete Ortsangaben und Lokalisierungen vor allem in den redaktionellen Versen finden, läßt die Frage aufkommen, ob die Ereignisse immer schon auf der Westseite des unteren Jordantales angesiedelt waren. Eine literarkritische Analyse dürfte auch hier weitere Klarheit schaffen.

---

3   Vgl. Richter, BR 3-6. Andere Versuche, innerhalb des redaktionellen Bestandes mehrere Schichten zu unterscheiden, z.B. bei Wiese, Literarkritik 10 (v.26-29a zu einer ersten Redaktion); Schüpphaus, Richtergeschichten 155-157 (v.13b.14.15aα*.27-29 zu einer ersten Redaktion).

4   Hertzberg, Richter 166. Vgl. auch Noth, Stämme 396f.; ders., Geschichte 144f.; Rösel, Studien I, 184-190; Mittmann, Ri. 1,16f., 227f.; Soggin, Judges 53f.

7.2. Analyse

V.12: Mit der dtr Sündenformel setzt auch die Erzählung über den Retter Ehud ein. Anders als sonst in den dtr Umrahmungen wird zur Beschreibung der Übereignung Israels an die moabitischen Feinde das Verbum חזק pi verwendet (v.12bα). Dies ist jedoch nicht verwunderlich, besteht doch die Bedrückung Israels hier in einer Tributpflicht, zu deren Beschreibung Verben wie מכר oder נתן + בְּיַד weniger gut gepaßt hätten.[5]

Ungewöhnlich ist indes die Wiederaufnahme der Sündenformel in v.12bβ, die die Bedrückung Israels durch den Moabiterkönig nochmals begründet (עַל כִּי). Man kann den Versteil als Glosse ausscheiden,[6] müßte dann freilich erklären, aus welchem Grund es zu der Einfügung kam. Vielleicht sollte noch einmal – sekundär – der Zusammenhang von Tun und Ergehen hervorgehoben werden.

V.13 wirft besondere Probleme auf. Zunächst fällt auf, daß das Subjekt der ersten Verbform וַיֶּאֱסֹף nicht explizit eingeführt wird. Es ist jedoch völlig klar, daß – über v.12bβ hinweg – der in v.12bα als Objekt genannte Eglon gemeint ist. Eigentümlicherweise versammelt Eglon aber nicht die eigenen Moabiter, sondern nur die innerhalb von 3,12–30 sonst nicht mehr auftretenden Ammoniter und Amalekiter. Hier erhebt sich sofort der Verdacht einer späteren Ausweitung des Geschehens über die Grenzen Moabs hinaus.[7]

Spannungen lassen sich auch *innerhalb* von v.13 beobachten. Gegenüber den drei singularischen Verbformen וַיֵּלֶךְ / וַיַּךְ / וַיֶּאֱסֹף fällt der Plural in v.13bβ auf (וַיִּירְשׁוּ). Auch paßt die generelle Aussage über das "Schlagen" der Israeliten kaum zu der abschließenden konkreten Mitteilung über die Eroberung der Palmenstadt. Schon dieser Umstand widerrät einer vorschnellen Änderung des Plurals in den Singular וַיִּירַשׁ, wie sie gelegentlich aufgrund von LXX und Vulgata vorgenommen wird.[8] Unklar bleibt einstweilen auch, ob mit עִיר הַתְּמָרִים tatsächlich Jericho gemeint ist.[9]

---

5   Vgl. auch v.d. Woude, Art. חזק 540.
6   So z.B. Richter, BR 3f.
7   So z.B. Budde, Richter 29; Wiese, Literarkritik 6; Richter, BR 4; Schüpphaus, Richtergeschichten 286 Anm. 494. Zu beachten ist auch, daß nur בְּנֵי עַמּוֹן, nicht aber עֲמָלֵק mit der nota accusativi verbunden ist (vgl. Mittmann, Ri. 1,16f., 228 Anm. 34).
8   Vgl. z.B. Budde, Richter 29; Soggin, Judges 49.
9   Zum Problem vgl. Mittmann, Ri. 1,16f., 227f., der hier jedenfalls (wie auch in Ri 1,16) *nicht* an Jericho denkt.

Die literarhistorische Einordnung des Verses hat somit verschiedenen
Schwierigkeiten Rechnung zu tragen. W. Richter meint nachweisen zu
können, daß die dtr (bzw. dt.) v.12.14 den dazwischenliegenden v.13 bereits voraussetzen.[10] Die zur Stützung dieser Auffassung beigebrachten
Argumente vermögen indes kaum zu überzeugen. Daß das Objekt von
v.12bα – Eglon – zu Beginn von v.13 Subjekt wird, ist keineswegs so ungewöhnlich, zumal dann nicht, wenn man die Wiederholung der Sündenformel in v.12bβ als spätere Zutat ausscheidet. Auch daß v.13 – im Gegensatz zu v.12 – keine "religiöse Wertung"[11] enthalte, spricht noch nicht
gegen eine ursprüngliche Zusammengehörigkeit von v.12 und 13, schon
gar nicht für die Priorität von v.13: Die andere Blickrichtung in v.13
(Kriegshandlung) kann sachlich bedingt sein. Demgegenüber werden die
gravierenden Spannungen, die zwischen den Versteilen 13abα und 13bβ
bestehen, von Richter nicht ausreichend gewürdigt.[12]

　　　Eine Lösung der oben notierten Schwierigkeiten *innerhalb* von v.13
bietet sich an, wenn man auch v.13abα als von DtrH formuliert betrachtet. Schließt man nämlich den Versteil direkt an v.12 (bzw. wohl eher
12abα) an, ergibt sich ein durchaus guter Zusammenhang: Mit der Übertragung des zunächst nur Benjamin betreffenden Geschehens auf ganz
Israel hätte DtrH auch die Seite der Feinde "verstärkt" und die Nachbarn
Moabs, Ammon und Amalek, miteinbezogen. Es entspricht ja der Tendenz
des DtrH, die Ereignisse jeweils räumlich auszudehnen.[13] Erklären läßt
sich auch, warum Moab in v.13a fehlt: Das Verbum אסף meint keineswegs immer "zum Kampf aufbieten", obwohl dieser Aspekt oft mitgedacht
ist, sondern zunächst ist an eine "Versammlung" gedacht.[14] In Verbindung mit der Angabe אֵלָיו bedeutet אסף einfach dies, daß Eglon die
Ammoniter und Amalekiter *auf seinem Territorium*, also in Moab versammelt. Eine zusätzliche Erwähnung Moabs wäre nach dieser Vorstellung unnötig, ja eher störend. Für die Zuweisung von v.13abα zu DtrH
spricht nicht zuletzt die Beobachtung, daß das Verbum נכה in v.29
wieder aufgegriffen wird: Drückt es in v.13bα die äußerste Existenzge-

---

10　Vgl. Richter, BR 4.

11　Richter, BR 4.

12　Richter führt die Eintragung von "Ammoniter" und "Amalek" auf die (dt.) Re-
　　daktion zurück, die dabei "versehentlich" die Moabiter ausgelassen habe; auf
　　sie gehe auch der Plural in v.13bβ zurück, da auch in v.12.14 pluralische
　　Verbformen begegnen (vgl. BR 4).

13　Daß die ebenfalls DtrH zuzuweisenden v.29.30 nur von Moab wissen, spricht
　　nicht gegen die hier vorgeschlagene Zuordnung; DtrH hat die Umstände der
　　aufgenommenen Erzählung weitgehend beibehalten und sie nur an program-
　　matischer Stelle, nämlich in der Einleitung, in einen größeren Kontext gestellt.

14　Vgl. z.B. 1 Sam 5,8.11; 2 Sam 11,27 u.a.

fährdung Israels aus, so beschreibt es in v.29 - umgekehrt - die Vernichtung Moabs.[15]

Gegenüber v.13abα dürfte die Notiz über die Eroberung der "Palmenstadt" (v.13bβ) sekundär sein. Offenbar setzt der Versteil die Mitteilung über die Versammlung Ammons und Amaleks voraus und trägt der Tatsache, daß Israel nun einer Koalition von Feinden gegenübersteht, durch die pluralische Verbform וַיִּירְשׁוּ Rechnung. An welche Lokalität der Ergänzer bei עִיר הַתְּמָרִים gedacht hat, wird noch zu klären sein.

Mit *v.14* setzt DtrH seine Einleitung fort. Es bereitet keine Schwierigkeiten, den Vers direkt an v.13abα anzuschließen.

V.15: In der Frage nach dem ursprünglichen Beginn der alten Ehud-Erzählung kommt v.15 eine Schlüsselfunktion zu. Lassen sich - auf literarkritischem Wege! - Teile des alten Erzählanfangs herauslösen? Oder ist der Vers insgesamt von DtrH formuliert worden?

Während der Beginn des Verses (Notschreiformel und Erweckungsnotiz) eindeutig auf DtrH zurückgeht, scheint die Fortsetzung in der Tat altes Gut erhalten zu haben. So urteilt W. Richter: "Ab Ehud inclusive enthält der Vers alte Tradition."[16] Zweifellos sind die in v.15 gegebenen "Informationen" (z.B. die Charakterisierung Ehuds als Benjaminiter und Linkshänder) für das Verständnis der alten Ehud-Erzählung unerläßlich. Dennoch wird man aus mehreren Gründen den gesamten v.15 als von DtrH *formuliert* betrachten müssen: (1) Die nachholend wirkende Einführung Ehuds (אֶת־אֵהוּד) ist keineswegs ungewöhnlich; man wird sie jedenfalls nicht literarkritisch auswerten dürfen (vgl. auch 3,9). Die Konstruktion dient der Hervorhebung des Protagonisten, auf dessen Tun und Geschick es im folgenden ankommt. - (2) Auffällig ist sodann der gesamtisraelitische Horizont des *gesamten* Verses: Nicht nur Versteil 15aα spricht von "Israeliten", sie begegnen auch in 15b. Dieser Umstand unterstreicht den redaktionellen Charakter von v.15 *insgesamt.*[17] - (3) Während die alte Erzählung von הַקְרִיב הַמִּנְחָה spricht (v.17.18), begegnet in v.15 die Verbindung שׁלח מִנְחָה. Zwar könnte man dies auch sachlich erklären - z.B. damit, daß v.15 allgemein die Tributpflicht notiert, während v.17.18 eine konkrete Übergabe schildern -, doch im Verbund mit anderen Argumenten bleibt der Sachverhalt auffällig. Es kommt hinzu,

---

15 Daß das Verbum נכה nicht notwendigerweise eine völlige Vernichtung einschließt, ist daran zu erkennen, daß in v.29b - anders als in v.13bα - ausdrücklich festgehalten wird, daß "keiner entrann".

16 Richter, BR 5; vgl. ders., TU 12. Etwas anders z.B. Greßmann, Anfänge 193, und Wiese, Literarkritik 6, die nur v.15*b* für alt halten.

17 Richter hält offenbar die zweite Erwähnung von בְּנֵי יִשְׂרָאֵל für eine *sekundäre* Ausweitung (vgl. TU 10; BR 5).

daß die Verbindung הַקְרִיב הַמִּנְחָה in der alten Erzählung offenbar
einen etwas anderen Sachverhalt meinte als die jüngere Formulierung in
v.15 (s.u.).

Gleichwohl muß die alte Erzählung eine Vorstellung Ehuds enthalten
haben. So wird man annehmen dürfen, daß der Hinweis auf seine Linkshändigkeit und seine benjaminitische Herkunft (beides gehört ja hier eng
zusammen!) der alten Geschichte entnommen wurde. Auch eine Situations-
schilderung muß vorausgesetzt werden. DtrH hat also aufgrund vorgegebener Überlieferung selbst formuliert.

V. 16 gehört mit seiner Beschreibung, wie das zweischneidige Schwert
hergestellt und am Körper versteckt wird, zweifellos zum Grundbestand
der alten Ehud-Erzählung.[18] Seine Linkshändigkeit[19] ermöglicht es Ehud,
das Schwert an der rechten Seite zu verstecken, wo man es nicht vermutet. Auch die Zweischneidigkeit des Schwertes wird mit Bedacht hervorgehoben: "Eine Stichwaffe läßt sich nicht nur schneller bedienen, sie
hinterläßt auch weniger Spuren, was im folgenden wichtig sein wird."[20]

V. 17 schildert den Anlaß, den sich Ehud zur Ermordung Eglons aus-
gewählt hat: ... וַיַּקְרֵב אֶת־הַמִּנְחָה. Diese Formulierung erstaunt in
mehrfacher Hinsicht: Sowohl מִנְחָה wie auch das Verbum קרב *hif* sind
als termini technici des Opferwesens bekannt. So meint מִנְחָה zumeist
"Speiseopfer", kann aber auch im profanen Bereich die Bedeutung "Ge-
schenk" annehmen.[21] Sehr viel seltener ist an eine *erzwungene* Abgabe,
an Tributleistungen gedacht.[22] Auch das Verbum קרב *hif* weist eher in
den Bereich des Kultes; es bezeichnet in theologischen Zusammenhängen
das Darbringen von Opfern jedweder Art.[23] So ist es kaum verwunderlich, daß die *Verbindung* קרב *hif* + מִנְחָה - von Ri 3,17.18 einmal abgesehen - ausschließlich das Darbringen von Speiseopfern umschreibt.[24]
Es stellt sich von daher die Frage, ob nicht auch in Ri 3,17.18 eher an
eine Art kultischer Darbringung gedacht ist, die Ehud zugunsten Eglons

---

18   Anders Wiese, Literarkritik 6: "Der Vers nimmt durch seinen Inhalt die Span-
     nung der Erzählung fort." Kritisch dazu Alonso-Schökel, Erzählkunst 170: "Ein
     Urteil des Besserwissens!"
19   Zum Problem, ob אִטֵּר יַד־יְמִינוֹ (v.15) mit "linkshändig" (behindert an der
     rechten Hand) oder "beidhändig" zu übersetzen ist, vgl. Dexinger, Plädoyer
     268f.; Grottanelli, Passo 35-45; Soggin, Judges 50.
20   Rösel, Ehud-Erzählung 270.
21   Über die Zusammenhänge orientiert Fabry, Art. מִנְחָה 987-997.
22   Vgl. 2 Kön 17,3f.; Hos 10,6. Die Verbindung zwischen den Bedeutungen "(frei-
     williges) Geschenk" und "(erzwungener) Tribut" liegt wohl "in der beruhigen-
     de(n) Wirkung der *minḥāh*" (Fabry, Art. מִנְחָה 996).
23   Vgl. Kühlewein, Art. קרב 679.
24   Lev 2,1.4.11.14; 23,16; Num 15,9; 28,26.

vollzieht. Immerhin fällt doch auf, daß v.18a vom "Vollenden" (כלה *pi*) der Gabe spricht. Ist nicht auch dies ein Hinweis darauf, daß ein länger andauerndes "Zeremoniell" im Hintergrund steht?[25] Eine bloße Übergabe von Tributleistungen scheint jedenfalls nicht gemeint zu sein.

In ein ähnliche Richtung weisen auch die in v.19 und 26 erwähnten פְּסִילִים. Diese werden zwar nach v.19 in oder bei Gilgal lokalisiert und damit ganz gewiß mit den אֲבָנִים aus Jos 4 identifiziert, doch ist dieser Zusammenhang, was den ursprünglichen Sinn der alten Erzählung angeht, aus mehreren Gründen zweifelhaft (siehe zu v.19). Die "Götterbilder" dürften zum Inventar des moabitischen Königspalastes gehört haben.[26] Es drängt sich mithin die Vermutung auf, daß Ehud nach der Darstellung der älteren Erzählung die Götterbilder im Palast des Eglon aufsucht, um vor ihnen und in Gegenwart des Königs eine – vielleicht nur einmalige – *kultische Unterwerfungsgeste* zu vollziehen. Kaum zufällig werden die פְּסִילִים gleich zweimal erwähnt. Daß diese Götterbilder dabei von vornherein in einem negativen Licht stehen, legen nicht nur die sonstigen Belege des Wortes nahe,[27] sondern ergibt sich im Grunde auch aus dem schmählichen Ende Eglons, zu dessen Palast die פְּסִילִים ja gehören.[28]

Unabhängig von der Frage indes, ob diese Interpretation zutreffend ist oder nicht, bleibt festzuhalten, daß DtrH bei der מִנְחָה ganz sicher an (regelmäßige) Tributleistungen gedacht hat (vgl. auch die etwas veränderte Formulierung שׁלח מִנְחָה in dem redaktionellen v.15).

V.18: Nach Beendigung der – wie auch immer zu verstehenden – Darbringung der Gabe schickt Ehud das "Volk" fort. עַם meint hier zweifellos – im Gegensatz zu den הָעֹמְדִים עָלָיו (v.19b), den Beamten des Königs – die Begleiter Ehuds. Der Sinn der Entlassung ist klar: Ehud will mit dem König allein sein.

---

25 Das Verbum כלה *pi* beschreibt in erster Linie das Ziel eines *Weges* (vgl. Helfmeyer, Art. כלה 168.172). Vgl. auch Täubler, Studien 36; Soggin, Judges 50 ("'Finished...' indicates some ceremonial connected with handing over the tribute"). In diesem Zusammenhang könnte die Betonung der *Linkshändigkeit* Ehuds von Bedeutung sein, wenn denn damit eine Behinderung gemeint ist: Soll angedeutet werden, daß Ehud zum Opfern untauglich ist und damit auch bewußt ein ungültiges Opfer darbringt (vgl. mit Verweis auf Lev 21,16-23 Schiltknecht, Ehud 639)?

26 Vgl. Mittmann, Ri. 1,16f., 227 Anm. 34.

27 Vgl. Hoffmann, Reform 356f.; Niemann, Daniten 97f.; Dohmen, Bilderverbot 41-48. Dabei werden in der Regel Ri 3,19.26 (und Ri 17f.) als positive Ausnahmen betrachtet (z.B. Niemann, Daniten 97 Anm. 138).

28 Der kultische Charakter von Ehuds Auftreten wird vielleicht auch an der Erwähnung des "Gotteswortes" (v.20) deutlich.

Nachgeholt wirkt die Näherbestimmung des עַם als "Träger der Gabe" (נֹשְׂאֵי הַמִּנְחָה v.18bβ). Hier könnte durchaus eine *sekundäre* Charakterisierung vorliegen, die verdeutlichen soll, wer mit dem עַם gemeint
ist.[29] Auch der Umstand, daß die Verbindung נֹשְׂאֵי הַמִּנְחָה eindeutig an
Tributlieferungen denken läßt,[30] kaum aber an eine kultische Gabe, legt
den Schluß nahe, daß v.18bβ später hinzugefügt wurde (aufgrund der Vorstellung möglicherweise von DtrH).

V.19: Während sich Ehud nach v.18 noch im Hause des Moabiterkönigs befindet, erweckt v.19aα den Eindruck, als habe er den Palastbezirk
schon verlassen und bereits ein gutes Stück des Rückweges hinter sich
gebracht (vgl. die Erwähnung von "Gilgal"). Wenn man den Palast des
Moabiterkönigs im Ostjordanischen lokalisiert, hätte Ehud also den Jordan
schon überschritten, um dann – nach erneuter Überquerung des Flusses –
wieder zu Eglon zurückzukehren. Diese Vorstellung ist nicht nur wegen
der langen Wegstrecke, die Ehud hätte zurücklegen müssen, unwahrscheinlich. Will man die anstößige zweimalige Jordanüberquerung Ehuds ausschließen, bieten sich zwei Erklärungsmöglichkeiten an: Entweder man
deutet die Angabe אֶת־הַגִּלְגָּל so, daß Ehud bei den Gottesbildern *auf
der Höhe von Gilgal,* also noch auf dem östlichen Jordanufer, umgekehrt
sei,[31] oder man versetzt die ganze Erzählung einschließlich der Abliefe-
rung der Gabe in den westjordanischen Bereich. Die Residenz Eglons
hätte man sich in diesem Fall in Jericho (vgl. v.13bβ) oder jedenfalls in
der Nähe Gilgals vorzustellen.[32]

Keine der beiden Lösungen indes vermag zu überzeugen. Einerseits
meint die Angabe אֶת־הַגִּלְגָּל zweifellos "in der Nähe von Gilgal", also
gewiß ein Gebiet im unteren, westlichen Jordantal. Andererseits ist es
sehr unwahrscheinlich, daß der moabitische König Eglon seine Residenz
– denn an eine solche, wie die genaue Beschreibung der Räumlichkei-
ten in der Erzählung zeigt, ja gedacht – ausgerechnet im Westjordanischen eingerichtet hat.[33]

Eine relativ einfache Lösung bietet sich an, wenn man die Näherbestimmung אֲשֶׁר אֶת־הַגִּלְגָּל als eine *sekundäre* Lokalisierung der פְּסִילִים

---

29 Gelegentlich wird הָעָם als Glosse ausgeschieden; vgl. schon LXX.
30 Die Verbindung נֹשְׂאֵי מִנְחָה kann geradezu "tributpflichtig" bedeuten (2 Sam
    8,2.6).
31 So Budde, Richter 30; Greßmann, Anfänge 194; Täubler, Studien 33; vgl. auch
    Soggin, Judges 54.
32 So z.B. Hertzberg, Richter 166; Rösel, Studien I, 187.
33 Täubler, Studien 32f., denkt an Hesbon, muß dann allerdings aufgrund der
    großen Entfernung zu den פְּסִילִים annehmen, daß die erste Rückkehr Ehuds
    erst am Tag *nach* der Übergabe stattgefunden habe. Zur Diskussion um die
    Lokalisierung der Residenz vgl. Hecke, Juda 126 Anm. 4.

betrachtet und einer Überarbeitung zuweist, die das Geschehen auf die Westseite des endenden Jordantales versetzen wollte.[34] Auf denselben Ergänzer dürfte auch die Notiz über die Eroberung der "Palmenstadt" (v.13bβ), die er gewiß mit dem Gilgal benachbarten Jericho identifiziert hat, zurückgehen. Als ursprünglicher Standort der פְּסִילִים kommt somit der Palastbereich Eglons in Frage, den man nun auch mühelos im ostjordanischen Moab vermuten kann.[35] V.19aα* spielt also noch im Palast Eglons. So läßt sich der Versteil etwa wie folgt übersetzen: "Er (Ehud) wandte sich von den Götterbildern um..." und - so könnte man ergänzen - dem König zu.[36] Dies paßt wiederum ausgezeichnet zu der vorgestellten Situation, nach der Ehud offenbar einen kultischen Akt in Gegenwart des Königs vollzieht.

Die spätere Hinzufügung der Angabe "bei Gilgal" kann überdies sehr gut erklärt werden, nämlich als eine Verknüpfung mit den zwölf אֲבָנִים, die laut Jos 4,(8.)20 nach dem Jordandurchzug in *Gilgal* aufgestellt wurden. Durch die Ergänzung wird sichergestellt, daß es *Jahwe-Steine* - und nicht heidnische Kultobjekte - waren, vor denen der israelitische Retter Ehud ein Opfer darbrachte. Daß die ursprünglich mit einer negativen Konnotation besetzten פְּסִילִים durch die Gleichsetzung mit den Jahwe-Steinen gleichsam neutralisiert wurden, ist deutlich.

Die vertrauensvolle Mitteilung Ehuds, er habe dem König ein "geheimes Wort" auszurichten, veranlaßt Eglon, nun auch seine Diener aus dem Raum zu schicken. Die Interjektion הָס "bringt nicht ein kommandierendes *Stille!* zum Ausdruck, sondern die Ankündigung des durch die Gottesnähe notwendig gewordenen Schweigens, damit die sakrale Sphäre nicht durch ein profanes Wort verletzt würde."[37]

V. 20 setzt offenbar voraus, daß Eglon sich in einen anderen Raum (Obergemach) zurückzieht, der - wie betont wird - ihm allein vorbehalten ist. Daß Ehud auch in diesen privaten Bereich eintreten darf (v.20aα), unterstreicht die intime Situation: Ehud ist mit dem König allein; die Spannung erreicht ihren Höhepunkt. Wenn Ehud nun von einem Wort *Gottes* spricht, ist dies gewiß als Steigerung des "geheimen Wortes" von v.19 aufzufassen.[38] Jedenfalls führt das Stichwort "Gotteswort" dazu, daß

---

34 So Mittmann, Ri. 1,16f., 227f. Anm. 34.

35 Vgl. Mittmann, Ri. 1,16f., 227f. Anm. 34.

36 Eine Ausscheidung von v.19aα *insgesamt*, wie sie Wiese, Literarkritik 6, vornimmt, ist unnötig, ja zieht weitere Probleme nach sich. Wiese muß denn auch zur Herstellung eines glatten Übergangs zwischen v.18 und 19* eine Umstellung vornehmen (Einfügung von v.20aα).

37 Täubler, Studien 37 Anm. 3.

38 Vgl. Täubler, Studien 38; Richter, TU 4; Rösel, Ehud-Erzählung 271.

Eglon sich von seinem Platz erhebt und – so wird man im Sinne der Erzählung ergänzen dürfen – nahe an Ehud herantritt. Der geplante Mord
wird begangen *(v. 21)*.

V. 22: Unter Hinweis auf die Fettleibigkeit des Königs[39] wird in geradezu genüßlicher Weise beschrieben, wie das Fett sich um die Klinge
und einen Teil des Hefts legt (v.22a). Schwierigkeiten bereitet der Schluß
des Verses וַיֵּצֵא הַפַּרְשְׁדֹנָה (v.22b). Oft wird der nur hier begegnende
Ausdruck als Terminus für ein Gebäudeteil aufgefaßt, durch das Ehud
nach dem Mord geflohen sei.[40] Dann freilich entsteht eine Doppelung
zu v.23a, wo ein "Herausgehen" Ehuds beschrieben wird, wie immer man
das unklare Wort מִסְדְּרוֹנָה deuten mag. Es ist durchaus möglich, ja
wahrscheinlich, daß Ehud auf normalem Wege, also an den Höflingen
vorbei, das Obergemach und den Palast verlassen konnte. V.24 dürfte in
der Tat voraussetzen, daß die Beamten des Königs ihren Herrn nun
allein im Obergemach vermuten.[41] Damit aber gewinnt eine schon alte
Emendation an Wahrscheinlichkeit, die v.22b nicht als Beschreibung des
Fluchtwegs Ehuds interpretiert, sondern auf die Wunde Eglons bezieht:
וַיֵּצֵא פֶּרֶשׁ "es trat Kot aus".[42] Auf ein späteres Mißverständnis oder
aber eine bewußte Entschärfung der drastischen Aussage geht dann wohl
der jetzige Text zurück.

Wenn Ehud das Obergemach tatsächlich durch den normalen Eingang
verlassen hat, kann er die Tür *von außen* abgeschlossen haben *(v. 23)*.[43]
Die Diener Eglons lassen sich täuschen und meinen, der König habe die
Tür *von innen* verriegelt, um seine Notdurft zu verrichten *(v. 24)*. Nach
einer längeren Wartezeit wird die Tür des Obergemachs geöffnet und
der König tot aufgefunden *(v. 25)*. Das Zögern der Diener garantiert
Ehud ein sicheres Entkommen, wie *v. 26a* feststellt. Auffällig ist die sich
anschließende Bemerkung, Ehud sei an den פְּסִילִים vorbeigegangen

---

39 Möglicherweise klingt in dem – im anthropologischen Bereich eindeutig nega-
    tiv besetzten – Wort חֵלֶב auch so etwas wie "Frevler" an (vgl. Münderlein,
    Art. חֵלֶב 958; zum Motiv vgl. auch Grottanelli, King).
40 Vgl. Richter, TU 6; Soggin, Judges 51f.
41 Vgl. insbes. Rösel, Ehud-Erzählung 271.
42 Vgl. Moore, Judges 97f.; Budde, Richter 31; Rösel, Ehud-Erzählung 271; vgl.
    auch Hübner, Mord 132 Anm. 10.
43 Vgl. Täubler, Studien 39 Anm. 1. Die AK-Form וְנָעַל (v.23b) erstaunt, doch
    eine Streichung des Wortes (z.B. Budde, Richter 31; Wiese, Literarkritik 9) ist
    kaum gerechtfertigt, meint es doch mehr als סגר, nämlich ein "Verriegeln"
    der Tür mit Hilfe eines Schlüssels.

(עבר).[44] Sie nimmt auf v.19 Bezug und besagt offenbar, daß Ehud den Palastbereich unbeschadet verlassen konnte.[45] Vielleicht soll auch angezeigt werden, daß die Verehrung bei den fremden, verwerfungswürdigen Götterbildern nun endgültig ein Ende gefunden hat.

Die Flucht Ehuds zu dem – sonst nicht mehr belegten – Ort "Seira" *(v. 26bβ)* schließt die alte Erzählung ab: Der Attentäter befindet sich in Sicherheit. Wo man den Ort "Seira" zu suchen hat, ist erwartungsgemäß sehr umstritten, hängt doch die Lokalisierung in besonderem Maße davon ab, wie man sich die Umstände und die Situation in der Ehud-Erzählung vorstellt. Hält man das untere, westliche Jordantal für den Ort des Geschehens, liegt es nahe, bei "Seira" an eine Stätte westlich davon – also etwa an das Gebirge Efraim – zu denken.[46] Wenn man indes die Lokalisierung im *Westjordanland* als das Produkt einer späteren Überarbeitung der Ehud-Überlieferung beurteilt, liegt eine andere Erklärung von "Seira" auf der Hand: Haben sich die Ereignisse tatsächlich – im Sinne der alten Erzählung – im moabitischen Kernland zugetragen, kann man "Seira" mit dem südlich des Toten Meeres gelegenen Land bzw. Gebirge "Seir" in Verbindung bringen. Ehud hätte demnach auf seiner Flucht das moabitische Territorium gen Süden verlassen. Für diese Ansetzung spricht nicht zuletzt der Umstand, daß von einer Jordanüberquerung an keiner Stelle berichtet wird.

Nach der Transponierung der Geschichte in das Gebiet *nördlich* des Toten Meeres (westliches Jordantal) und angesichts des redaktionellen v.27, der vom "Gebirge Efraim" spricht, mußte die in den Süden weisende Angabe "Seir" unverständlich erscheinen. Aus diesem Grund könnte der Landschaftsname – durch einen nur leichten Eingriff – in "Seir*a*" geändert worden sein. Dies würde jedenfalls den gegenwärtigen Text relativ zwanglos erklären.

---

44 Vgl. ähnlich Gen 32,32. Zur Übersetzung vgl. Täubler, Studien 33. Wenn man die פְּסִילִים gemäß dem *jetzigen* Text von v.19 bei Gilgal vermutet, bereitet natürlich die Übersetzung von עבר Schwierigkeiten. So interpretiert z.B. Budde, Richter 31, sehr bemüht: Ehud "war bei den Pesilim übergesetzt (über den Jordan)".

45 Wiese, Literarkritik 9, vermag in v.26b nur eine sekundäre, "gelehrte Notiz" zu sehen.

46 So z.B. Rösel, Studien I, 188, der den Fluchtweg Ehuds (etwas zu) exakt zu rekonstruieren weiß. Freilich wird man den redaktionellen v.27 kaum – wie Rösel – in die Überlegungen einbeziehen dürfen. Täubler, Studien 25f., bringt "Seira" – u.a. aufgrund von Hos 12,12, wo שְׂעִירִים statt שְׂוָרִים gelesen wird – mit *Gilgal* in Verbindung.

Von der älteren Ehud-Erzählung hebt sich *v. 27* deutlich ab, wie vor allem W. Richter herausgestellt hat.[47] Die Art des Anschlusses (וַיְהִי בְּבוֹאוֹ) sowie der gesamtisraelitische Horizont geben den Vers als eine redaktionelle Weiterführung und Ausweitung der voranstehenden, auf einen regionalen Konflikt zwischen Benjamin und Moab beschränkten Erzählung zu erkennen. Auf dem Gebirge Efraim bietet Ehud nun ganz Israel zum Kampf auf, wie die Verbindung תקע בַּשּׁוֹפָר signalisiert. Diese Ausweitung des Geschehens zu einer gesamtisraelitischen Angelegenheit hat zur Folge, daß die Ermordung Eglons - kaum im Sinne der alten Erzählung - nur mehr als Vorspiel für die Besiegung ganz Moabs (v.29) betrachtet wird. Auch dies dürfte ein deutlicher Hinweis auf den redaktionellen Charakter von v.27 sein.

Als ursprüngliche Fortsetzung von v.27 kommt *v. 28* aus mehreren Gründen nicht in Frage:[48] (1) Der Aufruf "folgt mir..." in v.28 aα kommt nach v.27 zu spät: V.27 setzt voraus, daß die Israeliten sich bereits im Gefolge Ehuds befinden (וַיֵּרְדוּ עִמּוֹ). - (2) Hiermit hängt das nochmalige וַיֵּרְדוּ in v.28b zusammen, das nach v.27 entbehrlich, ja störend ist. - (3) Das Motiv von der Absperrung der "Jordanfurten Moabs"[49] fügt sich nicht gut zu der Kampfesschilderung von v.27 und 29: Wie verhält sich die Absperrung der Jordanfurten zur totalen Vernichtung Moabs (v.29)? - (4) Die Vorstellung vom "Herabsteigen" der Israeliten vom Gebirge Efraim (v.27) paßt räumlich nicht recht zu dem in v.28 angegebenen Ziel, den Jordanfurten. Überdies läßt v.27 eine sofortige Kampfhandlung erwarten, die man in v.28 (noch) nicht findet.

V.28 ist also nachträglich zwischen v.27 und 29 geschoben worden. Der Ergänzer stellte zum einen durch die Beigabe der Übereignungsformel (v.28 aβ) sicher, daß der Sieg über Moab allein auf Jahwe zurückzuführen ist. Zum andern unternahm er den Versuch, den Sieg Israels, der in v.27.29 relativ blaß und schematisch dargestellt wird, militärstrategisch zu erläutern. Unter Aufnahme des auch aus 12,5 bekannten Motivs von der Absperrung der Jordanfurten erklärte er die Schlußbemerkung von v.29, daß kein Moabiter entronnen sei.[50] Dabei wird zweifellos vorausge-

---

47 Vgl. Richter, TU 11-13; Hecke, Juda 126 Anm. 3; ähnlich Schüpphaus, Richtergeschichten 157. Oft wird freilich v.27 (z.T. bis 28 oder 29) noch zur alten Erzählung gerechnet: so z.B. Greßmann, Anfänge 193f.; Hertzberg, Richter 167; Täubler, Studien 34 (ohne "Israeliten").

48 Vgl. insbes. Mittmann, Ri. 1,16f., 227f. Anm. 34. Anders Richter, TU 7f., der an der Einheit von v.27-28 festhält.

49 So wird man die Angabe מַעְבְּרוֹת הַיַּרְדֵּן לְמוֹאָב übersetzen müssen (vgl. Gesenius–Kautzsch § 129e; Meyer, Grammatik III, 32). Anders Soggin, 'Ehud 237 (לְמוֹאָב = "from the hands of Moab").

50 Vgl. Mittmann, Ri. 1,16f., 227 Anm. 34.

setzt, daß sich das Geschehen in der Ehud-Erzählung ausschließlich im
unteren, westlichen Jordantal abgespielt habe.[51] Im Hinblick auf die
räumliche Ansetzung der Ereignisse liegt also v.28 auf einer Ebene mit
den Zusätzen in v.19 ("bei Gilgal") und v.13bβ (Eroberung der Palmenstadt). Man wird deshalb alle drei Zusätze auf denselben Redaktor zurückführen dürfen.[52]

Die in v.27 erwartete völlige Vernichtung Moabs wird nun in *v.29*
mitgeteilt; beide Verse liegen sicherlich auf derselben redaktionellen
Stufe. Es ist deutlich zu erkennen, daß v.29 Material aus der älteren
Ehud-Erzählung aufnimmt. So korrespondiert die Schlußbemerkung, daß
keiner der Moabiter entronnen sei (מלט *nif* v.29b), mit der geglückten
Flucht Ehuds (v.26), und mit dem Stichwort "fett" (שָׁמֵן v.29a) wird ge-
wiß – wenngleich auch nicht mit demselben Wort – auf den fettleibigen
König Eglon angespielt (v.17b).

In *v.30* weisen die Beuge- und Ruheformel darauf hin, daß DtrH die
Feder führt. Inwieweit gilt dies aber auch für die vorangehenden, auch
als redaktionelle Erweiterungen der Ehud-Erzählung erkannten v.27-29?
W. Richter wies v.27-29 bekanntlich seinem Verfasser des alten Retterbuches zu und trennte die Verse damit von der späteren dtr Redaktion
(v.30) ab.

Nun kann man gegen die These einer gemeinsamen Verfasserschaft
von v.27-30* und ihre dtr Herkunft gewiß nicht einwenden, daß v.29 mit
der Vernichtung der Moabiter bereits einen vollgültigen Schluß biete oder
gar daß v.30 gegenüber v.29 "nichts Konkretes" enthalte.[53] V.30 liefert
– unter Rückgriff auf die von Jahwe bewirkte Bedrückung Israels durch
Moab (v.12) – gewissermaßen den theologischen Kommentar zu den (sehr
schematischen) Kampfschilderungen von v.29 und spricht insofern natürlich allgemeiner. Die Eigenart der dtr Darstellung der Richterzeit liegt
ja gerade darin, daß alte Erzählungen aufgenommen und in einen größeren historischen wie theologischen Kontext gestellt werden. Ebendieses
Bemühen ist kennzeichnend für v.27.29.30: Der regionale Konflikt, den

---

51 Vgl. Mittmann, Ri. 1,16f., 227. Anders z.B. Täubler, Studien 34, der v.28b zum
    ursprünglichen Bestand der alten Ehud-Erzählung rechnet und meint, Moab
    sollte durch die Sperrung der Furten daran gehindert werden, ins *West*jor-
    danland überzusetzen. Erst die dtr Bearbeitung habe – so Täubler – das
    Geschehen umgekehrt (Verhinderung der *Rückkehr* nach Moab).
52 So auch Mittmann, Ri. 1,16f., 227f. Anm. 34, im Blick auf v.19 ("Gilgal") und
    v.28. Die in dem (nach Mittmann alten) Versteil 13bβ genannte "Palmenstadt"
    sei erst von diesem späten Ergänzer mit "Jericho" identifiziert worden. Die
    alte Erzählung habe an eine Lokalität südlich des Toten Meeres gedacht.
53 Richter, BR 5.

die alte Ehud-Erzählung widerspiegelt, wird räumlich auf ganz Israel
ausgeweitet und zugleich - und dies ist ja der Sinn der Übertragung des
Geschehens auf ganz Israel - in einen geschichtstheologischen Rahmen
gestellt, wie er paradigmatisch in 2,11-18* entfaltet ist. Es spricht somit
einiges dafür, v.27.29.30 einer einzigen Redaktion - DtrH - zuzuweisen.[54]
Weder in der Einleitung zur Ehud-Geschichte (v.12-15) noch im Schluß-
abschnitt (v.27-30) lassen sich Anzeichen für eine *vor*-dtr Redaktionsstufe
ausmachen. Ja, die beiden Verse 13bβ und 28 setzen den DtrH-Zusammenhang sogar schon voraus.[55] Dieses Ergebnis ist der These von der
Existenz eines vor-dtr Retterbuches (W. Richter) nicht günstig. Im Blick
auf die Ehud-Erzählung jedenfalls kann sie als widerlegt gelten.

7.3. Zusammenfassung

Wie die literarkritische Analyse wahrscheinlich gemacht hat, lassen
sich bei der Rekonstruktion der Entstehungsgeschichte von Ri 3,12-30 insgesamt drei Stufen unterscheiden:

(1) *Alte Ehud-Erzählung in v.16-26:*
Die alte Erzählung, deren Beginn bei der Einarbeitung in das dtr
Werk weggefallen sein dürfte (und z.T. in die redaktionellen v.12-15 integriert wurde), berichtete von der - offenbar aus Anlaß einer kultischen
Unterwerfungsgeste möglich gewordenen - Ermordung des moabitischen
Königs Eglon durch den Benjaminiter Ehud. Als örtlicher Rahmen der
Erzählung kommt allein der Palast Eglons im moabitischen Land in Betracht. Alle Angaben, die in das Gebiet des westlichen, unteren Jordantales weisen (Palmenstadt, Gilgal, Gebirge Efraim), gehen auf eine spätere Redaktion zurück. So sind auch die in v.19 und 26 erwähnten "Götterbilder" ursprünglich im Palastbereich des Moabiterkönigs lokalisiert
gewesen. Auch die Flucht Ehuds nach "Seira" (v.26), mit der die alte

---

54   Das einzige Bedenken gegen die Zuweisung von v.29 und 30 zu DtrH dürfte
      in der unterschiedlichen Art der Zeitangabe liegen (v.29 הָהִיא בָּעֵת, v.30
      הַהוּא בַּיּוֹם). Es könnte freilich auch eine bewußte Variation vorliegen.
55   Auch diese Beobachtung spricht - neben den sachlichen Argumenten - da-
      für, v.13bβ und 28 demselben Redaktor zuzuweisen.

Ehud-Geschichte geendet haben dürfte, weist in den Raum südlich des Toten Meeres, also in das traditionell Moab zugewiesene Gebiet.[56]

Über die Entstehungszeit der alten Ehud-Erzählung läßt sich nur spekulieren. Ob die Geschichte überhaupt schon in vorstaatlicher Zeit aufgekommen ist oder wenigstens ein Ereignis aus dieser Zeit widerspiegelt, ist sehr unsicher. Positive Gründe für eine solche Frühdatierung lassen sich nicht anführen,[57] zumal gerade die Konkreta in der Erzählung wie z.B. die Ortsnamen auf spätere Redaktoren zurückgehen. Man wird auch die (frühe?) Königszeit in Betracht ziehen müssen.

(2) *Aufnahme der alten Erzählung durch DtrH*
   (v.12.13abα.14.15.18bβ(?).27.29.30):

DtrH stellte die alte Erzählung über die Heldentat des Benjaminiters Ehud in einen größeren historischen und theologischen Kontext. Der ursprünglich regionale Konflikt zwischen Benjamin und Moab wird zur gesamtisraelitischen Angelegenheit ausgeweitet; die Bedrückung Israels gilt von Jahwe als Strafe verhängt. Ehud als der von Jahwe gesandte "Retter" (v.15) liefert mit der Ermordung des Moabiterkönigs den Auftakt für die vollständige Besiegung der Feinde, die sich ebenfalls unter seiner Führung vollzieht (v.27.29). V.30 schließlich stellt sachgemäß das Ende der Bedrückung fest. Wie die Angabe über die "Ruhe des Landes" (v.30b) und auch die Mitteilung des Todes Ehuds (4,1b) zeigt, stellt sich DtrH auch den Retter Ehud als eine über längere Zeit "amtierende" Leitungsgestalt vor.[58]

Offenbar war es erst DtrH, der aus der eher kultischen "Gabe" (מִנְחָה), die Ehud bei den פְּסִילִים darbrachte, einen - regelmäßig zu entrichtenden - Tribut machte (v.15.18bβ).

Die These von der Existenz einer vor-dtr Redaktionsschicht, wie sie W. Richter annimmt ("Retterbuch"), läßt sich anhand der Ehud-

---

56 Ob die Moabiter überhaupt schon in vorstaatlicher Zeit bis in die östliche Jordansenke gegenüber von Jericho vordringen konnten, wie vor allem M. Noth nachzuweisen versuchte (vgl. Noth, Stämme 396f.; ders., Geschichte 144f.), ist höchst unsicher. Diese Auffassung läßt sich jedenfalls von der alten Ehud-Erzählung her nicht erhärten, schon gar nicht die These, die Moabiter hätten den Jordan überschritten, um in das Westjordanland einzufallen (so freilich jüngst wieder Bernhardt, Jericho 587; zur Sache vgl. auch Hecke, Juda 127 Anm. 1).

57 Vgl. auch die Skepsis von Lemche, Israel 415 (siehe aber Herrmann, Frühgeschichte 78 Anm. 104).

58 Eine Ergänzung der Richterformel in v.30 (so Boling, Judges 87, im Anschluß an LXX) ist nicht notwendig. *Sachlich* wird Ehud – im Lichte von 2,11ff. – ohnedies als rettender *Richter* betrachtet.

Überlieferung nicht verifizieren. Erst DtrH griff die alte Ehud-Geschichte auf und reihte sie ein in seine Darstellung der Richterzeit.

(3) *Lokalisierung der Ereignisse im Westjordanland*
    (v.13bβ.19("Gilgal").28):

Ein nicht genau einzuordnender, aber in jedem Fall zeitlich *nach* DtrH anzusetzender Redaktor lokalisierte schließlich die berichteten Geschehnisse in das untere, westliche Jordantal.[59] Mehr noch als die alte Ehud-Erzählung blieb ja DtrH an der Frage nach dem *Ort* des Geschehens erstaunlich uninteressiert. Lediglich das Gebirge Efraim wird genannt (v.27), doch dient es nur als Forum der Aufbietung Israels. Der Krieg gegen Moab enthält keinerlei konkrete Angaben und bleibt äußerst schematisch.

Gerade die Nennung des Gebirges Efraim aber mag den Anlaß geliefert haben, auch den Kern der Ehud-Erzählung in das Westjordanland zu verlegen: So setzt die Angabe über die Eroberung der "Palmenstadt" (= Jericho) voraus, daß sich der moabitische König einen Stützpunkt im Westjordanischen verschaffen konnte. Sicherlich stellte sich der Redaktor vor, daß Eglon eben hier – jedenfalls zeitweise – residierte und auch den fälligen Tribut empfing. Die ominösen פְּסִילִים konnten so mit den אֲבָנִים von Jos 4 identifiziert und in der Nähe von Gilgal (v.19) lokalisiert werden. In diesen Zusammenhang fügt sich auch v.28 gut ein: Es werden die Jordanfurten Moabs verschlossen, d.h. für diejenigen Moabiter gesperrt, die sich – nach der Vorstellung des Redaktors – im Westjordanland befanden.

Ausgerechnet die konkretesten Elemente in der Erzählung, also die Ortsangaben, erweisen sich somit als am wenigsten zuverlässig, wenn es um die Rekonstruktion der Historie geht.[60] Sie spiegeln vielmehr das Interesse der späten (exilisch-nachexilischen) Zeit wider, die alten Erzählungen in einen historisch plausiblen Rahmen einzubetten. Über die *wirklichen* räumlichen und topographischen Verhältnisse, die hinter der Ehud-Erzählung gestanden haben mögen, wird der Redaktor kaum noch orientiert gewesen sein.

---

59 Vgl. insbes. Mittmann, Ri. 1,16f., 227f. Anm. 34.
60 Rösel, Studien I, 187-190, freilich rekonstruiert die topographischen Gegebenheiten des Schauplatzes der Ereignisse und des Fluchtwegs Ehuds gerade auf der Basis der erst spät in die Erzählung gelangten Örtlichkeiten.

Kap. 8

Debora / Barak (Ri 4-5)

8.1. Einleitung

Die Überlieferungen um die Richterin Debora und den Naftaliten Barak nehmen im Vergleich zu den übrigen Rettererzählungen insofern eine besondere Stellung ein, als die sogenannte Debora-Schlacht gleich in *zwei* Versionen vorliegt: zum einen in einer Prosafassung (c.4), zum andern in dem Siegeslied c.5, das gewöhnlich – und sei es auch nur in seinem Kern – zu den ältesten Stücken innerhalb des Alten Testaments gerechnet wird. Diese Parallelität, die sich besonders deutlich in der kleinen Episode über die Ermordung des Heerführers Sisera durch die Keniterin Jael mittels eines Zeltpflocks zeigt (4,17-22 / 5,24-27), wirft sogleich die Frage auf, ob zwischen beiden Versionen eine *literarische* Beziehung besteht. Von der Prüfung dieser – leider oft vernachlässigten – Frage darf man sich jedenfalls einen wichtigen Hinweis auf die Entstehungsgeschichte von c.4 erhoffen. Die Untersuchung der philologischen, historischen und literarischen Probleme des Deboraliedes muß demgegenüber (weitgehend) ausgeblendet werden.[1]

Es gehört zu den gesicherten und allgemein anerkannten Einsichten in der literarischen Beurteilung von Ri 4, daß in v.1-3* und v.23f. (sowie in 5,31b) ein – zumeist auf einen dtn bzw. dtr Redaktor zurückgeführter – Rahmen vorliegt, der über die Debora-Barak-Erzählung hinausweist und mit dem Rahmenwerk des gesamten Ri-Buches in Verbindung steht.[2] Das Korpus der Erzählung in v.4-22* wird dabei durchweg als älter beurteilt. Zu diesem Schluß führt vor allem ein Argument, das immer wieder begeg-

---

1 Die einschlägige Literatur zum Deboralied verzeichnet Soggin, Judges 79f.; vgl. ferner Coogan, Analysis; Soggin, Bemerkungen; Donner, Geschichte I, 159-162; Krašovec, Structure 19-37; Caquot, Tribus; Hecke, Juda 142-162; Niemann, Daniten 37-59; sowie die rezente Monographie von Bechmann, Deboralied.

2 Vgl. z.B. Budde, Richter 33; Greßmann, Anfänge 191; Noth, ÜSt 51; ferner die neueren literarkritischen Analysen von Ri 4: Richter, TU 29-65; ders., BR 6-9; Schüpphaus, Richtergeschichten 158-162; Fritz, Ende 123-139; Weimar, Jahwekriegserzählungen 42-50; Neef, Sieg 28-49.

net: In v.2 (sowie in v.23f.) wird "Jabin, der König von Kanaan" als Hauptgegner Israels vorgestellt. Dieser Jabin aber spielt in der Erzählung selbst
– von beiläufigen Erwähnungen in v.7a und 17b einmal abgesehen – gar
keine Rolle; stattdessen steht der Heerführer *Sisera* im Mittelpunkt des
Geschehens.[3] Fest verankert ist *Jabin*, und zwar als König von *Hazor*, hingegen in Jos 11,1-15. Zudem scheint die Erzählung im Gegensatz zum Rahmen eine nur *lokale* Auseinandersetzung zwischen zwei israelitischen Stämmen (Sebulon und Naftali) und einem kanaanäischen Stadtkönig (nämlich
Sisera; vgl. 5,20) zum Inhalt zu haben.

Aber auch die Erzählung selbst ist nicht frei von Spannungen. Diese
bestehen nicht nur in rein literarischen Unebenheiten, sondern betreffen
vor allem auch die topographischen Angaben und die agierenden Personen.[4] Das Wichtigste sei hier zusammengestellt: (1) Der Wohnort Deboras auf dem Gebirge Efraim (v.5a) paßt nicht recht zum nordisraeliti-
schen Schauplatz des Geschehens. – (2) Es bleibt unklar, ob es sich bei
"Kedesch-Naftali" (v.6a) und "Kedesch" (v.9.10.11) um denselben Ort
handelt. – (3) In v.12 wird – der Aufforderung von v.6b entsprechend –
vorausgesetzt, daß Barak mit einem Heer aus Naftalitern und Sebulonitern auf den *Berg Tabor* gezogen ist. V.9b und 10 indes berichten nur
davon, daß Barak gemeinsam mit Debora nach *Kedesch* geht, um dort
ein Heer aufzubieten. – (4) In v.6-9 nimmt die Richterin Debora gegenüber Barak eine dominierende Rolle ein, während sich Barak in der
eigentlichen Kampfschilderung ab v.12 "durchaus als entschlußkräftig"[5]
zeigt. – (5) V.9 erweckt den Eindruck, als spreche Debora in der 3.
Person *von sich selbst:* Da Barak nicht bereit ist, ohne ihre Begleitung
in den Kampf zu ziehen, fällt nicht *ihm* der Kriegsruhm zu, sondern einer Frau – nämlich (wie zu vermuten ist) Debora selbst. Später aber
(v.17ff.) stellt sich heraus, daß es sich um *Jael* handelt. – (6) Die etwas
umständliche Notiz über das Zelt des Keniters Heber in v.11 wirkt, obwohl sie die Jael-Episode vorbereitet, kaum wie ein organischer Bestandteil der Erzählung (vgl. auch v.17).

Die skizzierten Spannungen und Unebenheiten zwischen Rahmen und
Erzählkorpus, aber auch innerhalb der Erzählung selbst, hat W. Richter
zum Anlaß genommen, ein sehr differenziertes Bild vom redaktionellen
Wachstum des Kapitels zu zeichnen, das sich nahtlos einfügt in sein re-

---

3 Angesichts dieses Befundes ist es verständlich, daß man im Horizont der Zweiquellentheorie in Ri 4 die Kombination einer Jabin- und einer Sisera-Geschichte
vermutete (vgl. z.B. Budde, Richter 33; Eißfeldt, Quellen 23). Die Unmöglichkeit
einer solchen Aufteilung erweist schon Wiese, Literarkritik 13-20 (vgl. auch
Richter, TU 35-37).

4 Eine gute Übersicht bietet Richter, TU 32-46.

5 Richter, TU 44.

daktionsgeschichtliches Gesamtbild zum Ri-Buch.[6] So ordnet er auch hier den Rahmen in v.1-3* und 23f. seinem 1. dt. Redaktor (Rdt₁) zu. In der Erzählung selbst unterscheidet er darüber hinaus drei Abschnitte mit unterschiedlicher Ausrichtung: Zunächst ist die Jael-Episode in v.17a.18-22 ein besonderes Stück, da in ihr die beiden Hauptpersonen, Debora und Barak, überhaupt nicht begegnen bzw. nur am Rande auftreten. Sodann stellt Richter eine deutliche "Tendenzveränderung"[7] von v.6-9 auf v.12-16 fest, die auf verschiedene Verfasser hinweise: Während Debora am Beginn der Erzählung als Prophetin Gottes eine herausgehobene Rolle spielt, tritt sie im weiteren Verlauf zugunsten des Jahwekriegers Barak in den Hintergrund (s.o. Punkt 4). Es ergibt sich daraus ein Entstehungsprozeß, der insgesamt nicht weniger als *fünf Stufen* umfaßt: (1) Als ältester Kern des Kapitels ist die "vorliterarische Erzählung der Jaeltat"[8] in *v.17a.18-21(.22)* anzusehen. − (2) Dieses Traditionsstück wird dann nach dem Schema des Jahwekrieges umgestaltet und so in einen größeren theologischen Rahmen gestellt: *v.10.12-16(.22).* − (3) Auf der nächsten redaktionellen Stufe, die Richter auf den *Bearbeiter des Retterbuches* zurückführt, werden die *v.4a.6-9* vorgeschaltet sowie die Verbindungsverse *11.17b* ergänzt. "Dem Verfasser liegt an der geographischen Weitung des Gesichtsfeldes; diese geschieht aber nur nach Norden." Die Tradition führt "König Jabin und den Raum von Hazor ein, jenen aber nur am Rande und neutral. Ihm liegt noch mehr an der Hervorhebung der Debora, die zur eigentlichen Hauptperson und Heldin wird und nun eine Prophetin genannt wird ... Diesem Bearbeiter scheint der heilige Krieg schon ferner zu liegen."[9] − (4) Auf den ersten dt. Redaktor Rdt₁ werden *v.1a.2.3ab*.23-24* zurückgeführt. − (5) "Danach wird V.4b.5 hinzugefügt worden sein, ob von DtrG oder früher oder später, ist nicht sicher auszumachen, wenn auch die Wahrscheinlichkeit für eine spätere Dtr-Hand spricht."[10] V.1b könnte "nach-dtr Zusatz" sein.[11]

In der grundsätzlichen literarischen Beurteilung von Ri 4 stimmen die Analysen von *P. Weimar* und *H.-D. Neef* mit W. Richter überein. Dies gilt insbesondere für die Zuordnung des Rahmens zu Rdt₁ und die Einsicht in den redaktionellen Charakter der v.4a.6-9*, die auf den Verfasser des

---

6   Vgl. Richter, TU 29-65; ders., BR 6-9; ihm schließen sich − mit einigen Abweichungen im Detail − auch die Analysen von Weimar, Jahwekriegserzählungen 42-50, und Neef, Sieg 28-49, an (ferner Soggin, Judges 68-78).

7   Richter, TU 44.

8   Richter, TU 62.

9   Richter, TU 63.

10 Richter, TU 63.

11 Richter, BR 15.

Retterbuches zurückgeführt werden.[12] Tatsächlich setzen diese Verse den
Inhalt sowohl der Kampfschilderung (v.10-16) als auch der Jael-Episode
(v.17-22) als bekannt voraus und bereiten ihn durch mannigfache Bezüge
vor.[13] Der Schluß indes, daß die beiden Abschnitte v.10-16* und v.17-22*
in ihrer jetzigen literarischen Gestalt deshalb auch *älter* sein müssen als
die für v.4a.6-9* verantwortliche Hand, ist keineswegs zwingend. Vielmehr
könnten die nicht zu leugnenden Differenzen zwischen den von W. Richter
herausgearbeiteten drei Abschnitten (z.b. der auffällige Personenwechsel
und die topographischen Unstimmigkeiten) auch - und diese Möglichkeit
ist bislang kaum ernsthaft erwogen worden - durch den Charakter des verwendeten Quellenmaterials verursacht sein. Als eine solche Quelle kommt
in erster Linie das alte Deboralied in Betracht. Sollte J. Wellhausen recht
haben mit seiner These von der literarischen "Abhängigkeit des historischen
Kommentars vom Liede"[14], ergäbe sich für c.4 jedenfalls ein *literarisch*
sehr viel einheitlicheres Gesamtbild, als es W. Richter zeichnet. Die folgende Analyse wird sich vor allem dieser Frage zu stellen haben. Dabei
werden sich auch die grundsätzlichen Bedenken bestätigen, die schon bisher der These W. Richters von der Existenz eines vor-dtr Retterbuches
entgegengebracht wurden.

8.2. Analyse von Ri 4

8.2.1. Der Rahmen (4,1-3.23f.; 5,31b)

Relativ leicht lassen sich die als Rahmen bezeichneten Verse auf
den ersten dtr Historiker DtrH zurückführen. So setzt auch die Debora-
Barak-Geschichte erwartungsgemäß mit der dtr Sündenformel ein (v.1a).
Die Notiz über den Tod des Richters Ehud, die sich gleich anschließt
(v.1b), klappt sachlich nach, braucht aber DtrH nicht unbedingt abge-
sprochen zu werden: Auch sonst findet man unterschiedliche Plazierungen
für die Todesmitteilung (vgl. nur 3,11b; 8,28; 12,7b; bei Debora fehlt sie

---

12   Vgl. Weimar, Jahwekriegserzählungen 43-45; Neef, Sieg 34-42. Anders als Richter
     sind beide aber der Auffassung, daß in v.12-16* eine *ursprünglich selbständige*
     Barakgeschichte greifbar sei, die erst durch den Verfasser des Retterbuches mit
     der Jael-Episode redaktionell verknüpft wurde (vgl. Weimar 46-50; Neef 42-45).
13   Dies macht Neef, Sieg 38-42, noch einmal sehr deutlich.
14   Wellhausen, Composition 217 (gegen diese These schon Budde, Richter 33).

ganz). Es läßt sich freilich ebensowenig ausschließen, daß v.1b später eingefügt wurde;[15] immerhin bezieht sich das Suffix in רַיִּמְכְּרֵם (v.2a) über
v.1b hinweg auf die in v.1a genannten Israeliten. Von DtrH stammt sodann
die Übereignungsformel in v.2a (vgl. das Verbum מכר, das auch in 2,14b;
3,8 und 10,7b bei DtrH begegnet). Als Hauptgegner Israels wird hier "Jabin,
der König von Kanaan" eingeführt — eine aus dreierlei Gründen überraschende Angabe: Zunächst war Jabin nach Jos 11,1-15 lediglich König der
Stadt *Hazor*; sodann ist er nach derselben Überlieferung schon von Josua
getötet worden; und schließlich hat es einen "König von Kanaan" nie gegeben. Es liegt der Schluß nahe, es solle durch bewußte Konstruktion ein
politisch einheitliches Gegenüber zu Gesamtisrael präsentiert werden.[16]
Eine solche Tendenz, die weniger an den tatsächlichen geographisch-ethno-
logischen Gegebenheiten als vielmehr an dem - aus späterer Rückschau
bewerteten - politisch-religiösen Gegenüber von Israel und Kanaan interessiert ist, entspricht vorzüglich der Intention des DtrH. Das Material
konnte DtrH dabei aus Jos 11,1-15 einerseits (Jabin, Hazor) und dem Deboralied andererseits (5,19: "Könige Kanaans") ziehen und neu kombinieren.[17]

Mit der Einführung Siseras (v.2b) wird der eigentliche Gegenspieler
Deboras und Baraks vorgestellt. Ursprünglich wohl selbst - wie Jabin - ein
kanaanäischer Stadtkönig (vgl. Ri 5,20)[18], wird er hier von DtrH zum
Heerführer Jabins "degradiert".

Während der Notschrei (v.3a) eindeutig auf die Hand des DtrH zurückgeführt werden kann, bereitet die Einordnung von v.3b Schwierigkeiten: Leicht herauslösen läßt sich die Angabe über die 900 Streitwagen aus
Eisen (v.3bα), die schon aus grammatischen Gründen - das לוֹ bezieht
sich über v.3a hinweg auf Sisera (v.2) - als Einschub verdächtig ist (ähnlich in v.13).[19] Aber auch die Notiz über die Dauer der Bedrückung (v.3bβ)
klappt deutlich nach: Zum einen erwartete man sie schon *vor* dem Notschrei (vgl. 3,8f.; 3,12-15; 6,2-6; 10,8-10). Zum andern steht das Be-
ziehungswort zu וְהוּא] - gemeint ist Sisera bzw. Jabin (v.2) - recht weit
entfernt. Es kommt hinzu, daß auch sonst die *exakten* Zahlenangaben über
die Dauer der Bedrückung keineswegs immer von DtrH stammen; sie kön-

---

15 Vgl. Noth, ÜSt 51; Richter, BR 15.
16 Vgl. auch Wellhausen, Composition 215.
17 Fritz, Ende 127f., löst den eklatanten Widerspruch zwischen Jos 11 und Ri 4
    durch die Annahme, die Jabin-Notizen in Ri 4 stammten aus einer zeitlich *vor*
    Jos 11,1-15 liegenden mündlichen Tradition, "in der die Macht dieses Königs zum
    Ausdruck gekommen sein muß" (S. 128; so auch Neef, Sieg 38). Diese Annahme
    indes bleibt reine Spekulation und übersieht den schriftstellerischen Kompositi-
    onswillen des dtr Autors.
18 Vgl. Budde, Richter 33; Täubler, Studien 148.
19 Vgl. Richter, BR 8; Weimar, Jahwekriegserzählungen 47 Anm. 23.

nen auch von späteren Redaktoren nachgetragen sein (so z.B. in 10,8). In
v.3b liegt somit ein - wohl von zwei verschiedenen Händen stammender -
Einschub vor, der in jedem Fall *nach* DtrH erfolgt ist.[20] Er diente offenbar
dazu, die etwas blassen Andeutungen über die Not, in die Israel geraten
war, zu konkretisieren.

Am Schluß des Kapitels (v.23f.) findet man die übliche, von DtrH verfaßte Beugeformel in einer etwas erweiterten Gestalt (v.24). Offenbar soll
- unter Rückgriff auf v.2 - noch einmal betont darauf hingewiesen werden,
daß mit dem Sieg über Sisera und sein Heer nun tatsächlich "Jabin, der
König von Kanaan" vernichtet worden ist (כרת *hif*). Daß die abschließende (dtr) Ruheformel (5,31b) erst im Anschluß an das Deboralied erscheint,
überrascht kaum: Man wird vermuten dürfen, daß es DtrH selbst war, der
das alte Lied aufnahm und seiner Geschichtsdarstellung integrierte.

8.2.2. Die Debora-Notiz (4,4f.)

Die eigentliche Rettererzählung wird eingeleitet mit einer mehrgliedri-
gen Notiz über die Tätigkeit und den Wohnort Deboras (v.4f.). Dabei ist
zunächst v.4a für den Fortgang der Erzählung unentbehrlich, da hier die
Protagonistin Debora erstmals genannt und vorgestellt wird: Sie ist eine
אִשָּׁה נְבִיאָה und die Frau eines (sonst unbekannten) Lappidot. Daß es sich
bei diesen Angaben kaum um eine *alte* Notiz,[21] sondern um eine *redaktionelle* Vorbereitung der Geschichte handelt, hat W. Richter wahrscheinlich
gemacht.[22] Indes wird man bei v.4a nicht an den Autor des Retterbuches
zu denken haben, sondern an DtrH selbst, der auf die Notschreiformel
(v.3a) sogleich die Retterin aus der Not auftreten läßt.

V.4b umschreibt die Tätigkeit Deboras mit der aus der (alten) Liste
der kleinen Richter (10,1-5; 12,8-15) bekannten "Richterformel". Sie begegnet
- von DtrH aufgegriffen und formuliert - auch in 3,10a bei Otniel. So liegt
es nahe, auch hier an DtrH als Verfasser zu denken.[23]

Führt man also v.4 *insgesamt* auf DtrH zurück, bleibt eine wichtige
Frage offen: Warum wird von einer *Berufung* oder *Erweckung* Deboras zur
Retterin Israels durch Jahwe, wie es der dtr Einleitung in 2,11ff. entspräche

---

20 Anders Noth, ÜSt 51 Anm. 3: v.3b entstamme der alten Überlieferung.
21 So z.B. Noth, ÜSt 51; Halbe, Privilegrecht 473 Anm. 64; Soggin, Judges 72; Niehr,
   Herrschen 102f.180.
22 Vgl. Richter, TU 37f.; Weimar, Jahwekriegserzählungen 44; Hecke, Juda 140 Anm.
   5; Neef, Sieg 39f.
23 So der Grundkonsens: vgl. Noth, ÜSt 51; Richter, TU 38f.; Halbe, Privilegrecht 473
   Anm. 64; Soggin, Judges 72; Niehr, Herrschen 102f.; Neef, Sieg 39f. Anders z.B.
   Smend, Jahwekrieg 148-150, der in v.4b-5 eine historische Grundlage vermutet.

(etwa mit dem Verbum קוּם *hif*), nichts berichtet? Dieser Befund läßt sich möglicherweise dadurch erklären, daß es nicht eigentlich Debora ist, die eine rettende Funktion wahrnimmt, sondern Barak: *Er* wird von Jahwe zum Kriegszug aufgefordert (v.6f.), während *Debora* nur eine Vermittlerrolle übertragen ist. Tatsächlich finden sich bei *Barak* Elemente eines "klassischen" Berufungsformulars.[24] So wird das durch Debora übermittelte Jahwewort – einem *Einwand* bei Berufungen gleich – durch Bedingungen eingeschränkt: Barak will nur dann in den Krieg ziehen, wenn Debora "mitgeht". Debora wird somit durch die Richterformel (v.4b) eindeutig in die Richter-Retter-Gestalten des DtrH eingereiht, doch in der eigentlichen Retteraufgabe tritt sie *neben* Barak und schließlich Jael. Die Bezeichnung "Prophetin" (v.4a) dürfte Reflex eben dieser Zwischenstellung sein, in der Debora nach der Auffassung des DtrH steht: Sie ist Sprecherin Jahwes und bereitet so die Rettung Israels vor, vollzieht sie aber nicht selbst.

V.5 läßt sich trotz seines altertümlich wirkenden Inhalts gut als ein zeitlich *nach* DtrH erfolgter Einschub verständlich machen: (1) Der Beginn des Verses וְהִיא יוֹשֶׁבֶת nimmt in seiner formalen Struktur (Personalpronomen + Partizip) v.4b auf (הִיא שֹׁפְטָה), offenbar um eine weitere Angabe über Debora anzufügen. – (2) Die Wendung לַמִּשְׁפָּט (v.5b) deutet eine Auffassung vom "Richten" an, die vor allem im Bereich der Rechtsprechung liegt und eine *permanente* Tätigkeit voraussetzt (vgl. auch das Partizip יוֹשֶׁבֶת v.5a). Diese Sicht steht jedoch der umfassenden administrativen, gerichtlichen und soteriologischen Vorstellung entgegen, die DtrH mit dem Verbum שׁפט verbindet (s.o. Kap. 4.4). In v.5 ist also gegenüber DtrH (v.4b!) eine Verengung auf den forensisch-jurisdiktionellen Aspekt des Verbums festzustellen.[25] Positiv ausgedrückt: V.5b interpretiert und konkretisiert die in vielerlei Hinsicht offene Richterformel (v.4b). – (3) Im übrigen paßt die Bemerkung, die Israeliten seien zu Debora zum Rechtsentscheid "hinaufgezogen" (v.5b) nicht gut zur Fortsetzung der Erzählung, nach der Barak nicht zu Debora *kommt,* sondern von ihr *gerufen* wird. – (4) Die Lokalisierung der Wirkungsstätte Deboras in v.5a wird man als Kombination aus Gen 35,8 auffassen dürfen.[26] Möglicherweise hat es der für v.5 verantwortliche Ergänzer als Mangel empfunden, daß ausgerechnet bei der berühmten Debora genauere Angaben über Wohnort und Tätigkeit fehlten, und Entsprechendes kombiniert.[27] Mit der Einsicht in den sekundären Charakter von v.5 entfällt auch ein geographisches Problem: Debora ist erst

---

24 Vgl. Soggin, Judges 72f.

25 Im Gefolge Richters, TU 38-42, wird v.4b indes *zusammen mit v.5* auf DtrG zurückgeführt (vgl. Weimar, Jahwekriegserzählungen 43; Neef, Sieg 38-40).

26 Vgl. schon Wellhausen, Composition 217. Zur Diskussion vgl. Richter, TU 39-41.

27 Auch c.5 nennt keine konkrete Wirkstätte, wohl aber wird der Großraum "Issachar" vorausgesetzt, vgl. 5,15.

durch eine spätere Hand weit weg von den Schauplätzen der Erzählung im Norden Israels auf das Gebirge Efraim "versetzt" worden.

Die Frage, ob v.5 trotz seines redaktionsgeschichtlich jungen Charakters alte Überlieferung enthält,[28] ist kaum zu entscheiden, aber eher unwahrscheinlich: Der Vers erklärt sich gut als Interpretation und Konkretisierung des vorgegebenen, von DtrH formulierten v.4.

8.2.3. Das Erzählkorpus (4,6-22)

Erst mit v.6 beginnt die eigentliche Erzählhandlung, die insgesamt eine klare Gliederung und einen wohldurchdachten Aufbau erkennen läßt.[29] Sie besteht aus drei Teilen, die jeweils um zwei Hauptpersonen kreisen.

(1) V.6-9 (Debora und Barak): Die Handlung setzt ein mit einem Jahwewort, das die als Sprecherin Jahwes legitimierte Debora (v.4a) an Barak auszurichten hat: Dieser solle mit einem Heer - bestehend aus 10.000 Naftalitern und Sebulonitern - auf den Berg Tabor ziehen (v.6, vgl. v.12.14), während Jahwe den feindlichen Sisera an den Bach Kischon führen (v.7a, vgl. v.13b) und in die Hand Baraks geben werde (v.7b, vgl. v.14a).[30] Barak indes macht seine Zustimmung zu dem Unternehmen davon abhängig, ob Debora "mitgeht" (v.8). Sie sagt zu, kündigt aber an, daß Sisera in diesem Fall nicht durch Barak umkommen werde, sondern durch die Hand einer Frau (v.9a). Es kann sich aufgrund der unpersönlich-distanzierten Formulierung nur um Jael, nicht hingegen um Debora selbst handeln. Der Abschnitt endet mit der kurzen Bemerkung, daß Debora nun mit Barak nach Kedesch aufbricht (v.9b). Mit diesem Kedesch (auch in v.10.11) ist kaum ein anderes gemeint als das in v.6a als Heimat Baraks genannte "Kedesch-Naftali" (vgl. Jos 12,22; 19,37). Die Näherbestimmung "Naftali" erfolgte offenbar nur bei der ersten Erwähnung des Ortes und wurde für v.9.10.11 als selbstverständlich vorausgesetzt.[31] Es zeigt sich also, daß der Abschnitt v.6-9 die folgenden Szenen voraussetzt und auf sie hin gestaltet ist.

---

28 Dies wird erwogen von Richter, TU 40f.

29 Vgl. auch die folgenden Arbeiten, die sich besonders mit der Erzähltechnik in Ri 4 beschäftigen: Alonso-Schökel, Erzählkunst 158-167; Murray, Structure 155-189; Amit, Judges 4, 89-111; Webb, Book 133-138.

30 Es ist zu beachten, daß v.7 - anders als vielfach angenommen - weiterhin Rede Jahwes ist (vgl. Soggin, Judges 65).

31 Die beliebte These, daß in v.9-11 ursprünglich ein anderes Kedesch gemeint war, das jedenfalls nicht in Naftali lag (z.B. Täubler, Studien 156; Richter, TU 46; Weimar, Jahwekriegserzählungen 43 Anm. 10; vgl. auch Hecke, Juda 139 Anm. 2), argumentiert in erster Linie mit topographischen Erwägungen. Sie setzt stillschweigend voraus, daß der Kern der Erzählung tatsächlich alt und geographisch zuverlässig ist - eine Annahme, die sich nicht bestätigen wird.

(2) V. 10-16 (Barak und Sisera): Die zweite Erzählszene schildert ebenso knapp wie schematisch den Krieg der beiden feindlichen Truppen und
die Niederlage von Siseras Heer. Zunächst wird mitgeteilt, daß Barak -
dem Gotteswort von v.6b entsprechend - ein Heer aus 10.000 Sebulonitern
und Naftalitern einberufen habe (v.10a). Dabei kommt die Ortsangabe "Kedesch" insofern überraschend, als v. 6b den Eindruck erweckt, als solle das
Heer auf dem *Berg Tabor* zusammengezogen werden. Dennoch wird man
aus dieser Beobachtung keine vorschnellen literarkritischen Schlüsse ziehen
dürfen,[32] da sich der vorliegende Text gut erklären läßt: Barak zieht in
Begleitung Deboras zu seinem Heimatort Kedesch (v.9b) und ruft *dort* ein
Heer zusammen (v.10a). Mit diesem Heer zieht er dann auf den Berg Tabor
"hinauf", wie das Verbum עלה (2mal in v.10!) nahelegt. Wenn auch der
Berg nicht ausdrücklich genannt wird, ist von v.12 her doch klar, daß v.10
eine Aussage über das Besteigen des Tabor impliziert. V.10 unterscheidet
also zwischen dem *Aufgebot* des Heeres (nämlich in Kedesch) und dem
Zug auf den Tabor (so entsprechend v.6). Analog dazu wird auch das Heer
des Gegners Sisera zunächst in dessen Wohnort Haroschet-Gojim (vgl. v.2)
versammelt und erst dann an den Bach Kischon geführt (v.13).

Im Anschluß an v.10 wirkt die kleine Zwischenbemerkung über das
Zelt des Keniters Heber in v.11 störend. Der Vers hat die Aufgabe, das in
v.17a etwas unvermittelt eingeführte "Zelt Jaels" vorzubereiten, gibt sich
aber dennoch als ein späterer Eintrag zu erkennen:[33] Jael selbst wird in
v.11 gar nicht erwähnt (stattdessen nur das "Zelt Hebers"). Ferner möchte
der Vers - mit etwas umständlichen Formulierungen - offenbar erklären,
daß der Keniter Heber eben nicht, wie man erwarten würde, im Süden Israels, sondern im Norden in der Nähe des Schlachtortes "bei der Eiche
von Zaan(ann)im" (vgl. Jos 19,33) siedelt.

V.12-13 setzen v.10 sinnvoll fort: Auf die Nachricht, daß Barak mit seinem Heer den Berg Tabor bestiegen habe (v.12), ruft auch Sisera ein Heer
zusammen und führt es an den Bach Kischon (v.13).[34] Der Leser, der von
v.7 herkommt, weiß natürlich, daß hinter allem Jahwe selbst steht und der
Untergang Siseras besiegelt ist, noch bevor der Kampf überhaupt begonnen
hat. So ist es nur konsequent, daß die Übereignungsformel aus v.7b nun in
v.14a noch einmal aufgegriffen und mit der konkreten Aufforderung zum
Kampf verbunden wird. Daß es hier wiederum Debora ist, die die Initiative
ergreift, entspricht exakt dem Bild, das sich aus v.6-9 über die zögerliche

---

32 Vgl. indes Richter, TU 46; Weimar, Jahwekriegserzählungen 44 Anm. 13. Budde,
     Richter 37, erwägt eine Herauslösung der Angabe קֶדְשָׁה.
33 Vgl. Wiese, Literarkritik 16; Richter, TU 43; Neef, Sieg 43.
34 Die nachklappende Angabe über die 900 Streitwagen aus Eisen in v.13a dürfte
     wie in v.3 sekundär sein (vgl. Weimar, Jahwekriegserzählungen 47 Anm. 23).

Haltung Baraks gewinnen läßt. Davon, daß die anfangs so dominierende Debora in v.10-16* gegenüber Barak in den Hintergrund trete,[35] kann keine Rede sein: Die Debora aus v.10-16* bleibt dieselbe Debora wie in v.6-9!

V.14b leitet die - knappe - Schilderung des eigentlichen Kampfgeschehens in v.15-16 ein: Zunächst bringt Jahwe das Heer Siseras "in Verwirrung" (הָמַם) (v.15a). Dabei ist die Wendung לְפִי־חֶרֶב sicher Glosse:[36] Durch ihr Hinzutreten wurden die beiden Worte לִפְנֵי בָרָק am Ende von v.15a isoliert. In der "Verwirrung" nun gelingt es Sisera, vom Wagen zu springen und zu fliehen (v.15b). Barak verfolgt unterdessen das führerlose Heer bis nach Haroschet-Gojim und schlägt es vollständig (v.16).[37] Geschickt wird mit diesen Erzählzügen die Jael-Episode in v.17ff. vorbereitet: Zum einen setzt sie den zu Fuß fliehenden Sisera voraus (vgl. v.17a), zum andern benötigt sie aber auch ein Motiv dafür, daß Barak - entsprechend der Ankündigung von v.9 - bei der Verfolgung Siseras zu spät kommt (vgl. v.22).[38]

Der Überblick über den zweiten Erzählabschnitt v.10.12-16 signalisiert eine unerwartet deutliche literarische Verzahnung sowohl mit v.6-9 als auch mit v.17-22. So verliert sowohl die Auffassung W. Richters, v.10.12-16 setzten lediglich die nachfolgende Jael-Episode v.17ff. voraus, als auch die These P. Weimars, in v.12-16* und v.17-22* lägen zwei ursprünglich selbständige Erzählungen vor, an Wahrscheinlichkeit.[39] Ja, der Kriegsbericht v.10-16* ist derart blaß und schematisch gestaltet und überdies so glatt in seine literarische Umgebung eingepaßt, daß sich die Vermutung aufdrängt, er sei eigens für seinen Kontext geschaffen worden. Jedenfalls will er - wenigstens in der vorliegenden Gestalt - nicht auf seine historische oder topographische Plausibilität, sondern auf seine literarische Funktion hin befragt werden. Und ob die v.10-16* überhaupt einen historischen Kern enthalten, der über die aus dem Deboralied ohnehin bekannten "Informationen" hinausgeht, ist mehr als fraglich.[40]

---

35 So Richter, TU 44; Neef, Sieg 44.

36 Vgl. Budde, Richter 38; Wiese, Literarkritik 17; Richter, TU 47.

37 Die Aufeinanderfolge von "Verwirrung" durch Jahwe und "Tötung" gehört zum Ensemble des Jahwekrieges und ist auch sonst belegt: z.B. Ex 14,24; Jos 10,10; 1 Sam 7,10 (vgl. Müller, Art. הָמַם 450-453).

38 Eine Ausscheidung von v.15b (so Weimar, Jahwekriegserzählungen 45 Anm. 17; Mayes, Judges 22) oder v.16 (so Wiese, Literarkritik 16) würde diesen Zusammenhang unnötigerweise zerstören. Schon stilistisch drückt v.16a mit einem invertierten Verbalsatz aus, daß es sich bei der Verfolgung des Heeres um ein zur Flucht Siseras v.15b gleichzeitiges Geschehen handelt.

39 Weimar ist denn auch gezwungen, sämtliche Hinweise auf die Jael-Geschichte aus v.10-16* herauszulösen (z.B. v.15b; vgl. Jahwekriegserzählungen 45 Anm. 17).

40 So bleibt auch die - nicht neue - Vermutung Neefs (Sieg 49), die in v.10.12-16 enthaltene Überlieferung von einem Sieg über Sisera stamme "aus einem Kranz von Erzählungen aus dem Umkreis dieses Krieges", reine Spekulation.

(3) V.17-22 (Sisera und Jael): Mit der kurzen dramatischen Erzählung
über die Ermordung Siseras schließt sich ein Stück an, das nur *scheinbar*
in sich geschlossen und verständlich ist. Schon die Mitteilung, daß Sisera
zu Fuß zu dem Zelt einer gewissen Jael geflohen sei (v.17a), schließt vorzüglich an v.15-16 an. Wiederum ist es (wie in v.16a) ein invertierter Verbalsatz, der die Gleichzeitigkeit mit dem Geschehen in v.16 andeutet: Während Barak noch mit der Zerschlagung des Heeres beschäftigt ist, findet
der flüchtige Sisera eine willkommene Zufluchtsstätte. Freilich: Jaels übertrieben freundliche und wiederholte, fast aufdringlich wirkende Einladung
(v.18a) läßt nichts Gutes ahnen. Der Leser - und erst recht der, der von
v.9 herkommt - vermag in dem betonten אֵלַי־תִּירָה (v.18a) nur eine ver-
steckte Drohung zu erblicken, die Sisera natürlich nicht durchschaut.

Der Zusammenhang von v.17a und 18 [41] macht deutlich, daß es sich bei
der Bemerkung über den Frieden zwischen Jabin (!) und dem Haus des
Keniters Heber (v.17b) um einen Fremdkörper handelt. [42] Der Sinn des Einschubs ist klar: Er soll - möglicherweise in Verbindung mit v.11 - erklären,
warum die an sich zu Juda gerechneten Keniter Kontakt mit den feindlichen Kanaanäern haben konnten. Die Erwähnung "Jabins" läßt an den für
v.1-3.23f. verantwortlichen DtrH als Ergänzer denken. Indes besteht ein
wichtiger Unterschied darin, daß v.17b von Jabin als dem "König von Hazor" spricht, während DtrH ihn zum "König von Kanaan" macht.

V.19 setzt v.18 sinnvoll fort: Der von der Flucht erschöpfte Sisera bittet Jael um etwas Wasser zur Stillung seines Durstes. Da er sich aber
immer noch von Barak verfolgt weiß, trifft er eine Sicherheitsvorkehrung
(v.20): Jael soll sich an den Eingang des Zeltes stellen und für den Fall,
daß jemand fragt: הֲיֵשׁ־פֹּה אִישׁ antworten: "Nein!" Der Vers zielt eindeutig auf die Ankunft des Barak und setzt damit den Abschnitt v.10.12-16
voraus. Beziehungen bestehen aber auch zu v.6-9, wie der Wortlaut der
Bitte Siseras in v.20 beweist: "Wenn ein Mann (אִישׁ) kommt und dich
fragt und sagt: Ist ein Mann (אִישׁ) hier?, dann sollst du sagen: Nein!"
Indirekt, aber doch deutlich genug und mit einem leichten ironischen Unterton wird hier auf v.9 zurückverwiesen: Der zu Jael geflohene אִישׁ (= Si-

---

41 Anders Budde, Richter 38: Während v.17a das Zelt als Siseras *Ziel* darstelle, deute
    v.18 an, daß er nur *zufällig* dort vorbeikomme. Diese Spannung läßt sich indes er-
    klären: Zum einen führt v.17a - überschriftartig - das für die Szenerie unentbehr-
    liche "Zelt Jaels" überhaupt erst ein und nimmt insoweit das Geschehen von v.18
    vorweg. Zum andern ist es - und dies verdeutlicht v.18 - vom Standpunkt des Er-
    zählers her ganz und gar kein Zufall, daß Sisera auf eben dieses Zelt trifft.

42 Vgl. Budde, Richter 38; Richter, TU 45f.; Weimar, Jahwekriegserzählungen 44; Neef,
    Sieg 45.

sera) kommt nicht durch den anderen אִישׁ (= Barak) zu Tode, sondern
durch die Hand einer אִשָּׁה.[43]

V.21 schildert knapp, aber detailliert genug die Ermordung: Jael nimmt
einen Zeltpflock (יְתַד הָאֹהֶל) und stößt diesen mit Hilfe eines Hammers
(מַקֶּבֶת) durch die Schläfe des auf dem Boden liegenden Sisera.[44] Der
Vers endet mit der Mitteilung, daß Sisera nun tot sei (וַיָּמֹת). Wiederum
ist es kein Zufall, daß gerade in diesem Augenblick Barak eintrifft (v.22:
וְהִנֵּה): Barak kommt, wie schon v.9 andeutete, zu spät, und Jael kann
dem Verfolger nur noch den toten Sisera zeigen (v.22b).

Auch die scheinbar in sich so abgeschlossene Jael-Episode ist also
notwendig auf die vorausgehenden Szenen angewiesen. Viele Erzählelemente
sind überhaupt nur im Lichte der v.6-16* verständlich: die Verfolgung Siseras durch Barak (v.17a.20.22); die übertrieben freundliche Einladung Jaels
(v.18); die im Augenblick von Baraks Eintreffen erfolgende Feststellung,
daß Sisera tot sei (v.21b).[45]

Alle drei Erzähleinheiten sind – und dies ergab die vorstehende Übersicht – auf der literarischen Ebene erstaunlich eng miteinander verzahnt;
sie setzen sich *gegenseitig* voraus. Es darf deshalb die These gewagt werden, daß es sich bei v.6-22 um eine im wesentlichen *literarisch* einheitliche Erzählung handelt, die freilich – und dem ist nun genauer nachzugehen
– auf *Quellen* zurückgegriffen hat.

Obwohl über die Frage, ob überhaupt eine literarische Abhängigkeit
zwischen c.4 und c.5 angenommen werden darf, durchaus umstritten ist,[46]
liegen doch gewichtige Indizien vor, die auf eine *Benutzung des Liedes
durch den Verfasser der Prosaerzählung* hinweisen.[47] Schon ein Blick

---

43   Vgl. zu diesem Zusammenhang Murray, Structure 183; Webb, Book 135: "The final
     tableau in the tent of Jael balances the initial focus on the woman Deborah."

44   Zu dem etwas unklaren v.21 vgl. Crossfield, Note 348-351; Soggin, Judges 67.

45   Es ist also nicht damit getan, allein die Verse 17b und 22 aus dem Kontext zu
     lösen, um eine Erzählung zu erhalten, "die in sich schlüssig und verständlich ist
     und durchaus einmal als eigene Überlieferungseinheit im Umfeld der Erzählungen
     über diesen Krieg existiert haben mag." (Neef, Sieg 47). *Jeder* Vers weist viel-
     mehr – direkt oder indirekt – Bezüge zu v.6-16* auf.

46   Literarische Abhängigkeit (gleich in welcher Richtung) wird bestritten von Greß-
     mann, Anfänge 191; Wiese, Literarkritik 17; Richter, TU 111f.

47   So schon Wellhausen, Composition 215-218; ferner Halpern, Doctrine 43-49; ders.,
     Historian 379-401. Gelegentlich wird auch eine *umgekehrte* Abhängigkeit vermutet
     und die Priorität der Prosaerzählung (evtl. in einer älteren Fassung) postuliert: So
     z.B. Hecke, Juda 162; Bechmann, Deboralied 203. Indes gründen sich derartige Ver-
     suche in der Regel weniger auf einen genauen *Vergleich* zwischen c.4 und c.5
     als vielmehr auf eine *Spätdatierung des Deboraliedes*, das zeitlich in die frühe
     (so Hecke, Juda 162, im Anschluß an Müller, Aufbau 446-459, und Soggin, Bemer-
     kungen 635f.) oder späte Königszeit rückt (so die auf literaturwissenschaftlichen
     Methoden basierende Untersuchung von Bechmann, Deboralied 214).

auf die engste Parallele zwischen beiden Fassungen, die Ermordung Siseras
(4,17-22* / 5,24-27), kann diese Vermutung erhärten, denn der Tathergang
weist charakteristische Unterschiede auf: "Nach Kap. 5 muss man sich folgende Vorstellung machen. Während Sisera gierig trinkt und die gewaltige
Schale sein Gesicht bedeckt, ergreift Jael den Hammer und schlägt ihn
damit vor die Schläfe, so dass er auf der Stelle tot bleibt; natürlich ist er
stehend gedacht, denn sonst kann er nicht vor ihr zusammenbrechen und
zu Boden stürzen. Ganz anders in Kap. 4. Da liegt Sisera und schläft, im
Schlaf wird er gemordet, aber nicht mit einem Hammerschlag, sondern so
dass ein Zeltpflock mittels eines Hammers ihm durch die Schläfe in den
Boden getrieben wird (ותצלח 4,21 schlägt zurück auf חלפה 5,26). Diese
grausame und unsinnige Weitläufigkeit – zu der denn auch der tiefe Schlaf
und das Liegen Siseras erforderlich ist – beruht auf misverstandener Diffe-
renzirung von יתד und הלמות 5,26, während diese Ausdrücke dort in
Wahrheit ebenso gleichbedeutend sind wie ידה ... und ימינה und nur des
poetischen Parallelismus wegen variiren". [48]

Die Prosafassung der Jael-Szene schafft somit – trotz der von Wellhausen konstatierten "Weitläufigkeit" – einen klaren und eindeutigen Tathergang, der sich vorzüglich in den Kontext einfügt: Daß Jael nämlich ein
eigenes Zelt besitzt ("Zelt Jaels"), das als Fluchtziel Siseras und Ort seiner heimtückischen Ermordung dienen konnte, läßt sich aus c.5 nicht
entnehmen. Dort wird Jael nur als "eine unter den Frauen im Zelt" bezeichnet (5,24). Somit setzt die Jael-Szene 4,17-22* – und dies ist das
Entscheidende! – *gerade in den von c.5 abweichenden Erzählelementen*
die Vorgeschichte v.6-16* voraus. Diese Beobachtung darf noch einmal als
ein Indiz für die literarische Homogenität von 4,6-22 gewertet werden.

Auch *außerhalb* der Jael-Szene enthält die Erzählung in v.6-22* einige
Details, die offensichtlich dem Lied entnommen sind: (1) In c.4 spielen –
anders als im Lied – nur die beiden Stämme *Sebulon und Naftali* (4,6.10)
eine Rolle. Ihre herausgehobene Stellung in 5,18 aber wird zu der Reduzierung den Anlaß gegeben haben. Im übrigen fügen sich von allen im Deboralied genannten Stämmen (5,13-18) gerade Sebulon und Naftali gut in den
geographischen Raum des Geschehens (Nordisrael) ein. – (2) Der "Bach
Kischon" (4,6.13) begegnet als Schauplatz der Schlacht auch in 5,21 (vgl.
5,19 "Wasser Megiddos"), während der "Berg Tabor" im Deboralied nicht
erwähnt wird. Vielleicht ist er – aufgrund einiger Andeutungen im Lied
(5,13.20)? – aus geographischen und theologischen Gründen "hinzukonstruiert" worden: Der Tabor liegt im Grenzgebiet der beiden Stämme Sebulon
und Naftali, und er gilt als Ort der besonderen Präsenz Jahwes (vgl. Ps

---

48   Wellhausen, Composition 217f.

68,16: "Gottesberg").[49] – (3) Auch im Ablauf der Schlacht scheint der Verfasser von c.4* aus dem Deboralied geschöpft zu haben: Zum einen hat er
das eigentümliche Nebeneinander der beiden Hauptpersonen Debora und
Barak (vgl. 5,7.20) in ein klareres Verhältnis zueinander gebracht (Debora
als Initiatorin und Sprecherin Jahwes, Barak als Heerführer). Zum andern
konnte er den in 5,20 angedeuteten Schlachthergang als eine "Verwirrung"
durch Jahwe selbst deuten bzw. präzisieren (vgl. 4,15).[50]

Nahezu jedes Detail innerhalb von 4,6-22 läßt sich demnach mühelos
als Anleihe aus dem Deboralied erklären.[51] Dem Verfasser kommt es besonders auf die Schilderung der heldenhaften Jael-Tat an, die er – anders als
in der Vorlage! – geschickt mit den beiden anderen Hauptpersonen des
Liedes, Debora und Barak, zusammenbindet. Es entsteht eine *literarisch
einheitliche*, auf die Tat Jaels zulaufende Rettergeschichte, die gleichwohl
alles – letztlich auch die Ermordung Siseras – auf die Initiative Jahwes
zurückführt. Die scheinbare Unausgeglichenheit im Erzählverlauf (etwa der
Wechsel der Hauptpersonen) darf nicht literarkritisch ausgewertet werden,
sondern spiegelt nur den Charakter der Quelle Ri 5 wider!

Die bisherigen Überlegungen sind zu dem Schluß gelangt, daß es sich
bei der in Ri 4 herausgearbeiteten Grundlage (vorliegend in v. 6-10.12.13*.
14.15*.16-17a.18-22) um eine literarisch einheitliche Erzählung handelt, die
nur geringfügig überarbeitet wurde (v.11.17b sowie Ergänzungen in v.13 und
15). Nun stellt sich die Frage, wie diese Grunderzählung literarhistorisch
einzuordnen ist. Eine einleuchtende Antwort auf diese Frage ergibt sich,
wenn man die Erzählung auf denselben Verfasser zurückführt, der auch den
sogenannten "Rahmen" in 4,1-3a.4.23-24 schuf. Es handelt sich also um
keinen anderen als DtrH selbst.

Zunächst sprechen ganz allgemeine Erwägungen für diese Einordnung:
Die herausgearbeitete Grunderzählung kann nicht mit v.6 begonnen haben.
Sie bedarf nicht nur einiger Informationen über die Person und das "Amt"
Deboras (vgl. v.4), sondern auch einer groben Orientierung über die "poli-
tischen" Hintergründe der Schlacht und der anschließenden Ermordung

---

49   Vgl. Kraus, Psalmen II, 630-632.
50   Auch wenn man innerhalb des Deboraliedes eine Grundschicht von einer Überar-
     beitung unterscheidet (z.B. Soggin, Bemerkungen 635f.: profane Grundlage in 5,6-8.
     14-22(23).24-31a; theologische Überarbeitung in 5,2-5.9-11.13; Bindeglied in v.12;
     ähnlich Hecke, Juda 162), ergibt sich kein anderes Bild: Die Beziehungen zwischen
     c.4 und c.5 sind auf die postulierte Grundschicht des Deboraliedes beschränkt.
51   Vgl. Wellhausen, Composition 218: "Das Einzige, was in Kap. 4 nicht aus Misver-
     ständnis oder Ausspinnung, sondern aus Tradition zu erklären ist, ist der Name
     von Deboras Manne, Lappidoth, der freilich der Bedeutung nach (Exod. 20,18) merk-
     würdig an Barak erinnert."

Siseras: Wer ist Sisera und welche Rolle spielt er? Aus welchem Grund ordnet Jahwe einen Krieg an, den er selbst zugunsten der beiden israelitischen Stämme führt und entscheidet? Konkret: Wodurch - durch welche Notlage oder durch welche Bitte - ist die in v.6f. zitierte Aufforderung und Zusage Jahwes überhaupt motiviert? Alle diese Fragen finden eine geradezu maßgeschneiderte Antwort in den einleitenden Versen 1-3a.4.

Sodann: Daß "Jabin, der König von Kanaan", im Erzählkorpus selbst - abgesehen von einer beiläufigen Erwähnung in v.7a[52] - keine Rolle spielt, bleibt auffällig. Indes läßt sich dieser Umstand durchaus erklären: DtrH konstruierte unter Verwendung vor allem des Deboraliedes eine *paradigmatische* Rettungsgeschichte, die sich im Blick auf die Lokalisierung des Geschehens und die beteiligten Personen an eben diese Quelle hält. Aus diesem Grund wird die Gestalt Jabins, die DtrH einer weiteren Quelle (Jos 11,1-15) entnahm, nicht in den Handlungsablauf der Erzählung integriert, sondern "nur" in den einleitenden und abschließenden Versen (1-3.23f.) genannt. Durch diesen Kunstgriff stellt DtrH die erzählte Handlung bei größtmöglicher Treue zur vorgegebenen Überlieferung (c.5) in den größeren theologischen Rahmen des Gegensatzes Israel - Kanaan (vgl. die dreimalige Nennung des Titels מֶלֶךְ כְּנַעַן allein in v.23f.!).

Schließlich sind es auch mehrere *sprachliche* Indizien, die auf eine relativ späte - jedenfalls kaum vorexilische - Entstehung der Debora-Barak-Erzählung hindeuten: (1) Die Verwendung der Übereignungsformel in v.7 und 14 deutet auf eine dtr Hand. - (2) Die Schilderung des Krieges in v.10.12-16 bleibt "in hohem Maße allgemein, theoretisch und unanschaulich"[53] und erinnert in ihrer Terminologie stark an die dtn-dtr Kriegstheorie.[54] - (3) Auch das in v.6-9 vorausgesetzte Berufungsschema (vgl. die an einen "Einwand des Berufenen" angelehnte Entgegnung Baraks in v.8 sowie die Zusage des "Mitseins", die Debora in v.9 ausspricht) weist eher in die spätere Zeit,[55] wenn auch dtr Herkunft nicht bewiesen werden kann. - (4) Mit der Wendung "in die Hand einer Frau wird Jahwe den Sisera verkaufen (מכר)" (v.9) wird offenbar bewußt auf den dtr v.2 (מכר) zurückgegriffen.[56]

---

52   Es entfällt im übrigen auch die Notwendigkeit, in v.7a die Apposition "der Heerführer Jabins" literarkritisch herauszulösen.

53   Stolz, Kriege 104.

54   Vgl. Stolz, Kriege 103f.

55   Siehe auch unten zu Ri 6,11-24 (Kap. 9.4).

56   Zum Verbum מכר im dtr Kontext s.o. Kap. 4.3.2. Eine literarkritische Aussonderung dieser Wendung (so z.B. Weimar, Jahwekriegserzählungen 45 Anm. 17) überzeugt kaum, jedoch signalisiert ein solcher Versuch, daß tatsächlich der *ganze* v.9 auf DtrH zurückgehen dürfte.

Ordnet man den Grundbestand von c.4 dem ersten dtr Geschichtsschreiber DtrH zu, müssen die als sekundär erkannten Erweiterungen
(v. 3b.5.11.17b sowie die Glossen in v.13 und 15) folglich *nach* DtrH ange-
setzt werden. Die betreffenden Verse und Stücke lassen sich in ihrer Tendenz durchaus mit den nach-dtr Ergänzungen der Ehud-Geschichte vergleichen: Sie wollen geographische Ungereimtheiten - etwa: Wie kommt das
Zelt der *Keniterin* Jael nach Nordisrael? - erklären (v.11.17b) oder tragen
hier und da einige Konkreta nach (z.B. v.3b.5), die dann freilich den Geschehensablauf empfindlich stören.

8.3. Zusammenfassung

Die Analyse der Debora-Barak-Geschichte hat ein überraschendes Ergebnis erbracht: Als *Grundbestand* ist erkannt worden eine *literarisch
einheitliche, von DtrH auf der Grundlage des Deboraliedes und der Ja-
bin-Überlieferung (Jos 11,1-15) verfaßte Rettererzählung.* Sie liegt vor in
v.1-3a.4.6-10.12.13*.14.15*.16-17a.18-24 und ist später, also zeitlich *nach*
DtrH, nur geringfügig erweitert worden (v. 3b.5.11.13a*.15a*.17b). Anzeichen für eine vor-dtr Stufe oder gar mehrere vor-dtr Redaktionsschichten,
wie sie W. Richter annimmt, konnten nicht entdeckt werden. Vielmehr erwiesen sich die von W. Richter (und anderen) festgestellten *Unebenheiten*
innerhalb der Erzählung (z.B. der auffällige Wechsel der Hauptpersonen)
als Reflex der von DtrH benutzten *Quelle* (Ri 5); sie dürfen deshalb nicht
literarkritisch ausgewertet werden.

Man mag fragen, ob dem dtr Historiker DtrH - als *Autor* von c.4 -
nicht ungerechtfertigterweise eine *zu hohe* schriftstellerische Eigenleistung
zugebilligt wird. Dabei gilt es freilich zu bedenken, daß DtrH keineswegs
alles selbst formuliert hat. Denn er war es ja, der mit dem Deboralied
(vielleicht in einer älteren Gestalt) ein recht umfangreiches Traditionsstück aufnahm und in seine Geschichtsdarstellung integrierte (vgl. 5,31b),
wobei Ri 4 nun so etwas wie einen längeren erzählerischen "Vorspann"
zum Lied c.5 bildet, das die berichteten Ereignisse noch einmal in poeti-
scher Form rekapituliert. Aus diesem Grund wird man den Überleitungsvers
5,1 ("und es sang an jenem Tag Debora folgendermaßen")[57] ebenfalls auf

---

57   "Und Barak, der Sohn Abinoams" dürfte Zusatz sein.

DtrH zurückführen dürfen.[58] Die Aufnahme des Siegesliedes macht es auch verständlich, warum sich DtrH bei der Konzeption der Erzählfassung c.4 – jedenfalls im Blick auf die beteiligten Personen und die Lokalisierung des Geschehens – weitgehend an die vorgegebene Überlieferung hält: Erzählung und Lied *durften* sich ja nicht offen widersprechen. Eben deshalb konnte die Gestalt Jabins, an der DtrH offenbar viel lag, nicht *unmittelbar* an der Erzählhandlung beteiligt werden. So wird Jabin "nur" zu Beginn und am Schluß (sowie in v.7a) als Vorgesetzter Siseras genannt.

Fragt man abschließend nach dem *theologischen Interesse*, das DtrH mit der Debora-Barak-Erzählung im Rahmen seiner Richterkonzeption verfolgt, stößt man in der Tat auf Hinweise, die eine – wenn auch verhaltene – *königskritische Tendenz* verraten: Schon v.2 schärft durch die zweifache Verwendung der Wurzel מלך ein, daß es wiederum ein *König* ist, gegen den der gottgesandte Retter (bzw. die Retterin) antritt und obsiegt. Und am Schluß der Erzählung (v.23f.) wird gleich *dreimal* kurz hintereinander der besiegte König mit vollem Titel genannt: יָבִין מֶלֶךְ־כְּנַעַן. An diesem – historisch gesehen fiktiven – Titel ist nicht nur die Betonung von מֶלֶךְ bemerkenswert, sondern auch die Angabe כְּנַעַן, die kaum zufällig mit dem Verbum כנע *nif* (v.23) konfrontiert wird.[59] Es soll hervorgehoben werden, daß *Israel* über *Kanaan* gesiegt hat – über das Kanaan, das DtrH später (in Ri 8f.) als die Wurzel des sündhaften Königtums darstellen kann. Zu der antikanaanäischen Tendenz paßt überdies auch der Name von Siseras Wohnort "Haroschet-*Gojim*". Dieser Name, der ausschließlich in Ri 4,2.13.16 begegnet, trägt einen durchaus pejorativen Akzent in sich: Auch der Heerführer Sisera ist Vertreter des "heidnischen" Kanaan.[60]

Das Interesse am Thema "Königtum" mag auch der Grund dafür gewesen sein, daß DtrH die Person *Jabins* überhaupt als eigentlichen Gegner Israels ins Spiel bringt: Mit Hilfe von Jos 11,1-15 wird ein bedeutender Exponent des kanaanäischen Königtums, nämlich Jabin von Hazor, "hinzukonstruiert" und zum König von ganz Kanaan befördert.

---

58 Bei der kleinen Notiz über den Richter Schamgar (3,31) handelt es sich offensichtlich um einen Zusatz, der erst *nach* DtrH in den Text gelangt ist: Sie unterbricht den DtrH-Zusammenhang zwischen 3,30 und 4,1 (vgl. Richter, BR 92-97, der aufgrund seiner anderen Gesamtsicht an DtrG denkt). Ob die Angabe aus dem Deboralied (5,6) stammt, bleibt unsicher, denn der betreffende Vers gehört kaum zum Grundbestand des Liedes (s.o. Anm. 50). Jedenfalls scheint 3,31 die Zahl der Richter auf insgesamt 12 bringen zu wollen (5 "große" und 7 "kleine" Richter). Zum Inhalt von 3,31 vgl. Niemann, Daniten 38-41.

59 Vgl. Webb, Book 247 Anm. 41.

60 Vgl. auch Weimar, Jahwekriegserzählungen 47 Anm. 24.

Kap. 9

Gideon, Abimelech und das Königtum (Ri 6-9)

9.1. Vorbemerkung

Die komplexen Überlieferungen über Gideon und Abimelech nehmen im jetzigen Zusammenhang des Ri-Buches zweifellos eine zentrale Stellung ein: Stand schon bisher die Frage nach der Möglichkeit menschlicher Herrschaft angesichts des Jahweglaubens ständig im Hintergrund (vgl. bes. 2,11-18), so wird dieses Thema nun in besonders eindrücklicher Weise behandelt. Dem im Auftrag Jahwes – sehr erfolgreich – agierenden *Retter* Gideon wird der durch brutale Machtbesessenheit zum *König* gewordene Abimelech gegenübergestellt. Hatte noch Gideon (Jerubbaal) die ihm angetragene Königswürde mit dem Verweis auf Jahwes Königtum abgelehnt (8,22f.), so usurpiert sein mißratener Sohn Abimelech den Thron und schafft bis zu seinem kläglichen Scheitern (9,50-55) nichts als Unheil. Deutlicher könnte der Kontrast zwischen Retter und König kaum vor Augen geführt werden!

In redaktionsgeschichtlicher Hinsicht stellt sich nun allerdings die Frage, auf wen diese Gegenüberstellung – wie überhaupt die Komposition von c.6-9 – zurückzuführen ist. Die Gideonüberlieferung enthält zwar die für DtrH typischen Rahmenformeln (vgl. 6,1.6; 8,28), doch das Schema wird allein schon durch c.9 erheblich gesprengt. Weitere Schwierigkeiten, vor allem innerhalb der c.6-8, treten hinzu, so z.B. der doppelte Kriegsschauplatz (im Westjordanland 7,9-25, im Ostjordanland 8,5-21).[1]

Der Klärung dieser Schwierigkeiten soll wiederum eine abschnittsweise vorgehende literarkritische Analyse dienen, die sich insbesondere der Frage zu stellen hat, auf welcher redaktionellen Stufe erstmals eine zusammenhängende Gideonüberlieferung entstanden ist und wann diese mit der Abimelech-Gestalt verknüpft wurde.

---

1 Eine ausführliche Aufstellung der literarischen Probleme in c.6-8 bietet Richter, TU 114-120.

9.2. Die Midianiternot (6,1-6)

Die für den dtr Rahmen im Ri-Buch typischen Formeln leiten auch die Gideonüberlieferung ein. So findet man neben der Sündenformel (v.1a) auch die Übereignungsformel (v.1b) sowie den an Jahwe gerichteten Notschrei (v.6b). In ungewöhnlich ausführlicher Weise malen die Verse 2-6a aus, wie Israel durch die Streifzüge der Midianiter geschwächt wird und in Not gerät. Hinsichtlich der literarischen Beurteilung dieser Verse sind zwei Möglichkeiten denkbar: Entweder hat DtrH zur Ausgestaltung seiner Einleitung auf einen alten, vor-dtr Beginn der Gideon-Geschichte zurückgreifen können,[2] oder er hat *selbst formuliert*, wenn auch vielleicht unter Aufnahme älteren Überlieferungsgutes. Im ersten Fall wäre eine literarkritische Herauslösung älterer Tradition angezeigt, im zweiten Fall allenfalls eine überlieferungsgeschichtliche Rückfrage hinter den bestehenden Text.

Aus verschiedenen Gründen wird man die zweite Möglichkeit vorziehen müssen. So legt der gesamte Duktus des Stückes den Schluß nahe, daß immer schon von einer Auseinandersetzung zwischen Midian und *Gesamtisrael* die Rede war. Es gibt keine Anhaltspunkte für die These, daß in v.1-6* ursprünglich nur von Manasse oder der Sippe Abieser, zu der Gideon nach 6,11.24.34 gehörte, berichtet worden wäre.[3] Die Schilderung der Not ist von vornherein als eine *Gesamtisrael* betreffende konzipiert: Der Ertrag des Landes bis hin nach Gaza wird vernichtet (v.4a); die Midianiter kamen in das *Land*, um es zu verheeren (v.5b); es blieb kein Lebensmittel mehr übrig (v.4b). An eine bloß lokale Auswirkung der Midianiterstreifzüge lassen diese Wendungen nicht denken.

Nun besteht allerdings die Möglichkeit, daß in v.1-6 der Beginn einer bereits *im gesamtisraelitischen Sinne bearbeiteten* Gideonüberlieferung vorliegt, die DtrH zur Gestaltung seiner Einleitung aufgenommen hat.[4] Auch diese Variante aber hat nicht viel Wahrscheinlichkeit für sich, da die eindeutig dtr Rahmenelemente (v.1.6b) enger mit dem Korpus zusammengehören, als man auf den ersten Blick anzunehmen geneigt ist.

Die Bedrohung Israels, die insbesondere v.2-6a ausmalen, besteht in einer Entziehung der Lebensgrundlage *im Land* (vgl. die zahlreichen

---

2 So z.B. Noth, ÜSt 51; vgl. Schüpphaus, Richtergeschichten 168. Etwas anders grenzt Richter, BR 10, ab: v.2b-5 seien älter als v.1-2a.6. Weimar, Berufung 177f. Anm. 99, sieht den literarischen Kern, der als Vorspann zu Ri 6,11ff. gedient habe, in v.3abα¹.4abα.5aα (bis יַעֲלוּ).b.

3 Letzteres vermutet z.B. Soggin, Judges 112.

4 So Richter, BR 10, der v.2b-5 auf den Bearbeiter des Retterbuches zurückführt; ähnlich Schüpphaus, Richtergeschichten 168 (für v.2-6a).

Wendungen aus dem Bereich des Ackerbaus in v.3-5). Eine *militärische* Gefährdung Israels, etwa eine Annexion von Landgebieten durch die Midianiter, steht offenbar gar nicht im Blick. Damit liegt ein unübersehbarer thematischer Zusammenhang mit der Vorstellung des ersten dtr Geschichtsschreibers DtrH vor, der die Richterzeit als eine periodische Gefährdung der Existenz im Land, das als Heilsgut an sich nicht in Frage gestellt wird, auffaßt (vgl. auch die dtr Notiz 8,28 "das Land hatte 40 Jahre lang Ruhe"). Plastischer als durch 6,1-6 könnte dieser Gedanke kaum ausgedrückt werden!

Vor allem die agrarische Thematik in v.2-6a stellt die Einleitung der Gideonüberlieferung in eine gewisse Nähe zu den sogenannten Wirkungslosigkeitsflüchen, wie man sie z.B. in Lev 26 und Dtn 28 finden kann.[5] Im einzelnen lassen sich mehrere signifikante - freilich nur selten wörtliche - Parallelen aufweisen.[6] Auch wenn es sich nur um relativ lockere Berührungen handelt - die *Gattung* des Fluches findet sich in Ri 6,1-6 ja nicht -, liegt doch kaum eine nur zufällige Verbindung vor: Nicht nur die agrarische Thematik ist kennzeichnend für die Wirkungslosigkeitsflüche, sondern auch die Beobachtung, "daß sie innerhalb der Bundesthematik vorkommen"[7]. Die Problematik des Gehorsams gegenüber dem Gesetz Jahwes gehört also konstitutiv zu dieser Gattung hinzu. Auch in 6,1-6 ist nicht nur der agrarische Bezug gegeben, auch die Bundesthematik ist durch die Beziehung der Sündenformel (v.1) auf die in v.2-6a beschriebene Not zumindest impliziert. Damit aber besteht ein sehr enger sachlicher Zusammenhang zwischen v.1.6b und v.2-6a. Dies bedeutet freilich noch nicht, daß v.2-6a nun auch (wie v.1.6b) *dtr verfaßt* sein muß. Indes fällt es schwer, sich das Mittelstück *ohne* die eindeutig als dtr erkennbaren Verse vorzustellen.

6,1-6 wird man also als eine im wesentlichen von DtrH *verfaßte* Einleitung zur Gideon-Geschichte betrachten dürfen. Gestützt wird diese Sicht auch durch die Korrespondenz von v.2a/6a (עזז / דלל) und v.2b/6a (מִפְּנֵי מִדְיָן). Gleichwohl weist der Text Unebenheiten und Spannungen auf, die auf nachträgliche Bearbeitung - und nicht auf vor-dtr Stufen! - hinweisen.

So hat man gelegentlich den Übergang zwischen v.2a und 2b als hart bezeichnet und daraus geschlossen, daß schon v.2b zu einer älteren Einleitung zur Gideonüberlieferung gehört haben müsse.[8] Indes setzt v.2b

---

5   Vgl. zur Thematik insbes. Beuken, Haggai 190-200.

6   Saat durch Feinde vernichtet (Lev 26,17); vergebliche Aussaat (Lev 26,16; Dtn 28,30.33.38); יְבוּל des Landes (Lev 26,4.20); Vernichtung von Haus- und Herdentieren (Lev 26,21f.); Flucht und Verstecken vor den Feinden (Lev 26,17.25).

7   Beuken, Haggai 193.

8   Vgl. Budde, Richter 51; Richter, BR 10.

eine Notiz über die Bedrängnis Israels voraus; sie liegt in v.2a vor.[9]
Auffällig bleibt freilich der Wechsel von יִשְׂרָאֵל (v.2a) und בְּנֵי יִשְׂרָאֵל
(V.2b),[10] doch sollte man diesen Umstand nicht zu hoch bewerten: "Israel" meint in Versteil 2a eher das *Land* denn seine Bewohner, während
in v.2b eindeutig die Israeliten als *Personen* handeln. Auch muß der
etwas unvermittelte Anschluß in v.2b mit מִפְּנֵי מִדְיָן nicht als stilistisch
ungeschickt bezeichnet werden: Die Voranstellung der Midianiter dient
ihrer Hervorhebung. V.2 kann also gut als literarisch einheitlich betrachtet werden.

Anzeichen späterer Überarbeitung sind aber in v.3 feststellbar. Unverständlich sind vor allem die beiden letzten Worte וְעָלוּ עָלָיו, die
wohl - zusammen mit den unmittelbar vorausgehenden "Amalekitern" und
"Söhnen des Ostens" - auf eine spätere Hand zurückgehen.[11] Ursprünglich
war nur von den "Midianitern" die Rede (vgl. v.1.6 sowie die singularische Verbform וְעָלָה); später hat man den Kreis der Feinde um die
historisch kaum mehr faßbaren "Amalekiter" und "Söhne des Ostens" erweitert (ähnlich in 6,33; 7,12; 8,10). Dadurch sind offenbar auch die
Verbformen in v.4f. in den Plural gesetzt worden. Auf denselben Ergänzer dürfte auch die störende und überflüssige Verbform יַעֲלוּ in v.5 zurückzuführen sein: Ursprünglich stand in v.5 wohl nur die Verbform יָבֹאוּ;
die PK-Form paßt auch gut zur iterativen Aktionsart, die in v.3-5 vorherrscht.[12] Um den kriegerischen Aspekt des "Hereinkommens" zu verdeutlichen, wurde יַעֲלוּ ergänzt (vgl. v.3). Sachgemäß änderten später
die Punktatoren die Form יָבֹאוּ in וּבָאוּ, um einen leichteren Anschluß
zu gewährleisten.

6,1-6 erweist sich damit als ein theologisches Reflexionsprodukt, das
einen Zusammenhang zwischen der Schuld Israels und dem Ergehen im
Lande herstellt. Das Stück geht in seinem Grundbestand auf DtrH zurück; es ist nur geringfügig (in v.3 und 5) durch einen späteren Redaktor
erweitert worden.[13] Der Einleitung wird man kaum - auch nicht auf über-
lieferungsgeschichtlichem Wege - eine Information aus der alten Gideon-
tradition entnehmen können. Allenfalls die Tatsache, *daß* Midian für einen

---

9   Richter, TU 155, muß annehmen, daß eine entsprechende Notiz vor v.2b dem
     Red. zum Opfer gefallen sei. Diese Vermutung ist unnötig, wenn man v.2b auf
     eine redaktionelle Stufe mit v.2a stellt. Veijola, Klagegebet 295, sieht in v.2b
     eine spätere, auf DtrN zurückgehende Interpolation.
10   Vgl. Richter, BR 10.
11   Vgl. Budde, Richter 52; Richter, TU 144f.; Veijola, Klagegebet 295.
12   Vgl. Stähli, Kurzgrammatik 74.
13   Veijola, Klagegebet 295, weist dem Grundbestand (DtrH) die Verse 1.2a.3abα[1].
     4.6 zu, auf DtrN führt er v.2b.3bα[2]β.5 zurück. Auf spezifisch *nomistische*
     Tendenz weist indes nichts.

bestimmten Teil Israels eine Bedrohung darstellte, wird historisch zutreffend sein. Vielleicht spiegelt 6,1-6 eher die Situation der Exilszeit wider,
und zwar aus der Sicht der im Lande Verbliebenen!

9.3. Die Mahnung des Propheten (6,7-10)

Die mahnende Rede des namenlosen Propheten, die sich an die Einleitung anschließt, gibt sich schon durch die Art der Wiederaufnahme von
v.6b in v.7 als ein späterer Einschub zu erkennen. Man kann den isoliert
stehenden Abschnitt ohne Mühe herausnehmen. Ordnet man die Einleitung
6,1-6 dem ersten dtr Geschichtsschreiber DtrH zu, so muß die Prophetenrede *später* eingefügt worden sein.[14] Nichts deutet darauf hin, daß in ihr
eine ältere, vor-dtr Tradition verarbeitet worden ist.[15] Zahlreiche sprachliche Indizien weisen in den spät-dtr Literaturbereich. Überhaupt erinnert
die Rede in Thema und Diktion stark an die in neuerer Zeit DtrN zugewiesenen Stücke Ri 2,1-5.20f.; 1 Sam 10,17f.*, so daß man verständlicherweise auch hier für DtrN plädierte.[16]

Einige Beobachtungen indes lassen an dieser Zuordnung zweifeln. So
ist das Auftreten eines – ungenannten! – אִישׁ נָבִיא als sehr ungewöhnlich für DtrN zu bezeichnen. Eher würde man an einen prophetischen
Redaktor, etwa DtrP, denken, doch das charakteristische Schema von
Weissagung und Erfüllung findet sich hier gerade nicht.[17]

Eine wichtige Parallele zu 6,7-10, die über die genannten spät-dtr
Texte Ri 2,1-5; 1 Sam 10,17f.* hinausgeht, wurde noch nicht genannt: Jos
24. Das Kapitel weist mehrere Berührungen mit der Prophetenrede auf:
"Herausführen aus dem Sklavenhaus Ägypten" (Ri 6,8 / Jos 24,17);
"Hören auf die Stimme Jahwes" (6,10b / Jos 24,24b). Vor allem aber

---

14   So Richter, BR 97-109; Dietrich, Prophetie 133 Anm. 95; Veijola, Königtum
     43-45; Smend, Entstehung 116; Nelson, Redaction 47-53; vgl. auch schon Well-
     hausen, Composition 214. Noth, ÜSt 51, scheint demgegenüber die Einleitung
     6,1-10* insgesamt Dtr zuweisen zu wollen.

15   So freilich Beyerlin, Geschichte 10-13, der eine "paränetische Tradition…aus
     dem Kult des altisraelitischen Stämmebundes" (S.11) vermutet (kritisch Nelson,
     Redaction 48f.). Richter, BR 98-109, arbeitet aufgrund von Ri 6,7-10 und 1 Sam
     10,17-19 ein festes Formular (bestehend aus Boten-, Herausführungs- und Ret-
     tungsformel) heraus, das im Falle von Ri 6,7-10 mit dtr Wendungen aufgefüllt
     worden sei (kritisch Dietrich, Prophetie 133 Anm. 95).

16   So Dietrich, Prophetie 133 Anm. 95; Veijola, Königtum 43-45; Smend, Entste-
     hung 116; vgl. auch Nelson, Redaction 51-53.

17   Zu DtrP vgl. Smend, Entstehung 122f.

nennt Jos 24,15 die Götter der früheren Landesbewohner ebenfalls אֱלֹהֵי
הָאֱמֹרִי (6,10), mit einem Ausdruck also, der nur an diesen beiden Stellen begegnet.[18]

Nun konnte im Zusammenhang der Diskussion um den ursprünglichen
Übergang vom Jos- zum Ri-Buch wahrscheinlich gemacht werden, daß
Jos 24,1-27 im wesentlichen von einer nach-dtr Hand hinter das auf
DtrN zurückgehende c.23 gestellt worden ist. So könnte auch die pro-
phetische Mahnung in Ri 6,7-10 einer nach-dtr - oder zumindest sehr
späten dtr - Hand entsprungen sein. Die Einfügung der Rede eines an-
onymen Propheten ist somit ein schönes Beispiel dafür, daß man auch in
späterer, nachexilischer Zeit die Theologie und Diktion des nomistisch
orientierten Dtr fortschrieb.[19]

9.4. Die Beauftragung Gideons (6,11-24)

Die Erzählung über die Berufung Gideons zum militärischen Anführer
gegen die Midianiter ist in den vergangenen Jahrzehnten mehrfach einer
ausführlichen literarkritischen Analyse unterzogen worden. Dabei hat sich
- trotz z.t. erheblicher Abweichungen im Detail - in der grundsätzlichen
literarischen Beurteilung des Abschnitts doch ein weitgehender Konsens
herausgebildet. So unterscheidet man im allgemeinen zwischen einer
älteren Altarätiologie, deren Hauptteil etwa in v.21-24 greifbar ist, und
einer jüngeren Bearbeitung, durch die die Ätiologie zu einer Berufungserzählung umgeformt wurde (etwa in v.12-17).[20]

Zu diesem Schluß führen zahlreiche Spannungen und Unebenheiten,
die in fast allen Analysen hervorgehoben werden.[21] Nicht nur der Wechsel zwischen dem "Boten Jahwes" (v.11a.12a.21.22), dem "Boten Gottes"

---

18 Vgl. insbes. Blum, Komposition 51f.; auch Nelson, Redaction 53.

19 Auld, Joshua, Judges 163, hält das Stück für "a late insert into the chapter,
    drafted from the standpoint of developed prophetic orthodoxy."

20 Kutsch, Berufung (Altarätiologie v.11a.19-24; Bearbeitung v.11b-18); Richter, TU
    122-155 (Altarätiologie v.11a.18-19aαb.21-24; Bearbeitung v.11b-17; weiterer Zu-
    satz in v.19aβ.20); L. Schmidt, Erfolg 22-53 (Altarätiologie v.11aα*bα*.17a.
    18aαb.19aαb.21-24a; Bearbeitung v.11aα("Ofra").bβ.24b; Zusätze in v.19aβ.20
    und in v.11aβbα("sein Sohn")); etwas komplizierter Veijola, Klagegebet 292-297
    (insbes. 295 Anm. 39), der – allerdings ohne nähere Begründung – mit fünf
    Schichten rechnet. – Ältere Literatur, die teilweise noch im Rahmen der
    Quellenscheidung operiert, verzeichnet Richter, TU 122 Anm. 30.

21 Vgl. die Aufstellungen bei Kutsch, Berufung 99f.; Richter, TU 122-124; L.
    Schmidt, Erfolg 23f.

(v.20) und "Jahwe" selbst (v.14.16.22.23) hat Anstoß erregt, sondern vor allem eine sachliche Diskrepanz: Wenn Gideon in v.17b von Jahwe ein bestätigendes Zeichen erbittet, so weiß er sehr wohl, wer ihm gegenübersteht (vgl. auch v.14.16). Anders in v.22: Erst hier - also nach dem Feuerwunder - erkennt Gideon, daß er es mit Jahwe zu tun hat, und reagiert dementsprechend mit einem Ausruf des Entsetzens (v.22b). Beide Vorstellungen sind nicht miteinander zu vereinbaren und gehen infolgedessen kaum auf dieselbe Hand zurück: Während das Motiv von der späten Jahweerkenntnis (v.22) integraler Bestandteil der Kultätiologie ist, gehört die Zeichenforderung zur Berufung. Die Nahtstelle zwischen beiden Komplexen liegt offenbar zwischen v.17 und v.18: Gideon erbittet im Anschluß an seine Berufung zum Retter ein Zeichen, daß wirklich Jahwe mit ihm geredet hat (v.17b). In v.18 aber ergreift nun unerwarteterweise Gideon selbst die Initiative, um dem Boten Jahwes eine "Gabe" zu bringen. Diese gehört dann später (v.21) zur Szenerie des Feuerwunders, das im jetzigen Zusammenhang die Funktion des Zeichens übernimmt. Die Berufungsszene ist also tatsächlich sekundär in die Kultätiologie eingesetzt und auf sie hin gestaltet worden.[22] Eine exakte Abgrenzung der beiden Teile wird diese Sicht bestätigen; sie kann relativ kurz ausfallen, da sie sich stark mit den Analysen von W. Richter und L. Schmidt berührt.

Schon der Beginn der Erzählung in v.11 dürfte auf zwei verschiedene Hände zurückgehen: V.11a verweist mit seiner Lokalisierung des Geschehens an einer Terebinthe auf die Altarätiologie (vgl. v.19b), während sich v.11b (Dreschen in der Kelter) auf die in 6,1-6 geschilderte Midianitergefahr zurückbezieht und damit die sachgemäße Voraussetzung für die Berufung Gideons zum militärischen Anführer bietet. In v.11a wird man also den Beginn der älteren Kultätiologie sehen dürfen. Der zweite Relativsatz freilich ("die dem Abiesriten Joasch gehörte" v.11aβ) wird schon aus grammatischen Gründen - er bezieht sich über "die in Ofra ist" hinweg auf die Terebinthe - als sekundär zu beurteilen sein.[23] Auf den Verfasser der Berufungserzählung geht sicherlich v.11b zurück: Gideon ist gerade dabei, den Weizen vor den Midianitern in Sicherheit zu bringen, da erscheint ihm der Bote Jahwes (v.12). Auch an dieser Stelle

---

22 Anders Weimar, Berufung 171-178, der Altarbauätiologie und Berufungsgeschichte für zwei *ursprünglich selbständige* Erzählungen hält, die erst durch eine spätere Hand (nämlich v.17) miteinander verbunden wurden. In v.18 (und 19aβ.20) sei dann eine zweite, spätere Bearbeitung greifbar, die das in v.19-24 geschilderte Mahl als Opfer versteht.

23 Vgl. Kutsch, Berufung 105f.; Richter, TU 122f.; Haag, Gideon 154; Weimar, Berufung 171. Etwas weiter geht L. Schmidt, Erfolg 24f., der auch "Ofra" als sekundär ausscheidet.

wird noch einmal deutlich, daß die Art, wie der Bote in v.11aα - gleichsam als unerwarteter Gast - auftritt, sehr viel besser zu der erst späten Jahweerkenntnis (v.22), also zur Altarätiologie paßt.[24] Wenn man v.11b auf den Bearbeiter zurückführt, wird man ihm auch die Näherbestimmung in v.11aβ ("die dem Abiesriten Joasch gehörte") zuschreiben können: Die Angabe בְּנוֹ in v.11b bezieht sich auf "Joasch" zurück.[25]

Die v.12-17, in denen sich die Berufung Gideons nach einem festen Schema gestaltet, ergeben einen insgesamt klaren Handlungsablauf, sieht man einmal von v.13 ab (s.u.). Erst in v.18 setzt die ältere Altarätiologie wieder ein.[26] Allerdings kann v.18, wie unschwer zu erkennen ist, nicht unmittelbar an v.11aα angeschlossen werden, "da die Einführung der Rede fehlt, ferner ein Satz, der Gideon erwähnt und beide, Gideon und den *mal'ak Jahwe*, zusammenführt. Ein solcher Abschnitt muß durch Einfügung der V.11b-17 verlorengegangen sein."[27] Es ist aber auch gut möglich, daß der Verfasser der Berufungsgeschichte einen Teil des zwischen v.11aα und 18 weggelassenen Materials in seine Darstellung integriert hat, ohne daß sich dieses *auf literarkritischem Wege* herauslösen ließe. Die erwartete Vorstellung Gideons etwa könnte in v.11aβb eingeflossen sein.[28]

Auch der Ablauf der Kultätiologie in v.18-24 ist im wesentlichen gut verständlich: Gideon bereitet dem unerwarteten - und noch nicht erkannten - Gast ein Mahl aus Fleisch und ungesäuertem Brot (v.19). Auf das Feuerwunder (v.21) folgt die Gotteserkenntnis (v.22) und schließlich die Altarerrichtung (v.24a). Aus diesem Ablauf fällt v.20 - und mit ihm v.19aβ - heraus: Nur hier begegnet die Bezeichnung מַלְאַךְ הָאֱלֹהִים; ferner wird der Felsen סֶלַע, in v.21 aber צוּר genannt. Zudem bringt v.20 die מִנְחָה Gideons mit einem *Opfer* in Verbindung, so daß man hier von einem priesterlich orientierten Ergänzer sprechen kann.[29] Durch die Einfügung von v.19aβ.20 ist wohl auch das ursprüngliche Ende von v.19 verstümmelt worden.[30] Auf eine spätere Hand geht gewiß auch v.24b zurück. Die abschließende Feststellung, daß der Altar "bis auf den heuti-

---

24 Vgl. Richter, TU 123.

25 Anders L. Schmidt, Erfolg 25, der v.11bα noch zur alten Altarätiologie rechnet, dann aber das Wörtchen בְּנוֹ als Interpolation beurteilen muß.

26 So insbes. Richter, TU 127. Etwas anders L. Schmidt, Erfolg 26, der v.17a noch zur Altarätiologie rechnet. Kutsch, Berufung 105, erkennt in v.18 eine Überleitung, die auf den Interpolator der Berufungsgeschichte zurückgehe. Indes wird der merkwürdige Bruch zwischen v.17 und 18 nicht genügend gewürdigt.

27 Richter, TU 127.

28 Eine *literarkritische* Herauslösung dieser Notizen indes (so L. Schmidt, Erfolg 25; Veijola, Klagegebet 295) vermag nicht zu überzeugen.

29 Vgl. Richter, TU 126-128; L. Schmidt, Erfolg 27.52f.; Veijola, Klagegebet 295 Anm. 39.

30 Vgl. L. Schmidt, Erfolg 27f., der hinter וַיַּגַּשׁ ein לוֹ bzw. לְפָנָיו ergänzt.

gen Tag noch im abiesritischen Ofra" stehe, entspricht v.11aβ und dürfte auf denselben Redaktor, den Verfasser der Berufungserzählung, zurückgehen.[31]

Als ältester literarischer Kern in 6,11-24 läßt sich somit eine Kultätiologie ausmachen, die in v.11aα.18.19aαb.21-24a greifbar ist.[32] Sie wird jedenfalls in ihrer rekonstruierbaren literarischen Fassung schon mit Gideon und dem Ort Ofra verbunden gewesen sein (vgl. v.11aα). Bei der Umarbeitung dieser Vorlage zu einer Berufungserzählung (in v.11aβb.12-17. 24b) wurde auf ein festes Formschema, das Berufungsformular, zurückgegriffen (vgl. als Parallelen Ex 3; 1 Sam 9f.; Jer 1).[33] So lassen sich in Ri 6,11-24 die vier typischen Elemente des Berufungsschemas feststellen: Auftrag (v.12.14); Einwand (v.15); Abweisung des Einwands und Zusicherung des Beistands (v.16); Zeichen (v.17-24). Die Übersicht zeigt, daß die Klage Gideons mit dem Hinweis auf die gegenwärtige Not in v.13 aus dem Schema herausfällt.[34] Zwar erfordert die Berufung eines Retters selbstverständlich einen Hinweis auf die Not, so daß man hier sogar von einem festen Formelement sprechen kann,[35] doch bleibt die *Stellung* von v.13 *hinter* der Zusage "Jahwe ist mit dir, starker Held" (v.12) sehr ungewöhnlich.[36] Eher wird man den für ein Berufungsschema konstitutiven Hinweis auf die Notlage bereits in v.6 sehen müssen.[37]

Aber auch abgesehen von diesen formgeschichtlichen Erwägungen gibt es eine Reihe weiterer Gründe, die zu dem Schluß führen, daß v.13 tatsächlich nachträglich eingefügt wurde.[38] Zum einen sind sprachliche Indizien zu nennen, die auf eine späte - wohl am ehesten *dtr* - Hand hindeuten: so die Heraufführungsformel, der Hinweis auf die נִפְלְאֹת, das Verbum נטשׁ[39] und die Übereignungsformel, die auf den dtr Rahmen des

31   Vgl. L. Schmidt, Erfolg 34f.; Veijola, Klagegebet 295 Anm. 39. Anders Kutsch, Berufung 100f.; Richter, TU 127.

32   Zur (mündlichen) Vorgeschichte dieser Ätiologie vgl. vor allem Richter, TU 128-144; L. Schmidt, Erfolg 29-34.

33   Vgl. Kutsch, Berufung 103f.; Reventlow, Liturgie 47-50; Beyerlin, Geschichte 8f.; Habel, Significance 297-323; Richter, TU 144-155; ders., Berufungsberichte; L. Schmidt, Erfolg 37-52; Weimar, Berufung (bes. 171-178); W.H. Schmidt, Exodus I, 123-129; Veijola, Klagegebet 292-299.

34   Vgl. Richter, TU 154; Veijola, Klagegebet 294.

35   Vgl. Richter, Berufungsberichte 138-140; L. Schmidt, Erfolg 44f.

36   L. Schmidt, Erfolg 45, muß die Aussage von v.12b abschwächen: 12b habe allein Überleitungsfunktion. Auf den für einen Nothinweis merkwürdigen *Wortlaut* von v.13 (Übereignung!) weist Richter, Berufungsberichte 140, hin.

37   So Veijola, Klagegebet 294.

38   Vgl. die Argumente bei Dietrich, Prophetie 74 Anm. 37, die durch Veijola, Klagegebet 292-294, aufgenommen und ergänzt werden.

39   Vgl. Dietrich, Prophetie 74.

Ri-Buches verweist. Zum andern ergibt sich ein vorzüglicher Zusammenhang, wenn man v.13 - und mit ihm v.14aα (bis einschließlich וַיֹּאמֶר),
der zum alten Text zurückleitet - herausnimmt: Der Wortlaut der Beauftragung in v.14aβ ("geh hin in dieser deiner *Kraft*") bezieht sich direkt
auf v.12b zurück (vgl. גִּבּוֹר הֶחָיִל). Dabei streicht die Zusage des Mitseins (v.12b) schon zu Beginn der ersten Rede des Boten die enge Verbindung zwischen Jahwe und seinem Retter heraus. Durch die Einschaltung der Klage (v.13.14aα) wird dieser Gedanke freilich nicht unerheblich
abgeschwächt: V.12b scheint im jetzigen Zusammenhang nur noch die
Aufgabe zugedacht zu sein, die Klage v.13 zu motivieren und einzuleiten.
Die Klage Gideons nimmt die Zusage von v.12b in einer zweifelnden
Frage auf, bezieht sie aber - kaum im Sinne der hinter v.12.14aβb stehenden Konzeption - auf ganz Israel ("Ist Jahwe wirklich *mit uns*...").[40]
Der sekundäre Charakter von v.13.14aα (bis einschließlich וַיֹּאמֶר) kann
somit als erwiesen gelten.

Um nun zu einer literarhistorischen Einordnung der Berufungserzählung zu gelangen, ist es nützlich, sich den *Horizont* der Einheit vor
Augen zu führen. Zweifellos bezieht sich die Erzählung auf 6,1-6 zurück:
Der Weizen (v.11bα) paßt ebensogut zu der agrarischen Thematik von
6,1-6 wie der Hinweis auf die Bedrohung durch Midian in v.11bβ. Auch
enthält 6,6 die formgemäße Andeutung der Notlage. Daß das hier gebrauchte Verbum דלל in dem Einwand v.15 als Adjektiv דַּל wieder auftritt, dürfte kaum auf Zufall beruhen.[41] Berücksichtigt man ferner, daß
6,7-10 auf einen späteren Interpolator zurückgeht, also v.11ff. einmal
direkt hinter 6,1-6 standen, drängt sich folgender Schluß auf: Einleitung
und Berufungserzählung stammen von ein und demselben Verfasser. Dieser Zusammenhang wird durchaus gesehen, doch bezieht man ihn gewöhnlich auf den angeblich vor-dtr Kern in 6,1-6.[42] Beurteilt man die Einleitung zum Gideon-Komplex hingegen als (im wesentlichen) *literarisch* einheitlich und insgesamt von DtrH verfaßt, so läßt sich auch die Berufungserzählung diesem Geschichtsschreiber zuweisen.[43] Dementsprechend

---

40   Die Differenzen gegenüber der Umgebung betreffen also nicht allein v.13b, in
     dem die typisch dtr Wendungen begegnen, sondern ebenso v.13a. Es ist deshalb
     kaum gerechtfertigt, nur v.13b als sekundär auszuscheiden (so z.B. Weimar,
     Berufung 172; Soggin, Judges 115.118; vgl. auch Budde, Richter 54). Der Ergän-
     zer entnahm sein Material eben auch der Umgebung: עִמָּנוּ (v.15); בִּי אֲדֹנָי (v.15);
     (v.12.16); כַּף מִדְיָן (V.14).
41   Vgl. Fabry, Art. דַּל 231, der auch darauf hinweist, daß die Unwürdigkeit des
     Berufenen sonst anders ausgedrückt wird (z.B. mit קָטוֹן oder נַעַר).
42   So z.B. Richter, TU 127.238, der an den Verfasser des Retterbuches denkt;
     ferner Schüpphaus, Richtergeschichten 168.
43   So vor allem Veijola, Klagegebet 292-297.

stammt der Einschub in v.13.14aα von einem spät-dtr Redaktor.[44] Auch
hier zeigt sich wieder, daß der erste dtr Historiker nicht immer an einer
typisch dtr Phraseologie erkannt werden kann. Er muß ja einen Erzählzusammenhang allererst herstellen und kann dies natürlich nicht ausschließlich mit Hilfe einer kultisch-religiösen Terminologie tun. Anders ist der
Sachverhalt bei den spät-dtr Einschüben, zu denen v.13 gehört, geartet:
Hier lag jeweils schon ein Text vor, der nur gelegentlich nach ganz bestimmten theologischen Kriterien und mit einer entsprechenden speziellen
Phraseologie ergänzt zu werden brauchte.

Daß die Berufungsgeschichte tatsächlich von DtrH konzipiert wurde,
legt auch ein Vergleich mit den Vorstellungen der dtr Rahmenstücke im
Ri-Buch nahe. So wird die Befähigung Gideons zu seiner Rettungsaufgabe
in v.16 explizit durch ein Konditionalsatzgefüge vom Mitsein Jahwes abhängig gemacht, ein Gedanke, der bis in die Formulierung hinein der
geschichtstheologischen Einleitung (2,18) entspricht.

Nun meint freilich L. Schmidt bei aller Gemeinsamkeit der Anschauungen im dtr Rahmenwerk und in der Berufungsgeschichte doch eine fun-
damentale theologische Differenz zwischen beiden Komplexen ausmachen
zu können, die einer gemeinsamen Verfasserschaft im Wege stünde: "Im
deuteronomistischen Rahmen wird über die Ursache der Not reflektiert.
Die Israeliten haben Jahwe verlassen und hängen dem Baal an. Deshalb
gibt sie Jahwe in die Hand ihrer Feinde. Die Not gründet demnach in
der Schuld Israels. Eine solche Reflexion über die Ursache der Not fehlt
im Berufungsschema. Es begnügt sich damit, sie zu konstatieren, wie die
Klage Gideons in Ri 6,13 zeigt. Dtr bietet also in seinem Bild von der
vorstaatlichen Zeit eine Weiterentwicklung des Berufungsschemas. Die
Reflexion ist bei ihm weiter fortgeschritten."[45] Zunächst ist festzuhalten,
daß in der Berufungserzählung sehr wohl eine Reflexion über die Not
enthalten ist, nämlich in v.13: Sowohl die Übereignungsformel als auch
die Klage, daß Jahwe sein Volk verstoßen (נטש) habe, implizieren die
Schuldfrage.[46] Aber auch wenn man v.13 als späteren Einschub außer
Betracht läßt, muß man die Einleitung zur Gideon-Geschichte in 6,1-6 in
die Überlegungen einbeziehen. In diesem Abschnitt findet sich nun in der
Tat die vermißte Reflexion über die Ursache der Not Israels (vgl. v.1).
Eine theologische Differenz zwischen dem Ri-Schema des DtrH und der

44   Dietrich, Prophetie 74 Anm. 37, und Veijola, Klagegebet 295, vermuten DtrN.
45   L. Schmidt, Erfolg 46. Was die zeitliche Einordnung des Schemas angeht,
      denkt L. Schmidt an das Nordreich zwischen 850 und 800 (vgl. S.46.96f.).
46   Vgl. nur den Kontext des Verbums נטש (z.B. 1Sam 12,22; 2Kön 21,14).

Berufungsgeschichte liegt gerade nicht vor. Beides entspringt derselben Hand.[47]

Daß DtrH eine ausführliche Berufungserzählung anstelle der sonst üblichen kurzen Erweckungsnotiz bringt, mag zwar erstaunen, doch hängt dies gewiß mit der herausragenden Bedeutung zusammen, die Gideon gegenüber den übrigen Richtergestalten zugedacht ist.

Die literarkritischen Ergebnisse zu 6,11-24 lassen sich wie folgt zusammenfassen: (1) Als ältester Bestand läßt sich eine *Altarätiologie* ausmachen, die in v.11aα.18.19aαb.21-24a vorliegt. Sie ist sowohl mit der Person Gideons als auch mit dem Ort Ofra aufs engste verbunden.[48] — (2) DtrH nimmt diese Kultätiologie auf und gestaltet sie mit Hilfe eines festen Formschemas zu einer *Berufungserzählung* um. Seine Hand ist greifbar in v.11aβb.12.14aβb-17.24b. Aus dem Feuerwunder der älteren Altarätiologie wird nun das formgemäße Zeichen. — (3) Ein spät-dtr Redaktor fügt eine volksklageliedartige Reaktion Gideons ein, die das Berufungsschema sprengt (v.13.14aα einschließlich רֶמֹאיַּו). — (4) Schließlich ist ein kultisch interessierter Ergänzer auszumachen, der die Gabe Gideons als Opfer verstanden wissen möchte und einige Details der Zubereitung ergänzt (v.19aβ.20).

9.5. Die Zerstörung des Baalaltars (6,25-32)

Einen gegenüber der Berufungserzählung insgesamt geschlosseneren Eindruck macht die Schilderung einer weiteren Begebenheit mit kultischem Hintergrund: Gideon zerstört auf Geheiß Jahwes (v.25f.) in einer Nacht-und-Neben-Aktion den Baalaltar seines Vaters Joasch, errichtet einen neuen Altar für Jahwe und bringt auf diesem einen Jungstier als Opfer dar (v.28b). Die Tat Gideons stößt auf Mißbilligung bei den Bürgern der Stadt, die seinen Tod fordern (v.30). Eine verteidigende Rede seines Vaters

---

47 Ob man den unterschiedlichen Sprachgebrauch für die "Hand" Midians in 6,1f. (דָי) und 6,13f. (ףַּכ) zur Stützung der Auffassung, v.13f. — und damit der ganze Berufungsbericht — seien älter als v.1f., heranziehen kann (so Kutsch, Berufung 102 Anm. 17; zustimmend L. Schmidt, Erfolg 46f.), ist zumindest fraglich. Auch die Übereignungsformel wird gelegentlich leicht abgewandelt (2,14; 4,2 רכמ; 3,12 קזח *pi*; 6,1 ןתנ), ohne daß jemand ihre dtr Herkunft an diesen Stellen in Frage stellte.

48 Anders Haag, Gideon 158, der die Vorstellung, Gideon stamme aus *Ofra*, für sekundär hält.

Joasch, in der das Verbum רִיב "streiten" eine zentrale Rolle spielt, leitet über zur abschließenden Umbenennung Gideons in "Jerubbaal" (v.32).
In ihrer gegenwärtigen Gestalt weist die Erzählung mehrere Bezüge
zum näheren und weiteren Kontext auf: V.25a knüpft an bereits Berichte-
tes an, setzt also 6,11-24 voraus (vgl. "in jener Nacht"; "Jahwe sprach
zu *ihm*"). Auch wird man die in 6,25-32 fehlende Lokalisierung aus 6,11a.
24b übernehmen müssen, denn zweifellos ist an *Ofra* als Ort der Geschehnisse gedacht. Schließlich deutet v.32 mit der Einführung des Namens
"Jerubbaal" auf den größeren Kontext der Überlieferungen um Abimelech
hin, der ja als Sohn Jerubbaals gilt (vgl. 9,1).[49]

Der Blick auf die literarische Umgebung deutet bereits an, daß der
Horizont von 6,25-32 offenbar größer ist, als es der recht geschlossene
und selbständige Charakter der Erzählung vermuten läßt. Immerhin dürfte
hinter der Identifizierung Gideon = Jerubbaal das Interesse stehen, die
Überlieferungen von Gideon und Abimelech miteinander zu verknüpfen.
Schon diese Beobachtungen lassen die Frage aufkommen, ob sich in
6,25-32 nicht eine ältere Erzählung verbirgt, die diesen übergreifenden
Kontextbezug noch nicht hatte, sondern einmal selbständig existierte.

Diese Vermutung scheint sich zu bestätigen, wenn man die zahlreichen Unebenheiten und Spannungen in den Blick nimmt, die 6,25-32 dem
Leser darbietet. Zwei neuere Untersuchungen sind zu nennen, die sich
den Problemen durch eine eingehende literarkritische Analyse stellen,
aber zu jeweils unterschiedlichen Ergebnissen kommen.[50]

Nach *W. Richter* handelt es sich bei dem von ihm herausgearbeiteten
Grundbestand (v.27b-31abα) um das Hauptstück eines älteren Berichts
über die Zerstörung eines Baalaltars sowie eine nächtliche Opferung.
Obwohl in v.28b ein neuerrichteter Altar erwähnt werde, sei der Grundbestand *nicht* an der Gründung eines Jahwealtars interessiert gewesen.
Vor allem aber sei die Namensätiologie in v.32 aufgrund der Logik der
Erzählung "ein dem Ganzen fremder Akzent und zugleich mit V.31bβ als
Zusatz zu betrachten."[51] V.32 gehöre also (mit v.25-27a.31bβ) zur Überarbeitung, die Richter mit dem Verfasser des Retterbuches identifiziert,
auf den u.a. die Gestaltung einer fortlaufenden Gideon-Abimelech-Geschichte zurückgeführt wird.

---

49 Es handelt sich bei "Gideon" und "Jerubbaal" kaum um zwei Namen für die-
    selbe Person, wie Emerton, Gideon 306-310, vermutet.
50 Richter, TU 157-168; L. Schmidt, Erfolg 5-21; vgl. ferner Haag, Gideon 155;
    Preuß, Verspottung 67-74; Hoffmann, Reform 275-279; Soggin, Judges 122-128;
    Spieckermann, Juda 204-207.
51 Richter, TU 162. Eine Ausscheidung von v.32 ist auch sonst sehr beliebt
    (vgl. Budde, Richter 56; Preuß, Verspottung 68f.).

Im Ergebnis weist die Analyse L. *Schmidts* mancherlei Berührungen mit W. Richter auf, doch weicht sie im entscheidenden Punkt, nämlich in der Zuordnung von v.32, von ihm ab. Ebendieser Vers, die Einführung des Namens "Jerubbaal", gehört nach L.Schmidt zur Grundschicht (v.28a. 29-31aαb.32). Das primäre Interesse der älteren Erzählung liege also nicht in einer Kultätiologie, wie im übrigen auch Richter betont, sondern in der Namensätiologie. Auf sie allein sei die Geschichte ausgerichtet, in der es um den Erfolg eines Menschen gehe, "der *nicht* durch eine Initiative Jahwes veranlaßt wurde"[52], vielmehr aus eigenem Antrieb heraus den Baalaltar zerstörte. Durch Vorschaltung der beauftragenden Jahwerede (v.25f., ferner v.27.28b) habe ein späterer Bearbeiter den Sinn des Traditionsstücks völlig umgeprägt: "Gideon hat nur Erfolg, weil die Initiative Jahwes vorausgeht... Es bedarf Jahwes Befehl, um es wagen zu können, den Baalaltar zu zerstören."[53] Diesem Bearbeiter sei auch die Eingliederung von 6,25-32 in den Bestand der Gideonerzählungen zuzuschreiben. Dabei ist zu beachten, daß L. Schmidt die Identifizierung Gideon = Jerubbaal (wegen v.32) als älter ansehen muß.[54]

Zu den Übereinstimmungen zwischen den Analysen W. Richters und L. Schmidts gehört die Beurteilung der Gottesrede in v.25f. als redaktionelle Zutat.[55] Mit Recht können sich beide darauf berufen, daß der *Jahwealtar*, dessen Errichtung in v.26 geboten wird, im weiteren Verlauf der Erzählung - außer in v.28b - keine Rolle mehr spielt. Er wird jedenfalls in dem Vorwurf der Bürger (v.30) nicht erwähnt. Tatsächlich erlauben mehrere Hinweise den Schluß, daß der Jahwealtar später in den Text gelangt ist.

Hier sind zunächst die vier Notizen über die Niederreißung der Aschere zu nennen (v.25bβ.26bγ.28aγ.30bβ). Auch sie gehen zweifelsohne auf eine spätere Hand zurück.[56] Für diese Vermutung spricht nicht allein die allgemeine Beobachtung, daß die Aschere in der Erzählung nicht fest verankert ist und man sie ohne Sinnverlust leicht herausnehmen könnte, sondern auch stilistische Gründe sind anzuführen: In v.25bβ klappt die Notiz über die Aschere deutlich nach; auch in v.30bβ läßt sich das zweite begründende כי leicht als sekundäre Angleichung an v.30bα verstehen. Merkwürdig mutet es ferner an, daß die Männer der Stadt gemäß v.28aγ die niedergerissene Aschere *sehen*, obwohl diese doch schon verbrannt und also unkenntlich sein muß (vgl. v.26b). Ob sich freilich die Angabe

---

52 L. Schmidt, Erfolg 17.
53 L. Schmidt, Erfolg 19.
54 Vgl. L. Schmidt, Erfolg 16.
55 Vgl. Richter, TU 162; L. Schmidt, Erfolg 8.
56 So auch Spieckermann, Juda 207 Anm. 112.

in v.26bγ ebenso problemlos herauslösen läßt, ist zumindest fraglich: Das
in v.26bαβ erwähnte Brandopfer soll offensichtlich mit Hilfe des Holzes
der Aschere vollzogen werden. Berücksichtigt man zudem, daß es vor
allem v.26 ist, der von einem Jahwealtar berichtet, kann man erwägen,
den Vers als Ganzes einer überarbeitenden Hand zuzuschreiben, die auch
die Angaben über die Niederreißung der Aschere in v.25.28.30 eintrug.

Ein weiteres Indiz, das diese Sicht bestätigt, läßt sich gewinnen,
wenn man das – schier unlösbare – Problem des "zweiten" Jungstiers in
den Blick nimmt (v.25.26.28). Die größten Schwierigkeiten bereitet bekanntlich v.25. In wörtlicher Übersetzung lautet die Jahwerede: "Nimm
den Jungstier des Stiers (פַּר־הַשּׁוֹר), der deinem Vater gehört, und den
siebenjährigen Jungstier des zweiten [Stiers?] (פַּר הַשּׁוֹר)..." Offenbar
ist in dem – kaum ursprünglichen – Text von zwei Jungstieren die Rede,
obwohl im folgenden nur noch der zweite erscheint (v.26.28: hier in der
korrekten Form הַפָּר הַשֵּׁנִי). Sieht man einmal von den verschiedenen
Versuchen ab, in den drei Radikalen שׁנׁי ein anderes Wort als die Zahl
"zwei" zu vermuten,[57] kann es doch als wahrscheinlich gelten, daß die
Vorstellung von einem zweiten Jungstier auf einen redaktionellen Bearbeiter zurückgeht.

Das Eindringen eines zweiten Jungstiers kann man sich in der Tat so
erklären, daß die Angabe פַּר שֶׁבַע שָׁנִים (v.25bβ) einmal als Explikation
von פַּר־הַשּׁוֹר gemeint war, jedoch später – aufgrund einer kopulativen
Auffassung des וְ – im Sinne eines zweiten Tieres mißverstanden wurde.[58]
Dieses Mißverständnis könnte zu der Einfügung von הַשֵּׁנִי in v.25.26.28
geführt haben.[59]

So plausibel diese Rekonstruktion auf den ersten Blick erscheinen
mag, sie birgt auch Schwierigkeiten in sich: In v.25 ist weder die eigentümliche, pleonastische Verbindung הַפָּר־הַשּׁוֹר noch die Näherbestimmung "siebenjähriger Jungstier" als ursprünglich anzusehen. Vielmehr er-
wecken die grammatisch wie sachlich anstößigen Angaben in v.25 den
Eindruck, als seien sie erst als Reaktion auf die Hinzufügung des zweiten
Jungstiers entstanden. Diesem Umstand vermag vielleicht ein anderer Erklärungsversuch Rechnung zu tragen: Das Hinzutreten eines zweiten Jungstiers ließe sich nämlich auch als eine bewußte Parallelisierung mit der
Opferprobe auf dem Karmel in 1 Kön 18,20-40 verstehen, in der ja auch
zwei Stiere eine Rolle spielen (vgl. 1 Kön 18,23).[60] Auf den Überarbeiter

---

57   Vgl. Guillaume, Note 52f.; Emerton, Bull 52*-55*.
58   So z.B. Richter, TU 160; L. Schmidt, Erfolg 6f.; vgl. auch Soggin, Judges 123f.
59   Nach L. Schmidt, Erfolg 6f., hätte הַשֵּׁנִי in v.26.28 ein ursprüngliches הַשּׁוֹר
       (vgl. v.25) verdrängt.
60   Zu den Beziehungen zwischen 6,25-32 und 1Kön 18 vgl. Smend, Elia 236.

wäre demnach der Ausdruck הַפָּר הַשֵּׁנִי an allen drei Stellen (v.25.26.28)
zurückzuführen: Der erste Jungstier, der dem baaltreuen Joasch gehört,
wird dem Baalaltar zugeordnet; der zweite soll von Gideon auf dem
Jahwealtar dargebracht werden. Daß bei dieser Konstellation das erste
Tier im Grunde gar keine praktische Bedeutung hat, scheint den Ergänzer
nicht gestört zu haben, umso mehr aber spätere Leser. So ist es durchaus denkbar, daß schließlich v.25 einige Korrekturen und Ergänzungen
erfuhr (z.B. הַשּׁוֹר; שֶׁבַע שָׁנִים; vielleicht auch וּפַר statt וְהַפַּר), die
den פַּר הַשֵּׁנִי nur noch als Näherbestimmung des פַּר־הַשּׁוֹר verstanden
wissen wollten. Endgültig wird man diese crux interpretum freilich kaum
mehr lösen können.

Die Ausführungen lassen gleichwohl einen bemerkenswerten Schluß
im Blick auf die gesamte Erzählung zu: Demjenigen Redaktor, der an
dem zweiten Jungstier interessiert war und ihn in die Geschichte eintrug,
mußte auch an dem zweiten Altar, dem Jahwealtar, gelegen sein (vgl.
wiederum 1 Kön 18!). Es ist deshalb gut möglich, daß die Erwähnung des
Jahwealtars, die Einbringung des zweiten Jungstiers und auch die Aschere
auf ein und denselben Ergänzer zurückgehen. Alle drei Elemente aber
sind vereint in v.26. Dessen sekundärer Charakter kann somit als erwiesen gelten. V.25 dürfte damit – abgesehen von der Aschera-Notiz sowie
den mit den beiden Jungstieren zusammenhängenden Angaben – zum ursprünglichen Erzählungsbestand zu rechnen sein. Es steht folglich auch
der Ausscheidung von v.28aγb nichts mehr im Wege: Auch hier finden
sich – in einem zusammenhängenden Stück! – die drei genannten Elemente (Aschere, zweiter Stier, Jahwealtar).

Eine spätere Hand läßt sich schließlich noch in v.31 ausmachen: Die
Drohung "Wer für ihn (Baal) streitet, soll noch vor dem Morgen getötet
werden" (v.31aβ) unterbricht den Zusammenhang zwischen v.31aα und 31b
und fällt auch aus sachlichen Gründen heraus: "Das Eintreten für Baal
wird zum todeswürdigen Verbrechen. Dann ist es aber sinnlos, darauf zu
verweisen, daß Baal als Gott doch für sich selbst eintreten möge."[61]
Vielleicht ist es ja kein Zufall, daß auch die Opferprobe auf dem Karmel
mit der *Tötung* der Baalspropheten endet: Ist in v.31aβ womöglich derselbe Ergänzer am Werk, der auch den zweiten Stier aus 1 Kön 18 ein-
brachte?

Nach Abzug der sekundären Stücke, deren Anteil deutlich geringer zu
veranschlagen ist als in den Analysen W. Richters und L. Schmidts, ergibt sich eine im ganzen gut verständliche Grunderzählung (v.25aαbα.27.

---

61 L. Schmidt, Erfolg 9; vgl. auch Moore, Judges 194; Budde, Richter 56; Soggin,
    Judges 125; Spieckermann, Juda 205 Anm. 106.

28 aαβ.29.30abα.31aαb.32), deren eigentliches Ziel darin besteht, Gideons
neuen Namen "Jerubbaal" ätiologisch herzuleiten. Mit der Aufforderung
Jahwes an Gideon, den Baalaltar seines Vaters Joasch zu zerstören
(v.25*), ist das Thema angegeben. Im weiteren Verlauf der Erzählung
wird gleich viermal mit denselben Worten - geradezu leitwortartig - auf
den zerstörten Altar Baals hingewiesen (v.28.30.31.32). Und daß es tatsächlich allein auf die Person Gideons und diese seine Aktion ankommt,
zeigt die Suche nach dem Täter (v.29) ebenso wie die Forderung nach
Herausgabe des Beschuldigten (v.30). Alle Erzählzüge sind auf v.32 ausgerichtet: Gideon hat sich als der vorbildliche Jahwestreiter erwiesen,
der nun den Namen "Jerubbaal" erhält, weil er mit aller Konsequenz
gegen den ohnmächtigen Baal vorgegangen ist. Dabei mutet die in v.32
gegebene etymologische Deutung des Namens ("Baal möge gegen ihn
streiten") recht gewaltsam an, kehrt sie doch den ursprünglichen Sinn
("Baal streitet für..." bzw. "Streiter für Baal") praktisch in sein Gegenteil um.[62] Dies geschieht freilich nicht willkürlich, vielmehr wird die
Umprägung in sehr geschickter Weise durch die gesamte Erzählung vorbereitet. Die *traditionelle* Deutung des Namens "Jerubbaal" wird geradezu ad absurdum geführt: Baal wird als ohnmächtiger Götze entlarvt.
Weder vermag er den Seinen zu Hilfe zu kommen noch *für sich selbst*
zu streiten (v.31). Ja, Joasch kann die Baalsanhänger - in paradoxer Umkehrung des rechten Verhältnisses zwischen Gott und Mensch - sogar
spöttisch fragen: "Wollt *ihr* etwa für Baal streiten, oder wollt *ihr* ihn
retten?" (v.31). Damit drängt sich eine neue Namensdeutung auf: Aus
dem Streiten "für Baal" bzw. "für sich" (לֹו v.31) wird folgerichtig ein
Streiten "gegen ihn" (בֹּו v.32). Die Verse 31 und 32 sind also untrennbar
miteinander verbunden und aufeinander bezogen.[63]

Die Grunderzählung verfolgt also keinerlei kultätiologische Absicht,
wie man früher vielfach vermutete.[64] Sie will in erster Linie den offenbar in der Tradition fest verwurzelten Namen "Jerubbaal", der religions-
geschichtlich gesehen ja ein recht unproblematisches Verhältnis zu Baal

---

62   Vgl. Budde, Richter 56f.; Richter, TU 167f.; Hoffmann, Reform 278.
63   So auch L. Schmidt, Erfolg 10-14; Emerton, Gideon 291f. Anders Richter, TU
     161f., der in v.31 eine *reale* Herausforderung Baals sieht, deren Ausgang ein-
     mal berichtet worden sein müsse, aber durch Anfügung von v.32 weggefallen
     sei. Indes ist deutlich, daß die Rede des Joasch (v.31) eine rein rhetorische
     Funktion hat; die Machtlosigkeit Baals steht bereits fest.
64   Z.B. Greßmann, Anfänge 204; Hertzberg, Richter 192f.: "Der Sinn dieser Ge-
     schichte ist die Umwandlung des Baalsheiligtums in ein Jahweheiligtum." Vgl.
     auch Preuß, Verspottung 68-70, der die Erzählung im Kern (ohne v.32) für
     historisch hält.

voraussetzt, *entschärfen*.[65] Daß man die Erzählung schon aus diesem Grund nicht in die vorstaatliche Zeit datieren kann, leuchtet ein. Aber auch eine Einordnung in die frühe und späte Königszeit bereitet Schwierigkeiten.[66] Vielmehr wird man den hier herausgearbeiteten Grundbestand aus sprachlichen wie sachlichen Erwägungen heraus auf *DtrH* zurückführen müssen.[67]

Schon die Wortverbindung נתץ + מִזְבֵּחַ, die gleich viermal in der Grunderzählung auftritt, ist als typisch dtr anzusprechen.[68] Mehrere sachliche Indizien treten hinzu. So verweist insbesondere die theologische Tendenz, die sich in 6,25-32 ausspricht, auf DtrH-Verfasserschaft. Die Erzählung will ja - über die Erklärung des Namens "Jerubbaal" hinaus - zeigen, daß der "Kampf Gideons gegen den äußeren Feind, die Midianiter, ...zugleich und zuerst auch ein Kampf gegen Baal"[69] ist. Gideon setzt mit seinem Tun an der Wurzel, an der eigentlichen Ursache der Bedrükkung, die im Fremdgötterdienst gesehen wird (vgl. 2,11), an. Daß dieser Akt beim Volk, den Männern der Stadt, auf Ablehnung stößt, belegt nur umso deutlicher die für den ersten dtr Geschichtsschreiber grundlegende Einsicht, daß Israel nicht bereit ist, von seiner Sünde umzukehren. In besonders eindrucksvoller Weise kommt dieser Gedanke in v.31a zum Ausdruck: Die spöttische Frage des Joasch "...oder wollt ihr ihn etwa *retten* (ישע *hif*)?" markiert den fundamentalen Irrtum, dem Israel nach dem Urteil des DtrH immer wieder erliegt: Das Volk vertraut dem hilflosen Baal, der - welch Ironie! - auf die Hilfe seiner Anhänger angewiesen ist, und verläßt Jahwe, den Einzigen, der wirklich Hilfe und Heil zu gewähren imstande ist. Mit Bedacht wird also in v.31 das für die dtr Richterkonzeption so wichtige Verbum ישע *hif* verwendet. Es bezieht sich nicht nur auf die geschichtstheologische Einleitung (2,18) und auf die

---

65 Vgl. Hoffmann, Reform 81.278. Auch die baalhaltigen Personennamen, die für die frühe Königszeit belegt sind, haben offenbar erst in späterer Zeit Anstoß erregt, so z.B. Ischbaal (Ischboschet) und Meribbaal (Mefiboschet); vgl. auch "Jerubbeschet" (2 Sam 11,21).

66 L. Schmidt, Erfolg 17, denkt für seine Grunderzählung an die Zeit Jehus.

67 So insbes. Hoffmann, Reform 275-279; zustimmend Spieckermann, Juda 207 Anm. 111. Da Hoffmann in seiner Untersuchung der dtn-dtr Formelsprache in 6,25-32 nicht zwischen Grundschicht und Überarbeitung unterscheidet, sind manche seiner Argumente für die hier herausgearbeitete Grunderzählung nicht unmittelbar verwertbar.

68 Vgl. Ex 34,13; Dtn 7,5; 12,3; Ri 2,2; 2 Kön 23,12.15 (2 Chr 34,4.7). Allenfalls bei 2 Kön 23,12.15 ist zu erwägen, ob die Notizen über die Altarzerstörung nicht älter (joschijanisch) sind (vgl. z.B. Spieckermann, Juda 109-114).

69 Hoffmann, Reform 277.

Berufung Gideons (6,14 DtrH) zurück, sondern weist auch auf die Schlüsselverse 8,22f. voraus.[70]

Nun weist die Grunderzählung, obwohl im ganzen von DtrH formuliert, doch mehrere Unausgeglichenheiten auf, die sich durch literarkritische Operationen kaum beheben lassen: (1) Welche Rolle spielt der in v.25 erwähnte Jungstier? Nach der rekonstruierten Grunderzählung - aber auch nach dem jetzigen Text, wie zu betonen ist! - bleibt dessen Funktion völlig unklar. — (2) Warum begegnet in v.25 das Verbum הרס, sonst aber nur נתץ? — (3) Wie ist es zu erklären, daß Joasch einerseits als Besitzer des Baalaltars auf der Seite der Stadtbewohner steht (v.25. 27), andererseits aber als Verteidiger Gideons gegen die Männer der Stadt auftritt (v.31)?

Diese verbleibenden Spannungen, die im übrigen alle mit v.25 zusammenhängen, könnten durchaus auf ältere Überlieferung schließen lassen, derer sich DtrH bedient hätte.[71] Am ehesten kommt wohl die Notiz über den Jungstier in Frage. Vielleicht deutet auch das Verbum הרס auf eine eigene Tradition hin, die jetzt in v.25 mitverarbeitet ist, sich aber nicht mehr literarkritisch herausschälen läßt.[72] Daß Joasch in v.31 die Verteidigung des Gideon übernimmt, obwohl sein Sohn doch den Altar des Vaterhauses zerstört hat, kann möglicherweise dadurch erklärt werden, daß Gideons Gehorsam auf eine besondere Probe gestellt werden soll: Er zerstört nicht irgendeinen Altar, sondern den seines Vaters.[73] Genauere Umrisse einer älteren, vor-dtr Überlieferung lassen sich kaum mehr zeichnen.

Ein Bestandteil der Grunderzählung dürfte sicher alt sein. Es ist der Name "Jerubbaal", an dessen Entschärfung DtrH ja besonders gelegen war. Bekanntlich ist dieser Name in Ri 9 fest verwurzelt; er gehört mit Abimelech aufs engste zusammen. Mit 6,25-32* verfolgte DtrH demnach das Interesse, durch die äußerst geschickte Identifizierung Gideons mit

---

70 Daß 6,25-32* an einer *Kontroverse* zwischen Jahwe und Baal nicht interessiert sei (so L. Schmidt, Erfolg 15), läßt sich demgegenüber wohl kaum belegen. Auch wenn der Jahwename in v.31 nicht fällt, steht Jahwe doch stets als der *wahre* Gott im Hintergrund. Die Verspottung in v.31 liegt im übrigen auf einer (zeitlichen wie sachlichen) Linie mit *dtjes.* Götzenpolemiken. Eine interessante Parallele liegt vor in Jes 50,8.

71 Vgl. Spieckermann, Juda 205f.; etwas skeptischer Hoffmann, Reform 278f.

72 Das Verbum הרס könnte freilich auch eine bewußte Abwandlung von נתץ sein. Immerhin steht הרס oft parallel mit נתץ (so z.B. Jer 1,10; 31,28, beide Jer-D) und begegnet, obwohl sicher kein typisch dtr Terminus, doch auch in dtr Zusammenhängen (vgl. Münderlein, Art. הָרַס 499-501). Der wechselnde Sprachgebrauch für "einreißen" (נתץ / הרס) wird von L. Schmidt, Erfolg 8, als literarkritisches Kriterium benutzt.

73 So Spieckermann, Juda 207 Anm. 111.

Jerubbaal zugleich die mit diesen Namen verbundenen Überlieferungskomplexe zu verknüpfen und zu einer zusammenhängenden Gideon-Abimelech-Geschichte zu gestalten. Die Analyse von Ri 9 wird diese Sicht
bestätigen.[74]

Ein kurzer Blick soll sich nun abschließend auf den Charakter und
die Herkunft der zur Grunderzählung hinzugetretenen *Erweiterungen* richten (v.25aβbβ.26.28aγb.30bβ.31aβ). Ihre Intention läßt sich leicht beschreiben: Durch die Einfügung des Jahwealtars, der anstelle des zerstörten
Baalaltars errichtet werden soll, erhält die Erzählung eine *kultätiologische Spitze*. Diesem Interesse dient auch das Hinzutreten eines "zweiten"
Jungstiers als Opfertier. Dem Baalaltar wird schließlich eine Aschera
beigesellt (vgl. Dtn 7,5; 12,2f.), die als Brennholz für die Opferung Verwendung finden soll (vgl. bes. Dtn 12,3a). Es ist durchaus denkbar, daß
der Bearbeiter die Erzählung stärker mit 1 Kön 18,20-40 in Verbindung
zu bringen suchte: Das Hinzutreten sowohl des zweiten Stiers (vgl. 1 Kön
18,23) als auch des Jahwealtars ließe sich erklären, vielleicht auch das
Motiv vom Brennholz (vgl. 1 Kön 18,23). Nicht zuletzt die den Sinn der
Grunderzählung sprengende Forderung nach dem Tod der baaltreuen
Stadtbewohner (v.31aβ) könnte durch den Ausgang der Opferprobe (1 Kön
18,40) veranlaßt sein.

Auch die Frage nach der *Herkunft* der Erweiterungen läßt sich relativ leicht beantworten. So weisen die formelhaften Wortverbindungen
כרת + אֲשֵׁרָה / בנה + מִזְבֵּחַ / עלה + עוֹלָה in dieser Häufung und
Zusammenstellung in den (spät-)dtr Literaturbereich.[75] Dabei sind die
Kultreformtexte Dtn 7,5; 12,2f. als Hauptparallelen anzusehen.[76] Ein
Nebeneinander von Baal (bzw. Baalaltar) und Aschere findet sich nicht
nur in Dtn 7,5; 12,2f., sondern auch innerhalb des Ri-Buches in spät-dtr
Stücken (2,13; 3,7).[77] Spätem, eher priesterlichem Sprachgebrauch entspringt wohl auch das Wort מַעֲרָכָה "Ordnung" (in dieser kultischen Be-
deutung nur noch Ex 39,37 P[S]).

Die literarkritischen Ergebnisse lassen sich folgendermaßen zusammenfassen: (1) Als Grundlage konnte eine von DtrH verfaßte Erzählung
herausgearbeitet werden (v.25aαbα.27.28aαβ.29.30abα.31aαb.32), deren eigentliches Interesse in der Namensätiologie (v.32) liegt. Durch die Ent-

---

74 Vgl. – unter anderen literarhistorischen Voraussetzungen – auch Richter,
    TU 167: V. 32 "stammt von dem, der das Kap. 9 angehängt oder Kap. 6-9 kom-
    poniert hat."
75 Eine Übersicht über die Belege bei Hoffmann, Reform 341-344.353-356.
76 Zur spät-dtr Herkunft vgl. Preuß, Deuteronomium 101f.; Smend, Entstehung 72f.
77 Vgl. auch Spieckermann, Juda 207 Anm. 112.

schärfung des anstößigen Namens "Jerubbaal" konnte die Abimelech-Überlieferung mit der Gideon-Tradition verknüpft werden. — (2) Eine spät-dtr
Hand (v.25aβ bβ .26.28 aγ b.30bβ.31aβ), die — vielleicht angeregt durch 1 Kön
18 — den Jahwealtar, den zweiten Jungstier, die Aschere und vielleicht
auch die Drohung v.31aβ einfügte, verlieh der Erzählung schließlich einen
kultätiologischen Akzent, der in der Grundschicht noch völlig fehlte.

9.6. Aufgebot und erste Kampfhandlungen (6,33-8,4)

9.6.1. Ri 6,33-40

Von der Namensätiologie (6,32) wird mit *6,33* recht abrupt zu den
Kriegsereignissen übergeleitet: Die Feinde Israels versammeln sich in der
Ebene Jesreel, dem "klassische(n) Schlachtfeld Palästinas"[78]. Wiederum
werden — wie in 6,3 (und 7,12) — neben Midian auch "Amalek" und die
"Söhne des Ostens" genannt. Gegenüber 6,3 tritt verstärkend ein כָּל vor
Midian hinzu, ferner die Angabe יַחְדָּו "zusammen". Anders als in 6,3 besteht in 6,33 im Numerus Kongruenz: Alle Verben stehen den drei Subjekten entsprechend im Plural. Diese Unterschiede deuten darauf hin,
daß der Vers einheitlich konzipiert ist, man also nicht wie in 6,3 allein
die Namen "Amalek" und "Söhne des Ostens" herauslösen kann. Damit
gerät 6,33 in den Verdacht, insgesamt *später* als 6,3 in seinem Grundbestand, der schon auf DtrH zurückgeht, formuliert worden zu sein.[79]

Betrachtet man nun den unmittelbar folgenden Vers *6,34*, bestätigt
sich diese Vermutung. 6,34 gehört eng mit 6,33 zusammen. Bewußt soll
ein Kontrast aufgebaut werden zwischen den zahllosen Feinden aus dem
Osten (6,33) und der nur kleinen Sippe Abieser, die Gideon dieser Gefahr
entgegenzusetzen hat (6,34). Auch die Vorstellung von der Geistbegabung
fügt sich gut in diese Gegenüberstellung: Mit Jahwes Geist "bekleidet"
(לבש) vermag Gideon mit einer kleinen Schar mehr auszurichten als ein
übermächtiges Heer. Daß 6,33-34 tatsächlich ein relativ spätes Stück ist,
das den DtrH-Zusammenhang schon voraussetzt, zeigt sich nicht zuletzt
an der Vorstellung von der Geistbegabung: Zum einen bildet sie in gewisser Hinsicht eine Dublette zur Berufung Gideons in 6,11-24. Zum andern aber weist schon das Verbum לבש in Verbindung mit רוח auf eine

---

78	Donner, Einführung 31.
79	Anders Budde, Richter 57; Täubler, Studien 256; Richter, TU 168, die wie in
	6,3 "Amalek" und "Söhne des Ostens" als sekundär betrachten.

recht späte Zeit.[80] Auch die Sippe Abieser[81] deutet kaum auf alte Tradition hin, wie sich noch ergeben wird.[82] 6,33f. kann als eine theologische Reflexion über das Verhältnis von göttlicher und menschlicher
Macht bezeichnet werden - ein Thema, das mit jeweils unterschiedlichen
Akzentuierungen in den folgenden Abschnitten wiederkehrt.

Die Aufbietung des Stammes Manasse und weiterer nördlicher Stämme in *6,35* stört den in 6,33f. markierten Gegensatz zwischen der kleinen
Gruppe Gideons und dem übermächtigen feindlichen Heer empfindlich,
verstärkt es doch nun auch die Seite Gideons. Gleichwohl ist der Vers
auf 6,34 sachlich angewiesen (vgl. וַיִּזְעַק גַּם־הוּא אַחֲרָיו) und scheint
an ihn sekundär angeschlossen worden zu sein. Drei der in 6,35 genannten
vier Stämme begegnen in 7,23 wieder (Naftali, Ascher, Manasse); desglei-
chen findet sich eine Parallele für das Aussenden der "Boten" in 7,24.
Handelt es sich in 6,35 also um eine "unsachgemäße Vorwegnahme" von
7,23f.?[83] Diese Einschätzung ist bis zu einem gewissen Grade sicher
richtig, indes muß man sich den Horizont von 6,35 vergegenwärtigen: Der
Vers weitet das kleine Aufgebot Gideons (6,34) beträchtlich aus und bereitet damit die in 7,1-8 geschilderte Reduzierung von Truppen vor.[84]

Das eigentümliche Zeichen mit der Wolle, das Gideon Jahwe ab-
verlangt *(6,36-40)*, ist nur sehr locker mit dem Kontext verknüpft. Mit
כַּאֲשֶׁר דִּבַּרְתָּ (6,36.37) wird eindeutig auf 6,14 Bezug genommen.[85] Die
(dtr) Berufung des Gideon wird also vorausgesetzt. Während Gideon aber
in 6,14 zu einer eher umfassenden Aufgabe berufen wird (vgl. die Berufungen des Mose oder des Jeremia) und selbst (grammatisches) Subjekt
des mit יָשַׁע *hif* umschriebenen Heilshandelns ist, legt 6,36f. Wert auf
die Feststellung, daß allein Jahwe zu "retten" imstande ist: Grammatisches Subjekt des Rettens bleibt folglich Jahwe; Gideon ist nur sein aus-
erwähltes Werkzeug (vgl. בְּיָדִי 6,36.37), das eine sehr eng begrenzte
Funktion wahrnimmt. Ferner begegnet in 6,36-40 durchweg die Gottesbe-
zeichnung אֱלֹהִים; innerhalb von 6,11-24 steht sie nur in dem späten Zusatz 6,20. Diese Beobachtungen führen zu dem Schluß, daß der Abschnitt

---

80   Es begegnet in dieser Bedeutung nur noch in 1 Chr 12,19; 2 Chr 24,20. Vgl.
      Soggin, Judges 129; Gamberoni, Art. לָבֵשׁ 479.
81   Nur noch in 8,2; das Nomen gentilicium "Abiesriter" in 6,11.24; 8,32.
82   Auf den insgesamt späten Charakter von 6,33f. weisen auch Beyerlin, Ge-
      schichte 3, und Rösel, Studien II, 10f., hin. Richter, TU 238, führt 6,33*.34
      - wie auch 6,32 - auf den Verfasser des Retterbuches zurück.
83   Rösel, Studien II, 11. Richter, TU 169, hält 6,35 für einen Zusatz, der auf-
      grund von 7,24 geformt wurde.
84   Vgl. Budde, Richter 57; Richter, TU 119.212.
85   Vgl. Richter, TU 211.

in jedem Fall *nach* 6,11-24 entstanden bzw. in den Kontext gelangt ist.[86] Ordnet man die Berufungsgeschichte DtrH zu, kommt man für 6,36-40 in spätere, wohl am ehesten nach-dtr Zeit.

9.6.2. Ri 7,1-8

Die merkwürdige, in zwei Phasen verlaufende Auslese der 300 Mann setzt nicht nur - wie schon bemerkt - die Ausweitung des israelitischen Aufgebots in 6,35 voraus, sondern bereitet im jetzigen Zusammenhang, freilich kaum ursprünglich, auch den Überfall auf das midianitische Lager (7,16-22) vor, an dem ebenfalls genau 300 Mann beteiligt sind. Offenbar liegt hier also ein späterer Einschub vor.[87] Dieser Eindruck bestätigt sich, wenn man den Rahmen in 7,1.8 in den Blick nimmt: Die Lokalisierung des midianitischen Lagers in v.1b wird nämlich in etwas veränderter Gestalt in v.8b wiederaufgenommen; das Dazwischenliegende scheint sich somit auch aus formalen Gründen als Interpolation zu entpuppen.

Indes ist hier eine differenziertere Sicht vonnöten. Wenn man v.8b als Wiederaufnahme von v.1b betrachtet, müßte folglich v.1a insgesamt älter sein als das jüngere Stück 7,2-8.[88] Dieser Schluß aber wird dem Befund nicht gerecht, da 7,2-8 in zweifacher Hinsicht von 7,1 vorbereitet wird: (1) Die Begleitung Gideons (כָּל־הָעָם אֲשֶׁר אִתּוֹ) wird in 7,2 aufgenommen (רַב הָעָם אֲשֶׁר אִתָּךְ). - (2) Die in 7,1 erwähnte Quelle "Harod", die den Gideon-Leuten als Lagerplatz dient, steht gewiß mit חָרֵד "ängstlich" (7,3) in Zusammenhang. Aus diesem Grund wird man erwägen müssen, ob nicht 7,1 von vornherein als Einleitung des Einschubs 7,2-7 konzipiert wurde und also auch auf derselben redaktionellen Linie liegt.

Eine gewisse Bestätigung erfährt diese Sicht durch die Analyse von 7,8. Der Vers läßt sich nämlich kaum als Abschluß von 7,2-7 zum Zwecke der Wiederaufnahme erklären, denn er weist gleich mehrere textliche Schwierigkeiten auf, die einer Zuweisung an eine einzige Hand widerraten. Zwar setzt der Vers 7,2-7 voraus, scheint aber doch nicht die ursprüngliche Fortsetzung des Stückes zu bieten: Der erste Teil von 7,8 (bis וְאֵת שׁוֹפְרֹתֵיהֶם) bleibt weitgehend im dunkeln. Selbst wenn man der üblichen Änderung der Form צֵדָה in den st. cs. צֵדַת folgte,[89]

---

86   Ähnlich Richter, TU 211.
87   Vgl. Budde, Richter 57; Beyerlin, Geschichte 24; Richter, TU 119f.; Rösel, Studien II, 11; Soggin, Judges 135.
88   So z.B. Budde, Richter 57; Richter, TU 119f.
89   Vgl. z.B. Moore, Judges 204; Hertzberg, Richter 185; Richter, TU 219 Anm. 250; Boling, Judges 146; Soggin, Judges 138.

erhielte man keinen befriedigenden Text: "Und sie nahmen den Proviant des Volkes und ihre Hörner." Wer ist das Subjekt von וַיִּקְחוּ, die Entlassenen oder die 300 Auserwählten? Oder war gar Gideon allein gemeint, der den Proviant des Volkes - nicht "in ihre Hand", sondern: - "*aus* ihrer (nämlich der Entlassenen) Hand" nahm?[90]

V.8 weist also mehrere Bearbeitungsspuren auf. Zweifelsohne geht die auf 7,16-22 vorausweisende Erwähnung der "Hörner" auf eine spätere Eintragung zurück, wie schon der eigentümlich nachgeschobene Charakter von וְאֵת שׁוֹפְרֹתֵיהֶם zeigt. Diese Einfügung könnte zu einer Verwirrung am Beginn des Verses beigetragen haben.

Es fällt sodann auf, daß v.8a nochmals - mit etwas anderen Worten als v.7bβ - von einer Entlassung des Volkes berichtet. Eine solche Wiederholung ist auch dann schlecht denkbar, wenn v.8 als Überleitung konzipiert worden sein sollte. Im übrigen macht v.8 ab וְאֵת כָּל־אִישׁ יִשְׂרָאֵל שִׁלַּח einen einheitlichen und sehr geschlossenen Eindruck: Es werden - in parallelem Aufbau - drei Aussagen gemacht, die für das folgende Geschehen eine unentbehrliche Zustandsbeschreibung darstellen: (1) Alle Israeliten entließ er, einen jeden zu seinen Zelten. - (2) 300 Mann behielt er bei sich (חזק hif, vgl. Ri 19,4). - (3) Das Lager Midians befand sich unterhalb von ihm in der Ebene.

Während die Lokalisierung des Lagers "unterhalb von ihm" ausgezeichnet zu der unmittelbar folgenden Szene in 7,9-15 paßt (vgl. das viermalige ירד in 7,9.10.11), können die ersten beiden Angaben gut als Einleitung von 7,16-22 betrachtet werden. So legt sich die Vermutung nahe, daß nicht v.1, sondern v.8* als Einführung von 7,9-22 gedient hat, *bevor* 7,2-7 eingefügt wurde. Ein Vergleich der beiden verwandten Angaben über das Lager Midians (v.1b / 8b) kann diese Vermutung bestätigen:

v.1b: וּמַחֲנֵה מִדְיָן הָיָה־לוֹ מִצָּפוֹן מִגִּבְעַת הַמּוֹרֶה בָּעֵמֶק

v.8b: וּמַחֲנֵה מִדְיָן הָיָה־לוֹ מִתַּחַת בָּעֵמֶק

Während v.8b einen vollauf verständlichen Wortlaut bietet, bereitet v.1b Probleme: Die Wendung מִצָּפוֹן kann sich nämlich sowohl auf מִגִּבְעַת הַמּוֹרֶה als auch auf לוֹ beziehen, nicht aber auf beides zugleich. Worauf man מִצָּפוֹן auch bezieht, die jeweils verbleibende Wendung hängt grammatisch in der Luft.[91] Eine weitverbreitete Konjektur besteht darin, in v.1b (entsprechend v.8b) מִתַּחַת einzufügen und es entweder vor

---

90   So z.B. Moore, Judges 204: וַיִּקַּח אֵת צֵדָה הָעָם מִיָּדָם. Gelegentlich wird in Angleichung an 7,16-22 (vgl. die "Hörner") צֵדָה durch כַּד 'Krug' ersetzt, so z.B. Budde, Richter 58: "und er nahm *die Krüge* des Volkes aus ihrer Hand".

91   Vgl. die eingehende Diskussion der Probleme bei Rösel, Studien II, 12-14.

oder hinter מִצָּפוֹן zu setzen.[92] Indes vermag eine solche Konjektur den
bestehenden Anstoß in v.1b nur auszuräumen, nicht aber zu erklären. Eine
schlüssige Erklärung bietet sich aber an, wenn man in v.8b die *literarische
Vorlage* von v.1b erkennt.[93] Der Autor von v.1b hat mit den sprachlichen
Mitteln von v.8b, zu denen auch das allein in v.1b anstößige לוֹ gehört,
eine etwas präzisere Lokalisierung des midianitischen Lagers versucht.

Aus den bisherigen Erwägungen ergibt sich der Schluß, daß man die
ursprüngliche Fortsetzung des DtrH-Fadens in 7,8 (ab וְאֵת כָּל־אִישׁ) zu
sehen hat. Die dort zu lesenden Aussagen bereiten eindeutig die in 7,9-22
enthaltene ältere Überlieferung vor. Am Beginn von v.8 könnte eine
Überleitung gestanden haben, die freilich jetzt – vielleicht bedingt durch
weitere Ergänzungen (z.B. "Hörner") – nur noch verstümmelt vorliegt.
Das Stück 7,1-7 ist jedenfalls als Einschub zu betrachten, der – gemeinsam mit 6,35 – *nach* DtrH in den Zusammenhang gelangt ist. Mit ihm
soll der Auffassung entgegengetreten werden, *Israel* habe sich selbst
gerettet – eine Tendenz, die in dieser Form bei DtrH nicht begegnet
(siehe zu 8,22f.). Da die Angabe וַיַּשְׁכֵּם in 7,1 vorzüglich zu der Zeitangabe von 6,40 paßt ("in jener Nacht"),[94] ist zu erwägen, ob nicht die
Episode über das Zeichen mit der Wolle (6,36-40) *vor* 6,35; 7,1-7 eingefügt worden sein könnte.[95]

9.6.3. Ri 7,9-15

Auch die Erzählung über den Traum, den Gideon im midianitischen
Lager belauscht, ist keineswegs einheitlich. Als allgemein anerkannter
Zusatz ist v.12 zu beurteilen.[96] Die Erweiterung Midians um "Amalek"
und die "Söhne des Ostens" ging auch in 6,3 und 6,33 auf spätere (nach-
dtr) Redaktoren zurück (vgl. auch 8,10aβb). Sie soll an dieser Stelle die
in 7,11 erwähnte Gruppe der "Kampfbereiten" im Lager Midians stark
ausweiten (vgl. auch 6,5). Der abgelauschte Traum wird dadurch noch
unglaublicher, die Tat Jahwes umso wunderbarer.

Sehr leicht lassen sich die beiden letzten Worte von v.13 als Glosse
ausscheiden: Die Bemerkung "und das Zelt fiel" stellt eine nachhinkende

---

92 Vgl. z.B. Budde, Richter 58; Täubler, Studien 257; Richter, TU 120.
93 Ähnlich Rösel, Studien II, 13. Freilich rekonstruiert er eine angeblich ur-
     sprüngliche Lesart in v.1b, indem er לוֹ und בָּעֵמֶק streicht (so auch Moore,
     Judges 200). Diese Operation ist indes kaum gerechtfertigt.
94 Vgl. Richter, TU 187; Schüpphaus, Richtergeschichten 167.
95 So auch Richter, TU 215.
96 Vgl. z.B. Moore, Judges 205; Budde, Richter 59; Wiese, Literarkritik 37; Rich-
     ter, TU 169; Soggin, Judges 140.

Wiederholung des Narrativs וַיִּפֹּל dar.[97] Das nach Abzug der offensicht-
lichen Zusätze verbleibende Stück 7,9-11.13*.14f. freilich weist weitere
Unstimmigkeiten auf, die mit der Gottesrede in 7,9-11 zusammenhängen:
Eine unübersehbare "Spannung zwischen dieser Gottesrede und dem folgenden liegt darin, daß Gideon in V.9 schon den Auftrag zum Handeln
und die Verheißung der Übergabe erhält, jedoch nach V.14f es erst aus
dem Traum des Midianiters erfährt. V.10 schlägt zwischen beiden die
Brücke, schränkt damit V.9 ein. Die Spannungen erklären sich am besten,
wenn man annimmt, daß die Gottesrede später dem Traditionsstück vor-
gebaut worden ist"[98]. Durch diese redaktionelle Vorschaltung, die wohl
bis v.11a reicht, hat das alte Traditionsstück zugleich einen leicht veränderten Sinn erhalten: Der Traum dient nicht (mehr) allein der Vergewis-
serung Gideons, daß *er* die Midianiter schlagen werde - so wohl der ursprüngliche Sinn -, sondern nun vor allem der Bestätigung des göttlichen
Wortes, wie es in der Übereignungsformel (v.9) zum Ausdruck kommt:
Jahwe allein ist der Urheber des Sieges; er hat den Untergang der Feinde
bereits beschlossen.

Nun begegnet die für die redaktionelle Hand wichtige Übereignungsformel aber auch in v.14b, also innerhalb der Deutung des Traumes. Betrachtet man v.14 indes genauer, so zeigt sich, daß die Formel ein wenig
über die eigentliche Deutung des Traumes (v.14a) hinausgeht, nach der
Gideon offenbar als der alleinige Held gilt, der ohne Jahwes Zusage und
Mithilfe auskommt (vgl. das "Schwert Gideons"). Man wird v.14b deshalb
auf denselben Redaktor zurückführen können, der die Gottesrede v.9-11a
vorschaltete. Die Übereignungsformel ermöglichte zudem eine gute Motivierung für den wunderhaften Überfall auf das midianitische Lager (7,16-
22), der sich - jedenfalls in seiner jetzigen Fassung - ganz ohne menschliches Zutun vollzieht. Es liegt der Schluß nahe, daß die Übereignungsformel in v.14b wie überhaupt die Verbindung von 7,11b-15* und 7,16-22
auf denselben Redaktor zurückgeht, der die Gottesrede 7,9-11a schuf.[99]

Als Einschub verdächtig ist auch die v.14b unmittelbar vorausgehende
Näherbestimmung Gideons als אִישׁ יִשְׂרָאֵל. Daß diese Verbindung hier
einen einzelnen Israeliten bezeichnet, erscheint höchst ungewöhnlich.[100]
Man könnte das anstößige אִישׁ יִשְׂרָאֵל freilich - über "Gideon, den Sohn

---

97 Vgl. Moore, Judges 205; Budde, Richter 59; Richter, TU 172.

98 Richter, TU 174f.; ganz ähnlich auch Greßmann, Anfänge 206.

99 Anders Richter, TU 199f.: Zwar sieht auch er den Zusammenhang zwischen
    der Übereignungsformel und 7,16-22, doch hält er ihn für *älter* als die Gottes-
    rede in 7,9-11a. Dieses Urteil ist umso erstaunlicher, als Richter ja den stören-
    den Charakter der Formel innerhalb der Traumdeutung anerkennt.

100 So nur noch Num 25,8.14; vgl. Budde, Richter 60.

des Joasch" hinweg - auch auf חֶרֶב beziehen, so daß sich die Übersetzung "das Schwert Gideons, des Sohnes des Joasch, (nämlich) der Mannschaft Israels" ergäbe. Jedenfalls zeigt diese Schwierigkeit, daß אִישׁ יִשְׂרָאֵל offenkundig auf eine spätere Hand zurückgeht. Zu denken ist an den für 7,9-11a.14b verantwortlichen Redaktor.[101]

Näher betrachtet werden muß schließlich v.15. Hier begegnet ein drittes Mal die Übereignungsformel (v.15bβ), so daß sich die Frage erhebt, ob sie auch an dieser Stelle redaktionell ist. Diese Vermutung bestätigt sich insofern, als v.15bβ allem Anschein nach auf v.9 Bezug nimmt: Mit fast denselben Worten, mit denen Gideon in v.9 von Jahwe zum Herabsteigen in das midianitische Lager aufgefordert wird (vgl. קוּם), ermutigt Gideon in v.15bβ nun seinerseits die ihm zugeteilte Truppe. Dabei bietet v.15bβ eine vorzügliche Überleitung zu 7,16-22.

Aber auch Versteil 15bα ("er kehrte zum Lager Israels zurück") ist kaum als ursprünglicher Bestandteil der Erzählung zu betrachten. Vor allem wirkt die - innerhalb von c.6-8 im übrigen singuläre - Erwähnung des Lagers *Israels* störend. Der einzige Verweis auf "Israel" in v.14 war ja als Einschub erkannt worden.

Es ist wohl nicht gänzlich auszuschließen, daß v.15 *als Ganzes* - möglicherweise unter Verwendung des ursprünglichen Schlusses der Erzählung - auf eine redaktionelle Hand zurückgeht, die eine plausible Überleitung zur nachfolgenden Szene in 7,16-22 schaffen wollte. Immerhin könnte man auch die Reaktion Gideons auf die Traumdeutung ("er warf sich nieder") mit dem (redaktionellen) Furchtmotiv (v.10) in Verbindung bringen: Die Dankbarkeit ausdrückende Gebetshaltung signalisiert zugleich das begründete Ende der Furcht.

Nach Abzug der redaktionellen Stücke ergibt sich eine kleine Episode, die davon handelt, wie Gideon im midianitischen Lager einen Traum mit seiner Deutung belauscht, die ihn als den erfolgreichen Held ankündigt (7,11b.13.14a[ohne אִישׁ יִשְׂרָאֵל].15a(?)). Ein Redaktor nahm diese Episode auf und verband sie mit dem nachfolgenden Überfall (7,16ff.). Ihm war besonders an dem durch die Übereignungsformel ausgedrückten Gedanken gelegen, daß *Jahwe* der alleinige Urheber des wunderhaften Sieges ist. Die Hand dieses Redaktors ist greifbar in 7,9-11a.14a[nur אִישׁ יִשְׂרָאֵל].14b.15b. Sie setzt die Erwähnung des tiefergelegenen Lagers Midians (7,8) voraus, zu dem man "hinabsteigen" muß (ירד in v.9.10.11). Auch könnte das Furchtmotiv bewußt auf 6,14 (DtrH) anspielen. Vermut-

---

101 Moore, Judges 205f., und Budde, Richter 59f., rechnen demgegenüber אִישׁ יִשְׂרָאֵל zum ursprünglichen Bestand, nehmen dafür aber "das Schwert Gideons, des Sohnes des Joasch" heraus.

lich liegt hier also die Hand des DtrH vor, der schon bisher für den Zusammenhang der Gideon-Überlieferung verantwortlich zeichnete.

9.6.4. Ri 7,16-22

Die Erzählung von der Überwältigung des midianitischen Lagers weist mannigfache Unebenheiten auf, die den genauen Ablauf des Geschehens nicht unerheblich verdunkeln: (1) Nach v.16 verteilt Gideon an die 300 beteiligten Personen Hörner und Krüge, in denen Fackeln verborgen gehalten werden. Während die Hörner in der Erzählung durchgängig genannt werden und ihre Funktion recht eindeutig ist (v.18.19.20.22), bleibt die Rolle der Krüge und Fackeln weitgehend im dunkeln. Sie werden in den Anweisungen Gideons (v.17f.) nicht erwähnt. Dient das *Zerschlagen* der Krüge der Erzeugung von Kriegslärm, wie es v.19 nahelegt? Oder soll es lediglich die verborgenen Fackeln freigeben, wie es wohl in v.20 gemeint ist? Welche Bedeutung ist den Fackeln überhaupt zugedacht? — (2) Die detaillierte Beschreibung, die v.20 bietet, ruft Verwunderung hervor: Wie können die Leute Gideons, wenn sie in der Rechten das Horn und in der Linken die Fackel tragen, zugleich ein Schlachtgeschrei erheben?[102] Warum ist in dem Schlachtruf gegenüber der Anweisung v.18 zusätzlich vom Schwert die Rede? — (3) In Bezug auf die Zahlenangaben ist eine Inkongruenz festzustellen: Während man gemäß v.16 (und 22a) eine Gesamtzahl von 300 Beteiligten erwartet, die in drei Gruppen aufgeteilt werden, scheint es nach v.19a noch eine *zusätzliche* Abteilung von 100 Mann zu geben, die sich bei Gideon aufhält. Oder ist der Text so zu verstehen, daß Gideon von vornherein *eine* der drei Abteilungen (100 Mann) bei sich behält? — (4) Eine Doppelung liegt vor in v.20a / 22a: Zweimal wird berichtet, daß die 300 Mann in das Horn stoßen. — (5) Auch die zweimalige Notiz über die *Flucht* des midianitischen Heeres (v.21b / 22b) überrascht, wobei insbesondere v.21b *vor* der Mitteilung, daß sich die Midianiter im Lager gegenseitig mit dem Schwert umbringen (v.22a), störend wirkt.

Vor allem die Häufung der genannten Kriegsgeräte (Hörner, Krüge, Fackeln, Schwert) und ihre ungleichmäßige Verteilung in der Erzählung haben in der Forschung vielfältige Lösungsversuche hervorgerufen. So ist es kaum verwunderlich, daß man auch in 7,16-22 zwei Quellen (J und E) vermutete, auf die die verschiedenen Ausrüstungen verteilt werden konnten. Der einen Version ordnete man zumeist die Hörner zu, der anderen die Krüge mit den Fackeln und - von v.22 herkommend - auch das

---

102 Vgl. z.B. Budde, Richter 60; Greßmann, Anfänge 207, die obendrein noch ein "Schwert" (vgl. v.20) zur Ausrüstung zählen.

Schwert.[103] Dementsprechend sah man auch die *Aufgaben* beider Gruppen als unterschiedlich an: Den Hornbläsern der ersten Fassung ist lediglich eine Art Statistenrolle zugedacht. Sie haben um das Lager herum Aufstellung bezogen und sehen zu, wie sich die durch Jahwe verwirrten Midianiter gegenseitig umbringen (v.22a). Die Fackel- und Schwertträger der zweiten Fassung aber sind *aktiv* am Kampfgeschehen beteiligt (vgl. den Schlachtruf v.20).[104]

Abgesehen davon, daß die Anwendung der Quellenscheidung auf 7,16-22 methodisch kaum gerechtfertigt ist,[105] wird man die Zielrichtung der Analysen als ähnlich beurteilen können wie bei denen, die von einer überarbeiteten Grunderzählung ausgehen: Man versucht eine Version herauszuschälen, in der der Sieg noch nicht (allein) auf Jahwe zurückgeführt wurde, sondern von den Gideon-Leuten in eigener Anstrengung errungen werden konnte. Erst Spätere hätten die Geschichte in theologischer Absicht umgedeutet und Jahwe allein den Sieg zugeschrieben.[106]

Nun stimmt es freilich bedenklich, daß diese Sicht nicht zuletzt auf einer zwar beliebten (vgl. auch BHK und BHS), aber doch unhaltbaren Konjektur in v.20 beruht, nach der die in der rechten Hand gehaltenen ''Hörner'' durch das ''Schwert'' ersetzt werden.[107] Tatsächlich spricht die Erzählung an keiner Stelle davon, daß die Anhänger Gideons gewaltsam am Kampfgeschehen beteiligt sind. So könnte man allenfalls an einen Überraschungseffekt oder an eine List denken, durch die der Sieg über Midian herbeigeführt wurde. Daß man in diesem Fall v.22 als eine spätere Zutat beurteilen muß, die wiederum Jahwe als alleinigen Urheber des Sieges einbringt, liegt auf der Hand.[108] Es fragt sich indes, ob eine solche literarkritische Operation tatsächlich gerechtfertigt ist, ja ob es überhaupt eine Erzählversion gegeben hat, in der Jahwe *nicht* die Alleinwirksamkeit zugeschrieben wurde. Eine Lösung der verwickelten Probleme in 7,16-22 soll deshalb am jetzigen Schluß der Erzählung (7,21-22) ansetzen.

Versteil 21a schließt insofern gut an die zuvor berichteten Ereignisse an, als sich die drei Abteilungen der Anordnung Gideons gemäß (v.17)

---

103 Vgl. z.B. (mit leichten Abwandlungen im einzelnen) Moore, Judges 207f.; Budde, Richter 60; Eißfeldt, Quellen 46-48. Vgl. Richter, TU 170 Anm. 166.
104 Vgl. z.B. Budde, Richter 60; ähnlich Eißfeldt, Quellen 46-48.
105 Vgl. die Argumente bei Richter, TU 170-172.
106 Vgl. Greßmann, Anfänge 207; Wiese, Literarkritik 36; Rösel, Studien II, 15.
107 Vgl. die kritischen Bemerkungen bei Richter, TU 171, der überdies das Wort חֶרֶב im Schlachtruf v.20bβ als durch v.22a verursachten Zusatz ansieht.
108 So insbes. in der Nachfolge Richters, TU 174: Rösel, Studien II, 15 Anm. 28; Soggin, Judges 145; Schwienhorst, Eroberung 50f.

rings um das Lager aufstellen. Versteil 21b indes wirft mehrere Probleme auf. Unklar ist zunächst die Bedeutung von וַיָּרֻץ. Dem Sinne nach müßte das Verbum רוץ - die Reaktion Midians beschreibend - "durcheinander-laufen" o.ä. meinen. Doch ist diese Konnotation sonst nicht belegt. Größere Schwierigkeiten bereitet das Verständnis der beiden letzten Worte וַיָּרִיעוּ וַיָּנִיסוּ. Sie fallen schon deshalb aus dem Zusammenhang heraus, weil ihr Subjekt unklar bleibt. Das zuletzt genannte Subjekt war das "Lager Midians" (v.21bα). Aber ist es auch hier gemeint? Nun wird das Verbum רוּעַ hif normalerweise zur Bezeichnung des Kriegsgeschreis der *angreifenden* Partei verwendet (so vor allem in Jos 6), nicht jedoch als Ausdruck der Verwirrung unter den Angegriffenen (außer in dem sehr späten Text Jes 15,4).[109] Schon diese Beobachtung legt den Schluß nahe, daß *Gideon-Leute* als Subjekt gedacht sind. Eine Bestätigung erfährt diese Sicht durch die zweite Verbform וַיָּנִיסוּ, wenn man nämlich gemäß dem vorliegenden Konsonantenbestand punktiert und also die *hif*-Form von נוּס liest ("in die Flucht schlagen"). Es ergibt sich mithin folgende Übersetzung: "Sie (nämlich die Leute Gideons) erhoben das Kriegsge-schrei und schlugen (die Midianiter) in die Flucht." Diese Lesart dürfte die eigentlich gemeinte sein; man hat sich also gegen das Qere der Maso-reten zu entscheiden. Gleichwohl, und darauf weist ja diese Unsicherheit in Bezug auf das Subjekt hin, wird man die beiden letzten Verben in v.21 kaum dem ursprünglichen Erzählungsbestand zurechnen können.[110] Zu die-sem Schluß führt auch die Analyse von v.22.

Beurteilt man die beiden letzten Worte von v.21 als sekundäre Zu-tat, läßt sich v.22a glatt an v.21a (bzw. v.21abα) anschließen: Nachdem die Israeliten rings um das Lager herum Aufstellung bezogen haben (v.21a), stoßen sie nun gemäß Anordnung in die Hörner, während Jahwe allein "im ganzen Lager das Schwert des einen gegen den andern rich-tet". Dieser gute Zusammenhang, der die passive Rolle der Gideon-Leute und die aktive Rolle Jahwes herausstellt, wird durch den Einschub v.21bβ, der von einer Flucht berichtet, empfindlich gestört.

Nun ist aber auch v.22 nicht von einer Hand. V.22a und 22b können nicht ursprünglich zusammengehört haben: (1) Die *Flucht* des midianiti-schen Heeres (v.22b) befremdet, dürfte von ihm doch nach der Vorstel-lung von v.22a niemand mehr übriggeblieben sein. Allenfalls die sekun-däre Bemerkung v.21bβ weist auf eine Flucht von Midianitern. — (2) Wäh-

---

109 Vgl. die Übersicht über die Belege bei Schwienhorst, Eroberung 51f.
110 Anders Soggin, Judges 144, der das Kriegsgeschrei nach v.22 (hinter "Hörner") versetzt und für die zweite Verbform das Qere ("und sie — die Midianiter — flohen") übernimmt.

rend in v.22a mit מַחֲנֶה eher an das "Lager" gedacht ist, meint v.22b eindeutig das "Heer".

V.22b dürfte mithin als sekundär zu beurteilen sein. Der Versteil setzt zwar das Geschehen in v.16-22a voraus, führt es aber durch den Gedanken der - nach v.22a eigentlich unmöglichen - *Flucht* weiter. Betrachtet man die Örtlichkeiten in v.22b etwas genauer, so könnte mit ihnen eine Flucht *in Richtung des Jordan* angedeutet sein.[111] Möglicherweise weist v.22b also schon auf die in c.8* verarbeitete Ostjordantradition voraus und will die alte Erzählung in einen größeren geographischen und literarischen Kontext stellen. Es ist nicht auszuschließen, daß von demselben Redaktor auch die Notiz in v.21bβ stammt, vielleicht um die durch Anfügung von v.22b entstandene Härte ein wenig abzumildern. Immerhin stellt v.21bβ ja heraus, daß man schon *vor* dem blutigen Gemetzel im Lager durch Erheben des Kriegsgeschreis (einige) Midianiter in die Flucht schlagen konnte. Während der Ergänzer von v.21bβ als Subjekt zweifellos allein die Gideon-Leute im Blick hatte, nahm man später (aufgrund der vorausgehenden Wendung וַיָּרָץ כָּל־הַמַּחֲנֶה?) wohl an, daß hier die Reaktion der *Midianiter* geschildert sein müsse. So ist es zu erklären, daß die Punktatoren eine andere Lesart vorschlugen (Qere); sie ist denn auch in nahezu alle Übersetzungen eingedrungen.

Aus diesen Erwägungen ergibt sich, daß der ursprüngliche Schluß des alten Traditionsstücks in v.21a.22a zu suchen ist. Mit der Tat Jahwes kommt die Erzählung zu ihrem eigentlichen Ziel: Nicht Gideon und seinen 300 Mitstreitern, sondern allein Jahwe ist der Sieg über Midian zu verdanken.

Kehrt man nun von diesem Ausgangspunkt her zum Korpus der Erzählung zurück, so legt sich eine verblüffend einfache Lösung der verbleibenden Unstimmigkeiten innerhalb von 7,16-22a nahe, nämlich die Ausscheidung von v.20. Dieser Vers ist, wie schon bemerkt wurde, in besonderem Maße an Details interessiert, die den Ablauf des Geschehens betreffen. Nimmt man ihn heraus, so entfällt die störende Doppelung mit v.22a. Auch wird in v.20 ein anderes Verb für das "Zerschlagen" der Krüge (שׁבר) benutzt als in v.19. Als besonders auffällig aber ist die Abwandlung des Schlachtrufes gegenüber v.18 anzusehen: Zum einen stellt die Einleitung des Rufes וַיִּקְרְאוּ offenbar eine bewußte Änderung

---

111 Vgl. Richter, TU 171f. V.22b ist mit seiner Vielzahl von kaum noch identifizierbaren Orten gewiß überfüllt (vgl. nur die beiden unterschiedlichen Präpositionen עַל und עַד). Zu den Lokalisierungsversuchen, die wohl nur bei "Abel Mehola" auf einigermaßen festen Boden stoßen, vgl. Noth, Gilead 529-531; Täubler, Studien 257f.; Rösel, Studien II, 15f.; Soggin, Judges 144.

des blassen וַיֹּאמְרוּ aus v.18 dar. Zum andern enthält er zusätzlich
das Wort חֶרֶב.
Fragt man nun genauer nach den *Motiven*, die zur Einfügung von v.20
geführt haben, wird man insgesamt sagen können, daß der Ergänzer gewisse Vorstellungen, aber auch Unstimmigkeiten der alten Erzählung
korrigieren wollte. So ließ er die Ausführung des in v.18 Gebotenen, das
Stoßen in die Hörner, unmittelbar auf v.19b folgen, ohne dabei freilich
den wohlüberlegten Ablauf in der Vorlage zu beachten, die vor dem Hör-
nerklang (v.22a) zunächst von der ordnungsgemäßen Aufstellung der 300
Mann zu berichten wußte. Daß der Ergänzer an einer exakten Erfüllung
der Rede Gideons (v.17f.) interessiert war, zeigt auch das Nachtragen
des Schlachtrufes. Dieser wurde zwar in v.18 angeordnet, doch fehlte
offenbar eine entsprechende Ausführung.

Eine wichtige Akzentverschiebung nimmt der Interpolator von v.20
im Blick auf die Funktion der *Krüge* vor: In der Grunderzählung dienten
sie wohl der Erzeugung von Kriegslärm, wie v.16 ("leere Krüge"), aber
auch v.19 nahelegt. Merkwürdigerweise fehlt aber eine entsprechende Erwähnung der Krüge sowohl in der Rede Gideons (v.18) als auch in v.22a
(jeweils nur "Hörner"). Diesem Mangel sollte mit v.20 abgeholfen werden. Der Vers trägt nicht nur die Krüge nach, sondern beschreibt auch
mit Interesse am Detail, *wie* Krug und Horn gehalten werden. Dabei hat
sich aber die Funktion der Krüge gewandelt: Ihr Sinn liegt nun darin, die
Fackel zu *verbergen*. Deshalb wird man wohl auch die etwas nachgeholt
wirkende Notiz "in den Krügen waren Fackeln" (v.16bβ) auf denselben
Redaktor zurückführen können. Läßt sie sich überhaupt mit der vorausgehenden Bemerkung, daß die Krüge *leer* seien (v.16bα), vereinbaren?

Ohne v.20 erhält man überdies eine im Ablauf klare und wohldispo-
nierte Erzählung, die ganz auf die Tat Jahwes in v.22a zuläuft.[112] V.16
berichtet einleitend über die Aufteilung von 300 Mann in drei Abteilungen
und ihre Ausrüstung mit Hörnern und leeren Krügen. Die Rede Gideons
(v.17f.) gibt das Vorgehen an: Wenn er (Gideon) an den *Rand des Lagers*
kommt, sollen die 300 Mann dasselbe tun wie er, nämlich rings um das
ganze Lager ins Horn stoßen. Gideon kommt nun an den *Rand des Lagers*, stößt in das Horn und zerschlägt den Krug (v.19). Daraufhin stellen
sich die 300 entsprechend der Anweisung von v.18 - in einem geradezu

---

112 Man wird darüberhinaus die Angabe über die "100 Mann, die bei ihm sind"
in v.19 ausscheiden müssen, möglicherweise auch die entsprechende Notiz
über eine Begleitung Gideons in v.18. Folglich müßten auch die Pluralformen
in v.19b in den Singular gesetzt werden. Offenbar gehen die Angaben auf das
Mißverständnis zurück, als habe Gideon *eine* der drei Abteilungen (also 100
Mann) bei sich behalten.

feierlichen Akt - rings um das Lager auf (v.21a) und stoßen nun ihrerseits
in die Hörner (v.22a). Vor dieser Kulisse führt Jahwe schließlich den Sieg
über Midian herbei. Den 300 Begleitern Gideons ist nicht mehr als eine
passive Statistenrolle zugedacht. Man kann fragen, ob möglicherweise in
einem vorliterarischen Stadium über eine List, einen Überraschungseffekt
oder gar einen mit dem Schwert geführten Überfall auf das midianitische
Lager erzählt worden ist. Freilich liefert die Grunderzählung keinerlei
Anhaltspunkte für eine solche Vermutung. Aus diesem Grund wird man
auch die These von einer ursprünglichen Zusammengehörigkeit von
7,16-22a mit 7,11b-15* als eher unwahrscheinlich betrachten müssen,
scheint 7,11b-15* doch eine Heldentat *Gideons* im Blick zu haben.

9.6.5. Ri 7,23-8,4

Sieht man einmal von der verwirrenden Häufung der weithin unbekannten topographischen Angaben ab, läßt sich an 7,22b gleichwohl 7,23 glatt
anschließen: Auf die Flucht der Midianiter in Richtung des Jordan folgt
sachgemäß ein Aufgebot der "Mannschaft Israels" (אִישׁ יִשְׂרָאֵל), das mit
der Verfolgung beauftragt ist. Im einzelnen werden dieselben nordisraeli-
tischen Stämme genannt wie in dem späten, nach-dtr Vers 6,35 (Naftali,
Ascher, Manasse; in 6,35 zusätzlich Sebulon). Offenkundig liegt in 6,35
der Versuch vor, die galiläischen Stämme zu vervollständigen (Sebulon!),
so daß man 7,23 als älter wird einstufen können.[113]

7,23 erfüllt - gemeinsam mit 7,22b - eine Überleitungsfunktion: Das
Verfolgungsmotiv hat die Aufgabe, den Überfall auf das Lager Midians
(7,16-22a) mit der im Ostjordanischen lokalisierten Sonderüberlieferung
zu verbinden, die von der *Verfolgung* zweier *midianitischer* Könige und
ihres Heeres handelt (8,5ff.). Zu diesem Zweck werden die nach 7,8
entlassenen Israeliten (ebenfalls אִישׁ יִשְׂרָאֵל !) nun wieder versammelt.
Man wird daher die Verse 7,22b*.23 auf denselben Redaktor zurückführen
können, der schon in 7,8* die Feder führte und überhaupt erst eine zusammenhängende Gideon-Geschichte schuf (DtrH).

7,24 berichtet sodann von einem Aufgebot Efraims, das durch die
Aussendung von Boten veranlaßt wird. Efraim erhält die Aufgabe, den
flüchtenden Midianitern den Weg vom Jordan her abzuschneiden.[114]

---

113 Vgl. Richter, TU 169.
114 Die eigentümlich nachhinkende Angabe וְאֶת־הַיַּרְדֵּן dient offenbar der (sekundären ?) Erläuterung der "Wasserstellen bis Bet-Bara". In diesem Fall wäre
 das וְ als ein explikatives aufzufassen. Anders (mit Textänderung) z.B. Rösel,
 Studien II, 19 Anm. 63; Soggin, Judges 147.

Gegenüber 7,23 liegt hier zweifellos ein retardierendes Moment vor: "Schwer begreift es sich, wie ein so spätes Aufgebot noch rechtzeitig am Jordan eingreifen konnte."[115] Umso besser aber paßt die Einbeziehung Efraims zu den nachfolgenden Versen 7,25-8,3: In ihnen wird ja die Tötung der beiden midianitischen Fürsten Oreb und Seeb durch Efraim mitgeteilt (7,25), was dann den sachlichen Hintergrund für das eigenartige Streitgespräch in 8,1-3 bildet ("Nachlese Efraims"). Auch die seltene Verbindung אִישׁ אֶפְרַיִם (7,24) kehrt in 8,1 (und 12,1) wieder. Es legt sich deshalb der Schluß nahe, daß 7,24 eigens zur nachträglichen Einführung und Einfügung der Efraim-Episode 7,25-8,3 formuliert wurde. Gegenüber 7,23 wäre demnach das Stück 7,24-8,3 insgesamt als Zusatz zu betrachten. Da aber schon 7,23 als Verbindungsglied zwischen c.7* und 8* erkannt wurde, muß dem Ergänzer von 7,24-8,3 dieser Zusammenhang schon vorgelegen haben.[116]

Diese Sicht bestätigt sich, wenn man 7,25 betrachtet: Versteil 25b lokalisiert die Übergabe der Köpfe Orebs und Seebs an Gideon wie überhaupt das sich anschließende Streitgespräch (8,1-3) im Ostjordanland (vgl. מֵעֵבֶר לַיַּרְדֵּן), obwohl sich Gideon erst von 8,4 an auf der östlichen Jordanseite befindet. Erklären läßt sich dieser Anachronismus relativ zwanglos, wenn man in 7,24-8,3 ein nachträglich zwischen 7,23 und 8,4ff. geschobenes Stück sieht.[117]

Das Streitgespräch in 8,1-3, das eine Rivalität zwischen Efraim und Abieser widerspiegelt, ist notwendig auf 7,25 angewiesen. Offenbar wird Abieser hier als die Sippe Gideons verstanden (so auch in dem späten Vers 6,34).

Der in seiner jetzigen Gestalt nicht mehr ganz durchsichtige Vers 8,4 dürfte einmal die Fortsetzung von 7,23 gebildet haben: Gideon kommt an den Jordan (8,4a) und überschreitet ihn. Sehr deutlich tritt der redaktionell-verbindende Charakter dieses Verses hervor. Freilich weist er (in Versteil 4b) Anzeichen späterer Überarbeitung bzw. Glossierung auf: Zunächst wirkt die asyndetisch angeschlossene Part.-Form עֹבֵר ungewöhn-

---

115 Budde, Richter 62.
116 Vgl. Rösel, Studien II, 19. Richter, TU 173, hält es zwar für denkbar, daß 7,24-8,3 Zusatz ist, weist aber dennoch das *gesamte* Stück 7,22-8,4 dem Verfasser des Retterbuches zu (S.238). Daß indes die Efraim-Episode einen bereits vorgegebenen Zusammenhang zwischen 7* und 8,4ff. durchbricht, betont auch Schüpphaus, Richtergeschichten 166f. Freilich wirkt die Zuweisung von 7,23 zu diesem jüngeren Einschub wenig überzeugend: 8,4ff. kann schwerlich unmittelbar auf 7,22 gefolgt sein.
117 Budde, Richter 62, beurteilt freilich die Angabe מֵעֵבֶר לַיַּרְדֵּן in 7,25 als harmonisierenden Zusatz. Sicher sekundär ist hingegen v.25aβ: Die Verfolgung Midians kommt zu spät; ferner unterbricht die Notiz den Zusammenhang von v.25aαb (vgl. Moore, Judges 215).

lich. Mehr noch aber erstaunt die Angabe über die "300 Mann, die bei ihm sind", obwohl der Erzählzusammenhang (7,23) doch ein größeres, nahezu gesamtisraelitisches Aufgebot voraussetzt. Schließlich bleiben die beiden letzten Worte עֲיֵפִים וְרֹדְפִים etwas unverständlich. Offenbar sollen sie zu der nachfolgenden Szene überleiten (vgl. 8,5: עֲיֵפִים הֵם / רֹדֵף). Die "300 Mann" sind gewiß später - aufgrund von 7,16-22 - hinzugetreten und haben vielleicht eine andere Angabe über die Begleitung Gideons verdrängt. Ursprünglich wird auch die Form עֹבֵר nicht sein. Möglicherweise liegt eine bewußte Verstümmelung vor (statt וַיַּעַבְרֵהוּ?), die aufgrund von 7,25b, wo ja schon eine Jordanüberquerung Gideons vorausgesetzt wird, zustande kam. In seinem Grundbestand kann man 8,4 dem Redaktor zuweisen, der die in c.7 und 8 enthaltenen alten Überlieferungen miteinander verband (DtrH).

9.7. Im Ostjordanland: Gideon und das Königtum (8,5-27)

Recht unvermittelt setzt in 8,5 das alte Traditionsstück ein, das von der Verfolgung und Tötung zweier midianitischer Könige mit Namen Sebach und Zalmunna auf ostjordanischem Gebiet erzählt: Zunächst bittet Gideon bei den Bürgern von Sukkot um Verpflegung für seine Truppe, die dabei ist, den feindlichen Königen nachzusetzen (v.5). Dieses Ansinnen stößt auf schroffe Ablehnung (v.6), woraufhin Gideon eine angemessene Strafe in Aussicht stellt (v.7). Ähnliches widerfährt ihm in Penuel (v.8f.). Nach dem Sieg über das feindliche Heer und der Gefangennahme der beiden Könige (v.10-12) kehrt Gideon um (v.13) und schreitet zur Bestrafung der Orte Sukkot (v.14-16) und Penuel (v.17). Die Handlung kommt zu ihrem Ziel in der Tötung der beiden Könige Sebach und Zalmunna (v.18-21bα). Zugleich bringt diese abschließende Szene zum Ausdruck, daß Gideon mit der Tötung der Könige offenbar ein ganz persönliches Interesse verfolgt, nämlich den Vollzug der Blutrache.

Die Übersicht über den Gedankengang der Erzählung zeigt, daß sie aus zwei relativ selbständigen Handlungseinheiten besteht, die sehr geschickt miteinander verzahnt sind: zum einen aus den Szenen in Sukkot und Penuel (v.5-9.14-17), zum andern aus der Gefangennahme und Tötung der Könige (v.10-13.18-21bα). Einer literarkritischen Trennung beider Komplexe steht die einfache Beobachtung entgegen, daß sie aufeinander angewiesen sind. So setzt die Bestrafung Sukkots und Penuels (v.14-17) ja die in v.12 berichtete Gefangennahme Sebachs und Zalmunnas voraus.

Auch paßt die Art, wie Gideon in Sukkot auftritt und um Nahrungsmittel
für seine Truppe bittet, aber auch wie er die unfolgsamen Männer der
Stadt schließlich bestraft, durchaus zu seiner in v.18-21bα angedeuteten
edlen Herkunft und mächtigen Stellung.

Gleichwohl weist die Erzählung Spuren späterer Bearbeitung auf, die
nun in den Blick zu nehmen sind. So könnte man erwägen, die nur relativ
locker mit dem Kontext verknüpften Penuel-Szenen (v.8f.17) als späteren
Zuwachs zu betrachten:[118] Sie stellen inhaltlich nur eine - sehr verkürz-
te - Variation der jeweils vorausgehenden Sukkot-Szene dar, wobei freilich v.17 mit der Tötung *aller* Bewohner ein ganz neues Element einbringt:
"Der Vers beantwortet die Frage nach der Verantwortlichkeit der Bewohner der Stadt radikal anders als V.16. Nach ihm sind nicht nur die Führer
wie in V.16, sondern auch die Geführten zur Rechenschaft zu ziehen."[119]
Es läßt sich freilich kaum mehr ausmachen, *wann* die Verse 8f.17 der
älteren Erzählung zugewachsen sind.

Als weit bedeutsamer indes ist eine andere Unausgeglichenheit in der
Erzählung zu beurteilen. So wirkt die mehrfache Erwähnung des midianitischen *Heeres* in v.10-13 wie überhaupt die Andeutung eines größeren
Kampfgeschehens, das über die Gefangennahme der beiden Könige hinausgeht, eher störend. Es ist deshalb kaum verwunderlich, daß man die betreffenden Verse 10-13 - oder jedenfalls Teile davon - einer redaktionellen Hand zuschrieb, der daran gelegen war, die alte Tradition in einen
größeren Rahmen einzubetten.[120] In der Tat lassen sich die Notizen, die
von einem *Heer* Midians handeln, sehr leicht entfernen: so die Mitteilung
über die Stärke der Truppe in v.10aα[121], das Schlagen des Heeres in v.11
und schließlich die Flucht der Könige in v.12a. In v.12 dürfte die Notiz
über die Gefangennahme der beiden Könige (v.12bα) allerdings zur alten
Tradition zu rechnen sein.[122] Damit erklärt sich vielleicht der auffällige
Umstand, daß in v.12 kurz hintereinander zweimal die Namen der Könige
erwähnt werden. Auch daß die Bemerkung, Gideon habe das feindliche
Heer "in Schrecken versetzt" (v.12bβ), nach der Niederlage des Heeres
(v.11b) eigentlich zu spät kommt, mag mit dem besonderen Charakter
von v.12 zusammenhängen, der alte Tradition und redaktionelles Gut vereinigt. In v.13 braucht man nur die Angabe מִן־הַמִּלְחָמָה auf die bear-

---

118 So Schäfer-Lichtenberger, Stadt 235-237.
119 Schäfer-Lichtenberger, Stadt 236f.
120 So Richter, TU 223-233; Schäfer-Lichtenberger, Stadt 234f.; Hecke, Juda 130f.
121 Gegenüber v.10aα stellt die nachhinkende Erläuterung des Heeres in v.10aβb
     (ab כֹּל הַנּֽוֹתָרִים) einen Zusatz dar, der auf einer redaktionellen Ebene mit
     dem späten Vers 7,12 liegt. Hierauf weist zum einen die Erwähnung der
     בְּנֵי קֶדֶם, zum andern das Partizip נֹפְלִים ("einfallen" wie in 7,12).
122 Vgl. Richter, TU 232.

beitende Hand zurückführen; der Rest des Verses gehört zur Tradition.[123]
Dies bedeutet freilich nicht, daß die in den redaktionellen Teilen enthaltenen topographischen Angaben (v.11a.13b) allesamt erfunden wären. Sie können durchaus der alten Tradition entnommen sein.[124]

Fragt man nun nach dem *Horizont* der redaktionellen Stücke, die die eher persönliche Auseinandersetzung Gideons mit zwei Königen (Blutrache!) zu einem umfassenden Kriegszug gegen das gesamte midianitische Heer ausweiten, läßt sich eine recht eindeutige Aussage treffen: Sie liegen auf einer Ebene mit den Versen 7,22b.23 und 8,4*, deren Aufgabe darin gesehen wurde, die ehemals wohl selbständigen Gideon-Midian-Traditionen zu einem geschlossenen Erzählkomplex mit einheitlicher Ausrichtung zu vereinen.[125] Gideons eigentliche Tat besteht nunmehr darin, das gesamte midianitische Heer einschließlich ihrer Führer vernichtet (gebannt!) und damit Israel aus der Hand der Feinde gerettet zu haben. Somit dürfte die in 8,10-13* erkannte redaktionelle Hand wiederum mit DtrH zu identifizieren sein.

Auf dieser redaktionellen Linie liegt nun aber offenbar auch der sogenannte Gideonspruch 8,22f., der sich - von der kleinen Notiz v.21bβγ sei zunächst abgesehen - unmittelbar an das zuvor berichtete Geschehen anschließt: Nach der Mitteilung über den Tod der beiden Könige (!) Midians (v.21abα), mit der das Traditionsstück an sein Ziel und Ende gelangt ist, wird Gideon von der ”Mannschaft Israels” (אִישׁ יִשְׂרָאֵל) ein dynastisches Herrschaftsamt angeboten. Obwohl hier die Wurzel מלך gerade fehlt und offenbar bewußt durch משׁל ersetzt ist, kann kein Zweifel darüber bestehen, daß es um nichts anderes als das Königtum geht. Dabei thematisiert das Verbum משׁל, das auffälligerweise auch am Beginn der Abimelech-Geschichte in 9,2 begegnet, von vornherein den Kontrast zwischen Gideon und Abimelech.[126] Es fungiert gewissermaßen als verklammerndes Leitwort.

Interessant ist nun vor allem die *Begründung*, mit der die Israeliten Gideon die Königswürde antragen: ”Herrsche über uns..., *denn du hast uns aus der Hand Midians gerettet!*” Es ist kein Zufall, daß hier an einer Schlüsselstelle das Verbum ישׁע hif auftaucht, das für die dtr Konzeption der Richterzeit eine kaum zu unterschätzende Bedeutung hat.[127]

---

123 Vgl. Richter, TU 231f.
124 Zu den topographischen Problemen vgl. insbes. Mittmann, Steige 80-87, und Rösel, Studien II, 17-24.
125 So auch Richter, TU 231.
126 Das Verbum משׁל dürfte aus der in 9,2 noch erkennbaren älteren Abimelech-Tradition übernommen worden sein (s.u. zu Ri 9,1-6).
127 Vgl. insbes. Boecker, Beurteilung 20-22; auch W.H. Schmidt, Kritik 442.

Die Ansicht des יִשְׂרָאֵל אִישׁ nämlich, Gideon selbst habe das Volk aus der Hand Midians gerettet, markiert nach dem Urteil des DtrH ein fundamentales Mißverständnis: Gideon vermochte in Wahrheit nur zu retten, weil und insofern *Jahwe* mit ihm war. Somit müssen die Taten Gideons ganz unter dem Vorzeichen seiner *Berufung* gesehen werden, wie die Aufnahme des Verbums יָשַׁע *hif* aus 6,14f. (und auch 6,31!) eindrücklich zeigt.[128] Die entscheidende Rettungstat vollbringt Jahwe allein.[129] Hier liegt nach der Auffassung des DtrH der eigentliche Grund dafür, warum Gideon das Königtum ablehnen *muß*. Diese Institution entwickelt notwendigerweise eine Eigendynamik, die nicht mehr aufzuhalten ist, ja in Konkurrenz zu Jahwe tritt (vgl. 8,23). Insbesondere der dynastische Gedanke, der wesenhaft zum Königtum gehört und infolgedessen in dem Angebot 8,22a eine zentrale Rolle spielt, tastet die Souveränität Jahwes an, insofern er der freien göttlichen Wahl einer Leitungsgestalt vorgreift. Rechte, "jahwegemäße" Herrschaft ist nur möglich, wenn sie zugleich Jahwes Ausschließlichkeit zu wahren vermag. Eine solche ist beispielhaft in der dtr Konzeption der Richterzeit mit ihren שֹׁפְטִים, die zugleich מוֹשִׁיעִים sind, entfaltet.[130]

Die Erwägungen zeigen deutlich, daß sich der Gideonspruch 8,22f. ausgezeichnet in die von DtrH entwickelte Richter-Retter-Konzeption einfügt. So wird man die beiden Verse als von DtrH formuliert betrachten dürfen. Hierauf weist nicht zuletzt die Verbindung אִישׁ יִשְׂרָאֵל, die schon in 7,8*.23, zwei dtr Überleitungsversen, begegnete.

Nun kann die hier vorgeschlagene Zuordnung der Verse 8,22f. an den ersten dtr Geschichtsschreiber DtrH keineswegs als unumstritten gelten. Ja, bei der literarischen Beurteilung des Gideonspruchs gehen die Meinungen so weit auseinander, daß eine kurze Auseinandersetzung mit einigen repräsentativen Vertretern angebracht erscheint. Dabei ist zunächst

---

128 In 6,14f. unterliegt sogar Gideon selbst zunächst dem Mißverständnis, er solle Israel *aus eigener Kraft* retten. Auch dieser Zug verbindet die Berufung Gideons mit 8,22f.

129 Vgl. Beyerlin, Geschichte 21; Boecker, Beurteilung 21f.; Gerbrandt, Kingship 127-129. Die Argumente, die Crüsemann, Widerstand 46f., gegen Boeckers Deutung des Gideonspruchs vom Verbum יָשַׁע *hif* aus vorbringt, vermögen kaum zu überzeugen: Zwar hat Crüsemann recht, wenn er die von Boecker herangezogenen Belege 6,36-40 und 7,2-7 wegen ihres gewiß jüngeren Alters ausklammert, doch in 6,14f. – wie in 5,13.23 – ein "Zusammenwirken menschlicher und göttlicher Kraft" (S. 47) angelegt zu finden, ist gänzlich unwahrscheinlich. Durch das Berufungsschema wird gerade deutlich gemacht, "daß der legitime Führer nicht aus Eigenmächtigkeit handelt" (L. Schmidt, Erfolg 50).

130 So wird man auch die z.B. von Boecker, Beurteilung 20-23, und Gerbrandt, Kingship 128f., vertretene Ansicht, in 8,22f. gehe es ebensowenig wie in 1 Sam 8; 12 um eine *prinzipielle* Königskritik, eher skeptisch beurteilen müssen.

festzustellen, daß sich das Interesse bei den meisten Exegeten weniger auf die literarhistorische Verortung des Spruches in seiner vorliegenden Gestalt als vielmehr auf die *hinter* ihm stehenden historischen und theo-logischen Sachprobleme richtet: So macht man sich zum einen Gedanken darüber, ob Gideon nicht möglicherweise doch König bzw. Herrscher (wenigstens über ein Teilgebiet Israels) war und also das ihm angetragene Amt - entgegen 8,23 - *angenommen* hat.[131] Zum andern fragt man da-nach, in welchem Zeitraum der Glaubensgeschichte Israels eine solche königskritische Haltung, wie sie sich in 8,22f. ausspricht, möglich und denkbar ist. Vor dem Hintergrund einer bestimmten Auffassung von der Frühgeschichte Israels (Amphiktyonie oder Theokratie) führt diese tradi-tionsgeschichtliche Rückfrage zumeist in die vorstaatliche Zeit.[132] Im Falle einer Spätdatierung verweist man gern auf die Berührungen mit der Prophetie Hoseas, insbesondere aber auf die theologisch verwandten dtr Stellen 1 Sam 8,7; 12,12, und nimmt auch für 8,22-23 *dtr* Verfasserschaft an.[133] Eine *redaktionsgeschichtliche* Begründung für diese Sicht - handle es sich nun um eine Früh- oder Spätdatierung - sucht man indes über-wiegend vergebens. So sehr *tendenzkritische* Erwägungen gerade bei einem theologisch überaus gewichtigen Text wie dem Gideonspruch not-wendig und hilfreich sind, vermögen sie doch eine *redaktionsgeschichtliche* Verortung nicht zu ersetzen.

Gerade eine solche Bemühung aber steht im Zentrum der Analysen W. Richters, der den Gideonspruch in ganz ähnlicher Weise, wie es hier vorgeschlagen wird, mit den redaktionellen Stücken 6,2-5.11-24*.32; 7,23; 8,4.10-13*, aber auch mit c.9 in Verbindung bringt: "So wird man diesen Vers (scil. 8,22f.) als Sitz in der Literatur dem Kompositeur der Kap.

---

131 So z.B. Greßmann, Anfänge 210 (der v.23 als dtr ausscheidet); Davies, Judges VIII, 151-157 (der in v.23 lediglich eine besonders höfliche Form der *Annahme* der Herrschaft sieht); Lindars, Gideon 315-326 (der 8,22f. zum Jerubbaal-Thema rechnet); de Vaux, History II, 771; Emerton, Gideon 297-299. Die historischen Probleme hängen natürlich eng mit der Frage nach dem Verhältnis von Gideon und Jerubbaal und dem Verständnis von 9,2 zusammen, wo von einer Herrschaft (מָשַׁל) der Söhne Jerubbaals die Rede ist (vgl. hierzu Thiel, Ent-wicklung 148).

132 Vgl. z.B. Buber, Königtum 539-548; Noth, Geschichte 153; Hertzberg, Richter 199; Bernhardt, Königsideologie 147; Beyerlin, Geschichte 20f.; Soggin, König-tum 17-20; Boecker, Beurteilung 20-23.98 (Verbindung mit dem Jahwekrieg).

133 Vgl. z.B. Wellhausen, Composition 222 (freilich ohne exakte Datierung); Greß-mann, Anfänge 210 (für v.23); v. Rad, Anfang 158 ("in seiner Jetztgestalt für jung zu halten"); Schüpphaus, Richtergeschichten 163 (für v.23b); Boling, Judges 161 ("work of an exilic redactor"); Fritz, Abimelech 142; Gerbrandt, Kingship 123-129. Im Horizont der Quellenscheidung dachte man häufig an E (vgl. Eiß-feldt, Einleitung 349; siehe auch Whitley, Sources 161f.).

6-9 zuerkennen."[134] Dieser "Kompositeur" wird von Richter bekanntlich mit dem zur Zeit Jehus wirkenden Bearbeiter des Retterbuches identifiziert, dessen dezidiert antimonarchische Haltung besonders prägnant durch die Kontrastierung von Gideons Ablehnung und Abimelechs Usurpation des Königtums zum Ausdruck komme.[135]

Die hier vorgelegten Analysen kommen in der Beurteilung des redaktionellen Bestandes - jedenfalls im Blick auf die Gideon-Abimelech-Überlieferung - zu ganz ähnlichen Ergebnissen wie Richter, weichen aber in der literarhistorischen Sicht erheblich von ihm ab (DtrH).

Obwohl an manche redaktionsgeschichtlichen Ergebnisse W. Richters anknüpfend, gelangt F. Crüsemann demgegenüber zu einer extremen Frühdatierung des Gideonspruchs.[136] Sein Gedankengang sei hier kurz nachgezeichnet. Zunächst legt Crüsemann dar, daß man 8,22f. weder aus sprachlichen noch aus inhaltlichen Gründen einer *dtr* Hand zuweisen könne. Im Blick auf den inhaltlichen Aspekt müsse nämlich festgestellt werden, daß Dtr eine "exklusive Alternative von göttlicher und menschlicher Herrschaft" sonst nicht kenne.[137] Die Einsicht in den redaktionellen Charakter des Gideonspruchs führt Crüsemann sodann zu einer Aufnahme der Analysen Richters, jedenfalls soweit sie c.6-8, also die Gideonüberlieferung betreffen: Es sei "anzunehmen, daß 8,22f mit 6,2ff und der jüngeren Schicht der Berufungserzählung zusammengehört."[138] In der *Datierung* aber geht Crüsemann andere Wege als Richter, indem er den Gideonspruch von der unmittelbar folgenden (älteren) Efod-Notiz her zu verstehen und einzuordnen versucht. Bei dem Efod nämlich handle es sich, wie Parallelen vor allem aus der Aufstiegsgeschichte Davids zeigen (1 Sam 23,9ff.; 30,6ff.), um ein Orakelgerät, durch das Jahwe seine Befehle und Entscheidungen kundgibt und gerade dadurch seine Herrschaft ausübt. Ebenso konkret sei der bewußt vor die Efod-Notiz gestellte Gideonspruch zu verstehen: "Es geht zwar durchaus um die Königswürde Gideons, wie die Dynastiebildung zeigt. Aber das alles entscheidende Kriterium liegt nicht in irgendeiner königlichen Würde, weder der Gideons noch der Jahwes, sondern allein in der Frage, wer denn letzte Befehls- und Entscheidungsgewalt in Israel hat: Jahwe oder der König."[139] Um eben dieses

---

134 Richter, TU 236.
135 Vgl. Richter, TU 336-340.
136 Vgl. Crüsemann, Widerstand 42-54.
137 Crüsemann, Widerstand 44. 1 Sam 8,7; 12,12 seien "übernommene Tradition".
138 Crüsemann, Widerstand 45. Die Verbindung von c.6-8 und c.9 führt er freilich – anders als Richter – auf eine spätere Redaktion zurück (vgl. S.51).
139 Crüsemann, Widerstand 49. Gerade weil es nicht um das Königtum als solches – und auch nicht um das Theologumenon vom "Königtum Gottes" – gehe, begegne hier das Verbum מָשַׁל statt מָלַךְ.

Thema aber gehe es in der Aufstiegsgeschichte Davids, der sein Königtum gerade dadurch zu festigen vermag, daß er vor wichtigen Entscheidungen stets den - durch den Efod vermittelten - Rat Jahwes einholt. So folgert Crüsemann: "Ich sehe keinen Grund, Ri 8,22f nicht ebenfalls grundsätzlich der Zeit zuzuweisen, die für die Aufstiegsgeschichte am Tage liegt, also konkret der Zeit Salomos."[140]

Für die Beurteilung der Frühdatierung Crüsemanns, der gegenüber Richter noch einmal um gut 100 Jahre zurückgeht, gilt mutatis mutandis dasselbe, das bereits gegen die literarhistorische Einordnung Richters vorgebracht wurde. Die Argumentation basiert ganz wesentlich auf einer bestimmten Auffassung des "Efod", die jedenfalls im Blick auf Ri 8,24-27, wie sich zeigen wird, völlig unhaltbar ist.

Zuvor jedoch ist auf eine besondere Form der Spätdatierung einzugehen, die von T. Veijola vorgeschlagen wurde und sich inzwischen einer größeren Beliebtheit erfreut. Er führt den Gideonspruch auf einen spät-dtr Redaktor (DtrN) zurück, für den - im Gegensatz zu seinem Vorgänger DtrH - eine dezidiert negative Haltung dem Königtum gegenüber kennzeichnend sei.[141] Nicht DtrH, sondern DtrN hat "als erster aus der Erkenntnis von Jahwes Königtum die theokratische Konsequenz gezogen, *dass es gar kein menschliches Königtum geben dürfte.*"[142] Nun sind allerdings gegenüber dem Bemühen Veijolas, sämtliche königskritischen Texte erst auf DtrN zurückzuführen (Ri 8,22f.; 9,8-15; 1 Sam 8), erhebliche Zweifel angebracht, da diese Einordnung einer genaueren redaktionsgeschichtlichen Analyse in keinem Fall standhält.[143] Im Blick auf 8,22f. kommt auch bei Veijola der Efod-Notiz in 8,24-27 eine Schlüsselfunktion zu. Das Stück soll nun näher betrachtet werden.

Der Bericht über die Anfertigung eines Efods aus der midianitischen Beute und dessen Aufstellung in Ofra schließt mit einer gewöhnlich als sekundär beurteilten *dtr* Notiz, die das Kultgerät in ein eindeutig negatives Licht rückt (v.27aβb). So urteilt beispielsweise Noth: "An die von dem alten Erzähler offenbar 'harmlos' aufgefaßte Lokalgeschichte von

---

140 Crüsemann, Widerstand 52; so auch Mayes, Judges 88; Lohfink, Begriff 58.

141 Vgl. Veijola, Königtum 100-103. Ihm folgen z.B. Dietrich, Gott 264; Smend, Ort 197; zögernd Soggin, Judges 158.

142 Veijola, Königtum 122.

143 Veijolas Aufteilung von 1 Sam 8 auf zwei dtr Schichten mit entgegengesetzter Königsbeurteilung — 8,1-5.22b (DtrH) ohne Kritik und 8,6-22a (DtrN) mit prinzipieller Königskritik (vgl. Königtum 53-72) — vermag nicht zu überzeugen. Weder kann man in 8,1-5 einen königsfreundlichen Ton vernehmen (vgl. nur die Wendung "wie bei allen Völkern" in v.5), noch ist das Stück 8,6-22a als einlinig königskritisch einzustufen (vgl. nur v.7a.9a.22a). Zur Begründung vgl. Becker, Widerspruch 246-270.

dem goldenen Ephod Gideons (V.24-27a) hat Dtr in V.27b den Hinweis geknüpft, daß damit Gideon die Veranlassung zu einem götzendienerischen Kult der 'Israeliten' gegeben und so das nach seinem Tode alsbald eintretende Unheil über seine Familie selbst verschuldet habe."[144]

Diese traditionelle Deutung indes ist keineswegs so plausibel, wie sie auf den ersten Blick erscheinen mag: Hat man es in 8,24-27aα tatsächlich mit einer durch und durch neutralen Kulteinrichtungsnotiz zu tun, der gar die Aufgabe zukommt, "Gideon noch einmal von einer guten Seite zu zeigen, nämlich als einen Mann, der auch für den Kult seiner Heimat Gewichtiges leistete und dabei nicht an sich dachte"[145]? Oder gehört die – eindeutig negativ zu verstehende – Schlußbemerkung 8,27aβb doch enger mit 8,24-27aα zusammen, als man üblicherweise anzunehmen geneigt ist? Die letztere Vermutung läßt sich in der Tat aufgrund verschiedener Beobachtungen erhärten.

Bei der Bitte Gideons, die goldenen Ringe aus der Beute für die Herstellung eines Kultobjekts zu spenden, klingt, wie oft bemerkt wurde, unweigerlich die Geschichte vom "Goldenen Kalb" (Ex 32) an.[146] Die Berührungen gehen dabei bis in die Terminologie hinein: Wie in Ri 8,24 werden auch in Ex 32,2 "goldene Ringe" (נִזְמֵי [הַ]זָּהָב) verwendet. Von dieser Parallele her legt sich der Schluß nahe, daß die Herstellung eines Efod mit einem ähnlich polemischen Unterton betrachtet wird wie die Anfertigung des "Goldenen Kalbs".[147] Somit trägt die Efod-Geschichte auch *ohne* die wertende Abschlußnotiz in 8,27aβb einen deutlich *negativen* Akzent. Dieser wird auch durch die Verwendung des Verbums עשׂה in v.27aα bestätigt (auch in Ex 32,1.4.20): Es wird gern zur Beschreibung illegaler Kultmaßnahmen in der dtr Literatur benutzt.[148] Es unterliegt also kaum einem Zweifel, daß das Verhalten Gideons in dem gesamten Stück 8,24-27 in einem überaus kritischen Licht gesehen wird, besteht es doch in nichts Geringerem als in der Übertretung des *Zweiten Gebots*.

---

144 Noth, ÜSt 52. Ähnlich u.a. Greßmann, Anfänge 211; Richter, TU 234f.; Preuß, Verspottung 73; Veijola, Königtum 109f.; Crüsemann, Widerstand 44; Soggin, Judges 160; Zimmerli, Spendung 514-516.

145 Richter, TU 234f.

146 Vgl. zuletzt Zimmerli, Spendung.

147 Ob hinter Ex 32 einmal eine positiv zu verstehende Ätiologie — etwa der Aaroniden aus Bet-El (vgl. Gunneweg, Leviten 89-91; zuletzt Zimmerli, Spendung 517) — stand, läßt sich nicht mehr mit Sicherheit sagen. Auf *literarkritischem* Wege wird man eine solche freilich kaum mehr herausschälen können (vgl. insbes. die Analyse von Dohmen, Bilderverbot 66-147).

148 Vgl. die Übersicht bei Hoffmann, Reform 351f.

Man wird demnach nicht nur den abschließenden Versteil 8,27aβb, sondern den Abschnitt 8,24-27 *insgesamt* einer dtr Hand zuweisen können.[149] Dies schließt natürlich nicht aus, daß - ähnlich wie auch in Ex 32 - ältere Überlieferung verwendet wurde. Aufgrund der in v.27aβb begegnenden Ausdrücke זנה אַחֲרָיו und מוֹקֵשׁ wird man an einen spät-dtr Autor - am ehesten DtrN - zu denken haben.[150]

Diese literarhistorische Einordnung findet ihre Bestätigung, wenn man den Gideonspruch 8,22f., der mit einiger Sicherheit DtrH zugewiesen werden konnte, in die Überlegungen einbezieht. Es verhält sich nämlich keineswegs so, wie man gewöhnlich annimmt, daß v.22f. einen bereits bestehenden Zusammenhang zwischen v.21bβγ und v.24-27 unterbreche.[151] Nähme man nämlich den Gideonspruch aus dem Text heraus, so bliebe unklar, wen Gideon in v.24 eigentlich anspricht (וַיֹּאמֶר אֲלֵהֶם). Das Gesprächsgegenüber Gideons geht aber nur aus 8,22f. hervor (אִישׁ יִשְׂרָאֵל). Auch formal macht 8,24-27 den Eindruck einer sekundären Fortsetzung der Gideon-Rede in 8,23: Das zweimalige וַיֹּאמֶר אֲלֵהֶם גִּדְעוֹן zu Beginn von v.23 und 24 weist zweifellos darauf hin, "dass einer der beiden Redegänge sekundär ist."[152] Die Priorität liegt jedoch nicht, wie Veijola meint, bei v.24, sondern bei dem zum Gideonspruch gehörenden v.23.

Die von Veijola vorgeschlagene Zuweisung von 8,22f. an DtrN läßt sich mithin schon aus redaktionsgeschichtlichen Erwägungen heraus nicht aufrechterhalten. Ebensowenig wird man Crüsemann folgen können, wenn er den Gideonspruch von der - hier als *später* eingestuften! - Efod-Notiz her versteht und interpretiert.

Nach den bisherigen Überlegungen bereitet auch die Einordnung der kleinen Notiz v.21bβγ keine Schwierigkeiten mehr: Sie geht auf denselben spät-dtr Redaktor zurück, der v.24-27 einfügte. Ihr Sinn besteht darin, einen glatteren Anschluß an die vorgegebene, ältere Überlieferung zu gewährleisten. So werden den Kamelen der eben getöteten Midianiterkönige Schmuckstücke abgenommen, die mit zum Efod verarbeitet werden. Demgegenüber wird man die schon formal nachhinkende Erläuterung in v.26b als (nach-dtr) Interpolation ansehen müssen: Anders als in v.21bβγ hängen die "Möndchen" an den Hälsen der *Könige*.[153] Auf einen späteren

---

149 So auch - freilich ohne nähere Begründung - Hoffmann, Reform 279.
150 Der erste Ausdruck ist z.B. noch in Ri 2,17 (DtrN) belegt, der zweite in Jos 23,13; Ri 2,3. Vgl. auch Veijola, Königtum 110.
151 So z.B. Wiese, Literarkritik 42; Hertzberg, Richter 198; Richter, TU 233-236; Boling, Judges 161; Veijola, Königtum 100f.; Crüsemann, Widerstand 45.
152 Veijola, Königtum 100.
153 Vgl. Richter, TU 223; Soggin, Judges 159.

Glossator dürfte auch die Identifizierung der Midianiter mit den "Ismaeli-
tern" in v.24bβ zurückgehen.[154]

Fragt man abschließend nach dem Sinn von 8,21bβγ.24-27, so läßt
sich eine recht eindeutige Antwort geben: Das von DtrN eingefügte Stück
stellt den Versuch dar, das kommende Unheil (c.9) mit dem mangelnden
Gesetzesgehorsam Gideons zu erklären.[155]

9.8. Der Abschluß der Gideon-Zeit (8,28-35)

Die unmittelbare Fortsetzung des von DtrH formulierten Gideonspruchs wird man in der Beuge- und Ruheformel 8,28 zu sehen haben.
Sie schließt die heilvolle Gideon-Zeit ab. Was dann folgt (8,29-32), ist
schon im Blick auf das sich anschließende c.9 konzipiert, so z.B. die
Mitteilung, Gideon habe siebzig Söhne gezeugt (vgl. 9,2.5). "Daß Gideon
eine Nebenfrau in Sichem hat, die ihm zu seinen siebzig Söhnen dort
noch einen weiteren Sohn namens Abimelek hinzugebiert, ist nur ein
Hilfsmittel, um die Abimelekgeschichte mit der Gideongeschichte zu verknüpfen".[156] Demselben Zweck dient offenbar auch die für den Ri-Rah-
men an sich ungewöhnliche Bemerkung, daß Gideon lebenssatt in hohem
Alter starb und im Grab seines Vaters beigesetzt wurde (v.32): Sie läßt
für die Zukunft Unheil erahnen (vgl. auch Ri 2,8-10!). Der redaktionelle
Horizont von 8,30-32 legt den Schluß nahe, daß es sich hier um ein von
DtrH formuliertes Überleitungsstück handelt, das c.9 vorbereiten soll.
Aus diesem Grund wird man wohl auch den Vers 8,29 auf DtrH zurück-
führen können. Zwar wirkt die unmotivierte Verwendung des Namens
"Jerubbaal" - wie überhaupt die Angabe "er ging und blieb in seinem
Haus" - ein wenig störend, doch könnte sie bewußt im Blick auf c.9 er-
folgt sein.[157]

In den Versen 8,33-35 liegt ein in jedem Fall *nach* DtrH erfolgter
Zusatz vor, der die Schuld der Israeliten an dem kommenden Unheil her-

---

154 Vgl. Wiese, Literarkritik 41 Anm. 1; Richter, TU 234; Knauf, Ismael 14.

155 In ähnlicher Weise begründet DtrN auch in 1Kön 13 durch einen Einschub
(v.22b-23.26) den gewaltsamen Tod des Gottesmannes aus Juda als Strafe Gottes wegen Ungehorsams (vgl. Würthwein, Könige I, 171; Gunneweg, Prophetenlegende 78).

156 Haag, Gideon 156.

157 So auch Richter, TU 236f., der freilich 8,30.32 für alte Tradition hält. Fraglich
ist allerdings, ob man diese alte Überlieferung, wenn sie denn in 8,30.32 eingeflossen ist, *literarkritisch* herauslösen kann.

ausstreicht.[158] Eine nähere Betrachtung des Stückes ergibt einen engen sprachlichen und sachlichen Zusammenhang mit dem nomistisch orientierten Redaktor *DtrN* (vgl. als nächste Parallele 9,16b-19a).[159]

9.9. Abimelech und das Königtum (c.9)

9.9.1. Einleitung

Das komplexe Kapitel über den Anfang und das Ende des Königtums Abimelechs in Sichem ist in der jüngeren und jüngsten Zeit mehrfach einer ausführlichen redaktionsgeschichtlichen Analyse unterzogen worden, wobei dem Charakter und der Einordnung der königskritischen Jotamfabel (9,7-15) jeweils besondere Aufmerksamkeit zuteil wurde.[160] Trotz z.T. erheblicher Divergenzen im einzelnen hat sich doch insofern ein Grundkonsens ergeben, als man die Jotam-Fabel für ein altes, vorgegebenes Stück hält, das nicht eigens für den Kontext geschaffen wurde.[161] Auch die Abgrenzung weiterer älterer Erzähleinheiten wird einigermaßen einmütig vorgenommen: So läßt sich zum einen die Episode über den Aufwiegler Gaal (9,26-41), zum andern die Schilderung über den Kampf gegen Sichem und den Tod Abimelechs (9,46-54) leicht als zum Kern der Überlieferung gehörend erkennen.

Größere Abweichungen ergeben sich vor allem aus der unterschiedlichen Bewertung der *Nahtstellen* zwischen den als älter erkannten Komplexen. Insbesondere die *Deutung* der Fabel und ihre historische Einkleidung (9,7.16-21), aber auch die eindeutig redaktionellen, verbindenden und das Geschehen theologisch deutenden Verse 22.23.24.55.56-57 bereiten im Blick auf ihre literarhistorische Zuordnung offenkundig Schwierigkeiten. Nicht zuletzt ist man sich uneinig darüber, ob und in welchem Umfang älteres Erzählgut in der Einleitung 9,1-6 enthalten ist.

Die folgende - abschnittsweise vorgehende - Analyse wird sich deshalb insbesondere um eine Einordnung der "Nahtstellen" bzw. der redak-

---

158 Vgl. Richter, BR 109-112.
159 Vgl. den Nachweis im einzelnen bei Veijola, Königtum 108-110.
160 Vgl. Richter, TU 246-318; Zenger, Beispiel 97-148 (schließt sich den Analysen Richters weitgehend an); Veijola, Königtum 103-114; Crüsemann, Widerstand 19-42; Fritz, Abimelech; Bartelmus, Jothamfabel. Zur älteren Forschung vgl. Richter, TU 246-261.
161 Anders freilich Bartelmus, Jothamfabel.

tionellen Stücke bemühen und dabei stets die für die Themenstellung
zentrale Frage nach dem literarhistorischen Ort der königskritischen
Passagen im Auge behalten.[162]

9.9.2. Abimelech wird König (9,1-6)

Führt man sich die einleitenden v.1-6 vor Augen, ergibt sich ein im
ganzen schlüssiger Ablauf: Abimelech, der Sohn Jerubbaals, kommt nach
Sichem (v.1) und versucht dort durch Intervention der Familie seiner
Mutter eine Alleinherrschaft aufzurichten, die eine offenbar bestehende
Oligarchie (vgl. die "70 Männer") ablösen soll (v.2). Tatsächlich vermag
Abimelech die Sympathie der Sichemiten zu gewinnen (v.3), so daß er
nach der Ermordung der 70 Männer mit Hilfe einer Schar gedungener
Gefolgsleute (v.4f.) von den Bürgern der Stadt zum König erhoben wird
(v.6).

Gleichwohl ist der Ablauf des Geschehens nicht frei von Spannungen
und Unebenheiten. Sie betreffen insbesondere v.2 und 5. Zunächst fällt
eine Inkongruenz im Blick auf den Ort der Ereignisse auf: Während v.2
offenbar voraussetzt, daß sich die 70 Männer, die über Sichem herrschen,
in ebendieser Stadt aufhalten, befinden sie sich nach v.5 eindeutig in
Ofra, der Heimatstadt Jerubbaals. Sodann ist in v.5 die Vorstellung, daß
Abimelech nicht irgendwelche Konkurrenten ermordet, sondern seine
Brüder, fest verankert ("Vaterhaus", "seine Brüder, die Söhne Jerubbaals",
"Jotam, der jüngste Sohn Jerubbaals"). In v.2 hingegen weist nur eine
Apposition (כֹּל בְּנֵי יְרֻבַּעַל) auf diese Verwandtschaftsverhältnisse hin.
Schließlich mag eine leichte Konkurrenz auch zwischen v.2f. einerseits
und v.4f. andererseits gesehen werden: Gemäß v.2f. versucht Abimelech,
mit Hilfe der Familie seiner Mutter Einfluß in Sichem zu gewinnen, was
auch gelingt (v.3b). Die Erhebung zum König (v.6) wäre die konsequente
Folge. Stattdessen bringt Abimelech nach v.4f. zunächst die in v.2 genannten 70 Männer um - ein Schritt, der angesichts des in v.3b konstatierten Erfolgs eigentlich unnötig wäre.

Nun setzen gerade die in v.5 angedeuteten verwandtschaftlichen Beziehungen, nämlich daß es sich bei den 70 Männern (v.2) um (Halb-)
Brüder Abimelechs und Söhne Jerubbaals handelt, die Gleichung Gideon

---

162 Zu den archäologischen, topographischen und siedlungsgeographischen Aspek-
ten in Ri 9, auf die hier nicht näher eingegangen werden kann, vgl. Täubler,
Studien 270-282; Reviv, Government; Soggin, Bemerkungen; ders., Regno; Rösel,
Studien II, 24-31; Jaroš, Sichem 78f.; Fritz, Abimelech; Schäfer-Lichtenberger,
Stadt 219f.; Campbell, Judges 9.

= Jerubbaal – und damit eine zusammenhängende Gideon-Abimelech-Geschichte – voraus.[163] V.5 dürfte somit – gemeinsam mit v.4 – auf einer
Linie mit den als Überleitung konzipierten Versen 8,30-32 liegen. Es
kommt hinzu, daß sich die Verse 9,4f. mühelos herauslösen ließen,
schließt doch v.6 glatt an v.3 an. So könnte man auf denselben Redaktor
auch die ganz offensichtlich der Verbindung mit der Gideon-Überlieferung
dienende Angabe "alle Söhne Jerubbaals" in v.2 zurückführen. Man erhielte also auf literarkritischem Wege eine ältere Grundlage in v.1.2*.3.6,[164]
die den Eindruck relativer Geschlossenheit vermittelt: V.1 stellt Abimelech vor und liefert die für v.2f. notwendige Situationsangabe, und mit
v.6 kommen die Bemühungen Abimelechs zu ihrem erhofften Ziel. Daß
die Monarchie in v.6 als die *einzig denkbare* Herrschaftsform erscheint,
während v.2 noch eine Alternative von Oligarchie und Alleinherrschaft
im Blick hat, ist dabei keineswegs als Widerspruch zu werten,[165] sondern
zeigt nur umso deutlicher den Erfolg Abimelechs an, dem ja gerade an
der Inauguration einer *neuen* Herrschaftsform gelegen war.

So plausibel indes eine literarkritische Lösung auf den ersten Blick
erscheinen mag, so wenig vermag sie letztlich zu überzeugen, wenn man
sich den vermeintlich alten Bestand genauer besieht. Schon v.1 wird in
der *vorliegenden Gestalt* kaum die alte Abimelech-Erzählung eingeleitet
haben, weil der Vers zum einen keine echte Erzählungseröffnung bietet
und zum andern manches voraussetzt, was der Leser nur aus den redaktionellen Versen 8,30-32 wissen kann. Hierzu gehört gewiß die Mitteilung
über den Tod Jerubbaals (8,32), der den Gang Abimelechs nach Sichem
allererst zu motivieren scheint. Die in 9,1 angedeuteten besonderen Verwandtschaftsverhältnisse indes ("Sippe des Vaterhauses seiner Mutter")
brauchen keineswegs redaktionell konstruiert zu sein,[166] sondern können
durchaus der alten Tradition entstammen. Auf redaktioneller Kombination
beruht allein die Verbindung des Vaterhauses Abimelechs mit dem in der
Gideon-Überlieferung fest verankerten Ort "Ofra" (v.5).

Auch v.2-3 sind, obwohl gewiß alte Überlieferung in ihnen enthalten
ist, offenbar redaktionell gestaltet. So hat der Hinweis "denkt daran, daß
ich euer Bein und Fleisch bin" (v.2b) seine engste sprachliche und sachliche Parallele in 2 Sam 5,1, der Königswahl Davids in Hebron (weitere
Belege: Gen 29,14; 2 Sam 19,13.14). Nun hat Veijola wahrscheinlich gemacht, daß die beiden – auch früher schon als sekundär erkannten – Ver-

---

163 Vgl. insbes. Crüsemann, Widerstand 37f.; Richter, TU 303-307. Es genügt also
     nicht, allein die Angabe "nach Ofra" in v.5 herauszulösen (so Haag, Gideon 157).
164 So z.B. Levin, Verheißung 118 Anm. 168.
165 So allerdings Richter, TU 301-303; Zenger, Beispiel 113.
166 So wohl Richter, TU 304.

se 2 Sam 5,1f. auf DtrH zurückgehen,[167] den Redaktor also, der auch für
die Kombination von Gideon- und Abimelech-Tradition verantwortlich
zeichnete. Da es sowohl in Ri 9,2 wie auch in 2 Sam 5,1 um die Begründung für eine *Königswahl* geht, könnten beide Verse durchaus von derselben Hand stammen. Sodann ist zu notieren, daß die Wendungen דִּבֶּר
... בְּאָזְנֵי (v.2a.3a) und ... נדה לְבָּם (v.3b) vorwiegend in späteren Texten aus dem 6. Jahrhundert begegnen.[168]

Obwohl es sich bei den genannten sprachlichen Beobachtungen nur
um Indizien handeln kann, sind sie doch der Annahme, in v.1.2*.3.6 liege
ein sehr altes Stück vor, nicht eben günstig. So wird man in der Tat -
mit Richter und Crüsemann - den Eingang 9,1-6 insgesamt als von einer
redaktionellen Hand formuliert betrachten müssen.[169] Zu diesem Schluß
führt nicht zuletzt v.6, der durch seine mehrfache, geradezu leitwortar-
tige Betonung der Wurzel מלך zweifellos über sich hinausweist und die
Jotam-Fabel vorbereitet. Der Zusammenhang mit den Versen 8,30-32 er-
laubt es, auch hier *DtrH* am Werk zu sehen.[170]

Aus den bisherigen Erwägungen ergab sich, daß auf literarkritischem
Wege keine ältere Vorlage herausgearbeitet werden kann. Gleichwohl
liegen dem Eingangsstück zur Abimelech-Geschichte alte Traditionen zugrunde, auf die sich DtrH stützen konnte. Es ist nun zu fragen, ob sich
ein zusammenhängendes Bild von den in 9,1-6 enthaltenen Traditionen
zeichnen läßt.[171]

Zu ihnen gehört gewiß die Genealogie Abimelech ben Jerubbaal.
V.1-3 lassen noch erkennen, daß sich Abimelech zwar auf eine Verwandtschaft mit den Sichemiten berufen konnte, aber wohl selbst kein reiner
Sichemit war. Jedenfalls wird man die - kaum erst auf der Kombination
des Redaktors beruhende - Rede vom ”Vaterhaus seiner Mutter” so verstehen müssen. Daß Abimelech tatsächlich nur Halb-Sichemit war, entspricht im übrigen auch der Bemerkung Gaals in 9,28, die offenbar voraussetzt, daß Jerubbaal - anders als die ”Söhne Hamors” - *nicht* aus
Sichem stammt.

---

167 Vgl. Veijola, Dynastie 63-66.
168 Vgl. Zenger, Beispiel 103f. Belege: ... דִּבֶּר בְּאָזְנֵי in Gen 20,8; 23,13.16 (P);
     44,18; 50,4; Num 14,28 (P); Dtn 5,1; 31,28.30; 32,44; Jer 26,15; 28,7 (beide Jer-D,
     s. Thiel, Jeremia II, 7). נדה לְבָּם in Jos 24,23; 2 Sam 19,15; 1 Kön 8,58; 11,2.3.4.
     9; Ps 119,36.112; 147,4; Spr 2,2.
169 Vgl. Richter, TU 303f.; Crüsemann, Widerstand 37f.
170 Daß 8,30-32 und 9,1-6 auf denselben Autor zurückgehen, ist auch — unter
     anderen literarhistorischen Voraussetzungen — die Meinung von Richter, TU
     308, und Crüsemann, Widerstand 37f.
171 Vgl. insbes. Richter, TU 307; Crüsemann, Widerstand 38.

Auch daß Abimelech gegen eine bestehende Herrschaft, eine Oligarchie, vorging und sie - vielleicht mit Hilfe der Familie seiner Mutter -
durch eine Alleinherrschaft zu ersetzen suchte, bleibt ein unableitbarer
Zug.[172] Ebenso wird die - eine ideale Ganzheit ausdrückende - Zahl 70
alt sein, wenn auch sicher nicht *historisch* zuverlässig. Ob immer schon
von einem *Königtum* Abimelechs die Rede war (v.6), muß wohl offenbleiben. Immerhin spielt das Thema Königtum als solches in der alten Überlieferung in 9,25ff. keine erkennbare Rolle.[173] Es kommt hinzu, daß in
v.2 das allgemeinere Verbum für "herrschen" מָשַׁל benutzt wird, das gut
in der alten Überlieferung vorstellbar ist. Von dort dürfte es dann auch
von DtrH nach 8,22f. übernommen worden sein.

Die Übersicht zeigt, daß sich insbesondere aus v.2 noch manches
über die ältere Überlieferung erschließen läßt, die DtrH verarbeitet hat.
Sein Werk besteht darin, Jerubbaal mit Gideon identifiziert zu haben.
Vor allem aber versteht dieser Autor "die von Abimelech abgelöste Herrschaft als eine der anderen Jerubaal-Söhne, so daß der Staatsstreich zum
Brudermord wird."[174] Diese Verschiebung der Akzente markiert ein
wesentliches Anliegen des DtrH. Ihm liegt daran, das Königtum Abimelechs als ein moralisch höchst verwerfliches darzustellen: Es kam zustande durch gewaltsame Usurpation, Brudermord und nicht zuletzt durch
eine taktisch raffinierte Beeinflussung der Bürger Sichems (v.2f.).

Man könnte deshalb vermuten, daß es in 9,1-6 allein um die Person
des Abimelech und das Zustandekommen *seiner* Herrschaft, nicht aber
um das Königtum als solches geht. Demgegenüber weisen aber mehrere
Indizien darauf hin, daß in der Tat eine Aussage über das Königtum *als
Institution* gemacht werden soll. Auf diesen Umstand deutet insbesondere
die durch die Verwendung des Verbums מָשַׁל unterstrichene Korrespondenz von 8,22f. und 9,2 hin: Was Gideon aus prinzipiellen - "theokrati-
schen" - Erwägungen heraus ablehnen muß, reißt Abimelech mit Gewalt
an sich. Damit ist das Königtum Abimelechs - noch ganz abgesehen von
der Art und Weise seines Zustandekommens - als *widergöttlich* qualifi-
ziert. In diesem Sinne wird man vielleicht auch die Erwähnung der
"Eiche am Denkstein" (v.6) verstehen können, bei der die Krönung vollzogen wird: In ihr liegt gewiß eine Andeutung der *Heiligkeit* des Ortes
vor (vgl. Gen 12,6; Jos 24,26 u.a.), in die Abimelech einbricht. Überhaupt

---

172 Es läßt sich aus dem Text allerdings kaum belegen, daß es *Nichtsichemiten*
waren, gegen die Abimelech vorging (so Crüsemann, Widerstand 38).
173 Crüsemann, Widerstand 38, schließt daraus, daß in 9,1-6 "ein Rest einer eigenen Tradition darüber vorliegt, wie Abimelech König über Sichem wurde".
174 Crüsemann, Widerstand 38.

gilt ja Sichem - zumal in der dtr Literatur - als Ort der unrechtmäßigen Königswahl par excellence, an dem die "Sünde Jerobeams" haftet.

Ein weiterer Aspekt mag diese prinzipiell-negative Bewertung des Königtums unterstreichen. Nach dem Urteil des DtrH besteht ja ein wesentlicher "Mangel" Abimelechs - anders als in der alten Tradition! - darin, daß er von einer nicht-israelitischen Frau abstammt, infolgedessen also nur *Halb*-Israelit und damit auch *Halb-Heide* ist (vgl. 8,31; 9,1). Dieses Urteil gilt kaum allein für die *Person* des Königs, sondern für die Institution als solche: Das Königtum ist eine mehr oder weniger *heidnische* Einrichtung, die dem Wesen Israels eigentlich fremd ist. So betonen v.2-3 nicht ohne Grund, daß Abimelech "Bruder" (אָח) der Sichemiten sei. Im Gegensatz dazu fordert das Königsgesetz in Dtn 17,15, daß der König ein "Bruder" (אָח) der *Israeliten* sein muß (vgl. auch 2 Sam 5,1!).[175] Es fällt ferner auf, daß in dem Abschnitt 9,1-6 gehäuft die Wurzel בַּעַל verwendet wird: so in dem Eigennamen "Jerubbaal" (v.1.5), in dem Namen des heidnischen בַּעַל בְּרִית (v.4) und schließlich in der Bezeichnung der Bewohner Sichems als בַּעֲלֵי שְׁכֶם (v.2.3.6).[176] Weiterhin ist bemerkenswert, daß der Terminus בַּעַל in der Bedeutung "Bürger" fast ausschließlich die Bewohner der Israel *feindlich* gesonnenen Städte bezeichnet (Ausnahme: 2 Sam 21,12). Auch könnte "Baal-Berit" (9,4) eine bewußte tendenziöse Änderung von "El-Berit" (9,46) sein,[177] so daß die gesamten Vorgänge in 9,1-6 unter dem Vorzeichen des *Götzendienstes* erscheinen. Damit lokalisiert DtrH - übrigens historisch völlig zutreffend! - die Wurzel des Königtums in *Kanaan*. Es ist eine dem Jahweglauben wesenhaft *fremde* Institution.

Auch die dreifache Verwendung der Wurzel מלך in v.6 (וַיַּמְלִיכוּ אֶת־אֲבִימֶלֶךְ לְמֶלֶךְ) macht deutlich, daß es dem Verfasser entscheidend auf den *Vorgang* der Königswerdung ankommt.[178] Der Vers hebt die Einmütigkeit hervor, mit der Abimelech von "*allen* Bürgern Sichems und dem *ganzen* Haus des Millo" zum König erhoben wird, so daß der Leser den Eindruck gewinnt, als hätte das Volk *von sich aus* nach der neuen Institution gerufen (wie z.B. in 2 Sam 2,4; 5,1). Beide Elemente - die Betonung der Einmütigkeit (כֹּל) und der Initiative des Volkes - haben eine Entsprechung in der Jotam-Fabel (vgl. 9,8.14).

So wird aufgrund verschiedener Beobachtungen deutlich, daß sich schon in 9,1-6 ein dezidiert königskritischer Ton vernehmen läßt, der

---

175 In diesem Zusammenhang ist auch die deutlich abwertend gemeinte Wendung "wie alle Völker" (Dtn 17,14; 1 Sam 8,5.20) zu verstehen.

176 Hierauf weist auch Richter, TU 308, hin.

177 So auch Zenger, Beispiel 134.

178 Vgl. Zenger, Beispiel 126.

nicht nur der Person des Abimelech, sondern der Institution als solcher gilt. Der Abschnitt bereitet damit die Jotam-Fabel vor, ja ist auf sie hin gestaltet.

9.9.3. Die Jotam-Fabel und ihr Skopos

In der Forschung herrscht nahezu Einmütigkeit darüber, daß die Jotam-Fabel (9,8-15) ein ursprünglich selbständiges Stück darstellt, das nicht eigens für den Kontext geschaffen wurde.[179] Jüngst hat allerdings *Bartelmus* dieser Auffassung energisch widersprochen. Im Gegensatz zur bisherigen communis opinio und "in freiem Anschluss"[180] an die Analysen Richters, der die Jotam-Fabel als eine vom Autor des königskritischen "Retterbuches" aufgenommene und mit einem Rahmen versehene Einheit ansieht,[181] nimmt er an, "dass die ganze Redekomposition das Werk eines einzelnen Autors - das Werk eben des Autors des Retterbuches - ist, der zur rhetorischen Form der Parabel gegriffen hat, um sein aktuelles Anliegen - einen Frontalangriff auf das Königtum seiner Zeit - gewissermassen doppelt verhüllt in Form einer Parabel im Munde des Jotham zum Ausdruck zu bringen."[182]

So beeindruckend die Fülle der für diese Sicht beigebrachten grammatisch-syntaktischen, stilistischen, formkritischen und historischen Gesichtspunkte auch ist, sie vermögen im Entscheidenden nicht zu überzeugen. Zwar bestehen in der Tat große Übereinstimmungen und Affinitäten zwischen der Fabel und ihrem Kontext, doch einer Zuweisung zu demselben Verfasser widerrät schon die einfache Beobachtung, daß in v.15b ein offenbar redaktionell gestalteter Übergang vorliegt, der aus mehreren Gründen nicht vom Urheber der Fabel stammen kann (s.u.). Daß ferner v.8 mit seinem hervorhebenden Infinitivus absolutus (הָלוֹךְ) nicht *Beginn* einer Erzählung sein könne, sondern nur innerhalb eines größeren literarischen Kontextes denkbar sei,[183] ist kaum zwingend (s.u.). Auch die gewiß richtige Beobachtung, mit dem Anschluß וְעַתָּה in v.16 liege "ein makrosyntaktisches Signal für die Zusammengehörigkeit von Textblöcken"[184]

---

179 Vgl. Richter, TU 248-250 (mit Referat der älteren Literatur); Zenger, Beispiel 109-113; Lindars, Fable 358; Veijola, Königtum 106 Anm. 27; Crüsemann, Widerstand 19; Fritz, Abimelech 132; Ebach / Rüterswörden, Pointen 11f.; Gerbrandt, Kingship 130f.

180 Bartelmus, Jothamfabel 101.

181 Vgl. Richter, TU 282-299.

182 Bartelmus, Jothamfabel 105f.

183 Vgl. Bartelmus, Jothamfabel 109.

184 Bartelmus, Jothamfabel 110.

vor, besagt noch nicht, daß Fabel und Kontext aus einer Feder stammen
müssen: V.16a kann ebensogut als *redaktionelle* Fortführung der aufgenommenen Fabel verstanden werden. Ein gewichtiges Argument gegen die
ursprüngliche Selbständigkeit der Jotam-Fabel sieht Bartelmus schließlich
darin, "dass der für eine Fabel verbindliche, die Pointe enthaltende
Schluss fehlt"[185]. Diese Beobachtung weise darauf hin, daß es sich bei
9,8-15 in Wahrheit um eine *Parabel* handle, die sich gerade durch ihre
Kontextgebundenheit und Unabgeschlossenheit von einer aus sich heraus
verständlichen *Fabel* unterscheide.[186]

Indes scheint mir die Suche nach einer *Pointe* in der Fabel keineswegs so aussichtslos zu sein, wie Bartelmus es darstellt. Es gibt vielmehr deutliche Anzeichen dafür, daß die Fabel durchaus isoliert betrachtet und verstanden werden kann. Zuvor jedoch muß sie gegenüber ihrem
Kontext abgegrenzt werden.

Daß in v.8 der Beginn der eigentlichen Fabel vorliegt, ist unstrittig.[187]
Im Blick auf das ursprüngliche Ende aber sind drei Möglichkeiten denkbar, die auch diskutiert werden: (1) V.15 ist als Ganzer Zusatz des Redaktors, der die Fabel aufnahm. In diesem Fall muß man freilich annehmen, daß ein alter Schluß weggefallen ist.[188] — (2) V.15 gehört ganz zur
Fabel.[189] — (3) V.15a ist als Schluß der Fabel anzusehen; mit v.15b setzt
die (sekundäre) Anwendung ein.

Die zuletzt genannte Möglichkeit hat Crüsemann mit beachtlichen
Argumenten wahrscheinlich gemacht:[190] V.15b kann aufgrund des Perso-
nenwechsels (3. Person!) schwerlich als ursprüngliche Fortsetzung der
Rede des Dornstrauches (v.15a) betrachtet werden. Auch die "Zedern des
Libanon" überraschen hier, spielen sie doch sonst in der Fabel keine
Rolle. Sodann fällt auf, daß sich die "Anwendung" der Fabel fast ausschließlich auf Versteil 15b bezieht; die eigentliche Pointe in v.15a tritt
in den Hintergrund. Nicht zuletzt die formale Beobachtung, daß v.15b
Prosa enthält, macht es wahrscheinlich, "in V.15b einen Zuwachs zu
sehen, der im Zusammenhang der Einfügung der Fabel in den gegenwärtigen Kontext angefügt wurde."[191]

Daß die in v.8-15a vorliegende Fabel tatsächlich in sich verständlich
ist, zeigt ihre Pointe, die zweifellos in der kurzen Antwort des Dorn-

---

185 Bartelmus, Jothamfabel 117.
186 Vgl. Bartelmus, Jothamfabel 116.
187 Anders freilich Nielsen, Shechem 147-149.
188 Vgl. Lindars, Fable 359-363 (kritisch Crüsemann, Widerstand 20 Anm. 7).
189 So insbes. Richter, TU 282-299; auch Veijola, Königtum 103f. Anm. 18.
190 Vgl. Crüsemann, Widerstand 19f.; so auch Maly, Jotham-Fable 303f.; Fritz,
     Abimelech 139; Gerbrandt, Kingship 131; offenbar auch Soggin, Judges 175.
191 Crüsemann, Widerstand 20.

strauchs (v.15a) zu sehen ist: Seine Aufforderung "kommt und bergt euch in meinem Schatten" kann man nur als "bittere Ironie"[192] kennzeichnen. Von größter Wichtigkeit ist dabei der Hinweis Crüsemanns, "daß der Schatten des Königs als Symbol für dessen Schutzfunktion ein mit Varianten weit verbreiteter Topos altorientalischer Königsideologie ist."[193] Die Fabel nimmt also "in ihrer Pointe eindeutig Bezug auf eine vorgegebene Königsideologie und führt sie ad absurdum. Der König, in dessen Schatten zu leben höchste Sicherheit verbürgt, wird mit einem Dornstrauch verglichen, bei dem von Schatten zu sprechen, purer Hohn ist, und der dennoch ebendiesen offeriert."[194]

Doch auch der *Vorgang*, der zur Königserhebung führt, erscheint in einem durchaus negativen Licht. Wenn nach der abschlägig beschiedenen Bitte an die drei nützlichen und brauchbaren Bäume das Königsamt nun einem nutzlosen, ja schädlichen Gewächs angetragen wird, so bedeutet dies eine deutliche Kritik am Verhalten der "Königsmacher": Sie hätten aufgrund der ablehnenden Haltung von immerhin *drei* geeigneten Kandidaten zu der Einsicht kommen müssen, daß ihr Vorhaben zu keinem positiven Ergebnis führen *kann*. Einen König, der für sein Volk nützlich wäre, gibt es eben nicht. Vielleicht ist es diese Unüberlegtheit und Dummheit der Bäume, die schon durch die figura etymologica in v.8 zum Ausdruck gebracht werden soll. Wenn es dort heißt הָלוֹךְ הָלְכוּ הָעֵצִים, so mag damit angedeutet sein, daß die Bäume sich förmlich danach drängen, einen König über sich zu haben.[195] So wird man in dem Auftreten der Bäume wohl weniger "eine Anspielung auf die Wahltradition im Nordreich"[196] als vielmehr ein geschickt eingesetztes Stilmittel zu sehen haben, das dem einen Ziel, nämlich der fundamentalen Kritik am Königtum dient.

Daß es in der - ganz und gar profan argumentierenden - Fabel tatsächlich um eine *prinzipielle* Ablehnung des Königtums geht und nicht

---

192 Hertzberg, Richter 205.

193 Crüsemann, Widerstand 21; vgl. die dort genannten Beispiele (aus dem Alten Testament insbes. Klgl 4,20).

194 Crüsemann, Widerstand 22. In ausdrücklicher Ergänzung und Weiterführung Crüsemanns stellen Ebach / Rüterswörden, Pointen, heraus, "daß sich die königskritische Tendenz der Fabel nicht in *einer* Pointe, sondern mehreren Pointen zeigt" (S. 13).

195 Es ist keineswegs "good faith" (Lindars, Fable 356), der die Bäume in ihrem Handeln leitet, sondern schlicht *Torheit*.

196 Richter, TU 288.

etwa nur, wie zuweilen angenommen wird,[197] um eine Polemik gegen besonders unwürdige Vertreter dieser Institution oder gar gegen mangelnde
Bereitschaft der besonders Fähigen, die Lasten eines solchen Amtes zu
tragen, legt auch eine interessante grammatische Beobachtung von Bartelmus nahe: Die ungewöhnliche Form הֶחֳדַלְתִּי am Beginn einer jeden
Rede der drei guten Bäume (v.9.11.13) "kann nur eine abgeschlossene,
zum Gegenwartspunkt des Sprechenden vorzeitige, d.h. hier vergangene
Handlung bezeichnen."[198] Daraus ergäbe sich, um die Antwort des Ölbau-
mes (v.9) herauszugreifen, folgende Übersetzung: *"Habe ich mein Fett
etwa schon aufgegeben...*, daß ich über den Bäumen torkeln sollte?" Es
geht also um die Frage, welcher Baum schon so abgewirtschaftet hat,
schon so unfruchtbar geworden ist, daß er als König in Frage käme.[199]
An der prinzipiell antimonarchischen Ausrichtung der Fabel kann somit,
sollte diese Deutung zutreffend sein, kaum noch gezweifelt werden.[200]

9.9.4. Historische Einkleidung und Anwendung der Fabel (9,7.15b-21)

Die nunmehr in eine Rede des Jerubbaal-Sohnes Jotam (vgl. v.5b)
eingebettete Fabel wird in v.16-20 mit einer *Anwendung* auf die Bürger
Sichems verbunden, die durch eine kleine Erweiterung der alten Fabel
um v.15b erleichtert wird. Die Zufügung von v.15b bewirkt nämlich, daß
der - hier selbstverständlich mit Abimelech gleichgesetzte - Dornstrauch
eine *Alternative* formuliert, die in v.16a.19b.20 - von dem sicher sekundären Stück v.16b-19a sei hier zunächst abgesehen - aufgenommen wird
(vgl. אִם - אִם אַיִן): "Wenn (אִם) ihr wirklich mich zum König über
euch salben wollt, so kommt und bergt euch in meinem Schatten; wenn
aber nicht (אִם אַיִן), dann möge Feuer vom Dornstrauch ausgehen, daß
es die Zedern des Libanon verzehre" (v.15). Dabei liegt für den mit
אִם אַיִן eingeleiteten Negativfall (v.15b) eine *wörtliche* Entsprechung in
v.20a vor, wenn man nur den "Dornstrauch" durch "Abimelech" und die
"Zedern des Libanon" durch die "Bürger Sichems" ersetzt. Demgegenüber
sind die Übereinstimmungen beim positiven Fall (אִם v.15a / 16a) nur sehr

---

197 So z.B. Nielsen, Shechem 149 (freilich mit größeren Texteingriffen); Maly,
   Jotham-Fable 303; Lindars, Fable 365f.; Herrmann, Geschichte 163; Fritz,
   Abimelech 140; Seybold, Art. מֶלֶךְ 943.
198 Bartelmus, Jothamfabel 99.
199 Vgl. Bartelmus, Jothamfabel 100.
200 Eine ähnlich grundsätzliche Kritik am Königtum sehen auch Greßmann, Anfänge 215f.; klassisch Buber, Königtum 562; Richter, TU 285f.; Boecker, Beurteilung 27; Veijola, Königtum 113; Crüsemann, Widerstand 27-29; Soggin, Judges 177; Ebach / Rüterswörden, Pointen 12f.; Gerbrandt, Kingship 130f.

spärlich und beschränken sich auf einzelne Worte. So greift v.16 - neben der Wurzel מלך - vor allem den schon in v.15a gebrauchten Ausdruck בֶּאֱמֶת auf, versieht ihn aber - durch Zusammenstellung mit בְּתָמִים - mit einer anderen Aussagerichtung: בֶּאֱמֶת heißt in v.15a schlicht bekräftigend "in Wahrheit", "wirklich", während es in v.16a sehr viel spezifischer im Sinne von "zuverlässig", "aufrichtig" zu verstehen ist - auch dies ein Indiz dafür, daß Fabel und Anwendung nicht aus derselben Feder stammen können.

Die Nutzanwendung der Fabel stellt die Hörer damit vor die Wahl, sich dem Königtum Abimelechs bis zur letzten Konsequenz zu fügen (v.16a.19b) oder aber selbst unterzugehen (v.20). Für den Leser freilich ist dies keine echte Alternative. Schon die ironische Aufnahme des Motivs von der Königsfreude in v.19a ("freut euch an Abimelech, und auch er möge sich an euch freuen") legt den Schluß nahe, daß nur der in v.20 beschriebene Negativfall des אִם אַיִן eintreten kann. Angesichts des Königtums Abimelechs *kann* keine Freude, schon gar keine Königsfreude aufkommen.[201] So ist die Entzweiung zwischen Abimelech und den Bürgern Sichems vorprogrammiert (vgl. v.23!). Dementsprechend finden die in v.20 angekündigten negativen Folgen der Königswahl, die Vernichtung der Bürger Sichems und des Bet Millo einerseits (v.20a) und das Ende Abimelechs andererseits (v.20b), ihre exakte Erfüllung in v.42-49 (vgl. 20a) und v.50-54 (vgl. 20b).

Wendet man sich nun der Frage nach dem literarischen Horizont der auf die Anwendung der Fabel zielenden Verse 15b.16a.19b.20 zu, so läßt sich eine recht eindeutige Antwort geben. Man wird die Verse - und damit auch die Aufnahme der alten Fabel - auf denselben Redaktor zurückführen dürfen, der auch 9,1-6 verfaßte.[202] Zu diesem Schluß führt insbesondere die Beobachtung, daß v.6 durch die Hervorhebung der Wurzel מלך offensichtlich das Thema der Jotam-Fabel anschlagen soll und also auf sie hin komponiert ist. Dabei greift v.6, wie bereits bemerkt wurde, zwei markante Elemente aus der alten Fabel auf: Die Königserhebung geht betontermaßen vom *Volk* aus (vgl. das Verbum הלך in v.6.8) und erfolgt in größter Einmütigkeit (vgl. כֹּל in v.6.8.14). Es darf schließlich nicht übersehen werden, daß auch die *Bitte* der Bäume "werde König über uns" (9,8.10.12) sowie ihre anschließende *Ablehnung* eine auffällige Parallele in dem Gideonspruch 8,22f. hat: Dieser konnte - wie auch schon 9,1-6 - DtrH zugewiesen werden, so daß man auch die Aufnahme der Fabel und ihre Anwendung DtrH zuschreiben darf. Die engen Verbindungen

---

201 Zum Motiv der Königsfreude vgl. auch Levin, Sturz 91-94.
202 So auch Richter, TU 308-311; Zenger, Beispiel 127; Crüsemann, Widerstand 39. Anders Veijola, Königtum 104-108, und Fritz, Abimelech 132f.

zwischen der Fabel und ihrem literarischen Kontext zeigen zugleich, daß
DtrH bei seiner Konzeption der Abimelech-Geschichte nicht unwesentlich
durch die königskritische Fabel *angeregt* worden sein dürfte.
DtrH griff die Fabel offensichtlich gerade um ihres *prinzipiell* antimonarchischen Tones willen auf und übertrug sie auf die Gestalt Abimelechs. Die Kritik richtet dabei nicht allein gegen die Person Abimelechs
und die frevelhaften Umstände, die zu seiner Königserhebung führten,
sondern - sehr viel grundsätzlicher - gegen das Königtum überhaupt. An
Abimelech manifestiert sich in geradezu *typischer, paradigmatischer*
Weise, wie im Grunde *jedes* Königtum beschaffen ist.[203]

Diese grundsätzliche Bewertung des Königtums enthält nun aber -
anders als die alte Fabel - durchaus auch *theologische* Aspekte, die zwar
nur sehr verhalten zur Sprache kommen, aber gleichwohl von größter
Bedeutung sind. Zu nennen ist hier zunächst v.7: Jotam leitet seine vom
Berg Garizim (!) aus gehaltene Rede ein mit den Worten: "Hört auf
mich, damit Gott auf euch höre!" Sehr wahrscheinlich steht die vielfach
belegte Vorstellung im Hintergrund, daß Gott nur auf den hört ("erhört"),
der - grob gesagt - seinem Willen gemäß handelt.[204] So führt die pro-
phetische Einsicht in die radikale Sündhaftigkeit des Volkes schließlich
zu der Auffassung, daß Gott überhaupt "nicht (mehr) hört", ja nicht einmal ein Gebet zu hören und erhören gewillt ist.[205] Überträgt man diesen
Sachverhalt auf Ri 9,7, legt sich folgende Deutung nahe: Mit der Königswahl haben sich die Sichemiten so radikal versündigt, daß Gott *nicht*
mehr hört. Allein Jotam ist es - in einer Art Mittlerrolle[206] - vorbehalten, den Sichemiten die prinzipiellen Gefahren und den widergöttlichen
Charakter des Königtums warnend vor Augen zu führen und Gott vielleicht wieder zum *Hören* zu bewegen ("... damit Gott auf euch höre").
Dies kommt freilich als reale Möglichkeit nicht mehr in Betracht, setzte
es doch eine Abkehr des Volkes von der Monarchie voraus.

---

203 Anders jüngst Gerbrandt 132: "the message of the chapter is still not that
     kingship is a crime, but that when kingship is based on crime and the abuse
     of force, especially against ones brothers, then the unevitable outcome of
     such a kingship will be destruction." Dieses Urteil beruht nicht unerheblich
     auf v.24.56, die erst auf einen spät-dtr Redaktor zurückgehen können (s.u.).
204 Vgl. Schult, Art. שמע 980.
205 Jes 1,15; 58,1-4; Jer 7,16; 11,11.14; 14,12. Die Jer-Belege sind ausnahmslos von
     Jer-D verfaßt oder wenigstens gestaltet (vgl. Thiel, Jeremia I, 119.153-156.183).
     Veijola, Königtum 59, weist darauf hin, daß der Gedanke von Gottes "Nicht-
     Hören(-Wollen)" fast ausschließlich in dtr Zusammenhängen begegnet.
206 Kaum zufällig findet die Rede Jotams auf dem Berg Garizim, dem Berg des
     "Segens" statt (vgl. Dtn 11,29f.; 27,12f.): Die Lokalisierung bedeutet zugleich
     eine Qualifizierung.

Einen weiteren theologischen Aspekt bietet auch die Verbindung
בֶּאֱמֶת וּבְתָמִים in v.16a: Die präpositionalen Wendungen sind nämlich
nicht primär moralisch zu verstehen (so freilich in dem späteren v.19a),
sondern betreffen das *Gottesverhältnis.* Dies gilt jedenfalls ganz sicher
für בְּתָמִים, wie die Parallelen zeigen.[207] In diesem Sinne könnte man
v.16a paraphrasierend so wiedergeben: "Wenn ihr *recht in den Augen
Jahwes* gehandelt habt, so mögt ihr euch an Abimelech freuen..."

So liegt die Königskritik, wie sie DtrH in Ri 9 zum Ausdruck bringt,
durchaus auf einer Linie mit 1 Sam 8: Das Königtum ist seinem Wesen
nach eine widergöttliche, dem Jahweglauben im Grunde fremde Einrichtung, deren Etablierung gleichwohl nicht zu verhindern war.

Abschließend soll kurz auf das Stück 9,16b-19a eingegangen werden,
dessen sekundärer Charakter evident und somit auch allgemein anerkannt
ist.[208] Die Verse stellen zweifellos eine nachträgliche Parenthese dar,
die den Vordersatz v.16a erläuternd weiterführt und ihn am Ende (v.19a)
zwecks Rückführung zum älteren Zusammenhang wieder aufnimmt
(וְאִם־בֶּאֱמֶת וּבְתָמִים עֲשִׂיתֶם). Der Sinn des Einschubs ist klar: Er
verschiebt "die ursprüngliche Pointe der Fabel und ihrer Deutung, die in
der Frage bestand, ob es richtig war, dass man sich einen König gab,
auf die *moralische* Ebene."[209] Alles Gewicht wird nun auf die Beurteilung des frevelhaften Verhaltens *der Sichemiten* gelegt. Ihnen vor allem
wird hier - ähnlich wie in v.24 und 57 - die Ermordung der 70 Söhne
Jerubbaals (v.5) angelastet. Sie auch haben es zugelassen, daß der Sohn
einer sichemitischen "Magd" (אָמָה, anders 8,31: פִּילֶגֶשׁ) zum König
avancieren konnte.

Versucht man eine literarhistorische Einordnung des Einschubs, so
stößt man zuallererst auf 8,33-35: Wie in 9,16b-19a wird hier dem *Volk*
die Schuld am Aufkommen Abimelechs und seines Königtums gegeben.
Aus verständlichen Gründen stehen in 8,33-35 natürlich (noch) nicht die
Sichemiten, sondern die *Israeliten* im Blick. Hinzu kommen mehrere
sprachliche Berührungen insbesondere zwischen 8,35 und 9,16b (טוֹבָה,
עשׂה, בֵּית יְרֻבַּעַל),[210] aber auch zwischen 8,34 und 9,17 (נצל hif +
מִיַּד). Die zuletzt genannte Wendung begegnet - mit kleinen Variationen
- vor allem in spät-dtr Stücken (z.B. 1 Sam 7,3; 12,10f.; 2 Kön 17,39), so
daß sich auch für 8,33-35 und 9,16b-19a eine spät-dtr Herkunft nahelegt.

---

207 So z.B. Gen 6,9; 17,1 (beide P); Dtn 18,13; Jos 24,14 (auch hier zusammen
     mit בֶּאֱמֶת). Vgl. Koch, Art. תמם 1048.
208 Vgl. z.B. Budde, Richter 73; Richter, TU 250f.; Veijola, Königtum 105.
209 Veijola, Königtum 105.
210 Vgl. Richter, BR 110.

Veijola denkt mit guten Gründen an DtrN.[211] Immerhin weisen die Verse 9,16b-19a gerade in ihrer moralisierenden Tendenz eine Beziehung zum *Gesetz* auf, so daß die Zuweisung an DtrN durchaus gerechtfertigt erscheint.

9.9.5. Die Analyse T. Veijolas

Die bisherige redaktionsgeschichtliche Analyse des ersten Teils der Abimelech-Geschichte hat zu dem Ergebnis geführt, daß es DtrH war, der 9,1-6 aufgrund vorgegebener Überlieferung formulierte, die königskritische Fabel aufnahm und sie mit einer Nutzanwendung (v.15b.16a.19b.20) versah. Auf einen zweiten dtr Redaktor (DtrN) geht schließlich das dezidiert moralisch urteilende Stück v.16b-19a zurück. Die hier vorgeschlagene Sicht berührt sich dabei sehr eng mit den Analysen Richters und Crüsemanns. Unterschiede ergeben sich insbesondere in der literarhistorischen Beurteilung: So führt Richter die hier DtrH zugewiesenen Stücke auf den zur Zeit Jehus lebenden Verfasser des "Retterbuches" zurück,[212] und auch Crüsemann denkt an einen in der frühen Königszeit wirkenden, ebenfalls königskritischen Bearbeiter, der freilich "eher vor der Jehu-Zeit anzusetzen" sein wird.[213] Beide schreiben ihrem jeweiligen königskritischen Redaktor auch die Verbindung mit c.6-8, also die bewußte Entgegensetzung von Gideon und Abimelech zu.

Ein ganz anderes Bild von der Entstehungsgeschichte des Kapitels – und zwar insbesondere seiner königskritischen Passagen – zeichnet *Veijola*.[214] In einem ersten Schritt arbeitet er eine Redaktionsschicht heraus, die besonders an einer *moralischen* Beurteilung der Geschehnisse interessiert sei und dabei die *Schuld der Sichemiten* herausstreiche (v.16b-19a.24b [ab "Bürger Sichems"].57). Von ihr unterscheidet Veijola eine ältere Bearbeitung, die er in v.22.24abαβ.56 findet. Während aber für die jüngere Schicht ein – wenn auch nicht sehr enger – Bezug auf die Fabel festgestellt werden könne (vgl. v.15b), sei sie der älteren Schicht *"noch ganz gleichgültig"*.[215] Daraus zieht Veijola den Schluß, daß die Fabel samt ihrer Einkleidung und Anwendung (v.7-16a.19b-21) schwerlich *vor* den moralisierenden Stücken v.16b-19a.24bγ.57 in den jetzigen literarischen Zusammenhang der Abimelech-Geschichte gelangt sein könne. So

---

211 Vgl. Veijola, Königtum 108–111.
212 Vgl. Richter, TU 316.
213 Vgl. Crüsemann, Widerstand 39-42 (Zitat 51).
214 Vgl. Veijola, Königtum 103-114.
215 Veijola, Königtum 106.

kommt er zu dem literarhistorischen Ergebnis, "dass die letzte morali-
sierende Bearbeitung von Kap.9 (V.5b.16b-19a.24bγδ.57) dem DtrN ange-
hört; dann besteht auch kein Hindernis, die ihr vorausliegende Schicht
(V.22.24abαβ.56) dem DtrG (scil. DtrH) zuzuweisen. Es ist also DtrN
der Redaktor gewesen, der auch die Fabel (V.8-15) mit ihrer historischen
Einkleidung (V.7.16a.19b-21) in das Kapitel Ri 9 hineinkomponiert hat."[216]

Diese Annahme indes, die Fabel sei mit einer historischen Einkleidung und Anwendung versehen worden, *bevor* sie in den literarischen
Kontext der Abimelech-Geschichte eingefügt wurde, muß vor allem aus
methodischen Gründen als äußerst fragwürdig beurteilt werden. Sie unter-
schlägt insbesondere die engen *literarischen* Beziehungen zwischen der
Deutung v.16a.19b.20 und den in v.22ff. geschilderten Ereignissen (vgl.
nur die bereits erwähnte Korrespondenz von v.20a / 42-49 einerseits und
v.20b / 50-54 andererseits). Immerhin muß Veijola annehmen, daß die
Abimelech-Geschichte etwa in der Gestalt, wie sie in 9,1-6.22ff. erzählt
wird, eine "den Hörern bekannte Episode"[217] gewesen sei, denn ohne
deren Kenntnis wäre die Anwendung der Fabel ja kaum verständlich.
Liegt es hier aber nicht sehr viel näher, von vornherein eine *literarische*
Beziehung zwischen der Nutzanwendung (v.16a.19b.20) und ihrem erzählerischen Kon*text* anzunehmen?

Es erhebt sich der dringende Verdacht, daß Veijola bei seiner Analyse allzusehr dem Einfluß seiner Grundthese unterliegt, nach der es erst
DtrN war, der das Königtum kritisch betrachtete. Aufgrund dieser Prämisse *darf* die Jotam-Fabel gar nicht früher - also *vor* DtrN - in die
Abimelech-Erzählung gelangt sein, deren Komposition im Ganzen ja dem
angeblich promonarchischen DtrH zugeschrieben wird.

Die Aporie, in die Veijola gerät, wird noch deutlicher, wenn er ein-
räumen muß, daß DtrN die mit einer Anwendung versehene und an sich
profane Fabel entgegen seinen sonstigen Gepflogenheiten (vgl. 1 Sam 8)
bei der Einfügung in c.9 gerade nicht *theologisiert*, sondern *moralisiert*
habe (vgl. v.16b-19a).[218] Wenn es erst DtrN war, der das Königtum negativ beurteilte - und zwar dessen *Wesen*, nicht nur einzelne seiner negativen Begleiterscheinungen -, warum hat er sich dann mit einer bloß
moralisierenden Kritik an dieser Institution zufriedengegeben? Hätte
nicht gerade die so prinzipiell antimonarchisch urteilende Fabel Anlaß
für eine sehr viel grundsätzlichere "Abrechnung" mit dem Königtum geben
müssen?

216 Veijola, Königtum 112.
217 Veijola, Königtum 113.
218 Vgl. Veijola, Königtum 114.

So muß der Versuch Veijolas, die königskritischen Passagen in c.8 und 9 erst auf den spät-dtr Redaktor DtrN zurückzuführen, als insgesamt gescheitert angesehen werden. Sowohl der Gideonspruch (8,22f.) als auch die Einfügung der Jotam-Fabel sind das Werk des DtrH, der sich damit als dezidierter Gegner des Königtums ausweist.[219]

9.9.6. Der Konflikt zwischen Sichem und Abimelech (9,22-57)

Eine kurze Mitteilung über die dreijährige Herrschaft Abimelechs in Sichem (9,22) eröffnet - nach der Flucht Jotams (v.21) - den zweiten Teil des von DtrH komponierten c.9. Im allgemeinen wird der Vers (zusammen mit v.55) einer sehr jungen Überarbeitung des Kapitels zugeschrieben, der jedenfalls die Abimelech-Geschichte in 9,1-54* im wesentlichen schon vorlag.[220] Demgegenüber darf es nach der bisherigen Analyse doch als wahrscheinlich gelten, auch in v.22 den Kompositeur von v.1-21*, nämlich DtrH, am Werk zu sehen. Dabei braucht die Angabe "Israel" nicht zu überraschen. Sie entspricht der Tendenz des DtrH, das Geschehen in und um Sichem als ein *paradigmatisches* zu begreifen, das letztlich ganz Israel angeht. Da die Sichem-Erzählung selbst aus verständlichen Gründen nicht israelitisiert werden konnte, wurde nur an einigen wenigen Stellen (v.22.55) auf die gesamtisraelitische Relevanz hingewiesen. Es kommt hinzu, daß v.22 auch in seiner *Tendenz* dem Aussagewillen des DtrH entspricht, enthält der Vers doch mit dem (seltenen) Verbum שׂרר offenbar einen königskritischen Akzent, wie insbesondere der Beleg in Hos 8,4 (שׂרר im *hif*) zeigt.[221]

Im Blick auf die Einordnung von v.23 bestehen im wesentlichen zwei Möglichkeiten: Der Vers gehört entweder zu der in 9,25ff. verarbeiteten älteren Abimelech-Tradition[222] oder aber zu einer *redaktionellen* Schicht.[223] Mehrere Gründe sprechen für die zweite Alternative. Sachlich

---

219 Auch Fritz, Abimelech 133, weist den Einschub der Fabel mit ihrer Deutung
    – gegen Veijola – schon DtrH zu, hält freilich v.1-5a.6 für den Anfang einer
    vor–dtr Grunderzählung, die sich in v.23.25.42-45.50-54.56 fortsetze.
220 So z.B. Richter, TU 313.316; ders., BR 113; Crüsemann, Widerstand 39; Soggin,
    Judges 180; Fritz, Abimelech 143. H. Schmid, Herrschaft 2 Anm. 3, hingegen
    vermutet in v.22.55 sehr alte Tradition.
221 Vgl. z.B. Budde, Richter 74; Soggin, Königtum 24; Auld, Joshua, Judges 184f.
    Malamat, Führung 126, übersetzt v.22 treffend: "Abimelech war drei Jahre
    über Israel Despot." Anders Veijola, Königtum 108 Anm. 34, der in v.22 "keine
    Polemik gegen das Königtum" zu sehen vermag.
222 So z.B. Crüsemann, Widerstand 34, und Fritz, Abimelech 133.
223 So z.B. Richter, TU 316, der v.23 (mit v.24) auf den Verfasser des Retter-
    buches zurückführt.

liegt v.23 auf einer Ebene mit der Anwendung der Fabel, insofern v.20 die Entzweiung zwischen Sichem und Abimelech schon andeutet. Sodann bringt v.23 mit seiner *theologischen* Deutung des Geschehens einen der alten Überlieferung im Grunde fremden Zug ein und ist schon deshalb als redaktionell verdächtig.[224] Ein ganz ähnliches Phänomen liegt in 1 Kön 12,15 vor, wo ein späterer Kommentator die unkluge Brüskierung der Nordstämme durch Rehabeam als Gottes "Fügung" (סִבָּה) bezeichnet.[225] Schließlich läßt sich v.23 sehr gut an v.22 anschließen, so daß sich die Vermutung nahelegt, beide Verse könnten auf denselben Redaktor (DtrH) zurückgehen: V.22 markiert den Zeitpunkt der mit v.23 einsetzenden Ereignisse ("Als Abimelech drei Jahre über Israel geherrscht hatte, da sandte Gott einen bösen Geist..."). Die in v.23a durch Jahwes bösen Geist hervorgerufene Zwietracht äußert sich konkret in der Abtrünnigkeit der Sichemiten von ihrem selbstgewählten König (v.23b), wobei v.23b das Motiv der Abtrünnigkeit zweifellos der älteren Überlieferung entnimmt (vgl. v.26-29: Sichemiten vertrauen dem Aufwiegler Gaal) und es überschriftartig an den Beginn des unheilvollen Geschehens stellt. Daß das hier benutzte Verbum בגד eigentlich das "Verlassen eines rechtmäßigen Partners"[226] meint und damit den Nebenton des Illegitimen und Unrechtmäßigen trägt, unterstreicht nur die auch schon in der Deutung der Fabel enthaltene Auffassung, daß die Bindung an den König unwiderruflich ist und bis zum bitteren Ende bestehen bleibt. Gerade darin liegt – insbesondere auch nach dem Urteil des DtrH – die Eigengesetzlichkeit des Königtums, das – einmal auf den Plan getreten – nicht wieder abwählbar ist. Nach alldem dürfte die Zuweisung von v.22-23 zu DtrH die größte Wahrscheinlichkeit haben.

Gegenüber v.22-23 gibt sich v.24 schon aus formal-syntaktischen Gründen als Zusatz zu erkennen.[227] Der mit dem Infinitiv לָבוֹא etwas hart eingeleitete Vers will offenbar v.23a erklärend weiterführen: Gott sendet einen bösen Geist, damit der Mord Abimelechs an seinen 70 Halbbrüdern sowie die Mittäterschaft der Sichemiten gesühnt werde. Dieser Gedanke findet eine exakte Entsprechung in v.56-57, wo abschließend – nach dem Untergang Sichems und dem Tod Abimelechs – festgestellt wird, daß die böse Tat sowohl Abimelechs (v.56) als auch der Sichemiten

---

224 Crüsemann, Widerstand 35f., sieht demgegenüber in der – sehr verhaltenen – Rückführung des Geschehens auf einen von Gott gesandten "bösen Geist" eine in der alten Erzählung fest verankerte Betonung der Tragik. Vgl. auch v. Rad, Theologie I, 329 Anm. 13.

225 Vgl. Würthwein, Könige I, 155f.

226 Erlandsson, Art. בָּגַד 508.

227 Vgl. zuletzt Veijola, Königtum 105, und Crüsemann, Widerstand 34f. Anders Richter, TU 311; Soggin, Judges 179f., die v.24 mit v.23 zusammenziehen.

(v.57) nun zu der gerechten Strafe geführt hat. V.56f. bieten gleichsam die Erfüllungsnotiz zu der Ankündigung von v.24. Beides dürfte auf denselben Redaktor zurückgehen. Ihm war daran gelegen, in die Erzählung einen expliziten Schuld-Strafe-Zusammenhang einzutragen, der nicht so sehr am *Königtum* Abimelechs als vielmehr an der als moralisch höchst verwerflich beurteilten Ermordung der 70 Brüder anknüpfte.[228] In ihrer Tendenz, die *moralische* Seite der Erzählung hervorzukehren und die Mitschuld der Sichemiten zu betonen, liegen die Verse 24.56f. auf derselben Ebene wie das als späterer Einschub erkannte Stück v.16b-19a. Hier wird die Ermordung der 70 Brüder zwar auf die Sichemiten *allein* zurückgeführt (v.18), während v.24.56 Abimelechs Hauptschuld feststellt, doch muß bedacht werden, daß sich v.16b-19a als Bestandteil der Jotam-Rede an die *Sichemiten* wenden und deshalb *deren* Schuld in den Vordergrund rücken. So wird man v.24.56f. - ebenso wie v.16b-19a - auf DtrN zurückführen können.

Mit v.25 betritt man zweifelsohne den Boden der älteren Abimelech-Überlieferung, die DtrH vorfand und aufnahm. Gleichwohl bereitet die genaue Einordnung des Verses Schwierigkeiten. Im allgemeinen nämlich wird der Vers (noch) nicht zur Gaal-Episode (v.26-41) gerechnet. So vermutet Richter in v.25 "eine aus dem alten Sagenkranz versprengte Notiz"[229], während Crüsemann und Fritz den Vers zur älteren Erzählung in v.42-54* ziehen wollen.[230] Gemeinsam ist diesen Anschauungen, daß die beiden Verse 25 und 26 nicht von einer Hand stammen können. Eben diese Voraussetzung aber hält einer näheren Nachprüfung nicht stand.

Betrachtet man zunächst v.26, so sind deutliche Spannungen zu den nachfolgenden Versen wahrnehmbar: Die in Versteil 26b festgestellte Abtrünnigkeit der Sichemiten von Abimelech und ihre Hinwendung zu Gaal ("und sie vertrauten ihm") nimmt die Wirkung der Rede Gaals in v.28f. vorweg. Erst in diesen Versen unternimmt Gaal in sehr geschickter Weise den Versuch, die in v.27b geäußerten Abneigungen der Bürger gegen

---

228 Ähnlich Richter, TU 311f. (zum Verfasser des Retterbuches); Crüsemann, Widerstand 34f. (zur königskritischen Redaktion). Veijola, Königtum 105, möchte demgegenüber v.57 von v.56 abkoppeln und entsprechend auch v.24 auf zwei Redaktoren verteilen: v.24abα gehöre (mit v.56) zu DtrH (Schuld allein Abimelechs), v.24bβγ stamme (wie auch v.57) von DtrN (Schuld auch der Sichemiten). Indes fehlen – vor allem im Blick auf v.24 – ausreichende Hinweise für eine solche literarkritische Operation. Gegen eine Trennung von v.56 und 57 spricht vor allem die Beobachtung, daß die in v.56 begegnenden Vorstellungen (Versündigung gegen das Haus Jerubbaals; moralische Wertung der Königserhebung) gerade nicht für DtrH typisch sind.

229 Richter, TU 316.

230 Vgl. Crüsemann, Widerstand 34; Fritz, Abimelech 130-133; ähnlich Rösel, Studien II, 28.

Abimelech aufzunehmen und so Sympathien für sich zu gewinnen. Als
mögliche Folgerung ergibt sich die These, daß v.26 als *nachträgliche* Einleitung zur Gaal-Geschichte verfaßt wurde.

Eine Bestätigung findet diese Sicht, wenn man v.25 mit v.26 zusam-
mensieht. Zwischen beiden Versen nämlich bestehen auffällige Beziehungen: In v.25 wird berichtet, daß die abgefallenen Sichemiten jeden aus-
rauben, der auf dem Wege (nach Sichem?) "vorüberzog" (עבר). Nach
v.26 zieht auch Gaal vorüber (עבר), doch *er* wird nicht überfallen, sondern *ihm* vertrauen die Sichemiten. Der zweimalige Gebrauch des Verbums עבר schafft hier offenbar eine Verbindung. Während v.25 die
Trennung der Sichemiten von Abimelech anzeigt, beschreibt v.26 - umgekehrt - die *Hinwendung* zu Gaal. Dieser Zusammenhang wird vielleicht
auch daran deutlich, daß der Beginn von v.25 - kaum zufällig - in seinem
Aufbau dem Schluß von v.26 entspricht:

$$\text{וַיָּשִׂימוּ לוֹ בַּעֲלֵי שְׁכֶם}\quad\text{(v.25aα)}$$

$$\text{וַיִּבְטְחוּ־בוֹ בַּעֲלֵי שְׁכֶם}\quad\text{(v.26b)}$$

Es liegt somit der Schluß nahe, daß in v.25.26 eine *nachträglich* formulierte Einleitung zur Gaal-Episode vorliegt. V.27 könnte demnach als
Beginn der älteren Gaal-Geschichte aufgefaßt werden, was auch sachlich
gut paßt: Anläßlich eines Lesefestes außerhalb der Stadt auf dem Feld
äußern die Sichemiten ihren Unmut über Abimelech, der von Gaal sogleich aufgegriffen und ausgenutzt wird (v.28f.). Daß dabei die redaktionellen v.25f. selbst manches voraussetzen, liegt auf der Hand (vgl. nur
das לוֹ in v.25, dem zumindest die Erwähnung Abimelechs vorangehen
muß). Es ist denkbar und auch wahrscheinlich, daß die vor v.25 fehlenden
Erzählzüge nun in der von DtrH formulierten Einleitung 9,1-6 enthalten
sind (Vorstellung Abimelechs; umstrittene Herrschaft über Sichem etc.).

In v.25f. liegt somit ein Hinweis darauf vor, daß die älteren Abime-
lech-Traditionen schon vor DtrH gesammelt, redaktionell bearbeitet und
zu einem Erzählungskranz vereinigt wurden. Spuren dieser redaktionellen
Tätigkeit finden sich auch am Ende der Gaal-Episode in v.41. Obwohl der
Vers wie der ursprüngliche Abschluß der Gaal-Episode aussieht - nach
der Vertreibung des Aufwieglers ist der alte Zustand wiederhergestellt -,
macht doch Versteil 41b einen *sekundären* Eindruck: Zum einen wurde
schon in v.40 von einer Flucht Gaals berichtet, so daß v.41b im Grunde
zu spät kommt. Zum andern war es laut v.40 Abimelech, der Gaal in
die Flucht schlug, und nicht Sebul, wie v.41b behauptet. Umgekehrt macht
die nachholende Bemerkung über die Flucht Gaals (v.41b) den Weg frei
für neue Ereignisse. Daß nach v.41 "nichts mehr zu erwarten"[231] sei,

---

231 Crüsemann, Widerstand 37.

wird man kaum sagen können. Vielmehr läßt die auffällige Betonung
מְשֶׁבֶת בִּשְׁכֶם am Ende von v.41 an eine Fortsetzung denken, die über
die Reaktion Abimelechs nach dem mißlungenen Aufstandsversuch berichtet. Demgegenüber wird man Versteil 41a als ursprünglichen Abschluß
der Gaal-Geschichte ansehen dürfen: Nach erfolgreicher Niederschlagung
des Aufstands (v.40) kann sich Abimelech wieder in seine Residenz Aruma
zurückziehen (v.41a). Der als sekundär erkannte Versteil 41b liegt auf
derselben Ebene wie die ebenfalls späteren v.25f.: Dem plötzlichen Auftreten Gaals entspricht seine endgültige Vertreibung.

Die von v.41b implizierte Fortsetzung liegt nun aber *nicht* in v.42-45
vor, wie man vermuten könnte, sondern allem Anschein nach in v.46ff.
Als die Bürger des Migdal Sichem die Nachricht über die Vertreibung
Gaals aus Sichem vernahmen, versteckten sie sich aus (berechtigter)
Furcht vor der Rache Abimelechs im Tempel des El-Berit.[232]

Bei den dazwischenliegenden v.42-45 hat man es mit einer redaktionell gestalteten und formulierten kurzen Erzählung zu tun, die über die
Zerstörung Sichems und die Vernichtung aller (!) ihrer Bewohner durch
Abimelech berichtet. Wie insbesondere Richter gezeigt hat, entnahm der
Verfasser sein sprachliches Material und die vorausgesetzte Taktik der
älteren Überlieferung in v.26-40.46-54.[233] Alte Tradition wird man in
dem überdies sehr schematischen und künstlichen Bericht also kaum finden können. V.42 schließt mit dem Neueinsatz וַיְהִי מִמָּחֳרָת recht locker
an v.41 an. Offenbar soll mit der Bemerkung, daß "das Volk" – gemeint
sein müssen hier die Sichemiten (vgl. v.39) – auf das Feld hinauszieht,
eine *Fortsetzung des Kampfes* zwischen Abimelech und den Abtrünnigen
eingeleitet werden, wie sie sich in v.43-45 auch findet. Damit setzt sich
der Vers in Widerspruch zu v.40 *und* v.41b, die ein Ende der Feld-
schlacht markieren. Diese Differenz spricht im übrigen dagegen, v.41 –
oder auch nur Versteil 41b – auf eine redaktionelle Stufe mit v.42-45 zu
stellen.[234] V.42 fungiert also als Anschlußnotiz, die das Geschehen in
v.43-45 an die vorhergehende Gaal-Erzählung anpassen will. So ist es
zu erklären, daß v.42 das Volk etwas verfrüht (vgl. v.43) aufs Feld ziehen läßt.

Eine von der hier vorgeschlagenen Beurteilung von v.42-45 stark abweichende Sicht findet sich bei Rösel, Crüsemann und Fritz. Sie stimmen

---

232 Ähnlich Richter, TU 275-277.
233 Vgl. Richter, TU 256-259.279f., und die Übersicht bei Zenger, Beispiel 117;
     ähnlich schon Sellin, Sichem 10f. Richter stellt heraus, daß die Spannungen
     innerhalb von v.25-54 nahezu ausschließlich zwischen v.25-40.46-54 einerseits
     und v.42-45 andererseits bestehen (vgl. TU 247f.252f.).
234 So freilich Richter, TU 265f.

darin überein, daß sie das Stück der *älteren* Überlieferung zurechnen und
- nach Herauslösung von v.26-41 - mit v.25 auf eine Stufe stellen.[235]
Auf die Argumentationen kann im einzelnen nicht eingegangen werden.
Es ist immerhin bemerkenswert, daß Fritz die Abimelech-Erzählung (und
damit auch v.42-45) als von v.26-41 *literarisch* abhängig erkennt, dann
aber zu dem recht bemühten Schluß kommt, beide Komplexe hätten ursprünglich selbständig existiert und seien erst später miteinander verbunden worden.[236]

Nach wie vor dürfte die These vom *redaktionellen* Charakter von
v.42-45 die größte Wahrscheinlichkeit haben. Gleichwohl ist auch dieses
Stück literarisch nicht ganz aus einem Guß. Aus verschiedenen Gründen
wird man v.44b als einen Zusatz betrachten müssen. Zum einen fällt auf,
daß v.44b die Mitteilung aus v.43b, daß die Sichemiten auf dem Feld erschlagen wurden, wiederholt. Zum andern besteht im vorliegenden Zusammenhang im Blick auf die in v.43f. erwähnten "Abteilungen" (רָאשִׁים)
eine gewisse Unklarheit, die durch Ausscheidung von v.44b ausgeräumt
wird: V.44a spricht im Plural von *mehreren* Abteilungen und hat dabei
offensichtlich die in v.43 genannten *drei* Gruppen im Auge. Erst aufgrund
von Versteil 44b, in dem von *zwei* Abteilungen die Rede ist, entsteht die
rechnerische Notwendigkeit, den Plural רָאשִׁים in v.44a durch den Singular רֹאשׁ zu ersetzen, da nach Abzug von zwei Abteilungen (v.44b) nur
noch eine übrigbleiben kann. Indes ist eine entsprechende Textänderung,
wie sie vielfach vorgenommen wird,[237] nicht notwendig, wenn man den
sekundären Charakter von v.44b erkennt. Der Ergänzer wollte offensichtlich die strategische Lage erklären und präzisieren. Für ihn muß es an-
stößig gewesen sein, daß v.43b zwar von einer Gruppierung in drei Abtei-

---

235 Rösel, Studien II, 24-28, macht gegen Richter "V.42-45 zur Grundlage des Ver-
    ständnisses der historischen Schlacht" (S.27). Crüsemann, Widerstand 32-35,
    sieht in dem alten Bestand 9,23.25.42a.43-54 "eine vollständige und abgeschlos-
    sene Geschichtserzählung" (S.34). Fritz, Abimelech 134-139, schließlich vermu-
    tet in 9,1-5a.6.23.25.42-45.50-54.56 eine frühestens im 9. Jh. entstandene und
    kaum historische Vorgänge widerspiegelnde Beispielerzählung über den Anfang
    und das Ende des Königtums Abimelechs (gegen die Anzweiflung der Histori-
    zität bei Fritz vgl. Rösel, Überlegungen 500-503).
236 Vgl Fritz, Abimelech 138.143. Von einer ganzheitlich orientierten Sicht des
    Textes her kritisiert Boogaart, Stone, die Analyse von Fritz: Aus der gewiß
    zutreffenden Beobachtung, daß im *gesamten* c.9 eine planvolle Gedankenfüh-
    rung ("unique plot") vorliege, schließt er offenbar auf *literarische* Einheitlich-
    keit, ohne freilich die zweifellos vorhandenen Unebenheiten genügend wahr-
    zunehmen (vgl. in Weiterführung Boogaarts auch Janzen, Woman).
237 So z.B. App. der BHK / BHS; Budde, Richter 77; Greßmann, Anfänge 213;
    Hertzberg, Richter 202; Soggin, Judges 190.

lungen berichtet, die nachfolgenden Ereignisse aber ohne diese Aufteilung auskommen.[238]

Angeregt wurde der Verfasser von v.42-44a.45 offenbar durch v.46-54: "Hier las er, daß in Tebez zwischen Stadt und Burg unterschieden wurde, daß ein Kampf nur vor Sichem und im Tempelbezirk stattgefunden hat, aber nicht um die Stadt selbst. Die Einfügung läßt sich also als Ergänzung verstehen, die auch Sichem-Stadt vernichtet sein läßt."[239] Damit liegt der Einschub zugleich auf einer Linie mit der Deutung der Fabel in v.20a, die eine vollständige Vernichtung der Stadt Sichem und seiner Bewohner voraussetzt.[240] Da bereits die Deutung der Fabel in v.16a.19b.20 auf DtrH zurückgeführt wurde, wird man auch v.42-45* diesem Redaktor zuweisen dürfen.

Die alte Erzählung wird mit der Mitteilung über das schmähliche Ende Abimelechs in v.54 geendet haben. In v.55 liegt – darauf wurde bereits hingewiesen – eine von DtrH formulierte Abschlußnotiz vor, die das Geschehen in einen *gesamtisraelitischen* Kontext stellt: Die *Israeliten* gehen nach Hause, nachdem an *Sichem* ein Exempel statuiert wurde. Ein weiterer Anhaltspunkt dafür, daß in v.55 tatsächlich *DtrH* die Feder führt, kann in dem Ausdruck יִשְׂרָאֵל אִישׁ gesehen werden, den DtrH innerhalb der Gideon-Erzählung auch in 7,8.23; 8,22 benutzte.

Die v.56-57 sind schon im Zusammenhang mit v.24 behandelt und auf DtrN zurückgeführt worden. Die Abschlußnotiz des DtrH in v.55 wird um eine theologisch-moralische Deutung des Geschehens in der Kategorie von Schuld und Strafe ergänzt. DtrN kam es auf beides an: auf die Freveltat Abimelechs, die gesühnt werden mußte, und auf die Schuld der Sichemiten, die Abimelechs Freveltat allererst ermöglichten.

9.9.7. Zusammenfassung (c.9)

Faßt man die redaktionsgeschichtlichen Ergebnisse zu c.9 zusammen, ergibt sich folgendes Bild: Bei der Komposition der Abimelech-Erzählung konnte DtrH auf zwei schriftliche Vorlagen zurückgreifen: auf die königskritische Jotam-Fabel (v.8-15a) und auf einen Erzählungskranz über den

---

238 Allzu bemüht ist der harmonisierende Erklärungsversuch Richters, der v.44b lediglich als "differenzierende Wiederholung" von v.43b ansehen mag, die freilich auch er als "mindestens ungeschickt" bezeichnen muß (TU 279).

239 Richter, TU 280.

240 So auch Richter, TU 316. Möglicherweise gehört auch v.49b zu dieser Schicht: Die Bemerkung, daß "auch" (גַּם) alle Männer des Migdal Sichem umgekommen sind, kann sich nur auf v.42-45 beziehen. Die Angabe "etwa 1000 Männer und Frauen" könnte hingegen alt sein.

Aufstieg und das schmähliche Ende des Abimelech (v.25-41.46-54). Beide Quellen zeichnen sich durch ihren *profanen* Charakter aus. Der Erzählungskranz, in dem das Thema "Königtum" als solches wohl noch keine Rolle gespielt hat, lag bereits in redaktionell bearbeiteter Form vor (vgl. v.25f.41b). Den ursprünglichen Beginn der Abimelech-Geschichte dürfte DtrH unter Zuhilfenahme sprachlicher und stilistischer Elemente der Jotam-Fabel völlig neu formuliert haben (v.1-6), während er im weiteren nur gelegentlich - zur Verdeutlichung seiner Intention - selbst die Feder führt (v.22f.42-44a.45.49b*.55). Erst die dtr Rahmung macht aus der profan-politischen Abimelech-Erzählung *theologische* Geschichtsschreibung (vgl. v.23). Auf DtrH geht sodann insbesondere die Rahmung und Anwendung der aufgenommenen Fabel zurück (v.7.15b.16a.19b-21). Beides zusammen markiert das Hauptinteresse des DtrH, dem es in Ri 9 um eine an der Person Abimelechs illustrierte *grundsätzliche* Auseinandersetzung mit der Institution des Königtums geht. Das leitende *Thema* stammte also zweifellos aus der Fabel, während das erzählerische *Material* aus dem Abimelech-Erzählungskranz kam. DtrN schließlich unterzog das Kapitel einer *moralisierenden* Bearbeitung (v.16b-19a.24.56f.): Die Bluttat Abimelechs (v.5), an der die Sichemiten entscheidende Mitschuld tragen, muß gesühnt werden.

9.10. Redaktionsgeschichte von c.6-9

Die Analyse von Ri 6-9 hat zu dem eindeutigen Ergebnis geführt, daß es *DtrH* war, der erstmals eine zusammenhängende Gideon-Abimelech-Geschichte schuf. Er konnte dabei auf einige ältere Traditionen zurückgreifen, die nur noch z.T. auf literarkritischem Wege herauslösbar sind: Zum einen standen ihm mehrere relativ disparate - offenbar noch nicht miteinander verbundene - lokale Überlieferungen über *Gideon* und seine Rolle im Kampf gegen die Midianiter zur Verfügung (6,11-24*; 7,11-15*. 16-22a*; 8,5-21*). Zum andern lag ihm ein Erzählungskranz über den Aufstieg und das Ende *Abimelechs* vor (9,25-41.46-54). Beide Personen setzte er durch eine sehr geschickte Umbenennung Gideons in "Jerubbaal" (6,25-32), der als Vater Abimelechs galt, in ein Vater-Sohn-Verhältnis.

Das eigentliche sachliche Interesse, das DtrH bei der Komposition der Gideon-Abimelech-Geschichte verfolgte, lag zweifellos im *Königtum*. Sowohl der Gideonspruch (8,22f.) als auch die Aufnahme der alten Fabel und ihre Deutung konnten auf DtrH zurückgeführt werden. Mit Gideon un Abimelech werden - unter Benutzung des Motivs von den mißratenen Söhnen (vgl. 1 Sam 2,12ff.; 8,3) - Repräsentanten zweier sich im Prinzip ausschließender Aufgaben bzw. "Ämter" gegenüberstellt: auf der einen Seite der von Jahwe berufene *Retter* Gideon, der das ihm angetragene erbliche Königsamt mit dem Verweis auf Jahwes alleinige Königsherrschaft ablehnt; auf der anderen Seite der aus eigenem Antrieb mit Gewalt an die Macht gekommene und selbstherrlich und brutal regierende *König* Abimelech.[241] Daß DtrH bei der Rettertätigkeit Gideons tatsächlich eine Art "Amt" im Blick hat, das eine wirkliche, "jahwegemäße" Alternative zum Königtum eröffnen will, belegt die Einreihung Gideons unter die *Richtergestalten* mit Hilfe des aus 2,11ff. bekannten Schemas (6,1-6; 8,28[.29-32]). Statt der sonst üblichen kurzen Erweckungsnotiz verwendet DtrH hier mit Bedacht eine ausgeführte Berufungserzählung (6,11-24). Sie soll - im Kontrast zum Königtum - die abgeleitete Form der Herrschaft Gideons demonstrieren und zugleich deutlich machen, daß es in Wahrheit Jahwe allein war, der Israel aus der Not rettete (vgl. 8,22f.!).

Diesem letzten Gedanken kommt innerhalb der Gideon-Überlieferung in der Tat eine nicht zu unterschätzende Bedeutung zu, wie die zahlreichen Belege des Verbums יֹשַע *hif*, das man geradezu als "key word"[242] bezeichnen kann, zeigen (6,14.15.31.36.37; 7,2.7; 8,22). Es ist dabei bemerkenswert, daß man mit *keiner* der genannten Stellen zeitlich hinter DtrH zurückkommt; die Verse 6,36.37; 7,2.7 sind sogar als *nach*-dtr einzustufen.

So führt auch die Untersuchung der Gideon-Abimelech-Geschichte zu dem Schluß, daß es kein *vor*-dtr "Retterbuch", wie es Richter postuliert, gegeben hat.[243] Gleichwohl weist die vorgelegte Analyse große Übereinstimmungen mit den redaktionsgeschichtlichen Ergebnissen Richters auf, wobei die dem Verfasser des Retterbuches zugewiesenen Anteile - und insbesondere auch die königskritischen Passagen - hier im allgemeinen auf DtrH zurückgeführt werden konnten.

Der von DtrH konzipierte Grundstock der Erzählung ist sodann mehrfach erweitert worden. Durch den spät-dtr Redaktor DtrN wird eine eher *moralische* Wertung der Vorgänge vorgenommen, aber auch gelegentlich ein Verstoß gegen das Fremdgötterverbot notiert (8,24-27.33-35; 9,16b-19a.24.56f.). Dabei ist eine leichte Akzentverschiebung gegenüber der

---

241 Malamat, Führung 125, spricht bei Abimelech treffend von einem "Anti-Retter" bzw. "Anti-Richter".

242 Webb, Book 152.

243 Im übrigen begegnet das Stichwort יֹשַע *hif*, das Richters vor-dtr Retterbuch den Namen gegeben hat, überhaupt nur in c.6-8, nicht hingegen in c.3-4!

Konzeption des DtrH zu beobachten: Zwar wird der radikal antimonarchische Ton des DtrH nicht aufgehoben, doch die Betonung des *Moralischen* (etwa in c.9) schwächt ihn zumindest ab. Auch scheint DtrN den von DtrH aufgerichteten scharfen Kontrast zwischen Gideon und Abimelech nicht mehr recht wahrzunehmen, wenn er in 8,24-27 auch Gideon des Fremdgötterdienstes bezichtigt und ihn zudem in 8,33-35 recht kritisch beurteilt.

Durchaus im Sinne des DtrH beschäftigt sich eine weitere Gruppe von späteren Einschüben, die freilich nicht auf derselben redaktionellen Linie liegen, mit dem Verhältnis von göttlichem und menschlichem Rettungshandeln: 6,33f.; 6,36-40; 6,35 mit 7,1-7 (vgl. das Verbum יֹשׁע in 6.36.37; 7,2.7). Weitere Zusätze liegen schließlich in der wohl aus der dtr Schule stammenden Prophetenrede (6,7-10) sowie in dem eigentümlichen und sicher alte Tradition enthaltenden Stück über einen Konflikt zwischen Efraim und Abieser (7,24-8,3) vor.[244]

---

244 Die Datierung der *gesamten* Gideon-Überlieferung in spät- bzw. nach-dtr Zeit durch Auld, Gideon 257-267, mutet – trotz vieler interessanter Beobachtungen – zu pauschal an.

Kap. 10

Jiftach (Ri 10,6-12,6)

10.1. Einleitung

Eine gewisse Sonderstellung unter den im Korpus des Ri-Buches vereinigten Rettererzählungen nimmt die Überlieferung über den Gileaditen Jiftach und seinen Kampf gegen die Ammoniter ein. Überraschend wirkt insbesondere die ungewöhnlich breite Einleitung in 10,6-16, in der zwar die für den dtr Rahmen charakteristischen Elemente enthalten sind, die aber darüber hinaus einen ganz neuen theologischen Gedanken einbringt: Erstmals lehnt Jahwe trotz eines Schuldbekenntnisses der Israeliten (10,10b) die Rettung aus der Feindbedrängnis ab, bevor er sich schließlich doch über sein Volk erbarmt (10,16b). Es hängt wohl mit dem Charakter der alten Tradition zusammen, daß es zunächst nicht Jahwe selbst ist, der den Jiftach zum Retter in der Not beruft (vgl. 11,1-11). Erst die kleine redaktionelle Notiz über die Geistbegabung in 11,29aα stellt sicher, daß die Wahl Jiftachs durch das Volk (11,11) letztlich doch als eine Beauftragung *durch Jahwe* zu verstehen ist. Die Beugeformel in 11,33b entspricht wieder dem dtr Rahmenschema. Abgeschlossen wird die Erzählung nun aber nicht mit der erwarteten Ruheformel, sondern mit Angaben über die Amtszeit und den Tod Jiftachs (12,7), die zugleich schon zum unmittelbar folgenden zweiten Teil der Liste der sog. kleinen Richter gehören (12,7-15). Die Gestalt Jiftachs begegnet also in zwei Überlieferungskomplexen: zum einen in der ausführlichen "Heldenerzählung", zum andern in der - nunmehr durch 10,6-12,6 zweigeteilten - Liste der kleinen Richter (10,1-5 / 12,7-15). Auf die möglichen Deutungen dieses Befundes kann erst bei der Behandlung der Richterliste eingegangen werden.

Angesichts der beobachteten Abweichungen vom dtr Rahmenschema stellt sich im Blick auf die folgende Analyse die Frage, ob die Komposition der Jiftach-Geschichte (in einer ursprünglichen Gestalt) dennoch auf denselben Redaktor - also DtrH - zurückgeführt werden kann, der auch die Erzählungen in c.3-9 zusammenstellte. Diese Frage erhält schon deshalb ein besonderes Gewicht, weil die einzige ausführliche literarkritische

Untersuchung der gesamten Jiftach-Überlieferung aus neuerer Zeit, die
von W. Richter im Anschluß an seine beiden Monographien vorgelegt
wurde,[1] zu einem ganz anderen Ergebnis kommt: Die Jiftach-Geschichte
sei der Sammlung von Rettererzählungen (c.3-9) erst später zugewachsen.[2]
Diese Auffassung muß natürlich im Rahmen der These vom vor-dtr "Retterbuch" betrachtet werden. So ist es kaum verwunderlich, daß W. Richter bei der Jiftach-Überlieferung mit zwei *vor-dtr* Stufen rechnet.[3] Zunächst sei durch einen *ersten Bearbeiter* der älteren Jiftach-Tradition
eine Erzählung geformt worden, die 11,1a.2b-3.5a; 10,17aβ.18a; 11,5b-11a
sowie das Gelübde (11,30-31.34-40) umfaßt habe. Als eigentlicher Verfasser der *vorliegenden* Jiftach-Geschichte in 10,17-12,6 sei aber erst ein
zweiter Bearbeiter anzusehen, der neben altem Material (11,15*.16-26;
12,5f.*) vor allem mehrere rahmende Verse eingetragen habe, die dem
Schema der Kampfschilderungen entsprechen (10,17f.*; 11,4.11b.29.32-33).
Diesem Redaktor müsse das "Retterbuch" in seiner bereits um das Beispielstück 3,7-11 erweiterten Fassung vorgelegen haben. Schließlich sei
die Jiftach-Geschichte unter Hinzufügung der Einleitung in 10,6-16 vom
dtr Geschichtsschreiber in sein Werk aufgenommen worden.

Unter gebührender Einbeziehung der redaktionsgeschichtlichen Überlegungen W. Richters[4] wird sich die Analyse also auf die Frage konzentrie-
ren müssen, ob und inwieweit die Jiftach-Überlieferung die bislang an
2,11-9,57 erprobte These zu stützen vermag, nach der *DtrH* als federfüh-
render Verfasser erkannt wurde. Die Analyse kann relativ kurz ausfallen.

10.2. Ri 10,6-16

Die ausführliche Einleitung zur Jiftach-Geschichte wird - sieht man
einmal von einigen leicht erkennbaren Zusätzen ab - im allgemeinen insgesamt einem dtr Verfasser zugewiesen.[5] Diese Auffassung ist in jüngster

1   Vgl. Richter, Jephtah 485-556.
2   Vgl. Richter, Jephtah 555; Andeutungen schon in ders., TU 324. Vgl. auch
    Soggin, Judges 207. Anders Schüpphaus, Richtergeschichten 180-184, der die
    Jiftach-Überlieferung zur alten Sammlung von Rettererzählungen rechnet.
3   Vgl. zusammenfassend Richter, Jephtah 553-556.
4   Über die ältere Forschungslage informiert knapp Richter, Jephtah 485-487.
5   Vgl. z.B. Wellhausen, Composition 213f.; Greßmann, Anfänge 221f.; Noth, ÜSt
    53; Richter, BR 13-23 (S.13f. mit älteren Auffassungen); Hoffmann, Reform
    280-287; Soggin, Judges 202f.; Blum, Komposition 45-51. Anders z.B. Schüpphaus,
    Richtergeschichten 173f., der in v.8f.* eine *vor*-dtr Einleitung vermutet.

Zeit mehrfach dahin gehend modifiziert worden, daß man nun mit *zwei*
dtr Händen rechnet. Dabei wird insbesondere der Abschnitt 10,10-16, der
das Sündenbekenntnis des Volkes und die Ablehnung der Rettung durch
Jahwe enthält, auf einen *spät*-dtr Redaktor (DtrN) zurückgeführt.[6] In der
Tat läßt sich diese Sicht im wesentlichen bestätigen.

Schon in v.6a wird man die Liste der fremden Götter (ab "und den
Göttern Arams") als Zuwachs ansehen dürfen,[7] vielleicht auch schon die
unmittelbar zuvor genannten "Astarten", die auch in 2,11 fehlen und in 3,7
als sekundär erkannt wurden. Die Erweiterung umfaßt auch v.6b und die
Zornesformel in v.7a (vgl. 2,14; 3,8).[8] Leicht läßt sich auch die Angabe
"in die Hand der Philister und" aus v.7a herauslösen; sie ist offenbar im
Blick auf die Simsonerzählung hinzugefügt worden.[9]

V.8 macht einen überfüllten Eindruck: Die doppelte Zeitangabe ("in
jenem Jahr"/"18 Jahre") ist kaum ursprünglich. Offenbar gehen die "18
Jahre" auf einen Überarbeiter zurück, der die recht unbestimmte Datierung
"in jenem Jahr" präzisieren wollte.[10] Auch in der auf die "18 Jahre" unmittelbar folgenden Wendung "alle Israeliten jenseits des Jordans im
Land der Amoriter, das in Gilead ist" wird man - schon aufgrund ihres
offenkundig nachklappenden Charakters - eine Ergänzung vermuten dürfen.
Mit ihr werden die in Versteil 8a genannten "Israeliten" im Sinne des
Schauplatzes der alten Jiftach-Überlieferung (Ostjordanland) näher bestimmt.[11] Möglicherweise enthält dieser Einschub seinerseits sekundäres
Gut; jedenfalls hinkt die letzte der drei Ortsangaben (אֲשֶׁר בַּגִּלְעָד)
nach.[12]

Die Bemerkung, daß die Ammoniter nun den Jordan gen Westen über-
schreiten und auch (גַּם) die im westjordanischen Kernland lebenden
Stämme Juda, Benjamin und das Haus Efraim in das Kampfgeschehen
einbeziehen (v.9a), setzt den als Erweiterung erkannten v.8b sinnvoll
fort. So wird man v.8b und 9a derselben Bearbeitungsschicht zuweisen

---

6   Vgl. Veijola, Königtum 44-48; Spieckermann, Juda 210f. Anm. 117; Mayes,
    Story 69-71 ("dtr editor").
7   Vgl. Richter, BR 16; Veijola, Königtum 46; Spieckermann, Juda 210 Anm. 117;
    Mayes, Story 69.
8   So auch Veijola, Königtum 46; anders Spieckermann, Juda 210 Anm. 117.
9   Vgl. z.B. Greßmann, Anfänge 221; Veijola, Königtum 46.
10 Vgl. Richter, BR 17; Veijola, Königtum 46. Umgekehrt Greßmann, Anfänge
    221, und Noth, ÜSt 53 Anm. 3.
11 Veijola, Königtum 46, beurteilt – umgekehrt – die erste Erwähnung der "Is-
    raeliten" in v.8a als sekundär. Ähnlich Greßmann, Anfänge 221, und Noth,
    ÜSt 53 Anm. 3.
12 Richter, BR 18, hält gerade diese Angabe für ursprünglich.

können. V.9b dürfte wiederum zum Grundbestand des DtrH gehören (vgl. 2,15).[13]

Auf die Notschreiformel in v.10a folgt ganz unerwartet ein Schuldbekenntnis der Israeliten (v.10b). Eine ganz ähnliche Verbindung begegnet auch in der aus der Feder des DtrN stammenden Samuel-Rede 1 Sam 12 (hier v.10).[14] Angesichts dieser Parallele und in Anbetracht der Tatsache, daß ein Sündenbekenntnis sonst im Ri-Rahmen fehlt und auch kaum durch das Verbum זעק impliziert wird (s.o. Kap. 4.2.), liegt die Vermutung nahe, in v.10-16 spreche ebenfalls DtrN.[15] Dabei ist es durchaus wahrscheinlich, daß die Notschreiformel als solche (v.10a ohne לֵאמֹר) noch von DtrH formuliert wurde.[16]

Gerade die vom sonstigen Schema des DtrH abweichenden Elemente in der Einleitung zur Jiftach-Geschichte haben sich somit als spätere Erweiterungen erwiesen. Es handelt sich um v.6 (ab וְאֶת־הָעַשְׁתָּרוֹת). 7a. 7b (nur בְּיַד־פְּלִשְׁתִּים).8b.9a.10a (nur לֵאמֹר).10b-16. Einige dieser Ergänzungen sind aufgrund ihrer Thematik und Diktion eindeutig DtrN zuzuweisen (so in v.6.7a.10b-16), andere hingegen (in v.7b.8a) lassen sich kaum speziell mit diesem Redaktor in Verbindung bringen. Der nach Abzug der sekundären Stücke verbleibende und von DtrH verfaßte Grundbestand entspricht ganz den übrigen dtr Einleitungen in c.3-9. Den Gedanken, daß dem rettenden Eingriff Jahwes jeweils eine *Umkehr* des Volkes vorausgehen müsse, trägt erst DtrN ein (vgl. v.10b-16). Anders als DtrH sah dieser Redaktor offenbar auch in dem Verbum זעק schon ein Sündenbekenntnis impliziert.

10.3. Ri 10,17-18

Die beiden Verse 10,17-18 werden im allgemeinen als *redaktionelle* Einleitung der in 11,1-11 enthaltenen (älteren) Jiftach-Tradition erkannt.[17]

---

13 Anders Veijola, Königtum 46. Spieckermann, Juda 210 Anm. 117, rechnet v.9 insgesamt zu DtrH.

14 Zur Einordnung des Kapitels vgl. Veijola, Königtum 83-99.

15 So Veijola, Königtum 46f.; vgl. Spieckermann, Juda 210f. Anm. 117; Mayes, Story 69.

16 Vgl. Spieckermann, Juda 210f. Anm. 117.

17 So z.B. Wellhausen, Composition 223 Anm. 1; Wiese, Literarkritik 42f.; Richter, Jephtah 547-553; Schüpphaus, Richtergeschichten 175; Veijola, Königtum 47 Anm. 59; Schäfer-Lichtenberger, Stadt 257. Anders Noth, ÜSt 53 (10,17 als Beginn der alten Jiftach-Tradition).

Zu diesem Schluß führen mehrere Beobachtungen: (1) Das Stück 11,1-11*
macht einen in sich geschlossenen Eindruck und benötigt keineswegs eine
Einführung, wie sie 10,17-18 bietet (s.u.). — (2) In 11,5ff. treten die
"Ältesten Gileads" als Verhandlungspartner Jiftachs auf, 10,18a hingegen
spricht von שָׂרִים. Mit beiden Gruppen sind gewiß dieselben Führerpersön-
lichkeiten gemeint, wobei der Begriff שַׂר vielleicht eher auch an militärische Funktionen denken läßt.[18] Offenbar hat der Verfasser von 10,17f.
die Bezeichnung זָקֵן bewußt durch שַׂר ausgetauscht, um speziell die
militärische Verantwortlichkeit der Vertreter Gileads zu unterstreichen.
— (3) Die in der Verhandlung der Ältesten Gileads mit Jiftach (11,6-10)
so wichtige Differenzierung von קָצִין (militärischer Anführer auf Zeit)
und רֹאשׁ (permanentes Oberhaupt) scheint in 10,18 keine Rolle (mehr)
zu spielen: Hier wird nur noch der allgemeinere Titel רֹאשׁ genannt.

Freilich sind die insgesamt als redaktionell beurteilten Verse 10,17f.
literarisch kaum aus einem Guß.[19] So wird man v.17b aus mehreren
Gründen einem späteren Interpolator zuweisen müssen: (1) Liest man
v.17a für sich, kann man die Angabe בַּגִּלְעָד als Landschaftsbezeichnung
auffassen. Dies entspräche den in 11,1ff. geschilderten Ereignissen, die
sich offenkundig im ostjordanischen *Gebiet* Gilead zutragen. Nimmt man
aber v.17b hinzu, wo von einer Versammlung der Israeliten *in Mizpa* berichtet wird, legt sich auch für בַּגִּלְעָד ein Verständnis als Ort nahe.[20]
— (2) Dem Ergänzer von v.17b war offensichtlich an einer *Gegenüberstellung* von ammonitischem und israelitischem Heerlager gelegen, wie vor
allem die parallele Satzstruktur in v.17a und 17b zeigt. Dieser Eingriff
aber zog eine kleine Schwierigkeit im Blick auf v.18 nach sich, erscheint
es doch nun recht merkwürdig, daß sich das israelitische Heer bereits
zum Kampf versammelt hat, obwohl ein militärischer Anführer noch gar
nicht gefunden ist (vgl. "Wer ist der Mann...?" v.18). — (3) Auffällig
ist schließlich auch der in v.17b genannte Ort *Mizpa*. Offensichtlich ist
hier an eine *ostjordanische* Siedlung gedacht, wie die Gegenüberstellung
von Mizpa und Gilead zeigt. Diese Lokalisierung paßt indes nicht zu der
von 10,17a.18 vorausgesetzten Geographie der Geschehnisse, wie insbesondere die Analyse von 11,11b.29 ergeben wird.

Eine weitere Ergänzung liegt in v.18 vor, denn die doppelte Personen-
angabe שָׂרֵי גִלְעָד und הָעָם wird kaum ursprünglich sein. Am leichtesten
läßt sich wohl die allgemeinere Bezeichnung הָעָם als sekundäre Auswei-

---

18   Z.B. Ri 4,2.7; 9,30; 1 Sam 8,20; vgl. Schäfer-Lichtenberger, Stadt 250f.
19   Vgl. insbes. Veijola, Königtum 47 Anm. 59.
20   Diese Beobachtung wird von Noth, Gilead 509, dahin gehend gedeutet, daß die
     Ammoniter zunächst nur die — auch aus Hos 6,8 bekannte — *Stadt* Gilead,
     noch nicht jedoch das Gebiet gleichen Namens besetzt hätten.

tung verstehen,[21] die möglicherweise aufgrund von 11,11a (das "Volk" erhebt Jiftach zum קָצִין und רֹאשׁ) erfolgte.

Abschließend muß nach der literarhistorischen Einordnung des Grundbestandes von 10,17f. gefragt werden. Da die Verse offensichtlich die Aufgabe haben, von der Einleitung in 10,6-10a* zur älteren Jiftach-Überlieferung überzuleiten, liegt eine Zuweisung zu DtrH nahe.[22] Zwei weitere Indizien mögen diese Sicht stützen: (1) Das Verbum צעק nif begegnet zur Bezeichnung eines Aufgebots innerhalb des Ri-Buches noch in 7,23.24; 12,1. Während 7,24 als von 7,23 abhängig beurteilt wurde und 12,1 Bestandteil eines nach-dtr Einschubs ist, konnte immerhin 7,23 auf DtrH zurückgeführt werden. – (2) Die Formulierung "Wer ist der Mann, *der anfängt* (חלל *hif*), gegen die Ammoniter zu kämpfen?" verweist auf einen größeren literarischen Zusammenhang, der erst das Werk des DtrH war (vgl. 1 Sam 11,1-11: Sauls endgültiger Sieg über die Ammoniter).

10.4. Ri 11,1-11

Der Abschnitt 11,1-11 enthält den Kern der alten Jiftach-Überlieferung, ist aber literarisch kaum einheitlich.[23] V.1a führt mit einer klassischen Erzählungseröffnung die Hauptperson Jiftach ein. Obwohl hier zweifellos der Beginn der alten Tradition zu sehen ist, schließt sich v.1a doch auch recht gut an den redaktionellen Vers 10,18 an: Die Charakterisierung Jiftachs als גִּבּוֹר חַיִל kann geradezu als (vorläufige) Antwort auf die in 10,18 gestellte Frage "Wer ist der Mann...?" verstanden werden.

Als ursprüngliche Fortsetzung von v.1a kommt v.1b kaum in Betracht (vgl. schon den eigentümlichen Subjektwechsel). "Gilead" wird hier - anders als sonst in der Jiftach-Überlieferung - als Personenname gebraucht.[24] Eine solche Verwendung aber ist ausschließlich in sehr späten Texten (insbes. P^S und 1 Chr) belegt. Auch das Verbum ילד im *hif*

---

21 Vgl. Veijola, Königtum 47 Anm. 59. Schäfer-Lichtenberger, Stadt 258, hält gar *beide* Bezeichnungen für sekundär.

22 So Veijola, Königtum 47 Anm. 59; vgl. auch schon Wellhausen, Composition 223 Anm. 1. Wenig überzeugend wirkt hingegen Veijolas Zuweisung der sekundären Bestandteile in 10,17–18 an DtrN. Anhaltspunkte für speziell *diese* dtr Schicht liegen jedenfalls nicht vor.

23 Vgl. insbes. die neueren Analysen von Richter, Jephtah 494-503, und Schäfer-Lichtenberger, Stadt 256-266.

24 Noth sieht sich zu einer Textänderung veranlaßt und liest אִישׁ גִּלְעָד (vgl. Land 361 Anm. 35).

("zeugen") ist fest im priesterschriftlichen und chronistischen Bereich (in Genealogien) verankert.[25] So wird man v.1b (gemeinsam mit dem dazugehörigen v.2a) als einen Einschub betrachten dürfen.[26] Einige Hinweise erlauben darüber hinaus den Schluß, daß auch v.2b dieser späteren Hand zuzurechnen ist:[27] Zum einen läßt sich v.2b nicht ohne weiteres an v.1a anschließen, denn es bleibt unklar, auf welche Frau sich der Ausdruck בְּנֵי הָאִשָּׁה (v.2b) bezieht. Gemeint sein kann jedenfalls nicht die in v.1a erwähnte אִשָּׁה זוֹנָה. Zum andern lassen sich die zwischen v.2b und v.7a bestehenden Unstimmigkeiten - in v.2b werden die *Brüder* für die Vertreibung Jiftachs verantwortlich gemacht, in v.7a hingegen die *Stammesgenossen* - relativ zwanglos durch den sekundären Charakter von v.2b erklären.[28] Die Verse 1b-2 sind somit als Zusatz (im chronistischen Stil) ausgewiesen.

Schließt man nun v.3 unmittelbar an v.1a an, fällt auf, daß die Flucht (ברח) Jiftachs vor seinen Brüdern reichlich unmotiviert erscheint. Kann die Flucht als direkte Konsequenz seiner Abstammung von einer אִשָּׁה זוֹנָה begriffen werden? Dies ist in der Tat möglich, wenn man ברח nicht (wie etwa נוּס) mit "fliehen" wiedergibt, sondern eine andere, mehrfach belegte Bedeutung aufnimmt: "sich in Sicherheit bringen", "sich absetzen".[29] Jiftach setzt sich - als sozial schlechter Gestellter - von seiner Familie ab, zieht nach Tob und verbündet sich mit Gleichgesinnten (אֲנָשִׁים רֵקִים). Ein glatter Übergang von v.1a zu v.3 ist somit gegeben. Vielleicht hat man später das Verbum ברח als "fliehen" (miß)verstanden und suchte daraufhin nach einem *Motiv* für die Flucht Jiftachs (vgl. v.7a!). So ließe sich jedenfalls der Einschub v.1b-2 erklären.

Als inhaltliche Parallelen sind v.4 und v.5a anzusehen. Die beiden Angaben über den Kampf der Ammoniter mit Israel unterscheiden sich nur geringfügig voneinander. Dabei paßt die in v.4 verwendete Zeitangabe וַיְהִי מִיָּמִים gut zu den in v.1a.3 berichteten Ereignissen, besagt sie doch, daß sich die militärische Lage Gileads nach einer gewissen Zeit dramatisch gewandelt hat und die Rückholung des גִּבּוֹר חַיִל Jiftach dringend geboten ist. V.4 kann damit durchaus als eine *erstmalige* Aussage über eine Ammonitergefahr verstanden werden, die den dtr Vers 10,17a nicht unbedingt voraussetzt. Dies bedeutet zugleich, daß man v.4 - anders als

---

25 Allein 61 Belege bei P bzw. P[S], 87 im chr Werk.

26 Vgl. Richter, Jephtah 496f.; Schäfer-Lichtenberger, Stadt 259f.

27 Vgl. Moore, Judges 285; Budde, Richter 83 (außer "sie verließen Jiftach"); Wiese, Literarkritik 43; Soggin, Judges 204.

28 Anders Schäfer-Lichtenberger, Stadt 261-263, die v.7-8 - freilich mit wenig überzeugenden Gründen - als sekundär ausscheidet.

29 Vgl. Gamberoni, Art. בָּרַח 779 ("Ausweichen oder Entweichen vor ... Spannungen und Tragödien innerhalb der Sippe").

v.5a - zur alten Jiftach-Tradition rechnen kann.[30] Bedenken bestehen nur hinsichtlich der Angabe עִם־יִשְׂרָאֵל, die kaum in der alten Überlieferung verwurzelt gewesen sein dürfte. Möglicherweise hat hier DtrH eingegriffen, als er die Jiftach-Tradition in sein Werk aufnahm und gesamtisraelitisch interpretierte. Mit dem später hinter v.4 gestellten v.5a verband sich offensichtlich eine harmonisierende Funktion: Der Vers "versucht die einander widersprechenden Aussagen von 10,17 - das israelitische Heer ist aufgeboten und versammelt - mit der von 11,1-11 - die Ältesten von Gilead müssen erst militärischen Entsatz aus Tob holen - zu vereinbaren."[31] So wird man v.5a vielleicht auf denselben Redaktor zurückführen können, der 10,17b (zeitlich nach DtrH!) einfügte.

In der Verhandlung Jiftachs mit den Ältesten Gileads (v.6-10) wird deutlich zwischen den beiden Bezeichnungen קָצִין und רֹאשׁ unterschieden: Um Jiftach zur Rückkehr nach Gilead zu bewegen, bietet man ihm zunächst die - wohl zeitlich begrenzte - militärische Führungsposition des קָצִין an (v.6). Die Ablehnung erfolgt prompt: Jiftach "läßt durchblicken, daß er nicht gewillt ist, nur in der Not vorübergehend auszuhelfen."[32] Daraufhin erweitern die Ältesten ihr Angebot und sagen Jiftach die Ernennung zum רֹאשׁ, also zum dauernden Oberhaupt über Gilead zu (v.8). Nun erst erklärt er sich dazu bereit, gegen die Ammoniter zu kämpfen.[33]

Nun schließt man aus der Differenzierung zwischen beiden Ämtern und insbesondere aus v.9, daß Jiftach erst *nach* dem erfolgreichen Kampf gegen die Ammoniter zum רֹאשׁ erhoben werden solle.[34] Zugleich stellt man Spannungen zu 11,11a (und auch 10,18) fest, wonach Jiftach dieses Amt schon *vor* dem Feldzug verliehen wird. Betrachtet man den entscheidenden v.9 indes etwas genauer, so fällt auf, daß allein die formelhafte Wendung וְנָתַן יְהוָה אוֹתָם לְפָנַי (v.9aβ) zu dem Eindruck führt, der Sieg über Ammon gelte als *Bedingung* für die Erhebung zum רֹאשׁ, die folglich erst *nach* dem Kampf erfolgen könne. Diese Wendung aber verdankt sich zweifellos einer späteren, wohl am ehesten dtr Hand.[35] Der

---

30 Vgl. Budde, Richter 83; Schäfer-Lichtenberger, Stadt 260f. Anders Wiese, Literarkritik 43; Noth, Gilead 508f. Anm. 47; Richter, Jephtah 495.

31 Schäfer-Lichtenberger, Stadt 261.

32 Wiese, Literarkritik 44.

33 Diese Differenzierung zwischen beiden Ämtern wird allgemein gesehen: vgl. Greßmann, Anfänge 225; Wiese, Literarkritik 44; Täubler, Studien 285; Richter, Jephtah 488; Rösel, Jephtah 253f.; Malamat, Führung 121; Soggin, Judges 208; Schäfer-Lichtenberger, Stadt 303-309; Hecke, Juda 170.

34 S.o. Anm. 33.

35 Vgl. Budde, Richter 83, und Wiese, Literarkritik 43f., mit Bezug auf Holzinger, Einleitung 288. Die (kaum vorexilischen) Belege der Verbindung נתן לִפְנֵי in der Bedeutung "ausliefern, preisgeben" verzeichnet Labuschagne, Art. נתן 136f.

nach Abzug von v.9aβ verbleibende Bestand ("Wenn ihr mich zurückholt, um gegen die Ammoniter zu kämpfen, so will ich euer רֹאשׁ sein") läßt sich gut mit der abschließenden Aussage in v.11a vereinbaren, daß Jiftach - *vor* dem Feldzug! - sowohl zum קָצִין als auch zum רֹאשׁ eingesetzt wird. Ihm wird also ein permanentes Herrschaftsamt eingeräumt, noch *bevor* er irgendeine Vorleistung erbracht hat.

V.11b wirkt deutlich nachgetragen, wie vielfach bemerkt wurde.[36] Zu diesem Schluß führt vor allem auch ein Blick auf verwandte Stellen, die ebenfalls von einer Versammlung oder einem Gebet "vor Jahwe in Mizpa" zu berichten wissen, so in Ri 20,1; 21,1.5.8; 1 Sam 7,5f.; 10,17. Mustert man diese Belege durch, so ergibt sich durchweg eine späte Einstufung: Während sich 1 Sam 7,5f.; 10,17 relativ leicht auf DtrH zurückführen lassen,[37] wird man für die betreffenden Verse in Ri 20f. sogar nach-dtr Herkunft annehmen müssen (s.u.). Einer Zuweisung von 11,11b an den vermuteten Kompositeur der Jiftach-Geschichte, DtrH, steht somit nichts mehr im Wege. Die genannten Parallelen machen zugleich deutlich, daß es sich bei dem in v.11b erwähnten "Mizpa" nur um die bekannte *benjaminitische*, also westjordanische Ortschaft handeln kann (anders in dem Zusatz 10,17b!).

Als ältester Bestand in 11,1-11 konnte also eine Erzählung über den Aufstieg des verstoßenen Jiftach zum רֹאשׁ über die Bewohner Gileads herausgearbeitet werden (11,1a.3.4(?).5b-8.9aαb.10-11a). Dieses Traditionsstück wurde sodann von DtrH aufgenommen und geringfügig überarbeitet (11,9aβ.11b; ferner Israelitisierung in 11,4). Weitere, wohl nach-dtr Zusätze liegen vor in 11,5a (evtl. auf einer Stufe mit 10,17b) und in 11,1b-2 (chronistischer Stil).

10.5. Ri 11,12-28

Die Verhandlung Jiftachs mit dem Ammoniterkönig über die Rechtmäßigkeit des ammonitischen Einfalls in das Gebiet Israels (so nach v.12f.) wirkt schon aufgrund ihrer Ausführlichkeit wie ein Fremdkörper,

---

36 Vgl. Richter, Jephtah 547-553 (zum 2. Bearbeiter der Jiftach-Tradition); Veijola, Königtum 47 Anm. 59 (DtrH). Häufig bringt man die in v.11b erwähnten "Worte" mit dem Gelübde Jiftachs in Verbindung und versetzt den Vers hinter 11,30f. (so Moore, Judges 288.299; Budde, Richter 83f.; Greßmann, Anfänge 223; Schäfer-Lichtenberger, Stadt 265).
37 Vgl. Veijola, Königtum 30-38.48-51; auch ders., Verheißung 177-198.

der nicht zur ursprünglichen Erzählung gehört. So wird das Stück verständlicherweise fast durchweg als späte Interpolation beurteilt.[38] Dieser traditionellen Einschätzung jedoch hat W. Richter insofern widersprochen, als er die Einfügung von 11,12-28 auf seinen zweiten Bearbeiter, den eigentlichen Kompositeur der gesamten Jiftach-Geschichte, zurückführt.[39] Dabei unterscheidet W. Richter zwischen einer älteren Argumentation in v.15abα.16-26, in der es eindeutig um *Moab* - und nicht Ammon! - gehe, und einem jüngeren Rahmen (v.12-14.15bβ.27-28), durch den das ältere Stück in den Zusammenhang der Jiftach-Geschichte, die nur die *Ammoniter* als Gegner kenne, eingepaßt worden sei.[40]

Der literarkritischen Analyse W. Richters wird man ohne weiteres folgen können, da sie in sehr schlüssiger Weise Korpus und Rahmen unterscheidet und dabei dem älteren Korpus einen guten Sinn abzugewinnen vermag.[41] Überdies kommt die Analyse mit relativ geringen literarkritischen Operationen aus, was allein schon ein Pluspunkt ist.[42] Im Blick auf die *Datierung* beider Komplexe wird man allerdings andere Wege gehen müssen als W. Richter. Bekanntlich weist die Moab-Argumentation in v.16-26 eine Vielzahl wörtlicher Übereinstimmungen mit Num 20f. auf, die kaum anders als durch *literarische* Abhängigkeit erklärt werden können. Daß dabei "der Verfasser von 11,16-26 als der abhängige anzusehen" ist, hat W. Richter[43] mit guten Gründen wahrscheinlich gemacht. Problematisch bleibt indes die zeitliche Ansetzung zwischen E (vgl. Num 20f.) und Dtr, genauer "in die Nähe des Jeremia"[44]. Mehrere Gründe sprechen nämlich dafür, daß die Moab-Argumentation in v.16-26 das dtr Richterbuch bereits *voraussetzt*.

---

38 Vgl. die bei Richter, Jephtah 524f. Anm. 1, aufgeführte ältere Literatur.

39 Vgl. Richter, Jephtah 522-547.

40 Vgl. Richter, Jephtah 524f. Gelegentlich wird (umgekehrt) der Eingang und der Schluß von 11,12-28 zur ursprünglichen Jiftach-Erzählung gerechnet; vgl. (mit leicht differierenden Abgrenzungen) Wiese, Literarkritik 46; Noth, Nachbarn 466f. Anm. 136 (anders noch ders., ÜSt 53 Anm. 5, und Land 360 Anm. 34); Mittmann, Aroer 67-70; Wüst, Einschaltung 467-479; Soggin, Judges 211. Indes wird hier die Einsicht Richters, daß der Rahmen *auf das Korpus hin* verfaßt wurde, nicht genügend berücksichtigt.

41 Vgl. Richter, Jephtah 527f.

42 Sehr viel kompliziertere Analysen bieten Mittmann, Aroer 67-70, und – daran anschließend – Wüst, Einschaltung, der in 11,12-28 nicht weniger als 7 (!) Schichten unterscheidet.

43 Vgl. Richter, Jephtah 531-534 (Zitat 534). Vgl. aber auch die Kontroverse zwischen v. Seters, der die Priorität von Ri 11,12-28 vertritt, und Bartlett (v. Seters, Conquest; Bartlett, Conquest; v. Seters, Once Again).

44 Richter, Jephtah 546.

So lassen sich einige Indizien zusammentragen, die darauf schließen lassen, daß auch die beiden dtr Kapitel Dtn 1-2 dem Verfasser von Ri 11,16-26 vorgelegen haben:[45] (1) Die Reihenfolge der Stationen Edom - Moab - Sihon entspricht nicht der in Num 20f. vorherrschenden, sondern der Konzeption von Dtn 2. — (2) Auch die in 11,16 knapp aufgezählten Stationen Ägypten - Wüste - Schilfmeer - Kadesch sind in dieser klaren Reihenfolge nicht in Num 20f., wohl aber in Dtn 1 anzutreffen (vgl. Dtn 1,30.31.40.46). — (3) Die Übereignungsformel in 11,21a fehlt auffälligerweise in der Num-Version, findet sich allerdings in Dtn 2,33 (in einer etwas anderen Formulierung). — (4) Die kleine Angabe עַד־מְקוֹמִי in 11,19b, die das Ziel der Wanderung Israels angibt, fehlt in dem Parallelvers Num 21,22, könnte aber gut aus Dtn 2,29 gezogen sein.

Diese Beobachtungen, die sich leicht vermehren ließen, legen den Schluß nahe, daß nicht nur Num 20f., sondern auch Dtn 1f. als Vorlage für Ri 11,16-26 gedient hat.[46] So ist denn die Charakterisierung dieses Stücks als eines "schriftgelehrten" Traktats[47] aus der - wenn man so will - "weltabgewandten Studierstube"[48] durchaus treffend. Zeitlich kommt man für die Moab-Argumentation - und damit natürlich erst recht für den Rahmen (v.12-14.15bβ.27-28), mit dessen Hilfe sie in die Jiftach-Geschichte integriert wurde - auf jeden Fall in eine späte, ganz sicher nachexilische Periode.

10.6. Ri 11,29-12,6

Nimmt man den späten Einschub 11,12-28 heraus, so läßt sich 11,29 überraschend gut an 11,11b anschließen: Nachdem Jiftach "alle seine Worte vor Jahwe in Mizpa" gebracht hat (v.11b), kommt der Geist Jahwes auf ihn (v.29aα) und befähigt ihn für seine Aufgabe. Dabei wird man die Geistbegabung wohl ebenso einer redaktionellen Hand zuweisen müssen

---

45 Anders freilich Richter, Jephtah 538.
46 Es ist überdies kaum ausgemacht, ob Num 20f. wirklich insgesamt — und gerade im Blick auf die Parallelen zu Ri 11,16ff. — auf J/E bzw. E zurückgeführt werden kann. Vgl. z.B. Noth, Nu 21, der mit größeren redaktionellen Anteilen rechnet. Rose, Deuteronomist 308-313, möchte Num 21 sogar zeitlich *nach* Dtn 2 ansetzen.
47 So Wiese, Literarkritik 46.
48 Greßmann, Anfänge 226.

wie schon v.11b.[49] Nicht zuletzt die enge Parallele in 3,10 (DtrH) legt
die Vermutung nahe, daß auch v.29aα von der Hand des DtrH stammt.
Eine gewisse Bestätigung erfährt diese Einordnung, wenn man die
Fortsetzung in v.29aβb genauer betrachtet. Bekanntlich liegen hier gravie-
rende textliche Schwierigkeiten, die eine Konjektur unumgänglich machen:
Der Weg, den Jiftach v.29aβb zufolge zieht, läßt sich nicht mehr nachvoll-
ziehen. Insbesondere die dreifache Verwendung des Verbums עבר ("durch-
ziehen", "hinüberziehen") wird kaum ursprünglich sein. Auch bleibt unklar,
was mit der eigentümlichen Verbindung "Mizpe-Gilead" gemeint ist. Eine
ansprechende Lösung der auftretenden Probleme ist von M. Noth vorgeschlagen worden.[50] Sie besteht zunächst in der Ausscheidung der Wendung "er durchzog Gilead und Manasse" (v.29aβ) als späteren Zusatz,
dann aber vor allem in einer kleinen Konjektur: "Die Zusammensetzung
Mizpe-Gilead ... ist nur zustandegekommen durch ein Mißverständnis der
ursprünglichen Aussage, die lautete: 'er zog von Mizpa nach Gilead (nach
Ri 10,17 der Standort der Ammoniter) hinüber gegen die Ammoniter', ein
Mißverständnis, das die jetzt vorliegende Erweiterung des ganzen Satzes
nach sich zog."[51] Tatsächlich paßt der mit nur wenigen Eingriffen wieder-
hergestellte Satz vorzüglich zu der Geographie von 10,17a und 11,11b
(beide DtrH). Vorausgesetzt wird nicht nur die in 10,17a erwähnte Versammlung der Ammoniter im ostjordanischen Gilead, sondern auch, daß
sich Jiftach im (westjordanischen) Mizpa befindet (11,11b). Ursprünglich
war in 11,29 wohl ebenso wie in 11,11b das bekannte *benjaminitische*
Mizpa gemeint, so daß die Angabe *von* Mizpa *nach* Gilead den Weg
vom West- ins Ostjordanland bezeichnet (vgl. auch das Verbum עבר !).[52]

---

49   Vgl. z.B. Täubler, Studien 286; Richter, Jephtah 547-553. Anders offenbar
     Smend, Jahwekrieg 144 Anm. 38.
50   Vgl. Noth, Land 364 Anm. 46.
51   Noth, Land 364 Anm. 46.
52   Anders freilich Noth, Land 364, der bei den Erwähnungen Mizpas in
     11,11b.29 an eine *ostjordanische* Ortschaft denkt! Diese Lokalisierung entspricht
     sicherlich dem Verständnis des *vorliegenden* Textes, wird aber kaum seinen
     ursprünglichen Sinn treffen. Offensichtlich ist das Mißverständnis durch die
     Einfügung von 11,12-28 mitverursacht worden. Durch dieses Stück wurde der
     Eindruck verstärkt, das gesamte Geschehen spiele sich ausschließlich im *Ost-
     jordanischen* ab. Dann aber konnte der in v.29 angedeutete Weg Jiftachs vom
     West- ins Ostjordanland ('von ... bis') nicht mehr passen, mußte doch Mizpa
     nun mitten *in* Gilead liegen. Daraus mag die Verbindung "Mizpe-Gilead" ent-
     standen sein. Die Form "Mizpe" unterscheidet sich von "Mizpa" ja nur in
     der Punktation.

V.29 wäre somit in seiner rekonstruierten Fassung insgesamt dem ersten dtr Geschichtsschreiber DtrH zuzuweisen.[53]

Das nun folgende Gelübde Jiftachs (11,30f.) ist offenbar erst später zwischen v.29 und v.32f. geschoben worden:[54] V.32a macht den Eindruck einer - nach Einfügung von 11,30f. erfolgten - Wiederaufnahme. Daß Jiftach gegen die Ammoniter in den Kampf zieht, wurde ja schon in v.29 (ebenfalls mit der Wurzel עבר) berichtet.[55] Auch die recht enge Parallele in 3,10 legt einen ursprünglichen Zusammenhang von v.29* und v.32b-33 nahe, finden sich doch hier wie dort dieselben formelhaften Elemente Geistbegabung - Kriegszug - Übereignungsformel - Sieg. Dabei leitet der in v.33a festgestellte Sieg[56] direkt über zu der abschließenden dtr Beugeformel (v.33b). Man wird den Zusammenhang v.29(korr.).32b.33* mithin als von DtrH formuliert betrachten dürfen.

Auf eine spätere, nach-dtr Hand geht sodann auch die Einfügung des zum Gelübde (11,30f.) gehörenden Abschnitts 11,34-40 zurück.[57] Daß diese redaktionsgeschichtliche Einordnung noch nichts über den Charakter, die Herkunft und vor allem das Alter des in 11,30f.34-40 enthaltenen Stoffes aussagt, braucht - auch angesichts der offenkundigen Unebenheiten in der Erzählung - nicht eigens betont zu werden.[58] Auch in dem eigentümlichen Streitgespräch zwischen Jiftach und den Efraimiten in 12,1-6 wird man kaum einen ursprünglichen Bestandteil der Erzählung sehen können.[59] Gegenüber seiner Parallele in 7,24-8,3 macht der Abschnitt einen jüngeren Eindruck.[60] Man mag - mit W. Richter - in der Schibbolet-Episode v.5f. eine alte Tradition erkennen,[61] doch deren Einbettung

---

53 Daß 10,17a; 11,11b.29 auf derselben redaktionellen Linie liegen, ist auch die Meinung von Richter, Jephtah 548; ähnlich Dus, Bethel 240.

54 Den umgekehrten Weg nimmt Richter, Jephtah 555, an.

55 Vgl. auch Greßmann, Anfänge 227; Noth, Land 364 Anm. 46; Täubler, Studien 286.

56 Die Angabe "von Aroer bis gegen Minnit − 20 Städte und" scheidet Mittmann, Aroer 65, mit guten Gründen als sekundär aus und bringt sie mit 11,26 in Verbindung. Etwas weiter geht Knauf, Abel Keramim 119 Anm. 1, der auch "und bis Abel Keramim" herausnehmen möchte.

57 Vgl. auch Noth, Land 365.

58 Vgl. neben Richter, Jephtah 503f.554, die neueren Arbeiten von Keukens, Richter 11,37f.; Trible, Death 176-189; Marcus, Jephthah.

59 Vgl. z.B. Wellhausen, Composition 224; Noth, Land 362f. Anders Richter, Jephtah 517-522, der das Stück im wesentlichen auf seinen "zweiten Bearbeiter" zurückführt.

60 Siehe den Nachweis bei Richter, TU 326-328; ders., Jephtah 521; ferner Wellhausen, Composition 224; Täubler, Studien 293; Schüpphaus, Richtergeschichten 175.

61 Vgl. Richter, Jephtah 517-522; ähnlich Wiese, Literarkritik 48f. Zu v.5f. vgl. auch Swiggers, Word; Emerton, Comments; Lemaire, Incident.

in die Jiftach-Geschichte (durch v.1-4*) geht erst auf eine nach-dtr Hand zurück.

10.7. Zusammenfassung

Die Analyse hat zu dem Ergebnis geführt, daß auch die Jiftach-Erzählung im wesentlichen von DtrH konzipiert und gestaltet wurde. DtrH konnte dabei auf eine ältere Tradition in 11,1a.3.4(?).5b-8.9aαb.10-11a zurückgreifen, die vom Aufstieg des offenbar wegen seiner zweifelhaften Herkunft verstoßenen Jiftach zum militärischen Anführer und Oberhaupt über Gilead in einer Situation äußerer Bedrängnis berichtete. Diesem älteren Stück, das DtrH geringfügig überarbeitete (v.4(?).9aβ), brauchte nur noch die übliche dtr Einleitung (10,6-10a*) sowie eine passende Überleitungsnotiz (10,17a.18*) vorangestellt zu werden. Mit dem Gebet Jiftachs in Mizpa (11,11b) leitete der erste dtr Historiker über zu seiner sehr schematischen und an 3,10 erinnernden Kampfschilderung (v.29(korr.).32b. 33a*), die schließlich auf die dtr Beugeformel (v.33b) zielt.

Eine Ausgrenzung der Jiftach-Geschichte aus der Sammlung der übrigen Heldenerzählungen von Otniel bis Gideon läßt sich somit nicht rechtfertigen. Die diesbezügliche These W. Richters kann als widerlegt gelten. Es ist indes bemerkenswert, daß vieles von dem, was W. Richter auf seinen zweiten Bearbeiter, den eigentlichen Verfasser der Jiftach-Geschichte zurückführte (so z.B. 10,17f.*; 11,11b.29.32f.), hier als das Werk des DtrH erkannt wurde. Ähnlich verhielt es sich ja schon mit den Passagen, die W. Richter dem Autor seines "Retterbuches" zuschrieb: Auch hier war es zumeist der erste dtr Historiker, der die Feder führte. Es ergibt sich somit im Blick auf die Entstehung des Ri-Buches (bzw. seines Hauptteils) ein erheblich einfacheres redaktionsgeschichtliches Gesamtbild.

Die relativ kleine, auf der Kompositionsarbeit des DtrH beruhende Grundbestand ist sodann - sieht man einmal von kleineren Bearbeiterzusätzen bzw. Glossen ab - durch mehrere größere Stücke beträchtlich erweitert worden. Zu ihnen gehört der einleitende Dialog zwischen Jahwe und den Israeliten in 10,10b-16 (DtrN), die schriftgelehrte Argumentation in 11,12-28, das Gelübde in 11,30f.34-40 und schließlich der Streit Jiftachs mit Efraim in 12,1-6.

Kap. 11

Die Liste der "Kleinen Richter" (Ri 10,1-5 / 12,7-15)

Die nunmehr durch die Jiftach-Überlieferung zweigeteilte Liste der
sogenannten Kleinen Richter zählt in knapper und schematischer Form
sechs Gestalten auf, die "Israel" nacheinander für eine bestimmte Anzahl von Jahren "gerichtet" haben. Diese Liste hat bekanntlich in der
Forschung seit A. Alt und M. Noth größtes Interesse auf sich gezogen,
weil man in ihr den literarischen Niederschlag eines vorstaatlichen und
mit gesamtisraelitischer Verantwortung ausgestatteten *Richteramtes* mit
vornehmlich jurisdiktionellen Aufgaben vermutete.[1] In die Diskussion, die
sich in der Folgezeit - genährt durch das zunehmende Abrücken von der
Amphiktyoniehypothese - an dieser Beurteilung der Liste entzündete, kann
im Rahmen der vorliegenden Arbeit nicht eingegriffen werden.[2] Gleichwohl wird man festhalten dürfen, daß an dem insgesamt quellenhaften
Charakter der - wie auch immer zu verstehenden - Liste schwerlich gezweifelt werden kann.[3] Von einer redaktionsgeschichtlichen Fragestellung
her sind es dann vor allem zwei auffällige Tatbestände, die einer Erklärung bedürfen: (1) Wie kam es zur *Trennung* der Liste durch die Jiftach-
Überlieferung? - (2) Warum werden die Richternotizen im ersten Teil

---

1   Vgl. Alt, Ursprünge 300-302; Noth, Amt 71-85; ferner z.B. Smend, Jahwekrieg
    139-141; Thiel, Entwicklung 133-136.

2   Genannt sei hier vor allem Richter, Richter Israels 40-72, der die Liste von
    der frühköniglichen Annalistik ableitet und die *Funktion* der "Richter" neu
    bestimmt, indem er ihre Aufgabe auf den zivilen Verwaltungsbereich ausdehnt
    (so auch Niehr, Herrschen 86f.). Zur Diskussion vgl. Bächli, Amphiktyonie
    132-135; Thiel, Entwicklung 134-136, und insbes. den Bericht von Rösel, Richter
    180-203; ferner Soggin, Amt; Mullen, Minor Judges 195-201; Lemche, Judges;
    Hecke, Juda 163-173; Niehr, Grundzüge 208-213; ders., Rechtsprechung 55-58;
    Buchholz, Älteste 85-87.

3   Will man die Richterliste hingegen als eine rein redaktionelle Bildung etwa
    aus dtr Feder ansehen (so jüngst Mullen, Minor Judges 195f.; Buchholz, Älteste
    85-88), lassen sich die Unterschiede zur dtr Richterkonzeption nicht mehr
    plausibel machen (vgl. nur die in der Liste vorausgesetzte Sukzession, die bei
    DtrH in dieser Strenge − mit gutem Grund! − fehlt).

mit וַיָּקָם (10,1.3), im zweiten Teil hingegen mit וַיִּשְׁפֹּט (12,8.11.13) eingeleitet? Schon dieser Umstand spricht ja dagegen, daß beide Abschnitte
in ihrer vorliegenden Form eine ursprüngliche Einheit gebildet haben.
Wendet man sich zunächst der ersten Frage zu, muß wiederum der
Name M. Noths genannt werden: Die eigentümliche Zweiteilung der Liste
erkläre sich daraus, daß Jiftach sowohl Gegenstand einer ausführlichen
Heldenerzählung als auch ursprünglicher Bestandteil der alten Richterliste (12,7) gewesen sei;[4] und da Jiftach in der Liste offenbar "seinen
festen Platz hatte zwischen Jair und Ibzan, konnte diese Reihe nur geteilt und ihre erste Hälfte bis Jair nur vor und die zweite Hälfte von
Ibzan ab mit 12,7 nur hinter der großen Jephthah-Erzählung untergebracht
werden."[5] So schlüssig indes dieser Erklärungsversuch erscheint, er läßt
doch einige Fragen offen: Ist die Annahme, die Gestalt des Jiftach sei
in zwei so grundverschiedenen Überlieferungskomplexen *ursprünglich* verwurzelt gewesen, überhaupt wahrscheinlich?[6] Es kommen einige Indizien
hinzu, die den Schlüsselvers 12,7 betreffen. Dieser nämlich unterscheidet
sich gleich in mehrfacher Hinsicht von den übrigen Versen der Richterliste: Statt der zu erwartenden Nennung eines konkreten Begräbnisplatzes
ist nur sehr allgemein von den "Städten Gileads" die Rede, eine an sich
sinnlose Angabe, da man ja nur in *einer* Stadt begraben sein kann.[7] Auch
sonst sucht man konkrete Elemente, wie sie etwa 10,4; 12,8f.14 bieten,
vergebens. Auffällig bleibt schließlich, daß die Jiftach-Notiz in 12,7 -
verglichen mit 12,8-15 - nicht vollständig ist: Ihr fehlt das erste, mit
וַיִּשְׁפֹּט eingeleitete Glied.[8]

Die hier notierten Besonderheiten könnten Indizien dafür sein, daß
12,7 (und damit auch die Gestalt des Jiftach) ursprünglich *nicht* zur
Richterliste gehört hat, sondern redaktionell geschaffen wurde, um die
alte Jiftach-Überlieferung abzuschließen (vgl. auch 3,10f.) und zugleich
zur ebenfalls alten Liste überzuleiten. So ließe sich jedenfalls die recht
allgemeine Angabe über das Begräbnis "in den Städten Gileads" als freie
Kombination aus der Heldenerzählung erklären, die eben keine genaueren

---

4   Vgl. Noth, ÜSt 47-49; ders., Amt 72-74.

5   Noth, Amt 73.

6   Diese Annahme gewinnt auch dann nicht an Plausibilität, wenn man den
     aus der alten Jiftach-Überlieferung bekannten Titel des (lokal wirkenden!)
     רֹאשׁ (11,8-11) mit der Funktion des "Kleinen Richters" identifiziert, so z.B.
     Smend, Jahwekrieg 144f. (Jiftach "war ein Kleiner Richter, aber erst nach dem
     Ammoniterfeldzug"); Rösel, Jephtah 251-255; ders., Richter 202f. (vgl. die kriti-
     schen Bemerkungen bei Lemche, Judges 47-55; Hecke, Juda 170f.).

7   Noth sieht sich deshalb zu einer Konjektur veranlaßt (vgl. Amt 73 Anm. 8).

8   Noth, Amt 73, vermutet, der fehlende Satz sei durch die große Jiftach-Er-
     zählung verdrängt worden. Vgl. auch Richter, Richter Israels 42.

Informationen enthielt. Warum aber wurde die Liste der Kleinen Richter
überhaupt unterbrochen und zweigeteilt, wenn Jiftach in ihr nicht ursprünglich verwurzelt war ? Dies könnte damit zusammenhängen, daß der *Gileaditer* Jiftach im Anschluß an den *Gileaditer* Jair (10,3-5) genannt werden
sollte. Für DtrH, der hier als Redaktor in Frage kommt, sind ja "große"
und "kleine" Richter - die Bezeichnungen charakterisieren ohnehin nur
den literarischen Befund - in ihrer Funktion *gleich*. Es kommt hinzu, daß
die Identität beider (literarischer) Typen durch die Integration Jiftachs in
diese Liste (und deren Trennung!) auch kompositionstechnisch ihren Ausdruck findet. Die Heldenerzählungen einerseits und die Richterliste andererseits repräsentieren dabei nach der Konzeption des DtrH die beiden
Aspekte des *einen* Richteramtes, das jurisdiktionell-administrative und
soteriologische Elemente in sich vereint.

Mit der Einsicht in den redaktionellen Charakter des Verses 12,7
läßt sich nun auch die zweite Frage nach dem unterschiedlichen Aufbau
der beiden Listenteile beantworten. Offenbar hat DtrH, als er die Jiftach-
Überlieferung in die Richterliste schob, den zweiten Teil der Liste umge-
arbeitet: 12,7 wurde eigens als Abschluß der Heldenerzählung formuliert,
diente aber zugleich der Überleitung zur alten Liste. Um diesen Zusammenhang deutlicher zu machen, brauchte DtrH nur in 12,8.11.13 ein ursprüngliches וַיָּקָם (vgl. 10,1-5) in וַיִּשְׁפֹּט zu ändern. Auch entsprach
das Verbum שָׁפַט eher seiner Richterkonzeption als das in 10,1-5 verwendete קוּם im Grundstamm (DtrH selbst verwendet קוּם im *hif*, vgl.
2,16.18).[9]

Als Ergebnis läßt sich somit festhalten, daß die Gestalt des Jiftach
in der alten Richterliste ursprünglich *nicht* verwurzelt war; seine Erwähnung in 12,7 geht auf die Hand des DtrH zurück, der mit der Einarbeitung der "Heldenerzählung" über Jiftach auch den zweiten Teil der Liste
umgestaltete.

---

9   Diese Beobachtung dürfte gegen die Ansicht von Noth, Amt 75 Anm. 12, sprechen, wonach Dtr(H) nicht den zweiten, sondern den ersten Teil der Liste
umgestaltet habe. Auf DtrH gehen wohl nur zwei Anschlußnotizen in 10,1 zurück ("Abimelech" und der Infinitiv "um Israel zu erretten").

Kap. 12

Die Notwendigkeit des Königtums (Ri 17-21)

12.1. Vorbemerkung

In den seit K. Budde[1] gern als *nach-dtr Anhänge* bezeichneten Kapiteln 17-21 lassen sich zwei relativ selbständige und je für sich verstehbare Erzählungskomplexe unterscheiden: C.17-18 handeln vom Schicksal eines Kultbildes, das zunächst von einem gewissen Micha hergestellt, dann vom Stamm der Daniten geraubt und schließlich in der Stadt Lajisch aufgestellt wird. C.19-21 berichten über eine Schandtat in Gibea, deren Bestrafung (am Stamm Benjamin) und die Folgen. Trotz dieser Verschiedenheit sind gleichwohl einige Gemeinsamkeiten feststellbar, die beide Komplexe verbinden. Sowohl in c.17 als auch in c.19 spielt ein als Fremdling auf dem Gebirge Efraim vorgestellter *Levit* eine wichtige Rolle (17,7f.; 19,1). Auch steht in beiden Erzählungen ein israelitischer *Stamm* im Zentrum (Dan; Benjamin).[2] Vor allem aber ist es der *königsfreundliche* "Kehrvers" in 17,6; 18,1a; 19,1a; 21,25, der den fünf Kapiteln eine einheitliche Ausrichtung verleiht: Durch ihn werden die dargestellten Ereignisse als anarchisch gebrandmarkt, während das Königtum als ordnungsstiftende Instanz erscheint. Von der radikalen Königskritik eines DtrH ist man hier weit entfernt, und so erscheint das Urteil M. Bubers, bei c.17-21 handle es sich um eine "Gegenchronik"[3] zum ersten Teil des Ri-Buches, durchaus sachgemäß.[4]

---

1   Bücher 91; Richter 110.
2   Zu weiteren Ähnlichkeiten vgl. z.B. Crüsemann, Widerstand 157f.
3   Buber, Königtum 566.
4   Anders bekanntlich Veijola, Königtum 15-29, der − entsprechend seiner These, daß der erste dtr Geschichtsschreiber noch ein ganz unproblematisches Verhältnis zum Königtum habe − die promonarchische Wendung auf DtrH zurückführt und damit c.17-21 "als originale Bestandteile des dtr Geschichtswerkes" (S.28) ansieht (ähnlich Gerbrandt, Kingship 134-138). Auch Soggin, Judges 280f. 301-303, neigt dieser Auffassung zu, differenziert jedoch zwischen c.17f. (promonarchisch; DtrH) und c.19-21 (antimonarchisch, da eher die Überflüssigkeit denn die Notwendigkeit des Königtums erwiesen werde; DtrN).

Entsprechend der Themenstellung dieser Arbeit muß deshalb ein besonderes Augenmerk auf die literarhistorische Einordnung des promonarchischen Verses gerichtet werden. Dies ist freilich nur möglich, wenn
man sich ein Gesamtbild von der Redaktionsgeschichte der c.17-21 verschafft.[5] Im allgemeinen - und dies gilt nach wie vor als eine Art Grundkonsens - beurteilt man den königsfreundlichen Vers *insgesamt* als redaktionell.[6] Gelegentlich jedoch wird auch die Ansicht vertreten, der Vers
sei *integraler Bestandteil* einer der in c.17-21 vereinigten Erzählungen.
So kommt M. Noth zu dem Schluß, "daß wahrscheinlich die Formeln in
Ri 19,1a; 21,25 redaktionell übernommen worden sind aus Ri 17-18, wo
sie zum ursprünglichen Bestand gehören."[7] Eine andere Möglichkeit hat
H.-W. Jüngling wahrscheinlich zu machen versucht: Er bringt die königsfreundliche Wendung mit dem als älter und ehemals selbständig beurteilten c.19 in Verbindung.[8] Beide Zuordnungen haben gegenüber dem pau-
schalen Urteil, der Kehrvers sei überall redaktionell, den Vorzug, daß
sie sein Eindringen in die jeweils anderen Erzählungen plausibel zu erklären vermögen und damit auch den unterschiedlichen Charakter der beiden
Komplexe c.17f. und c.19-21 gebührend berücksichtigen. Ob freilich die
von Noth und Jüngling vorgeschlagenen Zuordnungen einer genaueren redaktionsgeschichtlichen Analyse standhalten, muß sich nun erweisen.

12.2. Ri 17-18

12.2.1. Einleitung

Dem Leser bieten sich die c.17-18 als eine im wesentlichen geschlossene Erzählung dar, die - unbeschadet mancher Eigentümlichkeiten im
Detail - einen klaren szenischen Aufbau hat: In 17,1-5 wird zunächst ge-

---

5   Für die Forschungslage, die hier nicht dargestellt werden kann, sei auf die
    instruktive Übersicht bei Jüngling, Richter 1-49, verwiesen.
6   Vgl. z.B. Moore, Judges 369; Budde, Richter 112; Wellhausen, Composition 233;
    Burney, Judges 410; Schunck, Benjamin 66; Schulte, Entstehung 94-98; Veijola,
    Königtum 15-29; Crüsemann, Widerstand 156-158; Smend, Entstehung 117;
    Niemann, Daniten 74f.; Gerbrandt, Kingship 134-138.
7   Noth, Hintergrund 142. Etwas abgewandelt bei Boling, Judges 293: Der Vers
    sei in 17,6; 18,1a *und* 19,1a ursprünglich, in 21,25 aber redaktionell (vgl. auch
    ders., Days 39-44).
8   Vgl. Jüngling, Richter 59-75.275-279. Der Vers 21,25 wird dabei als ursprüngli-
    cher Abschluß von c.19* aufgefaßt.

schildert, wie das für den Fortgang des Geschehens wichtige Kultbild
entstand und in das Haus Michas gelangte. Nach dem sogenannten königsfreundlichen Kehrvers (17,6; auch 18,1a) folgt in einer zweiten Szene
(17,7-13), wie ein zufällig zu Michas Haus gekommener Levit als Priester
angestellt wird. Eine dritte, längere Szene (18,1b-26) berichtet von dem
Raub des Kultbildes und des Priesters durch den Stamm der Daniten, der
gerade dabei ist, sich einen (neuen?) Erbbesitz zu suchen. Die Erzählung
wird abgeschlossen mit einer Notiz über die Niederlassung der Daniten
in der zuvor überfallenen und zerstörten Stadt Lajisch und über die Aufstellung des geraubten Kultbildes daselbst (18,27-31).

Im Zentrum des Geschehens steht das *Haus Michas* (vgl. die zahlreichen Erwähnungen von בֵּית מִיכָה in 17,4.8.12; 18,2.3.13.15.18.22.26). So
fällt auf, daß die drei ersten Szenen jeweils mit einer Feststellung über
dieses Haus enden: 17,4 und 17,12 betonen mit identischen Formulierungen, daß sich Kultbild und Priester nun "im Haus Michas" befinden; nach
18,26 kehrt Micha unverrichteter Dinge "zu seinem Haus" zurück. Diese
Beobachtung bestätigt also den oben angegebenen Aufbau.

Gleichwohl ist die Erzählung nicht einheitlich; es sind zahlreiche Bearbeitungsspuren späterer Hand feststellbar. In jüngster Zeit hat *H.M.*
Niemann die beiden Kapitel 17-18 einer sehr ausführlichen literarkritisch-
redaktionsgeschichtlichen Analyse unterzogen.[9] Da in der folgenden
Analyse immer wieder auf die detaillierten Studien Niemanns Bezug genommen wird, empfiehlt es sich, sein Ergebnis vorab in einigen groben
Strichen nachzuzeichnen.

Niemann gelangt auf literarkritischem Wege zur Annahme einer danitischen Grunderzählung[10] die das Ziel habe zu beschreiben, wie es zum
Heiligtum der Daniten und ihrer Priesterschaft in Dan gekommen sei.
"Der Erzähler ist, wenn nicht im Heiligtum von Dan selbst, so doch jedenfalls unter den Daniten zu suchen. Aus dem Kreis der Daniten bzw.
dem Heiligtum Dans geht der Blick des Erzählers und soll der Blick der
Hörer den erfolgreichen Weg der wandernden Väter zurückverfolgen."[11]
Datiert wird diese Nordwanderung der Daniten recht exakt "auf die Jahre zwischen 1200 und 1160"[12].

Zu einer ersten Bearbeitung[13] dieser Grunderzählung sei es zur Zeit
Jerobeams I. in den Kreisen des königlichen Heiligtums von Dan gekom-

9   Vgl. Niemann, Daniten 61-147; zusammenfassend 129-147.
10 Sie liegt vor in 17,1.5.7-10a.11-13; 18,2*.3-7.8*.9.10aβ.11aαb.13-16*.18-20*.21-26.
    27aα*.28*.29aα(?).30a(?).
11 Niemann, Daniten 130.
12 Niemann, Daniten 143.
13 17,2.3-4*.6; 18,1a.17*.29aα(?).30a.31b.

men ("Jerobeam -Redaktion"). Aus der positiven Ätiologie der Grunderzählung werde nun eine "möglichst düstere Darstellung des früheren Gottesbildes von Dan zugunsten des im Rahmen der kultpolitischen Maßnahmen
Jerobeams I. dort aufgestellten neuen (Stier-) Bildes"[14] hergestellt. Dieser Tendenz diene vor allem die Einfügung des königsfreundlichen Kehrverses in 17,6 und 18,1a.

Auf eine zweite Bearbeitung, die möglicherweise dtr Kreisen zuzuschreiben sei,[15] gehe vor allem die in polemischer Absicht erfolgte
Entstellung des Namens "Mose" zu "Manasse" (18,30b) zurück. Eine
dritte Bearbeitung der Grunderzählung schließlich sei wohl im Zusammenhang mit der Anfügung von Ri 17f. an das dtr Richterbuch erfolgt.[16]

Der Überblick deutet auf zwei besondere Interessen Niemanns hin,
die im Blick auf die folgende Analyse festgehalten werden sollen: Zum
einen will Niemann den Beweis führen, daß die c.17f. zugrundeliegende
Erzählung - ganz anders als in der jetzigen Fassung - eine *positive*
Ätiologie des danitischen Kultes darstellte. Zum andern liegt ihm sehr
daran zu erweisen, daß die herausgearbeitete Grunderzählung Umstände
und Details der Nordwanderung der Daniten im allgemeinen historisch
zuverlässig wiedergibt. Ja, der Erzähler wird sogar als ein Augenzeuge
bestimmt! Diese Einschätzung führt aber dazu, daß Niemann faktisch die
historische Glaubwürdigkeit und Plausibilität der berichteten Ereignisse
zum literarkritischen Kriterium erhebt. In der folgenden Analyse kann
dieser methodischen Prämisse nicht gefolgt werden, weil sie den *literarischen* Charakter der Texte nicht ernst genug nimmt. Daß ein solcher
Zugang die historische Frage nicht aus-, sondern einschließt, braucht
nicht eigens betont zu werden. So sollen nun die Kapitel Ri 17-18 auf
ihre literarische Einheitlichkeit hin untersucht werden. Dabei werden
Beobachtungen zur Tendenz der Erzählung ebenso einbezogen wie Hinweise auf ihre literarhistorische Einordnung, die - wie sich zeigen wird -
erheblich von der Niemanns abweicht.

---

14   Niemann, Daniten 131f. Eine ähnliche Tendenz hat Noth, Hintergrund 144,
     herausgearbeitet, sie aber bereits seiner Grunderzählung zugeschrieben.
15   18,1b.19*.29aα(?).30b.31a. Zufügung von מַסֵּכָה in 17,3-4; 18,14.17.18; Ergänzung
     von "Efod und Terafim" in 18,18; Einfügung des Nun suspensum in den Namen
     "Mose" (18,30b). Vgl. Niemann, Daniten 146.
16   Angaben über "Zora und Eschtaol" in 18,2.8.11; ferner 18,12.13(nur "von dort").
     27 (ab עַם עַל).28 (außer "sie ließen sich dort nieder").29 (?). Vgl. Niemann, Da-
     niten 135f. Anm. 260, wo erwogen wird, diese Bearbeitung DtrN zuzuweisen.

12.2.2. Literarkritische Analyse

12.2.2.1. Ri 17,1-13

Nach einer klassischen Erzählungseröffnung in v.1 (vgl. 1 Sam 1,1; 9,1) folgt in v.2-3 ein im einzelnen schwer zu durchschauender Dialog zwischen dem Hauptakteur Micha und seiner Mutter. Die Schwierigkeit liegt vor allem in v.3bβ. Der kleine Satz "jetzt gebe ich es (= das Silber) zurück" steht innerhalb der wörtlichen Rede der Mutter, gehört aber sachlich in die Rede des Micha. Ferner: V.3a nimmt v.4a vorweg. Eine ganz einfache literarkritische Operation vermag die genannten Unklarheiten auszuräumen:[17] Betrachtet man v.2b-3abα als Einschub, so kann man in v.3bβ die ursprüngliche Fortsetzung der Rede Michas aus v.2a sehen. Die Frage ist nur, wie es zur Einfügung des Stückes kam. Offenbar sollte die in v.2a erkennbare negative Tendenz nachträglich durch den Einschub v.2b-3abα abgeschwächt werden. Der Ergänzer verwandelte den "Fluch" (v.2a) in "Segen" (v.2b).

Von dem gestohlenen und wieder zurückgegebenen Silber wird nun (v.4) durch einen Goldschmied (צוֹרֵף) ein Kultbild (פֶּסֶל וּמַסֵּכָה) hergestellt (עשׂה). Auffällig sind die verwendeten Termini: צוֹרֵף begegnet - abgesehen von dieser Stelle - noch 9 mal. Als schlichte Berufsbezeichnung wird צוֹרֵף nur in den sehr späten Texten Prv 25,4 und Neh 3,8.32 gebraucht, alle anderen Belege gehören in den Zusammenhang der Götzenpolemik. Aber auch diese Belege sind frühestens in exilischer Zeit nachweisbar.[18]

Doch nicht nur der Begriff für "Goldschmied" hat einen negativen Beiklang, sondern in noch deutlicherem Maße der wohl als Hendiadyoin zu verstehende Ausdruck פֶּסֶל וּמַסֵּכָה, den man am besten als "plastische Arbeit mit wertvoller Ausschmückung"[19] beschreiben kann. Das Wortpaar begegnet insgesamt nur 5 mal.[20] Dabei tragen die Belege außerhalb von Ri 17f. einen eindeutig negativen Beiklang (Dtn 27,15; Nah 1,14). In Verbindung mit der eben festgestellten polemischen Konnotation von צוֹרֵף dürften also auch die Stellen, an denen פֶּסֶל וּמַסֵּכָה in Ri 17f.

---

17 Vgl. Wellhausen, Composition 367f.
18 Jes 40,19; 41,7; 46,6; Jer 10,9.14 (nach-dtr, vgl. Thiel, Jeremia I, 43 Anm. 45); 51,17. In Jes 40,19; 41,7; Jer 51,17 ist der Begriff mit פֶּסֶל verbunden!
19 Dohmen, Bilderverbot 63 (S.34-63 mit einer ausführlichen sprachlichen Analyse des Ausdrucks und seiner Einzelbestandteile).
20 Dtn 27,15; Ri 17,3.4; 18,14; Nah 1,14. In Ri 18,17.18 sind beide Worte getrennt durch 'Efod und Terafim".

auftritt, so zu verstehen sein.[21] Die Herstellung des Kultbildes wird in
jeder Hinsicht negativ beleuchtet: Es ist entstanden aus *gestohlenem* Silber; es ist *gemacht*[22] von einem *Goldschmied*. Schließlich wird es - auch
dies ein schweres Vergehen (vgl. Dtn 27,15) - *privat* aufgestellt (v.4bβ).
Aufgrund dieser Tendenz und der Parallelen in anderen, z.T. späten
Texten ist es nahezu ausgeschlossen, in 17,4 eine alte Notiz zu sehen.
Man wird in der Datierung kaum hinter die exilische Zeit zurückkom-
men, in der das Kultbildverbot erstmals in voller Schärfe, wie es Ri
17,4 voraussetzt, formuliert wurde.[23] Eine literarkritische Herauslösung
von v.4 würde demgegenüber den Ablauf der Erzählung empfindlich stören.[24]

V.5 aber macht den Eindruck eines Nachtrages:[25] (1) Die Casus-pen-
dens-Konstruktion וְהָאִישׁ מִיכָה leitet einen offenbar sekundären Zwi-
schengedanken ein, der im Anschluß an v.4bβ nachklappt. — (2) Daß
Micha ein "Gotteshaus" besitze, steht in keiner Beziehung zum sonstigen
Erzählungsablauf und erscheint hier etwas überraschend. Indes ist diese
Vorstellung einem Ergänzer zuzutrauen, der die Angabe in v.4bβ nicht
nur präzisieren wollte, sondern besonderen Wert auf die Bezeichnung
"Gotteshaus" (indeterminiert!) legte. — (3) Die Einsetzung des *Sohnes*
als Priester dient gewiß der Unterstreichung der Frevelhaftigkeit von
Michas Tun (vgl. die Söhne Elis in Schilo!), steht aber in einer gewissen
sachlichen Konkurrenz zu 17,12, obwohl sicher auch in v.5 ein Heiligtums-
verwalter vorausgesetzt werden kann. — (4) Schließlich treten hier etwas
unvermittelt die Kultgeräte Efod und Terafim auf, die im weiteren Ablauf der Erzählung wohl vorkommen (18,14.17.18.20), aber keine konstitutive Rolle spielen (vgl. 18,30f.).

Auch der sogenannte königsfreundliche Kehrvers v.6, der hier wie in
21,25 in seiner Vollform begegnet, war kaum ursprünglicher Bestandteil

---

21 Anders freilich Dohmen, Bilderverbot 61, der meint, daß dem in Ri 17f. mit
    einem Hendiadyoin beschriebenen Kultbild "natürlich noch keinerlei Wertung"
    innewohne. Daß man — historisch gesehen — durchaus einen unbefangenen,
    unpolemischen Umgang mit solchen Kultobjekten voraussetzen kann, steht
    außer Zweifel. Die uns vorliegenden *Texte* indes (und eben auch Ri 17f.)
    liefern ausschließlich einen negativen Klang.
22 Zu עשׂה als terminus technicus zur Bezeichnung illegaler Kultmaßnahmen
    (vor allem in der dtr Geschichtsschreibung) vgl. Hoffmann, Reform 351f.
23 Vgl. Dohmen, Bilderverbot 270-273. Dies bedeutet freilich nicht, daß das Kult-
    bildverbot als solches erst aus der Spätzeit stammt (vgl. dazu WH. Schmidt,
    Gebot 11-17). Hier kommt es aber auf eine spezielle Ausformulierung an.
24 Niemann, Daniten 62f., scheidet v.2-4 als sekundär aus.
25 So auch Boling, Judges 256; Veijola, Königtum 25.

der Erzählung.[26] Er fällt nicht zuletzt aufgrund seiner distanziert kommen-
tierenden Art aus der sonst nur mit verhaltener, indirekter - dadurch
aber umso wirkungsvolleren - Polemik arbeitenden Geschichte heraus.
Auf weitere Gründe wird noch einzugehen sein.

Mit einer v.1 entsprechenden Wendung wird in v.7 die zweite Hauptperson, der Jüngling aus Betlehem, eingeführt. Dem Erzähler kommt es
dabei offenbar auf zwei Besonderheiten des Jünglings an: In zwei kurzen,
parallel aufgebauten Sätzen (v.7b) wird betont, daß er Levit und Fremdling sei. Die Vorstellung vom Leviten als Fremdling ist kennzeichnend
für das dt. Gesetz.[27] Als direkte Parallele kommt Dtn 18,6 in Betracht.
Dort heißt es: "Wenn der Levit aus einem deiner Tore aus ganz Israel
kommt, wo er als Fremdling weilt, so komme er ganz nach Belieben an
den Ort, den Jahwe erwählt."[28] Sollte Ri 17,7 tatsächlich an diesen Gedanken aus dem dtn Levitengesetz anknüpfen,[29] so könnte in dem Auftreten des Leviten bei Micha schon ein deutlich negativer Akzent liegen:
Den Leviten sollte es an den Ort ziehen, "den Jahwe erwählt"; stattdessen wählt er sich eine Stätte aus, an der ein illegitimes Kultobjekt steht,
und läßt sich dort als Priester anwerben. Es sei ausdrücklich hervorgehoben, daß dieser Zug nur dann als ein polemischer verstanden werden
kann, wenn der Verfasser das dtn Levitengesetz *voraussetzt*. Indes paßt
die vorgeschlagene Interpretation gut zu der bereits in v.1-4 beobachteten
Tendenz. Ein weiteres kommt hinzu: Wenn Micha in v.13 in einer Selbst-
reflexion zu erkennen gibt: "Nun weiß ich, daß Jahwe mir Gutes tun
wird, weil ich den Leviten als Priester habe", beinhaltet dies die Vorstellung, daß als rechter Jahwe-Priester eigentlich nur ein Levit in Frage
kommt. Damit aber wird die erst im dtn-dtr Umkreis ausgearbeitete
"Theorie vom Levit-sein aller Priester"[30] vorausgesetzt.

---

26 Vgl. Greßmann, Anfänge, Textkrit. Anm. S.12; Boling, Judges 256; Veijola, Kö-
    nigtum 15-17 (v.6 sei mit v.5 von DtrH eingeschoben worden); Niemann, Dani-
    ten 71-73, weist den Vers seiner Jerobeam-Redaktion zu. Anders Noth, Hinter-
    grund 142, der 17,6; 18,1a zum ursprünglichen Bestand der Erzählung rechnet.
27 Dtn 12,12.18; 14,27.29; 16,11.14; 18,1-8; 26,11-13.
28 "Levit" begegnet als Subjekt von גרר "sich als Fremdling aufhalten" nur an
    drei Stellen: Dtn 18,6; Ri 17,7-8; 19,1b (dazu s.u.). So gewinnt die Parallele in
    Dtn 18,6 eine herausgehobene Bedeutung (vgl. auch Jüngling, Richter 78 Anm.
    312). Zu Dtn 18,1-8 jetzt Rüterswörden, Gemeinschaft 67-75.
29 So auch Veijola, Königtum 18, der Versteil 7bβ allerdings − mit wenig über-
    zeugenden Argumenten (dazu Niemann, Daniten 66 Anm. 19) − als sekundä-
    ren Einschub aus *dtr* Feder auffaßt.
30 Gunneweg, Leviten 126-138 (Zitat 137), der allerdings v.13 als Beleg für eine
    besondere Beziehung der Leviten zu Jahwe in vorstaatlicher Zeit auffaßt.
    Zum Levitenproblem vgl. auch Kellermann, Art. לֵוִי 512-514, und − von einem
    religionssoziologischen Ansatz aus − Schulz, Leviten 35-40.

Lassen sich die beiden kleinen parallelen Sätze in v.7b in dieser
Weise gut im Rahmen der Erzählung interpretieren, sind Zweifel an der
Ursprünglichkeit der Angabe מִמִּשְׁפַּחַת יְהוּדָה (v.7aβ) angebracht. Das
doppelte יְהוּדָה deutet darauf hin, daß hier eine erläuternde Glosse vorliegt. Auch in inhaltlicher Hinsicht wirft die Angabe Probleme auf: Wie
kann ein als Fremdling lebender Levit zugleich "aus dem Geschlecht
Judas" stammen?[31] Die an der literarischen Einheitlichkeit von v.7 fest-
haltende Deutung von Niemann, der מִשְׁפָּחָה - uneigentlich - mit "Gebiet" übersetzt, ist doch eher als Notlösung zu bezeichnen.[32]

V.8: Die nachhinkende Angabe מִבֵּית לֶחֶם יְהוּדָה dürfte eine Glosse
sein,[33] die mit der Ergänzung in v.7aβ vergleichbar ist.

V.9-11: Ein kurzer Dialog zwischen Micha und dem angekommenen
Leviten führt dazu, daß Micha ihn als "Vater und Priester" anstellt. Ver-
sprochen wird dem neuen Priester eine angemessene Entlohnung (v.10).[34]
Gewiß kein Zufall ist es, wenn hier wie in v.2-4 von כֶּסֶף die Rede ist.
Soll möglicherweise der Eindruck erzeugt werden, Micha bezahle seinen
Priester aus gestohlenem Geld? Zwar hat er das gestohlene Silber seiner
Mutter zurückgegeben (v.4), doch der Makel des Diebes haftet weiterhin
an ihm!

Aber auch an der persönlichen Integrität des Leviten kommen dem
Leser Zweifel: Es ist nichts anderes als Doppelzüngigkeit, wenn der Levit zunächst bereitwillig das Angebot Michas annimmt, ja sogar ein besonderes persönliches Verhältnis zu ihm aufbaut (v.11), in Gegenwart der
Daniten aber den Eindruck erweckt, er sei zum Priesteramt mehr oder
weniger genötigt worden (שׂכר 18,4).

V.12 berichtet von der offiziellen Amtseinführung des Priesters. Im
Zusammenhang mit der Priesterweihe begegnet der Ausdruck "die Hand
(des Priesters) füllen" ausschließlich in später, exilisch-nachexilischer
Literatur.[35] Die Benutzung dieses terminus technicus liefert einen weiteren Hinweis für die relativ späte (kaum vorexilische) Entstehungszeit
der Erzählung.

---

31 Zu den vielfältigen bisherigen Lösungsansätzen vgl. Veijola, Königtum 17f.,
    und zuletzt Niemann, Daniten 64f. Anm. 17.
32 Vgl. Niemann, Daniten 66. An der Einheitlichkeit des Verses hält auch
    Gunneweg, Leviten 16, fest.
33 Vgl. Niemann, Daniten 67 Anm. 27.
34 V.10b dürfte Glosse sein (so z.B. Budde, Richter 117; Boling, Judges 257).
    Anders Täubler, Studien 59f.; Soggin, Judges 266.
35 Allein 11 Belege in P/P^S und 2 in 1/2 Chr; ferner 1 Kön 13,33 (spät- oder
    nach-dtr, vgl. Würthwein, Könige I, 168); Ex 32,29 (innerhalb der späten, viel-
    leicht auf R^P zurückgehenden Levitenregel; vgl. zuletzt Dohmen, Bilderverbot
    86.99.109f.). Vgl. insbes. Snijders, Art. מָלֵא 881-884.

V.13 ist kaum als späterer Einschub anzusehen,[36] sondern stellt einen integralen Bestandteil der Erzählung dar: Die fast selbstgefällig zu nennende Reflexion weist Micha von vornherein als jemanden aus, der sich in (falscher) Sicherheit wähnt, wie die Fortsetzung 18,1ff. eindrücklich lehrt. Die Hoffnung, Jahwe werde ihm "Gutes tun" (יטב *hif*), wird sich schon bald als trügerisch erweisen.[37] 18,1b schließt deshalb, obwohl eine neue Szene eingeleitet wird, nahtlos an 17,13 an, weil nun mit dem Auftreten der Daniten das Unheil seinen Lauf nimmt: Michas Freude am Priester (und am Kultbild) wird ihm nicht lange erhalten bleiben.

12.2.2.2. Ri 18,1-29

Bevor in v.1b die Daniten die erzählerische Bühne betreten, liefert v.1a wiederum eine kommentierende, königsfreundliche Zwischenbemerkung, die sich offenbar auf die in 17,7-13 berichteten Ereignisse zurückbezieht, aber durchaus auch zum folgenden c.18 gelesen werden möchte.

In formaler Hinsicht fällt die zweimalige Zeitangabe בַּיָּמִים הָהֵם zu Beginn von v.1a und 1b auf, die auf redaktionelle Arbeit hindeutet. Der Vers stammt kaum aus einer Feder.[38] So ergeben sich zwei Möglichkeiten: V.1a ist gegenüber v.1b sekundär oder v.1b ist gegenüber v.1a sekundär.

Für die zweite Möglichkeit tritt entschieden Niemann ein: Er rechnet v.1a - wie schon 17,6 - zur ersten Bearbeitung seiner danitischen Grunderzählung ("Jerobeam-Redaktion"), v.1b zur zweiten Bearbeitung. Vor allem der Wortgebrauch in v.1b weise nach Niemann auf späte Entstehung und Einfügung des Versteils, doch auch inhaltliche Gründe sprächen gegen eine ursprüngliche Zugehörigkeit zur Erzählung. So lasse v.1b "an Hörer denken, die von Zeit und Ort bzw. vom gesamten Traditionskreis der Erzählung beträchtlich weit entfernt sind."[39]

Was die zeitliche Ortung des Verses angeht, dürfte Niemann etwa richtig liegen; auf keinen Fall kommt man jedenfalls in die vorexilische Zeit, wie eine Betrachtung der Wendungen im einzelnen noch zeigen wird. Nur: Läßt sich v.1b tatsächlich ohne Schaden für den Fortgang der Erzählung herausnehmen? Immerhin bietet v.1b eine Szeneneinleitung,

---

36 So allerdings Veijola, Königtum 19, der v.13 (mit 18,1a) DtrH zuweist.
37 Niemann, Daniten 70, vermag einen negativen Akzent in v.13 nicht zu vernehmen, verliert damit aber einen wesentlichen interpretatorischen Horizont.
38 Anders Veijola, Königtum 15-17.25, der v.1 *insgesamt* DtrH zuweist.
39 Vgl. Niemann, Daniten 71-77 (Zitat 76). Niemann denkt an die Zeit ab Mitte des 7. Jh. (S.77), später (S.135f.) hält er DtrH-Verfasserschaft für möglich.

wie sie sich ähnlich auch in 17,1.7 findet. Ferner blickt der von Niemann zur Grunderzählung gerechnete v.9b auf v.1b zurück (לָרֶשֶׁת אֶת הָאָרֶץ). Eine Reihe von Gründen spricht also dafür, v.1b als ursprünglichen Bestandteil der Erzählung anzusehen. Schwierigkeiten mit v.1b ergeben sich nur dann, wenn man wie Niemann die Erzählung in ihrem Grundbestand zeitlich sehr früh ansetzt (12. Jh.!). Diese Voraussetzung zwingt Niemann dazu, Textteile mit nachweislich jüngeren Elementen literarkritisch herauszunehmen, obwohl für einen solchen Schritt zumeist kein Anlaß besteht. Gibt man hingegen die unwahrscheinliche Frühdatierung auf, so fügen sich viele vermeintlich sekundäre Einzelzüge glänzend in die Erzählung ein.

Betrachtet man nun einige der in v.1b verwendeten Ausdrücke genauer, so kommt man zu einem ähnlichen literarhistorischen Ergebnis, wie es schon für 17,1-13 erzielt wurde: Die Wendung "(nicht) als Erbbesitz zufallen (נפל)" kennt "keinen vorexilischen Beleg"[40]. Aber selbst wenn man den כִּי-Satz (v.1bβ) als sekundäre Erklärung ausscheiden wollte[41] - was hier nicht geschehen soll -, so würde auch v.1bα, wo נַחֲלָה ebenfalls begegnet, kaum in frühere Zeit weisen.[42]

Als Argument für eine literarkritische Ausscheidung von v.1b wird gelegentlich angeführt, daß die hier begegnende Bezeichnung שֵׁבֶט untypisch sei für die übrige Erzählung, die von מִשְׁפָּחָה spreche.[43] Indes ist dieses Argument kaum stichhaltig, wenn man das Vorkommen beider Begriffe in c.18 näher in den Blick nimmt (שֵׁבֶט: 18,1b.19.30b; מִשְׁפָּחָה: 18,2.11.19; auch 17,7). מִשְׁפָּחָה begegnet auffälligerweise nur in überfüllten Versen: 18,2 enthält gleich drei mit der Präposition מִן eingeleitete Herkunftsangaben für die danitischen Kundschafter. Löst man מִמִּשְׁפַּחְתָּם heraus (und die Angabe "aus Zora und Eschtaol", s.u.), ergibt sich ein flüssiger Ablauf. Auch 18,11 liest sich sehr viel glatter, wenn man als מִמִּשְׁפַּחַת הַדָּנִי sekundär auffaßt. In 18,19 kann לְמִשְׁפָּחָה - zudem hinter לְשֵׁבֶט stehend - leicht entfernt werden.

An allen drei Stellen dürfte also die Herkunftsbezeichnung מִשְׁפָּחָה sekundär sein, wie übrigens auch in 17,7. Wie kam es aber zu der Einfü-

---

40 Veijola, Königtum 24. Belege: Num 34,2 (P^S); Ez 45,1; 47,14.22 (alle drei Stellen innerhalb späterer Schichten, vgl. Zimmerli, Ezechiel II, 1143f.1209f.); Jos 13,6; 23,4 (beide Stellen DtrN, vgl. Smend, Gesetz 127-133). Die Belege sprechen indes kaum speziell für DtrH-Verfasserschaft (so Veijola), eher (allgemeiner) für spät-dtr Kreise.

41 So z.B. Budde, Richter 117.

42 Zur theologischen Verwendung von נַחֲלָה vgl. Wanke, Art. נַחֲלָה 57; ferner Niemann, Daniten 76 Anm. 58 (mit weiterer Lit.).

43 Vgl. Veijola, Königtum 24; Niemann, Daniten 75f. Anm. 58. Veijolas Vermutung, der Begriff שֵׁבֶט weise auf *dtr* Sprache, läßt sich kaum belegen.

gung? Hierfür läßt sich in der Tat eine Erklärung angeben. Sieht man sich nach Stellen außerhalb von Ri 17f. um, an denen Dan als מִשְׁפָּחָה geführt wird, so stößt man auf Ri 13,2 ("und es war ein Mann aus Zora und Eschtaol aus dem Geschlecht der Daniten mit Namen Manoach"). Nun hat Niemann wahrscheinlich gemacht, daß die Angabe, die Daniten hätten *in* Zora und Eschtaol gewohnt und von dort ihren Zug gen Norden unternommen, *sekundär* in 18,2.8.11 eingetragen wurde: Ein Redaktor habe aus Ri 13,2.25 den "falschen Eindruck gewonnen..., die Daniten hätten *vor* ihrer Abwanderung nach Norden *in* Zora und Eschtaol gewohnt."[44] In 13,2 aber findet man auch die Wendung "*Geschlecht* der Daniten". Es liegt somit nahe, daß ein und derselbe Redaktor von 13,2.25 her in c.18 sowohl מִשְׁפָּחָה wie auch die Angabe "aus Zora und Eschtaol" ergänzt hat. Die Bezeichnung שֵׁבֶט für die Daniten ist also in Ri 18 gegenüber מִשְׁפָּחָה als die ursprüngliche anzusehen. V.1b fügt sich auch von daher gut in den Wortgebrauch der übrigen Erzählung ein. Ist aber v.1b integraler Bestandteil der nachfolgenden Erzählung, so muß v.1a als spätere redaktionelle Bemerkung angesehen werden; auf sie wird noch zurückzukommen sein.

V.2: Der Auftrag, den die danitischen Kundschafter erhalten, wird beschrieben mit der singulären Verbindung לְרַגֵּל אֶת־הָאָרֶץ וּלְחָקְרָה. Während sich חקר im Sinne von "das Land durchforschen" nur an dieser Stelle findet,[45] begegnet רגל *pi* "ausspähen" im Rahmen der Landeroberungserzählungen mehrfach, jedoch eher in jüngeren Schichten.[46] Es erstaunt auf den ersten Blick, daß die Kundschafter zu einem sehr allgemeinen Auftrag ausgesandt werden (Auskundschaften des *Landes*), aber dann offenbar sehr zielstrebig auf *Michas Haus* zusteuern. Noch dazu verwundert die Bemerkung, die danitischen Kundschafter hätten in Michas Haus *übernachtet*.

Nun gibt es eine auffällige Parallele zu dieser Eigentümlichkeit, nämlich in der Geschichte über die Eroberung Jerichos (Jos 2): Auch dort (v.1) werden Kundschafter (מְרַגְּלִים) ausgesandt (שׁלח wie in Ri 18,2), das *Land* auszukundschaften. Doch sie kommen - anscheinend zielgerichtet - zum Haus einer Dirne und *übernachten* daselbst![47] Nicht nur an dieser Stelle zeigt sich, daß Ri 18 bewußt Motive aus vorliegenden Kundschafter- und Eroberungserzählungen aufnimmt, um beim Leser einen

---

44 Niemann, Daniten 135; vgl. auch 81f. und 94 Anm. 130.
45 Verwandt ist 2 Sam 10,3 // 1 Chr 19,3 (Erforschen einer Stadt).
46 Num 21,32 (Zusatz, vgl. Noth, Numeri 145); Dtn 1,24; Jos 6,22.25 (vgl. Schwienhorst, Eroberung 27); 7,2 (2x); 14,7; Ri 18,2.14.17. מְרַגֵּל "Kundschafter" in Jos 2,1; 6,22.23.
47 Zu dieser Parallelität vgl. auch Rose, Deuteronomist 147f.

ganz bestimmten Eindruck zu erzeugen. Die Fortsetzung wird zeigen, daß Ri 18 eine raffiniert komponierte "Gegengeschichte" zu den traditionellen Landnahmen darstellt, in der die Daniten in einem denkbar schlechten Licht erscheinen. Eine Ausscheidung von v.2bβ ("und sie blieben dort über Nacht") mit der Begründung, die Angabe stoße sich mit v.3 ("und sie wandten sich dorthin"),[48] verkennt die bewußt gesuchte Parallelität mit Jos 2.

V.3 liefert zudem – auch syntaktisch angezeigt durch das zweimalige הֵמָּה – einen Zwischengedanken. Es wird erzählt, was die Kundschafter während ihres Aufenthaltes beim Haus Michas erleben. Die Bemerkung וַיָּסוּרוּ שָׁם (in v.3bα) will also nicht begründen, warum die Kundschafter überhaupt auf das Haus Michas stoßen, sondern bezieht sich auf Begebenheiten, die sich *während* des Aufenthaltes beim Haus zutragen.

V.4: Daß der von den Daniten angesprochene Levit hier plötzlich mit anderer Zunge redet, als man es nach 17,11 erwarten konnte, wurde schon bemerkt. Durch das Verbum שׂכר "dingen", das überwiegend mit negativem Beiklang begegnet,[49] wird bereits angedeutet, daß er nicht mehr lange der Priester Michas bleiben wird.

Das Befragen Gottes in v.5f., das allerdings nur indirekt wiedergegeben wird, hat eine Parallele wiederum in Jos 2: Der Priester bekräftigt durch ein Orakel, daß der von den Kundschaftern begonnene Weg richtig ist und Erfolg verspricht. Eine ähnliche Funktion erfüllt das der Dirne Rahab in den Mund gelegte "Glaubensbekenntnis" in Jos 2,9-11.

V.7: Nach dem Zwischenaufenthalt in Michas Haus und dem positiven Orakel des Priesters brechen die Kundschafter nun zu ihrer eigentlichen Aufgabe auf und kommen nach Lajisch. Obwohl der verderbte Versteil 7b kaum mehr befriedigend wiederherzustellen sein wird,[50] ist sein Sinn doch klar: "Die Späher sehen, daß Lajisch ein lohnendes Ziel darstellt, jedoch nicht nur dies, sondern auch einen Ort, dessen Eroberung sich bewerkstelligen läßt."[51] Ja, die Einnahme von Lajisch wird als besonders leicht dargestellt (שֹׁקֵט וּבֹטֵחַ). "Damit soll doch wohl ausgesagt werden, daß es nicht gerade eine Ruhmestat der Daniten war, die zu einer ernstlichen Gegenwehr gar nicht fähigen Vorbewohner ... zu besiegen und zu vernichten (18,27b)."[52]

---

48   So Niemann, Daniten 82 Anm. 80.
49   Vgl. Gen 30,16; Dtn 23,5; Ri 9,4; 2 Sam 10,6; 2 Kön 7,6; Jes 46,6; Prv 26,10; Neh 6,12.13; 13,2; 1 Chr 19,6.7; 2 Chr 24,12; 25,6.
50   Vgl. hierzu Niemann, Daniten 86-88; ferner Macintosh, Meaning.
51   Niemann, Daniten 88.
52   Noth, Hintergrund 139.

V.8-10: Dieser pejorative Akzent wird durch den Bericht der Kundschafter unterstrichen. Ganz anders als in den eng verwandten Texten Num 13,27-31 und Dtn 1,24-26 empfehlen die Kundschafter hier nachdrücklich die Eroberung des Landes bzw. konkret der Stadt Lajisch. Sie haben angesichts der Schwäche der Bewohner ja auch allen Anlaß dazu!

In v.10 wirkt der Nebensatz "denn Gott hat es (= das Land) in eure Hand gegeben" ein wenig störend, weil er die Beschreibung des guten Landes unterbricht. Ist diese Wendung sekundär eingeschoben worden? Dafür spräche zunächst, daß die hier vorliegende Übereignungsformel typisch für dtr Textbereiche ist. Indes hat die bisherige Analyse ergeben, daß die Erzählung insgesamt kaum vorexilisch zu datieren ist, so daß eine Ausscheidung der Formel von daher unnötig ist. Niemann sieht die Übereignungsformel von v.10aβ als ursprüngliche Fortsetzung von v.9 und löst damit die angegebene Schwierigkeit auf seine Weise.[53] Plausibler erscheint es, v.10b als späteren Zusatz anzunehmen, der noch einmal die Vorzüge des einzunehmenden Landes herausstreicht. Die Übereignungsformel hätte somit ursprünglich die Beschreibung des Landes in v.10aα abgeschlossen.

V.12 stellt offenbar eine Ergänzung dar, die von demselben Redaktor herrührt, der die Ortsangaben "Zora und Eschtaol" in 18,2.8.11 einfügte.[54] Die Einfügung von v.12 hat auch die Angabe מְשָׁם in v.13 nach sich gezogen.

V.14-18 bereiten in mannigfacher Hinsicht Schwierigkeiten. Die Verse sind offenbar durch verschiedene Zusätze aufgefüllt worden, so daß der ursprüngliche Handlungsablauf etwas verdeckt zu sein scheint. Unklar sind insbesondere zwei Erzählzüge: (1) Wo spielt sich der Raub ab? Es erstaunt die Lokalität "Haus des Jünglings, des Leviten" (v.15), die nur hier begegnet. Nach 17,12 war der Priester im Haus Michas; nach 18,18 fand auch der Raub im Haus Michas statt. Ferner bleibt die Angabe שָׁמָּה in v.17 unklar, zumal in v.15 neben "Haus des Jünglings" ganz unverbunden "Haus Michas" steht. — (2) Wer raubt die Kultgegenstände? Sind es die fünf Kundschafter (so nach v.17) oder die 600 bewaffneten Daniten? Worauf bezieht sich וְאֵלֶּה am Beginn von v.18?

Eine ansprechende Lösung der Probleme bietet sich, wenn man v.17 als Zusatz annimmt.[55] V.17 macht ohnedies den Eindruck, als sei er aus Elementen der Umgebung sekundär komponiert worden. *Ohne* v.17 stellt

53 Vgl. Niemann, Daniten 89. V.10aαb werde wohl "der Heimatbegeisterung eines späteren danitischen Nacherzählers zuzuschreiben sein, vielleicht unmittelbar beim Erzählen eingeflossen."
54 Vgl. die Argumente bei Niemann, Daniten 93-95.
55 So Täubler, Studien 85, und vor allem Niemann, Daniten 99.

sich der Handlungsablauf wie folgt dar: *V.14:* Die fünf Kundschafter unterrichten auf dem Wege ins Land ("Lajisch" ist Zusatz) ihre Brüder über die Kultgegenstände, die sich "in diesen Häusern" befinden. Nach v.13 ist man ja beim Haus Michas angekommen. Die Fünf fragen nun ihre 600 bewaffneten Brüder angesichts der Kultgegenstände: "Überlegt nun, *was ihr tun wollt!*" – *V.15:* Sie (d.h. die fünf Kundschafter, die hier wie in v.14 Subjekt sind), kennen Micha und seinen Priester bereits, steuern auf das Haus des Leviten zu und fangen mit ihm ein freundliches Gespräch an (שָׁלוֹם!). – *V.16:* Währenddessen warten (נִצָּבִים) die 600 Männer am Eingang des Tores. – *V.18:* Sie (d.h. jetzt die in v.16 erwähnten 600, hier mit אֵלֶּה bezeichnet) sind es nun, die in das Haus Michas eindringen (בֹּאוּ) und die Kultgegenstände "nehmen". Damit ist zugleich die Frage der fünf Kundschafter an ihre Stammesbrüder von v.14b beantwortet ("überlegt nun, was ihr tun wollt"). Der Priester fragt folgerichtig sogleich: "Was macht ihr?", womit noch einmal auf v.14b zurückverwiesen wird. Diese Frage des Priesters ist wie in v.14 an die 600 bewaffneten Daniten gerichtet, nicht an die fünf Kundschafter![56]

Vielleicht läßt sich von diesem Handlungsablauf her auch die Frage beantworten, warum die fünf Kundschafter nach v.15 zum Haus des Leviten gehen, nach v.18 die Kultgegenstände aber aus dem Haus *Michas* geraubt werden, wo sie sich ja nach 17,4 auch befunden haben. Die fünf Kundschafter haben hier die Aufgabe, den Leviten von dem Kultbild, dessen Pflege ihm obliegt, abzulenken, und zwar indem sie ihn in seinem Privathaus (vgl. die בָּתִּים in v.14!) in ein freundliches Gespräch verwickeln. Unterdessen dringen die 600 Männer, die zunächst abwartend am Tor stehenbleiben (v.16), in das Haus *Michas* ein und "nehmen" sich die begehrten Objekte (v.18).

Dieser Gedankengang ist wohl später nicht mehr recht verstanden worden, weswegen in v.15 "Haus Michas" eingefügt wurde, ausgehend von der durchaus richtigen Beobachtung, daß die Gegenstände ja aus seinem Haus geraubt wurden (v.18). So *identifiziert* der Glossator beide Häuser, die zuvor sorgsam unterschieden wurden. Auch die nachklappende Angabe אֲשֶׁר מִבְּנֵי־דָן (v.16b) dient vermutlich einer nachträglichen Präzisierung: Es soll noch einmal ausgesprochen werden, daß es sich tatsächlich um *Daniten* handelt, die am Tor stehen. Oder liegt in v.16b der Rest einer durch Einfügung von v.17 weggefallenen Notiz vor? Die Einfügung von v.17 erfolgte durch das Verfahren der Wiederaufnahme, wie die aus v.16 übernommene Wendung "600 waffenumgürtete

---

56 Anders Niemann, Daniten 99, der zwar auch v.17 für einen Einschub hält, jedoch das וְאֵלֶּה (v.18) – über v.16 hinweg! – auf die fünf Kundschafter bezieht. Diese Sicht ist schon aus grammatischen Gründen unwahrscheinlich.

Männer" beweist. Warum aber wurde der Vers eingefügt? Anders als in dem ursprünglichen Erzählungsablauf sind es in v.17 eindeutig die *fünf Kundschafter*, die die Kultgegenstände rauben. Mit dieser Aussage sind wohl vor allem zwei Absichten verbunden: (1) Die Erzählung erscheint etwas *plausibler*, sind doch kaum 600 bewaffnete Männer nötig, um gegen zwei Personen anzutreten. Damit wird aber auch eine Pointe der Erzählung abgeschwächt, in der die Daniten - vgl. ihr Verhalten gegenüber Lajisch - nicht gerade als Helden gezeichnet werden. — (2) Wichtiger aber dürfte sein, daß v.17 der Situation *Eindeutigkeit* verleihen will. Zwar ließ sich für die vorgegebene Erzählung wahrscheinlich machen, daß die 600 Männer den Raub begehen. Doch Mißverständnisse waren leicht möglich, wie die Glosse in v.15 beweist.

Die zweite, über die Umgebung hinausgehende Angabe aus v.17 betrifft den Priester. Sein Standort wird nun genau festgehalten ("stand am Eingang des Tores"), die Situation damit wiederum präzisiert.

V.19-21: Auf die besorgte Frage "Was macht ihr?" (v.18b) erhält der Priester keine Antwort; er wird vielmehr barsch zum Schweigen aufgefordert. Die Wendung "Vater und Priester" weist auf 17,10 zurück. Die sich anschließende rhetorische Frage läßt nur ein Antwort zu: Es ist natürlich besser, Priester für einen ganzen *Stamm* in Israel[57] zu sein. Erwartungsgemäß stimmt der Priester dem "Angebot" der Daniten zu und bekundet damit noch einmal seine mangelhafte persönliche Integrität. Es geht ihm um seinen eigenen Vorteil, nicht um den rechten Gottes-Dienst.

V.22-26 berichten über den fehlgeschlagenen Versuch, die Daniten mit dem geraubten Kultbild (samt Priester) aufzuhalten. In v.22 ist gewiß einer der beiden Relativsätze sekundär (vgl. das zweimalige אֲשֶׁר), vermutlich die erste Angabe אֲשֶׁר בַּבָּתִים.[58] Die (durch 18,14 veranlaßte?) Einfügung hat offenbar den Sinn zu erklären, woher so plötzlich die erwähnten Männer kommen. Im Zusammenhang mit *Michas* Haus wurden diese bisher nicht erwähnt. Auch in v.24 liegt wohl mit וְאֶת־הַכֹּהֵן eine Glosse vor. Die Erzählung zielt ja primär auf die Aufstellung des Kultbildes (18,30f.). So ist es denkbar, daß auch hier zunächst noch nicht vom Priester die Rede war.

57　וּלְמִשְׁפָּחָה ist Zusatz (siehe zu 18,2). Niemand hält demgegenüber (neben לְשֵׁבֶט) auch בְּיִשְׂרָאֵל für eine Einfügung: Die Angabe werde "demselben Redaktor zuzuschreiben sein, der auch 18,1b formuliert hat" (Daniten 100f. Anm. 146). Rechnet man jedoch 18,1b zum Kernbestand der Erzählung, so stört die Angabe keineswegs.

58　So z.B. Greßmann, Anfänge 251.

Hinsichtlich der Tendenz der Erzählung ist ein Ausdruck besonders bemerkenswert. Micha spricht von seinen אֱלֹהִים, die er "gemacht" habe (v.24). Nun gibt es eine Reihe von Parallelen, an denen ein פֶּסֶל als אֱלֹהִים bezeichnet wird, und zwar auffälligerweise ausschließlich in Götzenpolemiken (so 1 Kön 14,9; Jes 42,17; 44,10.15.17; 45,20). Es kann somit kein Zweifel darüber bestehen, daß Micha der Ausdruck "mein (!) Gott" (oder "meine Götter"?) in polemischer Absicht in den Mund gelegt wurde:[59] Micha trauert sogar einem von Menschenhand gemachten Götzen hinterher! Von daher steht natürlich auch die Aufstellung des Kultbildes in 18,30f. ganz unter dem Vorzeichen des Götzendienstes. Mit einem Götzen im Gepäck und in der Gewißheit eines positiven, vielleicht noch nicht einmal "echten" Orakels, das ein zwielichtiger Priester erteilt hat, "zogen die Daniten ihres Weges" (v.26a; vgl. v.6).

V.27 berichtet in einer resümierenden und überleitenden Bemerkung den schändlichen Überfall auf Lajisch. In formaler Hinsicht fällt auf, daß der Vers nicht mit Narrativ, sondern mit einem invertierten Verbalsatz mit AK beginnt (וְהֵמָּה wie in 18,3). Eine solche Konstruktion dient – in einem Erzählkontext – oft zur Bezeichnung eines vorzeitigen Geschehens.[60] In diesem Sinne ist der Vers hier zu verstehen. Zwar wirkt v.27 wie eine bloße Wiederholung schon in 18,18.24 festgehaltener Sachverhalte, doch hat der Vers die wichtige Funktion, das Thema "Landnahme" – nach dem Raub der Kultgegenstände – wieder aufzugreifen. Es bietet sich folgende Übersetzung an: "Nachdem sie nun das, was Micha gemacht hatte, und den Priester, den er hatte, genommen hatten, fielen sie über Lajisch her..." Die Erwähnung des Priesters geht dabei möglicherweise auf eine spätere Hand zurück (vgl. v.24).

Ein großer Teil von v.27 (ab עַל־עַם שֹׁקֵט) wird von Niemann für sekundär gehalten. Seine Begründung sei wegen ihres paradigmatischen Charakters zitiert: "Der Behauptung vom Ausrotten der Bewohner von Lajisch und der Verbrennung der Stadt, die ihre Heimat werden soll, durch die Daniten muß wegen des theoretisch-schematischen Charakters der Formulierung und ihrer inhaltlichen Widersinnigkeit größte Skepsis entgegengebacht werden."[61] Die Argumentation ist indes höchst problematisch: Eine literarkritische Entscheidung wird wiederum gefällt aufgrund des Kriteriums der historischen Denkbarkeit. Demgegenüber spricht einiges dafür, doch an der Einheitlichkeit des Verses und seiner Zugehörigkeit zur ursprünglichen Erzählung festzuhalten. So fügt sich die Hervor-

---

59 Niemann, Daniten 102, scheint diesen polemischen Zug überhaupt nicht zu bemerken, obwohl er dieselben Parallelen aus dtjes. Götzenpolemiken anführt.
60 Vgl. Stähli, Kurzgrammatik 73f.
61 Niemann, Daniten 104.

hebung des Umstandes, daß die Daniten ein wehrloses Volk überfallen, glänzend in die schon mehrfach beobachtete polemische Tendenz der Erzählung ein. Wieder drängt sich als Parallele die Eroberung der - ganz und gar nicht wehrlosen - Stadt Jericho auf. Was die zeitliche Ortung des Verses angeht, so dürfte Niemann in der Tat das Richtige getroffen haben: V.27 weist in Vorstellung und Sprache in den dtr Bereich[62] und liegt damit auf derselben zeitlichen Linie, die bisher für die Erzählung in ihrem Grundbestand wahrscheinlich gemacht werden konnte.

V.28 streicht noch einmal die Wehrlosigkeit der Stadt Lajisch und zugleich die Frevelhaftigkeit des danitischen Zuges in aller Schärfe heraus (vgl. das zweimalige אֵין). Die Ausscheidung von v.28 (außer וַיֵּשְׁבוּ בָהּ) durch Niemann[63] ist durch seine Beurteilung von v.27 bedingt, hat aber keinerlei Anhalt am Text.

In v.29 finden sich Anzeichen späterer Glossierung. So dürfte auf jeden Fall die historische Erklärung in v.29b von einer späteren Hand herrühren.[64] Strittig ist allerdings, ob diese Bearbeitung auch im ersten Versteil (29a) ihre Spuren hinterlassen hat. Niemann erwägt, auch den אֲשֶׁר-Satz in v.29a als Einschub zu betrachten, da der dort begegnende Name "Israel" für den Erzvater Jakob zwar auch in früheren Texten wie etwa der Josefserzählung vorkomme, aber stärker noch in nachexilischen Listenrahmungen verankert sei.[65] Diese Sicht läßt sich erhärten, wenn man die parallele Stelle Jos 19,47 hinzunimmt, die offenbar die Vorlage für Ri 18,27.29 war:[66] Jos 19,47 enthält ebenfalls die Wendung "nach dem Namen Dans, ihres Vaters"; der verdächtige Relativsatz "der dem Israel geboren worden war" fehlt bezeichnenderweise, so daß man ihn wohl als sekundäre Zutat wird betrachten dürfen.

12.2.2.3. Ri 18,30-31

Größte Probleme in redaktionsgeschichtlicher Hinsicht geben die beiden abschließenden Verse 18,30-31 auf, in denen nicht nur zweimal von der Aufstellung des geraubten Kultbildes berichtet wird, sondern auch zwei schwer zu ortende Zeitangaben auftreten:

---

62 Vgl. Niemann, Daniten 103f., mit Verweis auf das dt. Banngesetz Dtn 13,13-19 sowie Dtn 20,10-20.

63 Daniten 105f.

64 Vgl. Niemann, Daniten 108 und die in Anm. 178 aufgeführte ältere Lit.

65 Vgl. Niemann, Daniten 107. Belege: Gen 46,8 (P[S]); Ex 1,1a (P); 1 Chr 2,1; 5,1.3.

66 Vgl. Veijola, Königtum 24; Auld, Joshua, Moses 107f. Anders Niemann, Daniten 108 Anm. 179, der literarische Abhängigkeit zwischen beiden Texten überhaupt für unwahrscheinlich hält.

30a   Und die Daniten stellten sich das Kultbild (פֶּסֶל) auf.

30bα   Und Jonatan, der Sohn Gerschoms, des Sohnes des Mose, er
        und seine Söhne waren Priester für den Stamm der Daniten,

30bβ   bis zur Zeit, da das Land in die Verbannung ging.

31a   Und sie stellten sich das Kultbild Michas auf, das er gemacht
        hatte,

31b   solange das Haus Gottes in Schilo war.

V.30a und 31a:

Im Mittelpunkt der Erzählung c.17-18 steht zweifelsohne das Schicksal des Kultbildes: seine Herstellung, seine Aufstellung in Michas Haus,
sein Raub durch die Landbesitz suchenden Daniten. So entspricht es ganz
dem Duktus der Erzählung, wenn sie mit einer Notiz über die Aufstellung des Bildes in der eroberten Stadt Lajisch, die nun Dan genannt
wird, schließt. Welche der beiden Angaben aber hat den ursprünglichen
Abschluß der Erzählung gebildet? V.30a oder v.31a?

Es fällt zunächst auf, daß v.31a gegenüber 30a zusätzlich – neben
der Nennung des Namens Micha – den Hinweis "das er gemacht hatte"
enthält. Dieser erläuternde Relativsatz begegnet auch zweimal im Korpus
der Erzählung an herausgehobener Stelle (18,24.27), und zwar mit eindeutig polemischer Konnotation: Das Bild wird als bloßes Menschenwerk
gebrandmarkt. Von daher würde sich v.31a als ursprünglicher Erzählungs-
abschluß anbieten. Daß v.31a tatsächlich einen klaren pejorativen Akzent
trägt, legt die schon genannte Parallele Dtn 27,15 nahe: "Verflucht ist,
wer ein Kultbild (פֶּסֶל וּמַסֵּכָה) macht (עשֹׂה), das ein Greuel für Jahwe ist, ein Werk (מַעֲשֵׂה) von Künstlerhänden, und es heimlich aufstellt
(שִׂים)..."

Unabhängig von der Frage, ob eine literarische Abhängigkeit zwischen
Ri 18,31a und Dtn 27,15 besteht und wie diese dann im einzelnen zu bestimmen wäre,[67] gilt, daß beide Texte schon aufgrund des in weiten Zügen übereinstimmenden Vokabulars (שִׂים; פֶּסֶל; עשֹׂה) und des gemeinsamen Themas "Privatkult" einer ähnlichen theologischen Vorstellung
entspringen, nach der die heimliche, private Bilderverehrung untersagt

---

67 Der Vers ist wohl als eine Erweiterung innerhalb des aus dtr Zusätzen
    zum dt. Gesetz bestehenden Kapitels Dtn 27 anzusehen (vgl. Preuß, Deuterono-
    mium 151f.; Dohmen, Bilderverbot 231-235; Fabry, Dekalog 75-96). Dohmen,
    Bilderverbot 234, kommt aufgrund des in Dtn 27,15 verwendeten Wortpaars
    פֶּסֶל וּמַסֵּכָה zu dem Schluß, der Vers setze Ri 17-18 zeitlich und sachlich
    voraus. Nun sind Ri 17f. gewiß nicht, wie Dohmen, Heiligtum 17-22, im Gefol-
    ge Veijolas meint, schon von DtrH ediert worden, sondern gehen eher auf
    eine spät-dtr Hand zurück. Damit wird aber auch die angegebene Verhältnis-
    bestimmung zwischen Dtn 27,15 und Ri 17f. fraglich.

ist. In diesem Zusammenhang ist es bemerkenswert, daß die Aufstellung des Kultbildes in v.30a - anders als in v.31a und Dtn 27,15 - mit קוּם *hif* beschrieben wird, einem Verbum, das häufig in völlig neutraler Weise über das Aufrichten und Einsetzen von kultischen Objekten berichtet.[68]

Als vorläufiges Ergebnis läßt sich festhalten, daß allem Anschein nach v.31a den ursprünglichen Schluß der polemischen Erzählung gebildet hat, während v.30a einer späteren Bearbeitung zuzuschreiben ist.

V. 30b:

Auch die Benennung des bisher anonym gebliebenen Priesters mit dem Namen "Jonatan" und seine genealogische Herleitung von Mose in v.30b geht gewiß auf einen späteren Bearbeiter zurück.[69] Die Notiz trägt im Gegensatz zur Erzählung keinen pejorativen Akzent. Ja, die Abstammung von Mose, die dem Priester hier nachgesagt wird, kommt geradezu einer Heiligsprechung gleich.[70] Sie ist jedenfalls mit der auch gegen den levitischen Priester gerichteten Polemik in der ursprünglichen Erzählung nicht zu vereinbaren. Mit welchem Interesse aber wurde die Notiz eingefügt?

Ein Grund mag darin liegen, daß die Erzählung von Kultbild *und* Priester berichtet hat, in v.31a aber nur das Schicksal des Bildes Erwähnung findet. Möglicherweise wurde hierin ein Mangel gesehen, zumal ja eine Erzählung über einen Heiligtumsort gelegentlich derartige Ergänzun-

---

68 Ein positiver Gebrauch von קוּם *hif* ist im Zusammenhang mit dem Aufrichten von (kultischen) Steinen (אֲבָנִים) in Dtn 27,2.4; Jos 4,9.20; 7,26; 8,29; 24,26, dem Errichten eines Altars in 2 Sam 24,18 und dem Aufrichten der Wohnung (מִשְׁכָּן) in Ex 40,18 (P^S) belegt. Ebenso ist aber auch ein negativer Gebrauch des Verbums anzutreffen: Lev 26,1; Dtn 16,22; 1 Kön 16,32; 2 Kön 21,3.

69 Vgl. Wellhausen, Composition 228; Gunneweg, Leviten 20; Boling, Judges 265f.; Veijola, Königtum 19; Soggin, Judges 276; Niemann, Daniten 109f.

70 Recht seltsam mutet Niemanns Auffassung des Nun suspensum an, das aus "Mose" den Namen des gottlosen Königs "Manasse" (vgl. 2 Kön 21,1-18) macht. Niemann nimmt an, daß dieses Nun durch den 2. Bearbeiter der Grunderzählung eingefügt worden sei, um Mose, "den prominentesten Führer Israels, von dem Makel zu befreien, der Ahn der Priesterschaft an demjenigen Heiligtum zu sein, das spätestens seit deuteronomistischer Zeit in den geistig-geistlich das ganze Volk prägenden Kreisen als erzketzerisch galt." (S.115f.). Zu bedenken ist freilich, daß die *Stellung* des Nun ja einen feststehenden Konsonantenbestand voraussetzt, in den einzugreifen man nicht wagte und deshalb jede auch dogmatische Korrektur als solche kenntlich machte. Zur Zeit der von Niemann postulierten 2. Bearbeitung aber war das Wachstum der Texte noch in vollem Gange (vgl. Würthwein, Text 23; Barthélemy, Critique *91). Das Nun wurde eingefügt, als den vorderen und hinteren Propheten bereits kanonische Dignität eignete, und dies dürfte kaum vor dem 2. Jh. der Fall gewesen sein (vgl. Smend, Entstehung 18).

gen an sich zieht (z.B. Ri 20,27f.*). Genealogien an sich (zumal mit diesen Autoritätspersonen!) spiegeln das Interesse priesterlicher und chronistischer Kreise wider. Gerschom gilt Ex 2,22; 18,3 zufolge als Mosesohn. Des weiteren wird er in einer Reihe von priesterschriftlichen Genealogien als Sohn Levis geführt.[71] Aufgrund dieser Angaben ist zu vermuten, daß die Genealogie Jonatan ben Gerschom ben Mose auf einer freien Konstruktion beruht. Dabei kam dem Ergänzer offenbar durch den Wortlaut von 17,7b (וְהוּא גֵר־שָׁם) die Idee, den Leviten Michas mit dem Mosesohn Gerschom in Verbindung zu bringen.[72] Ob auch der Name Jonatan ("Jah hat gegeben") eine freie Erfindung darstellt, ist umstritten, aber doch wahrscheinlich.[73]

Die Zeitangabe עַד־יוֹם גְּלוֹת הָאָרֶץ ist grammatisch von der Priesternotiz abhängig und will ein zeitliches Ende der danitischen Priesterschaft markieren. Sie bezieht sich rückblickend auf den Untergang des Nordreiches im Jahre 722. Auffallend ist, daß die Angabe offenbar eine *totale* Deportation voraussetzt, was den tatsächlichen historischen Umständen nicht entsprach, nach denen allenfalls die Oberschicht weggeführt wurde. Gerade aufgrund dieser Vorstellung aber liefert der Vers Hinweise auf seine literarhistorische Einordnung. Die nächsten Parallelen für die Formulierung "bis zur Wegführung des Landes" liegen vor in 2 Kön 17,23 (für das Nordreich) und 25,21 (für Juda), allerdings mit אֲדָמָה statt mit אֶרֶץ verbunden. Beide genannten Stellen sind aber zeitlich erheblich später als DtrH einzuordnen.[74] Der Gedanke, daß das Land (Nordreich) nach 722 eine tabula rasa war, ist eine theologische Konstruktion, die für den ersten dtr Geschichtsschreiber in dieser Ent-

---

71 Gen 46,11 / Ex 6,16 (beide P^S) / 1 Chr 5,27; Num 3,17 (P) / 1 Chr 6,1.

72 Vgl. Täubler, Studien 57; Gunneweg, Leviten 20; Veijola, Königtum 20. Anders freilich Niemann, Daniten 122f.: "Die Genealogie 'Jonatan ben Gerschom ben Mose' ist eine glaubwürdige Angabe über den Abstammungsanspruch bzw. ... über die tatsächliche Abstammung der Danpriesterschaft." Diese anfechtbare Sicht führt Niemann zu recht weitreichenden und kaum überzeugenden Schlußfolgerungen hinsichtlich des Zeitpunktes der danitischen Nordwanderung: Jonatan, der Enkel Moses, müßte "um 1230/20 v.Chr. geboren sein" (S.142), so daß sich für die Nordwanderung ein Termin zwischen 1200 und 1160 ergibt (vgl. S.143).

73 Anders z.B. Täubler, Studien 57, und Gunneweg, Leviten 20, die den Namen für unableitbar halten.

74 Vgl. bes. Würthwein, Könige II, 395f.

schiedenheit noch nicht galt,[75] aber in späten, nachexilischen Abschnitten wie z.B. 2 Kön 17,24-41 vorausgesetzt wird.[76]

So lassen die Überlegungen zur Priesternotiz einerseits und zur Zeitangabe andererseits je für sich auf eine späte, nachexilische Entstehungszeit schließen, die mithin für Versteil 30b *insgesamt* wahrscheinlich zu machen ist. Eine *exakte* literarhistorische Einordnung dürfte kaum gelingen; man kommt zeitlich wohl in die Nähe der Ergänzung in 2 Kön 17,23b.

V.30b will somit der Priesterschaft in Dan höchste Autorität verleihen, sie aber gleichzeitig mit dem Ende des Nordreiches im Jahre 722 beendet wissen. Es spricht einiges dafür, v.30b mit der ebenfalls sekundären Vorwegnahme v.30a zu verbinden, die ja - anders als v.31a - durchaus als *neutrale* Kulteinrichtungsnotiz verstanden werden kann. V.30a ist dann als eine v.31a vorwegnehmende Feststellung aufzufassen, die der glatten Einfügung von v.30b diente.[77] Eine gewisse Stütze erfährt diese Sicht darin, daß auch in dem v.30 unmittelbar vorausgehenden v.29a*b sekundäre Bestandteile vorliegen, die sich - und dies ist das Entscheidende! - in der Intention mit v.30b treffen: Beide Versteile (v.29a*b und 30b) sind daran interessiert, Dan als Heiligtumsort positiv herauszustellen und zu würdigen. Der Herleitung der Daniten vom Stammvater Israel entspricht die Herleitung der danitischen Priesterschaft von Mose.

V. 31b:

Dem ursprünglichen Erzählungsschluß in v.31a folgt eine (im Gegensatz zu v.30bβ) nur sehr locker angefügte Zeitangabe, die gewiß einer späteren Hand zu verdanken ist.[78] Der Wortlaut כָּל־יְמֵי הֱיוֹת בֵּית הָאֱלֹהִים בְּשִׁלֹה liefert noch keine Anhaltspunkte für die literarhistorische Einordnung des Verses (vgl. 1 Sam 22,4; 25,7.16). So kommt der

---

75 Mit 2 Kön 17,23 verwandt ist Amos 7,11.17, wo ebenfalls eine totale Deportation zur Sprache kommt. Indes liegt hier der Modus der *Ankündigung* vor, die im Zusammenhang mit der radikalen Gerichtsprophetie des Amos gesehen werden muß. Vgl. auch den (späten!) Vers Jer 1,3 (vgl. Herrmann, Jeremia I, 11).

76 Auf diesen Zusammenhang macht Würthwein, Könige II, 395f., aufmerksam. Es ist angesichts der genannten Parallelen unverständlich, warum gelegentlich das Jahr der ersten Deportation 733 (und nicht 722) als Bezugspunkt der Zeitangabe genannt wird: so z.B. Veijola, Königtum 19; Niemann, Daniten 109. Niemann übersieht - wie viele andere -, daß die Angabe keine historisch zuverlässige Notiz sein will, sondern eine geschichtstheologische Sicht späterer Zeit wiedergibt.

77 Vgl. auch Noth, Hintergrund 145.

78 Vgl. z.B. Noth, Hintergrund 146f.; Veijola, Königtum 26; Niemann, Daniten 128f. Anders wohl Rose, Deuteronomist 150f.

Frage entscheidende Bedeutung zu, welche Vorstellung sich in v.31b mit dem Ort "Schilo" verbindet. Es gibt im wesentlichen zwei Möglichkeiten, die sich freilich nicht von vornherein ausschließen müssen:

(1) Nach der am weitesten verbreiteten Ansicht bietet v.31b dem Leser eine *historische Orientierung:* Der Verlust des Gottesbildes in Dan soll mit einem bedeutenderen, allgemein bekannten Geschehen, nämlich den Ereignissen um das Heiligtum in Schilo (vgl. 1 Sam 1–4), datiert werden. Dabei kann allgemein auf die "ungewöhnliche Häufung katastrophaler Ereignisse"[79], von denen 1 Sam 1–4 Zeugnis ablegt und die jedermann bekannt gewesen sein dürften, Bezug genommen werden, oder aber mehr speziell auf die *Zerstörung* des Heiligtums in Schilo.[80]

(2) V.31b meint eine *geschichtstheologische Epoche,* in der das Haus Gottes in vorstaatlicher Zeit – nach der Ansicht einer gewiß sehr spät einzuordnenden Tradentengruppe – in Schilo (und nur dort!) war, bevor es vom Jerusalemer Tempel abgelöst wurde.[81] Der Halbvers trüge dann einen polemischen Akzent, indem er das Kultbild von Dan gegen das einzig legitime Heiligtum in Schilo stellt und damit disqualifiziert.

Eine Entscheidung zwischen beiden Möglichkeiten ist nicht leicht zu fällen. Doch schon der Umstand, daß die Erzählung Ri 17f., an die v.31b sekundär angefügt wurde, frühestens in exilischer Zeit entstanden ist, läßt die Frage aufkommen, ob eine so knappe und mehrdeutige Notiz über das Heiligtum in Schilo tatsächlich als Datierungs*hilfe* verstanden werden konnte. Hätte es nicht näher gelegen, auf andere, sehr viel bedeutendere und einschneidendere Ereignisse – etwa aus der wechselvollen politischen Geschichte des Nordreiches – zu verweisen? Eine solche Angabe, die zudem in ihrem Sinn klar und eindeutig ist, liegt ja z.B. in v.30b vor. Warum also wurde in v.31b ausgerechnet auf den Ort "Schilo" Bezug genommen?

---

79 Niemann, Daniten 126.

80 Es ist anzumerken, daß in 1 Sam 4 von einer Zerstörung selbst nichts ausgesagt wird; eine solche wird zumeist indirekt erschlossen. Auch die Archäologie liefert nur wenig Anhaltspunkte: So ist die früher weitverbreitete Ansicht, Schilo (Hirbet Selun) sei um 1050 v.Chr. zerstört worden, neuerdings mit gewichtigen Argumenten bestritten worden (vgl. dazu Niemann, Daniten 127 Anm. 245). Man wird jedoch weiterhin davon ausgehen dürfen, daß zumindest das *Heiligtum* von Schilo schon recht früh einer Zerstörung zum Opfer fiel, wie vor allem Jer 7,12.14; 26,6.9 nahelegen (vgl. Thiel, Jeremia I, 114; Schreiner, Jeremia I, 56f.). Zum Problem auch Day, Destruction 87–94; Pearce, Shiloh 105–108; van Rossum, Silo 321–332.

81 Vgl. Bertheau, Richter 255f.; Hauret, Origines 112; Veijola, Königtum 26.

Sieht man einmal die Belege durch, an denen "Schilo" begegnet,[82] kommt man zu dem überraschenden Ergebnis, daß der Ort dort, wo er eine überragende Rolle spielt, nämlich in der Funktion eines religiösen und - damit verbunden - militärischen Zentrums des vorstaatlichen Stämmeverbandes, auf spätere Eintragungen zurückgeht. So sind die Belege aus Jos 18f. allesamt auf einen von Noth so genannten Redaktor "im Stile und im Sinne von P"[83] zurückzuführen, dem man auch wohl den größeren Abschnitt Jos 22,9-34 zuschreiben muß.[84] Jos 21,2 liegt innerhalb der als später Nachtrag zu wertenden Liste der Levitenstädte (Jos 21).[85] Als interessante traditionsgeschichtliche Parallele für die Vorstellung von Schilo als *einzig legitimem* Kultort mag auch der am ehesten nachexilisch einzuordnende Geschichtspsalm 78 angesehen werden:[86] Bevor Jahwe den Zion erwählte, hatte er seine (einzige!) Wohnung (מִשְׁכָּן) in Schilo verworfen (78,60).

Wo Schilo hingegen in älteren Zusammenhängen vorkommt, hat der Ort zwar eine gewisse überregionale Bedeutung, fungiert aber doch nicht als kultisches Zentrum eines Gesamt-Israel umfassenden Stämmeverbandes, so weder in der Notiz über eine Jahwefest in Schilo (Ri 21,19.21) noch in den Überlieferungen in 1 Sam 1-4.[87]

Es liegt somit der Schluß nahe, auch für Ri 18,31b vorläufig an einen Redaktor "im Stile und im Sinne von P" (Noth) zu denken, ohne die Jos-Stellen gleich auf eine redaktionelle Ebene mit diesem Vers stellen zu wollen. Ist dieser Zusammenhang in etwa richtig bestimmt, läßt sich eine schlüssige Interpretation von v.31b angeben, die der oben genannten zweiten Möglichkeit entspricht: Schilo soll hier - ähnlich wie in den späteren Partien innerhalb von Jos 18-22 - als Ort des *Zentral*heiligtums aufgefaßt werden. Diese Vorstellung entspringt einer theologische Kon-

---

82 Es gibt 32 Belege: Jos 18,1.8.9.10; 19,51; 21,2; 22,9.12; Ri 18,31; 21,12.19.21(2x); 1 Sam 1,3.9.24; 2,14; 3,21(2x); 4,3.4.12; 14,3; 1 Kön 2,27; 14,2.4; Jer 7,12.14; 26,6.9; 41,5; Ps 78,60.

83 Noth, Josua² 11 und jeweils z.St. Vgl. auch Smend, Entstehung 114; Auld, Joshua, Moses 62f. Daß es sich bei den genannten Stellen nicht um P^G selbst handeln kann, hat noch einmal Zenger, Bogen 36-43, gegenüber Lohfink, Schichten 81f., mit guten Gründen dargelegt.

84 Vgl. Noth, Josua² 11; Kloppenborg, Joshua 347-371. Zu dieser Schicht gehört u.a. die Bezeichnung עֵדָה (zu weiteren Kennzeichen vgl. Noth, Josua² 10f.).

85 Vgl. Noth, Josua² 11; Auld, Cities 194-206; Kaiser, Einleitung 144.

86 Zur Datierung vgl. Kraus, Psalmen II, 704.

87 Gewiß spielte Schilo als Standort der Lade immer schon eine bedeutende Rolle (vgl. auch Jeremias, Lade; Otto, Silo). Aber die Funktion eines Zentralheiligtums Gesamt-Israels nimmt der Ort nur in den späteren Schichten in 1 Sam 1-4 wahr (vgl. den dtr Ausdruck "Lade *des Bundes* Jahwes" in 4,3.4).

struktion der nachexilischen Zeit, die sich zwar auf Vorgegebenes stützen konnte, aber doch so nicht den historischen Verhältnissen entsprach.
Im Anschluß an v.31a aber besagt die Notiz, daß das schon in mehrfacher
Hinsicht in düsteren Farben gemalte Kultbild obendrein an einem illegitimen Ort aufgestellt wurde. Das "Haus Gottes" stand – für diese theologische Tradition – in der Zeit vor Errichtung des Jerusalemer Tempels
in Schilo und nirgends sonst.[88]

Von daher gesehen erscheint die Aussage, daß Micha ein "Gotteshaus"
(בֵּית אֱלֹהִים 17,5) – oder sollte man besser despektierlich "Götterhaus"
übersetzen? – besessen habe, in einem neuen Licht. Das Gotteshaus des
Micha, das im Gegensatz zu v.31b indeterminiert erscheint, war schon
deshalb illegitim, weil es nur *einen* בֵּית הָאֱלֹהִים geben konnte, und zwar
in Schilo. Interessanterweise ist auch 17,5 als Zusatz erkannt worden;
der Vers dürfte auf derselben redaktionellen Ebene liegen wie v.31b.

Nun gehört aber offenbar auch der als Zusatz erkannte promonarchische Kommentar in 17,6 und 18,1a zu dieser Überarbeitungsschicht. Ein
wesentliches Argument liefert dabei zunächst die *Stellung* des Kehrverses. Er steht nicht nur direkt hinter dem sekundären Vers 17,5, sondern
folgt auch in 19,1a unmittelbar auf die Schilo-Notiz 18,31b. Als weiteres
Indiz kommt hinzu, daß zwischen 18,31b und dem Kehrvers eine Verwandtschaft auch darin besteht, daß an beiden Stellen *zeitlich zurückgeblickt*
wird (כָּל יְמֵי ... / בַּיָּמִים הָהֵם). Die Zusammengehörigkeit von 17,5.6
und 18,31b darf damit als wahrscheinlich gelten.[89]

Der Frevel des Micha, der sich ein eigenes, illegitimes Gotteshaus
eingerichtet hat, setzt sich also – im Sinne dieses späten Redaktors –
bei den Daniten fort: Anstatt sich – als Stamm *Israels* – um das allen
gemeinsame Zentralheiligtum in Schilo zu scharen, geben sie sich der

---

88 Ähnlich Veijola, Königtum 26, nach dessen Einschätzung der Interpolator von
    v.31b sagen wollte, "dass die Daniten schon damals einen illegitimen Kult be-
    sassen, als sich das Zentralheiligtum mit der Lade in Silo befand – eine frü-
    he Entsprechung zu dem späteren unheilvollen Gegensatz *bâmôt* auf dem Lan-
    de, das Zentralheiligtum in Jerusalem." Die theologische Tendenz hat Veijola
    gewiß richtig getroffen, doch seine Zuweisung des Verses zu DtrG(H) bedarf
    einer Revision: DtrH vertrat für die Zeit *vor* Errichtung des Jerusalemer
    Tempels keineswegs die Auffassung, daß es nur *eine* Kultstätte geben dürfe.
    "Tatsache ist, daß er allerlei in seinen alten Vorlagen vorkommende Opfer-
    handlungen ruhig mitgeteilt hat, ohne sie mit Rücksicht auf jene (scil. dt.)
    Einheitsforderung mißbilligend zu kommentieren." (Noth, ÜSt 106; vgl. Hoff-
    mann, Reform 337). Der Gegensatz illegitimer Kult der Daniten – legitimer
    Kult in Schilo setzt vielmehr die noch ungeklärte Position des DtrH im Hin-
    blick auf die *vorstaatliche* Zeit voraus und führt sie in eine bestimmte Rich-
    tung, nämlich der Festlegung auf *eine* legitime Kultstätte, weiter.
89 So insbes. auch Veijola, Königtum 26f., der freilich an DtrG(H) denkt.

Götzenverehrung an einer fremden, privaten Kultstätte hin. Derartige Zustände wären, so soll hervorgehoben werden, unter einem *König* als dem Garanten des rechten Kultes undenkbar.

Zusammenfassung zu v. 30-31:

Die Analyse der in redaktionsgeschichtlicher Hinsicht interessanten Verse 18,30-31 hat zu folgendem Ergebnis geführt: Als ursprünglicher Abschluß der polemischen Erzählung in c.17f. darf v.31a betrachtet werden. Mit v.30 und 31b liegen zwei Einfügungen vor, die gewiß nicht von einer Hand stammen. V.31b verleiht der ohnehin schon negativen Erzählung einen weiteren abwertenden Akzent. Hingegen beurteilte der für v.30 verantwortliche Glossator "die Geschichte von Ri 17-18 positiv, er nahm also die polemische Tendenz dieser Erzählung nicht zur Kenntnis."[90]

In welchem zeitlichem Verhältnis stehen nun diese beiden, in ihrer Tendenz grundverschiedenen Einfügungen zueinander? Es deuten einige Anzeichen darauf hin, daß zunächst v.31b zugesetzt wurde.[91] Der Halbvers wird von dem Ergänzer von v.30 offenbar vorausgesetzt: V.30 hat sich im Aufbau (Notiz über Aufstellung des Kultbildes / Zeitangabe) wohl an v.31 angelehnt, dabei aber einen geschickteren Anschluß für die Zeitangabe gewählt. Vor allem aber dürfte in der recht eindeutigen Formulierung "bis das Land in die Verbannung ging" (v.30bβ) eine *Interpretation von v.31b* vorliegen: Die vage Zeitbestimmung "solange das Haus Gottes in Schilo war", die eigentlich eine theologische Qualifizierung meinte, konnte für den Ergänzer von v.30 nur bedeuten: "solange das Nordreich existierte", auf dessen Territorium Schilo ja lag. Nach dieser theologischen Konzeption, die sich in v.30b niederschlägt, nahm mit dem Ende des Nordreiches, das die totale Deportation der Bevölkerung einschloß, auch der dortige Kult ein Ende. V.31b wurde so allerdings gegen seine eigene Intention gelesen.

12.2.2.4. Zu den Kultgegenständen in Ri 17-18

Bisher ausgeklammert wurde die Frage, wie es zu erklären ist, daß in der Erzählung vier verschiedene Begriffe für die Kultgegenstände begegnen, ohne daß sich darin eine bestimmte Ordnung erkennen ließe. In v.31a, dem Schlußvers der Erzählung, ist nur von der Aufstellung eines mit פֶּסֶל bezeichneten Kultbildes die Rede, während sonst gelegentlich die Verbindung פֶּסֶל וּמַסֵּכָה auftritt. Unklar ist auch, in welchem Ver-

---

90 Noth, Hintergrund 146 Anm. 42.
91 So auch Noth, Hintergrund 145f., allerdings mit völlig anderer Deutung.

hältnis hierzu das Wortpaar "Efod und Terafim" steht.[92] Um der Übersicht willen seien die Belege hier zunächst zusammengestellt (פֶּסֶל = P /
מַסֵּכָה = M / אֵפוֹד = E / תְּרָפִים = T):

17, 3a	P – M
4	P – M
5	E – T
18, 14	E – T – P – M
17	P – E – T – M
18	P – E – T – M
20	E – T – P
30a	P
31a	P

Es fällt auf, daß das Wortpaar E–T immer fest verbunden erscheint,
P–M hingegen an zwei Stellen (18,17.18) getrennt steht. Einige der skizzierten Probleme lassen sich lösen, wenn man, wie es die obige Analyse
tat, 17,5 als sekundären Einschub betrachtet. In diesem Vers nämlich begegnet das Wortpaar E–T zum ersten Mal in der Erzählung.[93] So liegt
folgende Vermutung auf der Hand: Nach Einfügung von 17,5 ist das Wortpaar (kaum von demselben Redaktor) in 18,14.(17.)18.20 eingetragen worden, um das Arsenal der bisher genannten Kultgegenstände zu vervollständigen. Demnach wäre in der ursprünglichen Erzählung nur von dem Kultbild, das durch die Verbindung P–M (oder nur P) beschrieben wird, berichtet worden. Der Ergänzer hingegen nahm wohl an, daß es sich bei
P–M (wie bei E–T) um *zwei* Kultgegenstände handelte. Daraus erklärt
sich die eigentümliche Stellung von E–T *zwischen* dem Wortpaar P–M
in 18,17.18. Dieses Mißverständnis ist auch daran ablesbar, daß in 18,17.18
jeder der vier Begriffe mit der nota accusativi versehen ist (außer bei
E in 18,18), also offenbar auch an vier verschiedene Kultgegenstände
gedacht ist.

Auch die Beobachtung, daß die Existenz der Orakelgeräte in der Erzählung nicht vorausgesetzt wird, spricht für den sekundären Charakter
von E–T: Zwar berichtet 18,5f. von einer Gottesbefragung, doch wird
diese nicht wörtlich zitiert, ja das Orakel erscheint eher wie eine Notlüge
des Priesters, der die danitischen Kundschafter loswerden will.[94] Orakel-

---

92 Vgl. Noth, Hintergrund 136 Anm. 12; Niemann, Daniten 96-99.
93 Gemeint sind mit E-T offenbar Geräte zur Orakeleinholung. Die Verbindung
    begegnet insgesamt nur 6 mal, davon allein 5 mal in Ri 17f., ferner in Hos
    3,4. Die Zusammenstellung E-T ist somit nur mit einem negativen Beiklang
    belegt. Dies gilt auch für den Einzelbegriff T, den man mit "Götterfigur",
    "Idol" wiedergeben kann (vgl. Seybold, Art. תְּרָפִים 1058-1060). Zum Efod-Pro-
    blem vgl. Crüsemann, Widerstand 48-53; ferner Dommershausen, Art. גּוֹרָל
    995f.; Jaroš, Stellung 68-83; Veijola, David 55ff.; Schroer, Bilder 136-158.
94 Vgl. Veijola, David 60f.

geräte werden hier jedenfalls nicht benötigt. Auch in 18,24 kann mit אֱלֹהָי nur das Kultbild (P—M) gemeint sein. Es ist auch zu bedenken, daß die Erzählung ausschließlich auf die Aufstellung des פֶּסֶל zuläuft (18,31a).

Das noch verbleibende Problem betrifft die Frage, warum das Kultbild teils mit der Verbindung P—M, teils mit dem Einzelbegriff P bezeichnet wird. Niemann löst diese Eigentümlichkeit neuerdings literarkritisch. U.a. aus der Beobachtung, daß P stets an erster Stelle der Verbindung steht und auch allein begegnet (vor allem in 18,17f. getrennt von M), schließt er, das zweite Glied müsse sekundär hinzugefügt worden sein.[95] Ursprünglich sei also nur von einem mit P bezeichneten Gegenstand die Rede gewesen.

Nun hat Dohmen auf der Basis einer eingehenden semantischen Analyse des Begriffspaares P—M wie auch der Einzelbegriffe P und M aufzuweisen versucht, "daß die Belege der getrennten Einzeltermini von diesem Hendiadyoin her zu verstehen sind."[96] Das Hendiadyoin habe also in *semantischer* Hinsicht die Priorität vor den Einzelbegriffen P und M. Dohmen warnt zwar ausdrücklich davor, aus dieser *semantischen* Priorität auch eine *literarische* Vor- oder Nachordnung von Belegstellen abzuleiten,[97] trennen läßt sich beides indes nicht. Und hier liegt auch die Hauptschwierigkeit der Analysen Dohmens. Daß nämlich das Hendiadyoin gegenüber den Einzelbegriffen - wenn auch "nur" semantisch - primär sein soll, leuchtet nicht ein.[98] Hinzu kommt, daß alle sieben Belege des Wortpaars - unter Einschluß von Ri 17,3.4; 18,14 *und* 18,17.18 (s.o.) - in literarisch späten Zusammenhängen begegnen, so daß über den semantischen *Ursprung* zunächst einmal nur sehr indirekt etwas ausgesagt werden kann. Man wird Dohmen freilich darin zustimmen dürfen, daß das Wortpaar P—M (zumal in Ri 17f.) sachlich nichts anderes bezeichnet als der Begriff P, nämlich ein Kultbild im Sinne einer plastisch gearbeiteten Darstellung einschließlich der zugehörigen Goldschmiedearbeiten.[99] Sowohl das Wortpaar wie auch der Einzelbegriff sind in Ri 17f. mit einer negativen Konnotation belegt. Nur der späte Versteil 18,30a enthält offenbar eine andere Perspektive.

Will man der Analyse Niemanns, der eine sekundäre Hinzufügung von M zu P vermutet, nicht folgen, bietet sich im Grunde nur noch eine überlieferungsgeschichtliche Lösung an, die damit rechnet, daß das Hen-

---

95 Vgl. Niemann, Daniten 98.
96 Vgl. Dohmen, Bilderverbot 34-63 (Zitat 63); auch ders., Art. מַסֵּכָה 1009-1015; aufgenommen bei Schroer, Bilder 310-314.
97 Vgl. Dohmen, Bilderverbot 63 (auch Anm. 110).
98 Vgl. auch Scharbert, Rez. Dohmen, Bilderverbot, 306f.
99 Vgl. Dohmen, Bilderverbot 57.

diadyoin einer älteren - nicht mehr literarkritisch rekonstruierbaren - Tradition über Micha und sein Kultbild entnommen wurde. Der Verfasser von c.17f. hätte dann die einfache Form P bevorzugt und an die entscheidende Stelle in 18,31a gesetzt, aber das Hendiadyoin der Tradition nicht getilgt. *Insofern* also haben die Überlegungen Dohmens ihr Recht, als P *hier* in der Tat als eine Kurzform von P—M fungiert. Nur sagt dies noch nichts über den semantischen Ursprung des Wortpaars aus. Eine vollends befriedigende Lösung wird sich indes kaum mehr finden lassen.

12.2.3. Intention und literarhistorische Einordnung

Die Analyse von Ri 17f. hat zu dem Ergebnis geführt, daß hier eine nur gelegentlich überarbeitete und glossierte Grunderzählung vorliegt. Zu ihr haben folgende Stücke gehört: 17,1. 2a. 3b. 4. 7aαb. 8 (ohne מִבֵּית לֶחֶם יְהוּדָה). 9. 10 (ohne וַיֵּלֶךְ הַלֵּוִי ?). 11-13; 18,1b. 2 (ohne "von ihrer Sippe" und "aus Zora und aus Eschtaol"). 3-7. 8 (ohne "Zora und Eschtaol"). 9-10a. 11 (ohne מִצָּרְעָה וּמֵאֶשְׁתָּאֹל הַדָּנִי). 13 (ohne מִמִּשְׁפַּחַת). 14 (ohne מִשָּׁם). 14 (ohne לַיִשׁ und "Efod und Terafim"). 15 (ohne "Haus Michas"). 16a. 18 (ohne "Efod und Terafim"). 19 (ohne וּלְמִשְׁפָּחָה). 20 (ohne "Efod und Terafim"). 21. 22 (ohne אֲשֶׁר בַּבָּתִּים). 23. 24 (ohne הַכֹּהֵן). 25-26. 27 (ohne וְאֵת הַכֹּהֵן אֲשֶׁר הָיָה לוֹ). 28. 29a (bis אֲבִיהֶם). 31a.

Die herausgearbeitete Grunderzählung zeichnet eine *negative Ätiologie des danitischen Kultes*: Das in Dan aufgestellte Kultbild (18,31a) ist nichts weiter als ein von Künstlerhänden gemachtes Objekt, dessen Material obendrein aus einer beträchtlichen Summe gestohlenen Silbers stammt. Dieses Kultobjekt wird sodann durch einen privat angestellten und äußerst zwielichtigen Leviten betreut. Schließlich fällt es den Daniten durch einen schändlichen Raub in die Hände, bis es in der eroberten Stadt Lajisch = Dan seinen endgültigen Platz in einem illegitimen Privatkult findet.[100]

Der negative Zug beschränkt sich jedoch nicht auf das Kultbild allein, auch die Daniten erscheinen in einem denkbar schlechten Licht. Dieser Eindruck entsteht durch die Art und Weise, wie die danitische *Landnahme* dargestellt wird. Es fällt nämlich auf, daß Ri 18 offenbar als *Gegenbild* zu den traditionellen Kundschafter- und Landnahmeerzählungen stilisiert ist. So werden vor dem eigentlichen Eroberungszug Kundschafter ausgesandt, die zufällig zum Haus Michas kommen und dort übernachten

---

100 Vgl. die ganz ähnliche Charakterisierung der Erzählung durch Noth, Hintergrund 135f. Zur negativen Grundtendenz vgl. auch Davis, Literature 156-163.

(vgl. Jos 2). Während sich aber die Israeliten in Jos 2 der Dirne Rahab gegenüber dankbar erweisen und ihr Haus bei dem späteren Überfall verschonen, handeln die Daniten ganz anders: Sie rauben dem gastfreundlichen Micha, dessen Priester überdies ein positives Orakel erteilt (18,5f.), sein geschätztes Kultbild. Sodann: Anders als in Num 13 und Dtn 1 ist das Volk, dessen Land die Daniten einnehmen, schwach und äußerst leicht zu überfallen (18,7.10.27f.). Der Bericht der Kundschafter in 18,9f. und ihre Empfehlung zum Überfall auf das schwache Lajisch zeugen so nicht gerade von heldenhafter Gesinnung.

Man hat es in Ri (17-)18 also nicht mit einer Erzählung zu tun, die den übrigen Landnahmeberichten im Alten Testament in ihrer Intention gleichkäme. Deren Interesse liegt ja darin, bestimmte Besitzansprüche zu legitimieren und von Jahwe herzuleiten. Bei der danitischen Landnahme handelt es sich aber um eine literarische Nachbildung derartiger traditioneller Erzählungen mit dem Ziel, die Besitzansprüche des Stammes Dan und damit auch den dortigen Kult zu diskreditieren. Ri 18 ist daher als Quelle für die tatsächlichen historischen Umstände der danitischen Nordwanderung nicht auszuwerten. Der Text setzt nicht viel mehr voraus als die Nachricht, *daß* die Daniten einst gen Norden in ein neues Siedlungsgebiet zogen. Diese Information aber konnte leicht aus Jos 19,47 und Ri 13-16 erschlossen werden (vgl. auch Ri 1,34).

Damit ist zugleich schon etwas über die literarhistorische Einordnung der Grunderzählung angedeutet: Man wird sie wohl insgesamt, da literarisch aus einem Guß, im spät-dtr Umkreis ansetzen dürfen. Eine Reihe von Wendungen weist in die exilisch-frühnachexilische Zeit; z.T. konnte für *dtr* Kreise typische Sprache aufgewiesen werden. Ferner ist festgestellt worden, daß die Erzählung von Anspielungen auf andere alttestamentliche Stücke, die teils schon dtr Ursprungs sind, lebt.[101] Ihr Spott, ihre Ironie und ihre Polemik sind überhaupt erst in einer bestimmten literarhistorischen Phase möglich und verständlich (vgl. das Levitenbild; Anspielung auf das dekalogische Bilderverbot u.a.m.).

Für die vorgeschlagene literarhistorische Einordnung spricht nicht zuletzt auch die Beobachtung, daß die Grunderzählung in ihrer Tendenz gegen den danitischen Kult ganz und gar auf einer Linie mit der *dtr* Polemik gegen Dan (und Bet-El) in 1 Kön 12 liegt.[102] Mit Ri 17f. wird aufgewiesen, daß es in Dan nicht erst in der Zeit der getrennten Reiche einen illegitimen Kult gab, sondern schon von Anfang an, d.h. seit der Landnahme. Insofern wird die Kritik des ersten Dtr aus 1 Kön 12 zeitlich

---

101 Vgl. hierzu bes. Auld, Joshua, Judges 223-232.
102 Zum dtr Charakter von 1 Kön 12,26-32 vgl. Hoffmann, Reform 59-73; Würthwein, Könige I, 161-166.

nach hinten verlängert.[103] Gegenüber 1 Kön 12 weist Ri 17f. allerdings eine wichtige Weiterführung auf, insofern die Erzählung sich nicht damit begnügt, die Religion des (nachmaligen) Nordreiches einfach Sünde zu nennen. Vielmehr wird deren häretischer Charakter ausführlich *begründet*.[104] Auch der Horizont des Bilderverbotes, das bereits Thema von 1 Kön 12,28-30 war, wird in Ri 17f. durch eine terminologische Rückbindung an den Dekalog (פֶּסֶל!) und durch den Aspekt des illegitimen Privatkultes (vgl. Dtn 27,15) erweitert.[105]

Aufgrund dieser zwar nur verhalten und indirekt zu Tage tretenden, dafür aber umso wirkungsvoller erscheinenden nomistischen Tendenz der Erzählung könnte man mit aller Vorsicht erwägen, ob sie nicht aus dem Kreise des *DtrN* stammt. Ein vergleichbares Stück, das wohl ebenfalls auf einen spät-dtr Autor (DtrN) zurückgeht, liegt ja in Ri 1,21.27ff.; 2,1-5 vor: Beide Texte sind am *Gesetz* interessiert und setzen eine unvollständige Landnahme, also das Vorhandensein fremder *Völker* im Lande voraus (vgl. Ri 18,1b.9). Ist diese Beziehung zutreffend bestimmt, so hätte DtrN - oder vorsichtiger: spät-dtr Autoren - die Darstellung der Richterzeit aus der Feder des DtrH von beiden Seiten gerahmt.

Nun ist mit der Feststellung, die Erzählung sei literarisch aus einem Guß und von spät-dtr Kreisen verfaßt worden, noch kein Urteil über möglicherweise verwendete ältere Traditionen gesprochen. Die Erzählung weist Eigentümlichkeiten auf, die auf eine Vorgeschichte einzelner Stoffe hindeuten. Obwohl die beiden zentralen Themen "Kultbild" und "danitische

---

103 Ähnlich Hertzberg, Richter 239; Auld, Joshua, Judges 230f.

104 So bes. Auld, Joshua, Judges 231. Gerade von 1 Kön 12 her ist zu erwägen, ob der Leser nicht bei der recht allgemeinen Lokalisierung des Micha-Hauses auf dem "Gebirge Efraim" an "Bet-El" denken soll (ähnlich in Jer 4,15?); dazu vgl. Halpern, Participation 36f. Vielleicht ließe sich so auch die in Ri 17f. auffällig häufig gebrauchte Verbindung בֵּית מִיכָה als bewußte Anspielung an בֵּית אֵל erklären (vgl. auch die Verballhornung des Ortes zu בֵּית אָוֶן in Hos 5,8; 10,5).

105 Daß in Ri 17f. die Anstellung eines *Leviten* gerügt wird, in 1 Kön 12 aber umgekehrt die Einsetzung *nicht*-levitischer Priester, dürfte damit zusammenhängen, daß Ri 17f. ausdrücklich das Verbot des Privatkultes thematisiert. Von diesem Privatkult hat sich gerade der offizielle Priesterstand, die Leviten, zu distanzieren. - Eine völlig andere Beziehung zu 1 Kön 12 sieht Noth, Hintergrund 144, der vermutet, "daß die polemische Erzählung Ri 17-18 aus dem Kreise des von Jerobeam I. begründeten königlich-israelitischen Heiligtums von Dan stammt. Von da aus erklärt sich konkret die Tatsache, daß das alte Heiligtum von Dan, dessen Entstehung in Ri 17-18 erzählt wird, fast in jeder Hinsicht das Gegenbild des späteren königlichen Heiligtums von Dan ist." Eine ähnliche Frontstellung entdeckt auch Niemann für seine "Jerobeam-Redaktion". Zur Kritik an Noths Deutung vgl. auch Crüsemann, Widerstand 161, freilich mit einer ebenso unhaltbaren Frühdatierung in die salomonische Epoche.

Landnahme" geschickt miteinander verzahnt sind und literarisch nie selbständig existiert haben, ist doch anzunehmen, daß dem Verfasser die Überlieferung über einen gewissen Micha und sein Kultbild bekannt war. Damit ließe sich erklären, warum im allgemeinen von dem Hendiadyoin פֶּסֶל וּמַסֵּכָה die Rede ist, an entscheidender Stelle (18,31a) aber die Kurzform פֶּסֶל begegnet: Das Hendiadyoin dürfte - in einer vielleicht noch ganz neutralen Verwendung - der alten Tradition angehören. Ferner: Es ist durchaus möglich, daß eine alte Leviten-Tradition verarbeitet ist, die bis zu einem gewissen Grade auch Rückschlüsse auf die Ursprünge und das Wesen des Levitentums zuläßt. Immerhin ist die Bezeichnung "Levit" vor allem in c.17 fest verankert, während sie in c.18 nur an zwei Stellen in einer appositionellen Verbindung begegnet (18,3.15). Es ist jedoch zu beachten, daß die *vorliegende Erzählung* in ihrem polemischen Charakter die spätere Gleichung Levit = Priester voraussetzt. Eine exakte zeitliche Einordnung der vermuteten älteren Überlieferung dürfte allerdings kaum gelingen. Es ist fraglich, ob diese Tradition überhaupt in die vorstaatliche Zeit zurückreicht oder nicht besser aus den noch in vieler Hinsicht offenen kultischen Verhältnissen der (frühen oder mittleren) Königszeit zu erklären ist.

Abschließend soll nun kurz auf den Charakter der herausgearbeiteten Glossen und Bearbeiterzusätze eingegangen werden. Sie lassen sich grob in vier Gruppen einteilen, die man aber nicht mit Überarbeitungs*schichten* gleichsetzen darf: (1) Einfügung von "Zora und Eschtaol" sowie der Bezeichnung מִשְׁפָּחָה in 18,2.8.11.19 von Ri 13 her; ferner 18,12. — (2) Klärung bestimmter Details im Erzählungsablauf, wie es überall im Alten Testament geschieht: so in 17,7.8; 18,10.14.15.16b.17.22.24.27. — (3) Einfügung der Schilo-Notiz in 18,31b sowie des damit zusammenhängenden königsfreundlichen Verses (17,6; 18,1a) und der Bemerkung über Michas "Gotteshaus" (17,5). Ferner aufgrund von 17,5 Einfügung von "Efod und Terafim" in 18,14.17.18.20. — (4) In erklärender Absicht eingefügte und den polemischen Charakter der Erzählung abschwächende Zusätze in 17,2b-3a; 18,29*.30.

Über die zeitliche Einordnung der unter (1) und (2) aufgeführten Zusätze läßt sich nur spekulieren. Etwas größere Klarheit besteht bei den Gruppen (3) und (4), die zugleich eine zeitliche Reihenfolge bedeuten (außer 17,2b-3a?). Schon jetzt sei darauf hingewiesen, daß die mit der Schilo-Notiz zusammenhängenden Zusätze im Stile von P - vor allem ist hier der königsfreundliche Kehrvers zu nennen - in einer noch näher zu bestimmenden Verbindung mit c.19-21 stehen, die auf jeden Fall erst nachträglich an Ri 1-18* angeschlossen worden sind. Auf diese Beziehungen kann aber erst nach einer Analyse von c.19-21 eingegangen werden.

12.3. Ri 19-21

Im jetzigen Kontext stellt Ri 19, die Schandtat in Gibea, den Grund dar für die in c.20 vollzogene Bestrafung Benjamins. Gleichwohl betritt man vor allem in stilistischer Hinsicht mit c.20 völlig neuen Boden. Die kriegerische Auseinandersetzung zwischen Israeliten und Benjaminitern liegt dabei in einer Überlieferung vor, die vor schwerwiegende literarische Probleme stellt. Dies gilt, vielleicht nicht ganz so kraß, auch für die in c.21 - in zwei Varianten - geschilderte Frauenbeschaffungsaktion.

12.3.1. Die Schandtat in Gibea c.19

12.3.1.1. Einleitung

In der neueren Forschung besteht weithin Einmütigkeit darüber, daß man es in Ri 19 mit einer im wesentlichen einheitlichen Erzählung zu tun hat, die nur gelegentlich durch Glossen und kleinere Zusätze aufgefüllt wurde.[106] Diese Sicht hat sich namentlich im Gefolge M. Noths durchgesetzt, der die Zweiquellentheorie der älteren Forschung zu widerlegen suchte.[107] Nach der Ausscheidung einiger offensichtlicher Zusätze in Ri 19 kommt Noth zu dem Ergebnis, daß eine geschlossene Erzählung übrigbleibe. Die sekundären Stücke aber - und dies ist das Entscheidende - "stehen in keinerlei Zusammenhang miteinander".[108] Noths grundsätzliche Beurteilung des literarischen Charakters von Ri 19 fand in der Folgezeit Zustimmung, wenngleich in der Aussonderung der sekundären Elemente gelegentlich etwas anders geurteilt wurde.[109]

Ein neuer und beeindruckender Versuch, die literarische Einheitlichkeit von Ri 19 zu erweisen, ist von H.-W. Jüngling vorgelegt worden,[110] und zwar auf der Grundlage einer akribisch durchgeführten stilistischen Einzelanalyse des Kapitels. Jüngling vermag im wesentlichen überzeugend darzulegen, daß die Erzählung einen wohldurchdachten Aufbau hat, der bis in stilistische Einzelheiten und Details hinein durchgeführt ist. Er kommt zu dem Ergebnis, daß in Ri 19,1-30a; 21,25 - unter Abzug einiger Zusätze - eine geschlossene und selbständige (!) Erzählung vorliege, die wahr-

---

106 Zur Forschungsgeschichte vgl. ausführlich Jüngling, Richter 1-49.
107 Vgl. Noth, System 162-170, der c.19 und 20 als Einheit behandelt.
108 Noth, System 167.
109 Vgl. z.B. Schunck, Benjamin 57-79.
110 Jüngling, Richter; knapp zusammengefaßt in ders., Propaganda 64f.

scheinlich in davidischer Zeit entstanden sei.[111] Der die Erzählung rahmende königsfreundliche "Tendenzrefrain" in 19,1a und 21,25 gebe zu erkennen, daß es sich um ein "Plädoyer für das Königtum"[112] - und zwar
das davidische! - handle, das verbunden sei mit einem polemischen Akzent gegen den ersten König Saul (Gibea!). Diese alte Erzählung habe
dann in Ri 20 (und noch später in Ri 21) eine Erweiterung erfahren,
worauf vor allem die als Überleitung konzipierten Verse 20,1-17 wiesen.[113]
Der königsfreundliche Vers 21,25 sei nach Einfügung von c.20 (und 21)
an den Schluß des Komplexes gestellt worden, obwohl er strenggenommen
sachlich nicht zu c.20f. passe, wo eher die Überflüssigkeit denn die Notwendigkeit des Königtums aufgewiesen werde.

Zur Beurteilung ist folgendes anzumerken: Jüngling vermag überzeugend darzulegen, daß man c.19 und 20 nicht einfach als literarische Einheit betrachten darf, wie dies noch Noth tat,[114] sondern daß in c.19 eine
für sich verständliche Erzählung vorliegt, die sich nicht nur in ihrem
kunstvollen stilistischen Aufbau von c.20 unterscheidet. Die in der folgenden Analyse aufzunehmenden kritischen Anfragen richten sich daher nicht
so sehr gegen die stilistische Einzelanalyse selbst, sondern vielmehr
gegen die literarhistorische Einordnung der Erzählung sowie die Zuordnung und Interpretation des königsfreundlichen Kehrverses.

12.3.1.2. Sekundäre Bestandteile

Mit diesem Kehrvers setzt sogleich c.19 ein. Im Gegensatz zu den
drei übrigen Stellen, an denen der Vers mit בַּיָּמִים הָהֵם eingeleitet
wird, findet sich hier die Einführung וַיְהִי, auf die die präpositionale
Wendung בַּיָּמִים הָהֵם folgt. Die eigentliche Erzählung beginnt erst mit
der Vorstellung des "im entlegensten Teil des Gebirges Efraim" wohnen-
den Leviten in v.1b, wiederum mit וַיְהִי eingeführt. Es erhebt sich der
Verdacht, daß v.1a von der Hand eines späteren Bearbeiters der mit v.1b
beginnenden Erzählung vorangestellt wurde.[115] Der Bearbeiter hätte den
ursprünglichen Erzählanfang durch eine ähnliche Konstruktion mit וַיְהִי
imitiert.

---

111 Vgl. Jüngling, Richter 285-296.
112 Jüngling, Richter 245.
113 In Ri 20,1-17 liege eine "nachdeuteronomische Überleitung" zu dem Kriegsbe-
     richt in 20,18ff. vor, der wiederum alte Stücke enthalte (Jüngling, Richter 275).
114 Vgl. Noth, System 164-170.
115 Vgl. Moore, Judges 408; Noth, System 165; ders., Hintergrund 142; Veijola,
     Königtum 15; Crüsemann, Widerstand 156f.

Demgegenüber versucht Jüngling mit Vehemenz, die literarische Einheitlichkeit von v.1 zu erweisen.[116] Der königsfreundliche Vers habe schon immer zur Erzählung gehört: "Der Satz siedelt die folgende Geschichte in der Zeit, da Israel noch keinen König hatte, an."[117] Das doppelte וַיְהִי in v.1a und 1b erklärt Jüngling somit nicht literarkritisch. Er weist vielmehr auf die unterschiedlichen Funktionen beider Einleitungen hin: Das erste וַיְהִי (v.1a) habe keinen semantischen Eigenwert wie in v.1b, sondern "lediglich eine syntaktische Funktion"[118].

So richtig diese grammatische Beobachtung auch ist, sie kann ebenso zum Beweis für das Gegenteil in Anspruch genommen werden: Warum sollte ein und derselbe Autor so kurz hintereinander zweimal mit וַיְהִי einleiten, dabei aber grundverschiedene syntaktische Funktionen wählen? Im übrigen legen die einschlägigen Parallelen, an denen וַיְהִי einen Erzählanfang darstellt (Ri 13,2; 17,1; 1 Sam 1,1; 9,1), eher die Auffassung nahe, erst in v.1b den ursprünglichen Beginn der Gibea-Erzählung zu suchen. 19,1a ist somit als sekundärer Vorspann zu beurteilen, der die in 19,1b einsetzende Erzählung in einen neuen – zeitlichen und sachlichen – Zusammenhang einordnet.

Die Erzählungseröffnung in v.1b stellt den Hauptakteur vor als אִישׁ לֵוִי. Dabei wird man die Charakterisierung des Mannes als "Levit" (vgl. 20,4) für sekundär halten dürfen. Für diese Beurteilung spricht vor allem die Beobachtung, daß der Mann in 19,18 – von dem alten Mann in Gibea nach seiner Identität befragt – wohl Elemente aus der Einleitung in 19,1b aufnimmt, aber gerade nicht von seinem Levitsein spricht.[119]

Ein textkritisches Problem liegt in v.9 vor: Die Rede des Schwiegervaters wirkt überfüllt. Man wird wohl den Ausdruck לִינוּ־נָא הִנֵּה חֲנוֹת הַיּוֹם, der in LXX übrigens fehlt, als überschüssig ansehen müssen; er ist möglicherweise durch Dittographie zu erklären.[120]

Ob man in v.10 die Angabe הִיא יְרוּשָׁלָ͏ִם, die יְבוּס erläutern soll, als Glosse kennzeichnen kann,[121] ist sehr fraglich. Wenn die ungewöhnliche Bezeichnung "Jebus" für Jerusalem (nur noch in 1Chr 11,4f.) tatsäch-

---

116 Vgl. Jüngling, Richter 64-67.

117 Jüngling, Richter 64.

118 Jüngling, Richter 67 Anm. 280, vgl. auch 73 Anm. 298.

119 Vgl. Jüngling, Richter 76; auch Veijola, Königtum 20f. Anders freilich Gunneweg, Leviten 23-26, der "Levit" für ursprünglich hält und im Levitsein des Mannes gerade den Grund dafür erkennt, daß die vergleichsweise geringe Ursache (Schandtat in Gibea) eine solch schwerwiegende Folge (Stammeskrieg) hatte: Der Levit stehe nämlich "in einem besonderen Verhältnis zur Jahwe-Israel-Amphiktyonie" (S.25f.).

120 Vgl. Jüngling, Richter 141-144; siehe auch Noth, System 165.

121 So Noth, System 165f. Etwas anders Budde, Richter 129, der יְבוּס הִיא ausscheidet und "Jerusalem" zum ursprünglichen Text rechnet.

lich eine Neuprägung aufgrund des Gentiliziums "Jebusiter" darstellt, wie Jüngling vermutet,[122] dürfte die Erklärung "das ist Jerusalem" notwendig und damit auch ursprünglich sein.

V.12b macht den Eindruck einer v.14f. vorwegnehmenden Glosse (vgl. das Verbum עבר "weiterziehen", das in v.14 wieder begegnet).[123] Zu dem Einschub wird man auch v.13a rechnen müssen:[124] V.12b weist - ein wenig zu früh - auf das Ziel der Wanderung, Gibea, hin. Offenbar soll der Leser schon hier erfahren, daß die erst in v.13b formulierte Alternative (Gibea oder Rama) bereits zugunsten Gibeas entschieden ist. Immerhin spielt ja ab v.14 Rama überhaupt keine Rolle mehr; der Herr und sein Knecht steuern vielmehr geradewegs auf Gibea zu. In dieser Weise ist wohl auch v.13a zu erklären: Der Halbvers betont, daß nur *einer* (אֶחָד) der beiden in v.13b genannten Orte in Frage kommt. Durch die Herauslösung von v.12b-13a würde sich im übrigen auch die eigentümliche doppelte Redeeinführung ohne Sprecherwechsel als sekundär hergestellt erweisen.[125]

In v.18 ist man geneigt, die unverständliche Angabe וְאֶת־בֵּית יְהוָה mit LXX zu ändern in וְאֶל בֵּיתִי.[126] Als Erklärung gibt man gern an, das ursprüngliche בֵּיתִי habe eine falsche Auflösung in בֵּית יְהוָה erfahren.[127] Es ist jedoch die Frage, ob dieses Problem auf der textkritischen Ebene allein gelöst werden kann. Die LXX-Lesart scheint doch eher der Versuch einer nachträglichen Glättung des schwierigen masoretischen Textes zu sein. So ist zu vermuten, daß die Lokalität "Haus Jahwes" in die Erzählung *sekundär* eingetragen wurde, um möglicherweise auf die levitische Herkunft des Mannes anzuspielen (vgl. v.1b).[128] Nun war aber auch לֵוִי in v.1b als nachträgliche Kennzeichnung des Mannes erkannt worden, so daß man beide Zusätze einer redaktionellen Ebene zuweisen könnte. Diese zugegebenermaßen etwas kühne Interpretation wird durch die Analyse von Ri 20 vielleicht eine gewisse Bestätigung erfahren.

Bei den beiden Worten בַּעַל הַבַּיִת in v.22 handelt es sich wohl um eine recht ungeschickte Glosse, die die Eingangsformulierung von v.23 vorwegnimmt.[129]

---

122 Vgl. Jüngling, Richter 147f. Eine Identität von Jerusalem und Jebus wird bestritten von Miller, Jebus 124-126.
123 Vgl. Moore, Judges 416; Jüngling, Richter 160f.
124 So auch Schunck, Benjamin 65.
125 Anders Noth, System 166: "Bei V.13 könnte man erwägen, ob es sich nicht ursprünglich um Rede des Knechtes handelt, der, nachdem sein erster Vorschlag zurückgewiesen worden ist, nun einen zweiten Vorschlag macht."
126 So die meisten Exegeten (vgl. Jüngling, Richter 186 Anm. 589).
127 Vgl. schon Moore, Judges 415; Budde, Richter 131.
128 Diese Möglichkeit lehnt Budde, Richter 131, ab.
129 Vgl. Noth, System 166; Jüngling, Richter 204.

Auch in v.24 liegt eine sekundäre Vorwegnahme späteren Geschehens
vor: Die Nebenfrau des Mannes wird hier zu früh neben der Tochter des
Gastgebers genannt (vgl. v.25). Daher ist וּפִילַגְשֵׁהוּ als "antizipierende
Glosse"[130] zu betrachten, aufgrund derer auch die Pluralformen אוֹתָם
(2x) und לָהֶם entstanden sind, die entsprechend in ihre singularische
Form gesetzt werden müssen.

Schwierigkeiten besonderer Art weisen die beiden c.19 abschließenden
v.29-30 auf, die in ihrer jetzigen Form die Verbindung zu c.20 herstellen.
In diesen Versen sind Spuren redaktioneller Arbeit feststellbar. So dürfte in v.29 die Wendung לִשְׁנֵים עָשָׂר נְתָחִים, also der Bezug auf die 12
Stämme Israels, nachträglich eingeschoben worden sein.[131] Hierfür sprechen einige Gründe: (1) Der Ausdruck steht in Apposition zu לַעֲצָמֶיהָ
und ist von daher als sekundäre Erläuterung zumindest verdächtig. –
(2) Die Angabe וַיְנַתְּחֶהָ לַעֲצָמֶיהָ "er zerstückelte sie entsprechend ihren Gliedern / Gebeinen" läßt sich sachlich nur schwer mit der 12-Zahl
vereinbaren. – (3) In dem in manchen Zügen parallelen Vers 1 Sam 11,7,
der die Vorlage für Ri 19,29 abgegeben haben dürfte, fehlt auffälligerweise ein vergleichbarer Bezug auf die 12 Stämme.[132] – (4) Das singularische Suffix von וַיְשַׁלְּחֶהָ kann sich kaum auf das Herumsenden der
"Stücke" beziehen, wie es der jetzige Zusammenhang nahelegt, sondern
muß mit פִּילֶגֶשׁ verbunden werden. Eine Herauslösung des in Frage
stehenden Ausdrucks würde hier Klarheit schaffen.

Zur masoretischen Fassung von v.30 gibt es eine auch in literarkritischer Hinsicht interessante Variante in LXX[A], die einen etwas umfang-
reicheren Text bietet.[133] Die Frage nach der Priorität läßt sich jedoch
recht eindeutig beantworten: Im MT bleibt der Adressat der Aufforderung
"Denkt darüber nach, beratet und sprecht!" von v.30b unklar. Diese
"lectio difficilior" spricht an sich schon gegen die LXX[A]-Variante, die
einen logisch einwandfreien Text bietet. So ist LXX[A] wohl als Glättungs-
versuch zu werten.[134] Die etwas schwierige Fassung des MT weist indes
auf redaktionelle Arbeit hin: Jüngling dürfte darin recht haben, daß v.30b
"als Bindeglied für die folgende Stämmeberatung"[135] fungiert. In ähnlicher

---

130 Jüngling, Richter 211.
131 Vgl. Schunck, Benjamin 64, und die ausführliche Begründung bei Jüngling,
    Richter 234-236.
132 Vgl. Schunck, Benjamin 64.
133 Zwischen v.30a und 30b des MT findet sich zusätzlich: "Und er befahl den
    Männern, die er aussandte: Dies sollt ihr zu allen Israeliten sagen: Ist so et-
    was je geschehen seit dem Tage, da die Israeliten aus dem Lande Ägypten
    heraufgezogen sind, bis zu diesem Tag?"
134 Zu diesem Ergebnis kommt auch Jüngling, Richter 246-251.
135 Jüngling, Richter 251.

Form begegnet der Vers ja auch in 20,7. Der sekundäre Charakter von
19,30b legt also den Schluß nahe, daß Ri 20 insgesamt als Nachtrag zu
Ri 19,1-30a zu werten ist.[136]

Als sekundäre Bestandteile in Ri 19 sind somit erkannt worden:
V.1a.1b (nur לְוִי).9 (nur חֲנוֹת הַיּוֹם הִנֵּה נָא־לִינוּ).12b-13a.18 (nur בֵּית
יְהוָה).22 (nur בַּעַל הַבַּיִת).24 (nur וּפִלַגְשֵׁהוּ sowie die Plural-Suffixe
אוֹתָם und לָהֶם).29 (nur לִשְׁנֵים עָשָׂר נְתָחִים).30b. Gegenüber den Zusätzen in v.9.12b-13a.22.24, die zumeist den Erzählablauf korrigierende,
gelegentlich antizipierende Glossen darstellen, liegen in v.1a.1b.18.29.30b
Stücke vor, die im Zusammenhang mit c.20f. stehen (dazu s.u.).

12.3.1.3. Literarhistorische Einordnung

Die Versuche einer literarhistorischen Einordnung der Erzählung differieren im einzelnen erheblich, obwohl - abgesehen von den Vertretern
der alten Zweiquellenhypothese - hinsichtlich der literarkritischen Ergebnisse keine nennenswerten Unterschiede auftreten. So kann Ri 19* in die
frühe Königszeit vor der Reichstrennung eingeordnet werden,[137] aber auch
die Zeit nach Zerstörung des Jerusalemer Tempels wird für möglich gehalten.[138]

Bei den Vertretern einer Frühdatierung ist das Bemühen erkennbar,
die zahlreichen sachlichen und wörtlichen Übereinstimmungen mit den
verwandten Texten Gen 19 und 1 Sam 11,7 möglichst herunterzuspielen.
Diese Parallelen werden nämlich in der Regel - und dies dürfte nach wie
vor die schlüssigste Erklärung sein - als *literarische* Abhängigkeit gedeutet, wobei Ri 19 Elemente aus Gen 19 und 1 Sam 11,7 entlehnt hat.[139]

---

136 So vor allem Jüngling, Richter 251. Nicht zu überzeugen vermag hingegen
   die Beurteilung von v.30 durch Veijola, Königtum 21f.: Der gesamte Vers
   wird als sekundär ausgeschieden und auf DtrH zurückgeführt; die Diskrepanz zwischen v.30a und 30b nimmt Veijola dabei nicht genügend wahr.

137 So z.B. Schulte, Entstehung 98f. (Werk des Jahwisten); Crüsemann, Widerstand 161 ("salomonische Epoche"); Jüngling, Richter 291 (aus der "beginnenden Königszeit").

138 So Schunck, Benjamin 65, der die Erzählung (in Anlehnung an die redaktionsgeschichtlichen Ergebnisse von Jepsen, Quellen 76) einem R[I] zuschreibt,
   der ältere Traditionen aufgenommen habe.

139 So Wellhausen, Composition 231; Greßmann, Anfänge 261; Hertzberg, Richter
   252; Schulte, Entstehung 98-101; Smend, Entstehung 128; Soggin, Judges 288;
   Lasine, Guest 38-43. Die Parallelen sind im einzelnen aufgelistet bei Burney,
   Judges 444f. (vgl. auch Schulte, Entstehung 98 Anm. 15-17). Ganz selten wird
   eine Abhängigkeit in umgekehrter Richtung (Priorität von Ri 19) vermutet: so
   jüngst Niditch, Theme 376f., übrigens mit demselben Argument (knapperer
   Stil in Gen 19 gegenüber Ri 19), das Schulte (S. 100) zum entgegengesetzten
   Urteil führt.

Dagegen bestreitet Jüngling, daß überhaupt eine *literarische* Beziehung bestehe, nicht zuletzt, um sich eine Frühdatierung in die davidische Zeit offenzuhalten.[140]

Ebensowenig notwendig ist es, aufgrund der in der Erzählung vorherrschenden antisaulidischen Tendenz eine Datierung *vor* der Reichstrennung vorzunehmen, wie es Jüngling und Crüsemann tun.[141] Gewiß, Ri 19 stellt die spätere Stadt Davids, Jerusalem, in ein helles Licht, während auf Gibea, die Heimatstadt Sauls, nur ein dunkler Schatten fällt. Doch ist eine solche antisaulidische Tendenz bei gleichzeitiger Hervorhebung der davidischen Dynastie gerade auch typisch für spätere, z.t. erst exilische Schichten im Alten Testament. Zu denken ist hier etwa an die spät eingeschobene – vielleicht auch erst spät entstandene – Geschichte von der Verwerfung Sauls in 1 Sam 15, vor deren Hintergrund David als der von Gott begnadete, bessere König erscheint.[142] Es lag gerade auch im Interesse späterer – judäischer – Kreise, Saul und sein Königtum zu diskreditieren.

Von nicht zu unterschätzender Bedeutung für die literarhistorische Einordnung von Ri 19 sind auch die beiden Hosea-Stellen, die auf die von Frevel gekennzeichneten "Tage Gibeas" Bezug nehmen (Hos 9,9; 10,9). Gewöhnlich wird angenommen, die Stellen setzten Ri 19-21 voraus.[143] Eine hilfreiche Einschränkung dieser Verhältnisbestimmung hat Jüngling vorgenommen, der festhält, daß sich die Erwähnungen der Tage Gibeas bei Hosea nur auf das in c.19 geschilderte Verbrechen, nicht aber auch auf dessen Sühnung (c.20) bezögen.[144] Indes ist auch diese Auffassung keineswegs zwingend. Ebensogut könnte – umgekehrt – Hos 9,9; 10,9 der Ausgangspunkt und Anlaß für den Autor von Ri 19 gewesen sein.[145] Hosea setzt ja genaugenommen nur voraus, *daß* es in Gibea skandalös zu-

---

140 Vgl. Jüngling, Richter 237.289-291; ähnlich Crüsemann, Widerstand 162 Anm. 52. Zwar betont Jüngling (S. 291), daß seine literarhistorische Einordnung auch bei literarischer Abhängigkeit der Gibea-Erzählung von Gen 19 (J!) nicht angetastet werde, doch müßte Ri 19 schon sehr rasch nach Fertigstellung des jahwistischen Werkes verfaßt worden sein.

141 Vgl. Jüngling, Richter 293; Crüsemann, Widerstand 164. Ähnlich auch Schmitt, Frieden 38 Anm. 54.

142 1Sam 15 wird neuerdings als Einschub späterer dtr Redaktoren betrachtet (so Veijola, Dynastie 102 Anm. 156), gelegentlich sogar als eine erst dtr Schöpfung (Bickert, Geschichte 19f.; Foresti, Rejection). Noch weiter geht Donner, Verwerfung 248, der die Geschichte erst in nachexilischer Zeit entstanden denkt. Eine ausgewogene Analyse von 1Sam 15 bietet jetzt Dietrich, David, Saul 10-25, der insgesamt vier Textebenen unterscheidet.

143 So z.B. Wolff, Hosea 204.238; Jeremias, Hosea 133f.

144 Vgl. Jüngling, Richter 280-284.

145 Vgl. Wellhausen, Composition 233; Auld, Joshua, Judges 252.

ging (vgl. die fast zur Metapher für "Sünde" gewordenen Städtenamen "Sodom und Gomorra"). Auf eine ganz konkrete Schandtat wird an den beiden Hos-Stellen ja nicht direkt Bezug genommen. Vielleicht wird mit "Gibea" überhaupt auf ein ganz anderes Faktum, nämlich den Beginn des für Hosea höchst problematischen Königtums angespielt.[146] So könnte man Ri 19 durchaus in nachhoseanischer Zeit ansiedeln, eine Einordnung, die sich auch vom sprachlichen Befund in v.30a her nahelegt.

Die dort begegnende Heraufführungsformel ist in ihrer Einkleidung ("seit dem Tage ... bis auf den heutigen Tag") nur noch in späteren - exilischen - Texten anzutreffen.[147] Auffällig ist allerdings, daß auf das Exodusereignis mit עלה qal Bezug genommen wird, die Israeliten also Subjekt sind. Aber auch diese stark formelhafte Wendung weist kaum in die frühe Königszeit.[148] Eine exakte literarhistorische Einordnung dürfte kaum gelingen; die frühe Königszeit vor der Reichstrennung ist aber auszuschließen, wie auch ein Blick auf die Intention von Ri 19 zeigt.

12.3.1.4. Zur Intention von Ri 19*

Die Erzählung handelt - vordergründig betrachtet - von Gastfreundschaft und ihrer Verweigerung. Schon im ersten Teil der Erzählung, der in Betlehem spielt, fällt das Bemühen des Schwiegervaters auf, den Mann seiner Tochter zum Essen und Übernachten zu überreden. Dieser Zug ist gewiß nicht als Aufdringlichkeit zu interpretieren, wie es ein heutiger Leser empfinden mag, sondern als besonderes Zeichen von Gastfreundschaft, die zu den späteren Geschehnissen in Gibea in einen scharfen Kontrast gesetzt wird.[149] Aus der verweigerten Gastfreundschaft in Gibea hebt sich nur ein alter Mann positiv heraus, der bezeichnenderweise kein Bürger der Stadt ist, sondern vom Gebirge Efraim stammt (19,16).

Besonders aufschlußreich für die Interpretation der Erzählung ist die gewollte Gegenüberstellung des israelitischen Gibea und der Stadt Jerusalem, die der Verfasser hier mit dem neu geschaffenen Namen "Jebus" bezeichnet, um ihren nicht-israelitischen Charakter zu unterstreichen. Ja, daß Jerusalem (noch) keine israelitische Stadt ist, darf angesichts

---

146 Vgl. Smend, Entstehung 128.
147 Dtn 9,7; 1 Sam 8,8; 2 Sam 7,6; 1 Kön 8,16; 2 Kön 21,15; Jer 7,25; 11,7. Die exakte Zuweisung dieser Wendung zu DtrN durch Veijola, Königtum 56, überzeugt angesichts der geringen Textbasis nicht. (Ri 19,30 wird von Veijola, Königtum 21f., allerdings DtrH zugewiesen!)
148 Vgl. Ri 11,13.16; 1 Sam 15,2.6; Hos 2,17. Vgl. Jüngling, Richter 242-244, der gleichwohl am hohen Alter von Ri 19,30a festhält.
149 Zu diesem Aspekt vgl. Niditch, Theme 366-370.

der übergroßen Bosheit Gibeas im Sinne des Erzählers getrost vernach-
lässigt werden. Der Leser soll - und daran kann kein Zweifel bestehen -
mit den Orten *Personen* verbinden: "In Bethlehem, der Heimat Davids,
wird der Mann überschwenglich aufgenommen. An Jerusalem, der Residenz Davids, geht er vorbei. In Gibea, der Heimat Sauls, fällt er Ver-
brechern in die Hände."[150]

Man wird gewiß nicht fehlgehen, wenn man die Erzählung aufgrund
dieser Tendenz aus Kreisen herleitet, die die Legitimität Jerusalems und
der davidischen Dynastie gegenüber dem Königtum Sauls herausstellen
wollen. Dies bedeutet jedoch nicht, daß man die Erzählung nur aus den
Verhältnissen der frühen Königszeit vor der Reichstrennung erklären
kann. Vielmehr steht David, seine Heimat und Residenz, für das davidische Königtum überhaupt. Ebenso wird mit der Kritik an Saul das Königtum des Nordreiches als solches von den Wurzeln her (Gibea!) diskreditiert. Saul war ja nur König über das Territorium des nachmaligen Nordreiches (vgl. 2 Sam 2,9).[151]

So könnte man vermuten, daß sich in Ri 19* die ideellen Ansprüche
der davidischen Dynastie auf das Territorium des Nordreiches und dessen
Königtum widerspiegeln - eine ähnliche Ausrichtung übrigens, wie sie
auch in 1 Kön 12,1-19 erkennbar ist. Diese Interpretation würde erklären,
warum ausgerechnet *Efraimiter* in der Erzählung so positiv dargestellt
werden (19,1b.16).[152] "Efraim" konnte ja bekanntlich - als Kernland des
Nordreiches - pars pro toto den Staat Israel überhaupt bezeichnen. Zeitlich kommt man etwa in die mittlere Königszeit, wohl noch vor dem
Untergang des Nordreiches. Auf den spekulativen Charakter dieser Vermutung sei jedoch ausdrücklich hingewiesen.

---

150 Jüngling, Richter 293.
151 Die herausgearbeitete differenzierte Beurteilung des Königtums — Kritik an
    Saul, Hervorhebung Davids und seiner Dynastie — wird zwar von Jüngling ge-
    teilt, doch verträgt sie sich nicht mit seiner Zuordnung des königsfreundli-
    chen Tendenzrefrains in 19,1a und 21,25 zum Grundbestand von Ri 19: Kenn-
    zeichen dieses Tendenzrefrains ist die *uneingeschränkte* Hochschätzung des
    Königtums. Es wird gerade nicht differenziert zwischen der davidischen
    Dynastie und dem Nordreichskönigtum. So kann schon aus sachlichen Grün-
    den der Kehrvers kaum von derselben Hand stammen, die für die Gestaltung
    von Ri 19* insgesamt verantwortlich ist. Es kommt hinzu, daß in dem Kehr-
    vers von "Israel" die Rede ist, einer Bezeichnung also, die jedenfalls in davi-
    disch-salomonischer Zeit gerade für das Gebiet des saulidischen Königtums
    verwendet wurde (vgl. Zobel, Art. יִשְׂרָאֵל 996).
152 Dieser Tatbestand führte Eißfeldt, Hintergrund 70ff., zu der bekannten The-
    se, daß sich hinter Ri 19 eine *politische* Auseinandersetzung zwischen den
    Stämmen Efraim und Benjamin verberge, die zu einer sexuellen Greueltat ver-
    dichtet worden sei. Eißfeldts These beruht aber auf der nicht haltbaren Vor-
    aussetzung, Ri 19 und 20 hätten ursprünglich zusammengehört.

Den ursprünglichen Abschluß der Erzählung hat v.30a gebildet: Mit dem Ausruf des Entsetzens über die in Gibea geschehene נְבָלָה wird nicht etwa zu deren Sühnung übergeleitet, sondern er greift den Skopos der Erzählung noch einmal auf: Das saulidische und nordisraelitische Königtum ist von der Wurzel her Sünde, Abfall von Jahwe. Dies wird durch einen Vergleich mit der grundlegenden Heilstat Jahwes, der Herausführung aus Ägypten, deutlich herausgestrichen und soll "im ganzen Gebiet Israels" (v.29b) bekannt werden. Auf die Diskreditierung der Anfänge unter Saul kommt es an. Eine Sühnung des Verbrechens, wie sie c.20 schildert, würde an der ursprünglichen Intention der anspielungsreichen und typisierenden Erzählung vorbeigehen. Diese Verbindung wird denn auch erst von einem späteren Redaktor hergestellt.

12.3.2. Die Beratschlagung der Stämme 20,1-13

Der Abschnitt 20,1-13 enthält Elemente, die stark an ein Prozeßverfahren erinnern: In v.1-3a tritt zunächst die Stämmeversammlung in großer Einmütigkeit zusammen. V.3b stellt die Frage nach dem Vorgefallenen, die in v.4-7 durch den Bericht des Leviten beantwortet wird. Das Ergebnis ist die in v.8-10 beschriebene Beschlußfassung der Stämme: Gibea muß bestraft werden.[153] Die Notiz über das militärische Aufgebot der Israeliten in v.11 kommt ein wenig zu früh, denn zuvor wird, in einer vorgerichtlichen Redeform, die Herausgabe der Beschuldigten gefordert (v.12-13a).[154] Erst die Ablehnung dieser Forderung (v.13b) berechtigt Israel, gegen Benjamin, das sich mit den Übeltätern solidarisiert hat, vorzugehen.

12.3.2.1. Ri 20,1-3

In aller Ausführlichkeit berichten v.1-3 über die Zusammenkunft der Stämme. Die Darstellung wirkt stark überfüllt. Zunächst ist deutlich zu erkennen, daß v.3a aus dem Zusammenhang herausfällt: Die Reaktion Benjamins auf die Versammlung der Stämme kommt zu früh;[155] auch kann v.3b schwerlich ursprünglich auf v.3a gefolgt sein. Möglicherweise steht für den Ergänzer von v.3a die Vorstellung im Hintergrund, daß

---

153 Zu diesem Aufbau vgl. Jüngling, Richter 264. Ähnlich auch Boecker, Redeformen 23f., der allerdings an ein Verfahren im Rahmen der amphiktyonischen Gerichtsbarkeit denkt.

154 Vgl. Boecker, Redeformen 23f.

155 Vgl. Moore, Judges 424: "the half-verse anticipates". Budde, Richter 133, erwägt vorsichtig eine Umstellung vor v.14.

sich Israel nach v.1f. bereits zu einer kriegerischen Aktion versammelt hat. Davon aber kann - dem Erzählablauf entsprechend - erst nach dem Beschluß der Stämme (v.8-10) die Rede sein.

Auch die Zahl über das Aufgebot Israels in v.2 nimmt 20,17 vorweg und rechnet - wie v.3a - damit, daß sich Israel bereits *zum Kampf* versammelt hat. Ob allerdings v.2b und 3a auf denselben Ergänzer zurückgehen, ist kaum mit Sicherheit zu entscheiden.

Eine große Schwierigkeit liegt darin, daß in v.1-2a nicht weniger als fünf Bezeichnungen für die zusammentretenden Israeliten vorliegen: (1) כֹּל שִׁבְטֵי יִשְׂרָאֵל – (2) כָּל־בְּנֵי – (3) עֵדָה – (4) פְּנוֹת כָּל־הָעָם (5) – בִּקְהַל עַם הָאֱלֹהִים יִשְׂרָאֵל. Die Hauptfrage, die sich hieraus ergibt, ist die, wie man sich die Versammlung im einzelnen vorzustellen hat: als Zusammenkunft des *ganzen* Volkes oder nur seiner *Vertreter* (פְּנוֹת)? Beides muß sich indes nicht ausschließen:[156] Auch in Jos 24,1 werden zunächst "alle Stämme Israels" nach Sichem versammelt, bevor Josua die Vertreter des Volkes herausruft. Wohl nur die Vertreter sind es schließlich, die sich "vor Gott aufstellen" (יצב *hitp* wie in Ri 20,2a)[157]. So ist auch hier mit einer bewußten Heraushebung der Anführer (פְּנוֹת) zu rechnen, die stellvertretend - wie in 1 Sam 14,48, wo ebenfalls der seltene Terminus פִּנּוֹת begegnet[158] - die Verhandlung leiten. Als Glosse ist wohl die etwas nachhinkende Bezeichnung "alle Stämme Israels" (v.2a) zu bewerten.[159] Sie dient offenbar der Erläuterung von כָּל־הָעָם.

In v.1a fällt auf, daß die Aufeinanderfolge von "ausziehen" (יצא) und "sich versammeln" (קהל *nif*) zumindest ungewöhnlich ist. יצא besitzt in ähnlichen Zusammenhängen eine kriegerische Konnotation (vgl. 1 Sam 7,11; 11,7), die zur zunächst friedlichen Beratung der Stämme nicht recht paßt.[160] Nun hat man in der bisherigen Forschung meist in v.1a (ab וַתִּקָּהֵל) und 2a mit einer Überarbeitung gerechnet, und zwar aufgrund der späten, für die priesterschriftliche Literatur charakteristischen Begriffe עֵדָה und קָהָל.[161] Löst man aber v.1a (ab וַתִּקָּהֵל) heraus und

---

156 So auch Noth, System 167.

157 יצב *hitp* in ähnlicher Bedeutung auch noch in 1 Sam 10,19b; 12,16; vgl. 1 Sam 10,23; 12,7. Zu vergleichen ist auch die Versammlung in 1 Kön 8 (zur Literarkritik vgl. Noth, Könige 176; Würthwein, Könige I, 86).

158 Vgl. auch Oeming, Art. פִּנָּה 626-629.

159 Vgl. Moore, Judges 423.

160 Vgl. Budde, Richter 133. Zur kriegerischen Konnotation des Verbums vgl. Jenni, Art. יצא 757.

161 So z.B. Moore, Judges 422; Budde, Richter 133; Schunck, Benjamin 61.65 (R[I]: v.2aα.3b; R[II]: v.1*.2aβb.3a; R[III]: Ergänzung der Wendung "und die Gemeinde versammelte sich" in v.1). Anders freilich Noth, System 102 Anm. 2, der die Begriffe עֵדָה und קָהָל aus dem Sprachgebrauch der altisraelitischen Amphiktyonie herleitet.

verbindet den Beginn von v.1a mit v.1b, so ergeben sich neue Schwierigkeiten: Die Angabe "zu Jahwe nach Mizpa" hat kaum ursprünglich den
Verseingang "und alle Israeliten zogen aus" fortgesetzt.[162] Gut vorstellbar ist allerdings der umgekehrte Vorgang: Nicht v.1a (ab וַתִּקָּהֵל) ist
sekundär,[163] sondern der Verseingang und wohl auch die Angabe "zu Jahwe nach Mizpa". Mit dieser Operation lösen sich die angesprochenen
Schwierigkeiten. Der kriegerische Akzent, der in dem Verbum יצא liegt,
wurde demnach sekundär eingetragen (wie schon mit v.2b.3a!), ebenso
der Versammlungsort Mizpa, der ja auch in dem sekundären v.3a begegnet. Es kommt hinzu, daß Mizpa auch in 1Sam 7,7.11 als Ausgangspunkt
kriegerischer Aktionen des israelitischen Heerbannes gilt.

Sind die Israeliten nach der Vorstellung des Grundbestandes zunächst
zu einer rein friedlichen Beratschlagung zusammengekommen, um die
Schuldfrage juristisch einwandfrei zu klären, will ein späterer Ergänzer
schon zu Beginn der Erzählung herausstreichen, daß Israel zur Bestrafung
Gibeas (und Benjamins) fest entschlossen und gut gerüstet ist. Der Ergänzer war offenbar besonders an dem Versammlungsort Mizpa interessiert, den er vielleicht aus 1Sam 7 hierher übernahm.[164] Der nach
Abzug der Ergänzungen verbleibende Grundbestand kann als sinnvolle
Einheit gelesen werden (sekundäre Teile sind eingerückt):

v.1a   *Und alle Israeliten zogen aus.*
          Und die Gemeinde versammelte sich wie ein Mann von Dan
          bis Beerscheba
          *   - und das Land Gilead -*
v.1b   *zu Jahwe nach Mizpa.*
v.2a   *Und es stellten sich auf die Anführer des ganzen Volkes*
          aller Stämme Israels
          in der Versammlung des Gottesvolkes,
v.2b   *400.000 Mann zu Fuß, die das Schwert führten.*
v.3a   *Und die Benjaminiter hörten, daß die Israeliten her-*
          aufgezogen waren nach Mizpa.
v.3b   *Und die Israeliten sprachen: "Sagt, wie ist diese Schandtat*
          geschehen?"

---

162 Dieses Problem hat schon Moore notiert. Er nimmt deshalb an, daß bei der
Einfügung von v.1a (ab "und es versammelte sich") ein Zwischenstück entfal-
len sei (Judges 422).

163 Abgesehen von der Angabe "und das Land Gilead"; mit ihr soll offenbar das
ostjordanische Gilead (vgl. c.21) in das Stämmeaufgebot einbezogen werden
(vgl. Veijola, Verheißung 188f. Anm. 46).

164 Die Mizpa-Stellen halten auch Schunck, Benjamin 60, und Veijola, Verheißung
188f. Anm. 46, für sekundär, freilich mit ganz anderen literarhistorischen Ergebnissen. Zu den Mizpa-Belegen in 21,1.5.8 s.u.

Mit mehreren Begriffen wird der religiöse Charakter der Versammlung besonders betont: עֵדָה, קָהָל, עַם הָאֱלֹהִים. Die Begriffe עֵדָה
und קָהָל ordnet man zeitlich meist dem priesterschriftlichen Bereich
zu;[165] man kommt also in die nachexilische Zeit. Auch die an die Bun-
desformel erinnernde Zusammensetzung עַם הָאֱלֹהִים deutet auf eine
sehr späte Zeit.

12.3.2.2. Ri 20,4-7

Die Stämmeversammlung fordert nun den Leviten, "den Mann der er-
mordeten Frau" (v.4a), auf, den Ablauf des Verbrechens in Gibea zu schildern. Dabei werden die Geschehnisse aus 19,15-29 in geraffter Form nochmals wiedergegeben. Anhand eines genauen Vergleichs von 19,15-29 und
20,4-7 hat Jüngling gezeigt, daß die Rekapitulation in der Rede des Mannes nicht unerhebliche Abweichungen in Sprache und Inhalt gegenüber
der ausgeführten Erzählung aufweist.[166] Einige Beispiele seien genannt:
(1) 20,6 erweitert den Terminus נְבָלָה aus 19,23f. durch זִמָּה, womit der
sexuelle Aspekt der Freveltat hervorgehoben wird. — (2) Weit bedeutsamer ist in diesem Zusammenhang folgende Änderung: 20,6.10 ergänzen
das einfache, nicht näher bestimmte נְבָלָה aus 19,23f. durch בְּיִשְׂרָאֵל
bzw. אֲשֶׁר עָשָׂה בְיִשְׂרָאֵל. Die in Gibea geschehene Schandtat wird damit faktisch zu einem an Gesamt-Israel verübten Verbrechen, das eine
entsprechende Bestrafung seitens *aller* Israeliten erfordert (vgl. auch v.7a).
— (3) Die Angabe בְּכֹל גְּבוּל יִשְׂרָאֵל (19,29) wird ersetzt durch die
eigentümliche, in dieser Zusammensetzung nicht mehr begegnende Wendung בְּכָל-שְׂדֵה נַחֲלַת יִשְׂרָאֵל (20,6). — (4) Interessant ist eine weitere
Akzentverschiebung: Davon, daß die Bürger Gibeas den Mann zu *töten*
gedachten, war in c.19 nicht explizit die Rede, jedenfalls stand diese Absicht nicht im Vordergrund (vgl. 19,22). 20,5 aber erweckt den Eindruck,
als sei das eigentliche Ziel der Übeltäter die Tötung des Mannes gewesen, während das tragische Geschick seiner Nebenfrau ein nur untergeord-
netes Interesse findet. 20,5 *interpretiert* also die Erzählung in 19,22f.

---

165 קָהָל nif mit עֵדָה als Objekt (v.1) begegnet noch in Lev 8,4 (P[S]); Jos 18,1;
　　22,12. Die Wendung findet sich mit קָהָל hif ("er versammelte die Gemeinde")
　　häufiger: Ex 35,1 (P[S]); Lev 8,3 (P[S]); Num 1,18; 8,9; 16,19; 20,8. Mit dem Objekt
　　קָהָל steht das Verbum קָהָל hif in Num 10,7; 20,10 (vgl. auch Ez 38,13). Die-
　　se Übersicht ergibt, daß sämtliche Belege von קָהָל hif bei P als Objekte
　　עֵדָה oder (2x) קָהָל haben. Die dtr (und davon abhängigen) Stellen haben
　　stets andere Objekte bei sich. Die Verbindung von קָהָל hif/nif mit עֵדָה
　　oder קָהָל weist somit eindeutig auf einen Verfasser "im Stile und im Sinne
　　von P" (Noth, Josua[2] 11).
166 Vgl. zum folgenden Jüngling, Richter 269-275.

Diese Abweichungen führen Jüngling zu dem überzeugenden Schluß, daß in 20,4-7 - und damit in dem gesamten Abschnitt 20,1-13 - ein *nachträglich* zu c.19 formuliertes Stück vorliegt, das den folgenden Kriegsbericht vorbereitet.[167] Eine Bestätigung erfährt diese Sicht darin, daß der oben als sekundär erkannte Versteil 19,30b in 20,7b - in ähnlicher Formulierung - wiederaufgenommen wird. Mit 19,30b-20,13 liegt also zweifelsfrei eine Erweiterung von c.19* vor, das ja auch für sich genommen selbständig und geschlossen ist und einer Fortsetzung nicht bedarf, wie die obige Analyse dieses Kapitels deutlich zu machen versuchte.

Hinweise auf die literarhistorische Einordnung des Stückes 19,30b-20,13 sind vor allem den gegenüber 19,15-29 vorgenommenen Abweichungen und Ergänzungen im Sprachgebrauch zu entnehmen. So weisen die nur in 20,4-7 verwendeten Begriffe זִמָּה[168], רמה I *pi* "planen"[169] und נַחֲלָה (und erst recht die Wendung בְּכָל־שְׂדֵה נַחֲלַת יִשְׂרָאֵל)[170] in späte, exilisch-nachexilische Zeit.[171]

In diesem Zusammenhang sei eine Überlegung zur Charakterisierung des Mannes als "Levit" in 20,4 angeschlossen. Es wurde bereits darauf hingewiesen, daß diese Bezeichnung in 19,1b wohl auf eine spätere Hand zurückgeht. Nun liegt aber kein Grund vor, לֵוִי auch in 20,4 für sekundär zu halten,[172] obwohl 19,1b und 20,4 ganz ähnliche - umständliche - Formulierungen aufweisen (לֵוִי jeweils als Apposition zu אִישׁ). In der Erzählung c.19 spielte das Levitsein des Mannes keine Rolle. Anders dürfte die Lage in c.20 sein: Es ist zu erwägen, ob nicht eine wesentliche Motivation für das Aufgebot Gesamt-Israels eben darin bestand, daß das Verbrechen ausgerechnet einem *Leviten* zugefügt wurde. Dies setzt freilich voraus, daß der Levit für den Verfasser von 20,1-13 Vertreter eines hochgeachteten Standes war, der gesamtisraelitische Bedeutung hatte.[173]

---

167 Vgl. Jüngling, Richter 273-275. Jüngling bezieht die v.14-17 in dieses Übergangsstück mit ein, behandelt faktisch aber nur v.1-13. Ob allerdings, wie er (S. 275) offenbar meint, 20,1-13(17) tatsächlich einen *alten* Kriegsbericht einleitet und damit der Verklammerung zweier alter Traditionen (c.19 und 20,18ff.) dient, wird noch zu prüfen sein.

168 Belege: Lev 18,17; 19,29; 20,14 (2x); Jes 32,7; Jer 13,27; bei Ez 14x; Hos 6,9; Ps 26,10; 119,150; Hi 31,11 Q; Prv 10,23; 21,27; 24,9.

169 רמה I *pi* im Sinne von "planen" nur noch in Ex 33,56 (P^S).

170 In theologischer Bedeutung ist נַחֲלָה kennzeichnend für priesterschriftliche und dtn-dtr Literatur (vgl. Wanke, Art. נַחֲלָה 57).

171 Ein Grund, die Worte נַחֲלָה und זִמָּה וְ (wohl wegen ihres geringen Alters?) als sekundär auszuscheiden (so Budde, Richter 134), liegt nicht vor.

172 So freilich Veijola, Königtum 20f.; Jüngling, Richter 254.

173 Zum Problem vgl. Strauß, Untersuchungen 105-113; Gunneweg, Leviten 23-26; Kellermann, Art. לֵוִי 512-517; Schulz, Leviten 40-45.

Daß dies kaum mit den Verhältnissen der Richterzeit oder überhaupt der vorexilischen Zeit in Einklang zu bringen ist, liegt auf der Hand. Auch die Beobachtung, daß in 20,4-7 viel stärker als in 19,15-29 auf die *Tötung* des Leviten abgehoben wird, also der Anschlag auf sein *Leben* als ein wesentlicher Aspekt des Verbrechens überhaupt erscheint, legt den Schluß nahe, daß es der Verfasser von 20,1-13 selbst war, der die Bezeichnung לֵוִי in 19,1b nachtrug. In 20,4 wäre sie demnach ursprünglich.

Vielleicht ließe sich mit dieser Erklärung der Bedeutung des Leviten auch verdeutlichen, warum eine scheinbar so geringfügige (d.h. individuelle und lokale) Ursache (c.19) eine solch gewaltige und unverhältnismäßige Wirkung (Krieg Gesamt-Israels gegen Benjamin) hervorrufen konnte. Die große Diskrepanz löst sich auf, wenn man im Levitentum einen überregional wirkenden, gesamtisraelitischen und besonders zu schützenden Stand sieht. Dies läßt sich aber erst aus den Verhältnissen oder besser: Theologumena der (früh-)nachexilischen Zeit heraus verstehen, die in die vorstaatliche Epoche zurückprojiziert sind. Das alte Problem hinsichtlich des Mißverhältnisses von Ursache und Wirkung, das die Exegeten aller Tage stark beschäftigt hat,[174] kann also dahingehend gelöst werden, daß c.19 und c.20 ursprünglich nicht zusammengehörten, ja 20,1ff. sogar mit Sicherheit eine nachträgliche redaktionelle Erweiterung von c.19 darstellt - dies war das Ergebnis der Analysen Jünglings. Gleichwohl konnten beide Kapitel durch die Person des Leviten, seine angesehene Stellung und seine Schutzbedürftigkeit, dennoch in plausibler Weise miteinander verbunden werden.

12.3.2.3. Ri 20,8-13

Das Stück enthält zwei Schwierigkeiten, und zwar in v.9b und in v.11. V.9b "gegen sie (= die Stadt) nach dem Los" paßt nicht recht in den Zusammenhang. Auf das "Los" (גּוֹרָל) wird im folgenden kein Bezug genommen, und die beiden Worte bilden kaum einen vollständigen Satz. Nun ist die häufiger vertretene Ansicht, v.9b sei eine etwas ungeschickte Glosse, die auf das - meist als sekundär eingestufte - Jahwe-Orakel in v.18 vorausblicke,[175] kaum zu halten. Schon Budde hat darauf hingewiesen: "Befragung Jahwe's ist nicht ohne weiteres das Loos werfen."[176] Näher liegt es, die Vorstellung vom Loswerfen mit dem nachfolgenden

---

174 Vgl. die Übersicht bei Jüngling, Richter 251-259.
175 So Noth, System 166; Crüsemann, Widerstand 159; vgl. auch Schunck, Benjamin 62, der nur גּוֹרָל als sekundär ausscheidet.
176 Budde, Richter 134.

v.10 zu verbinden, wo es ja um eine mehrstufige Auswahl von Kampf-
und Versorgungstruppen geht.[177]

V.11 kommt mit der Bemerkung, daß sich alle Israeliten bereits "bei
der Stadt" (אֶל הָעִיר) zum Kampf versammelt haben, zu früh: Der Vers
setzt voraus, daß sich alle Benjaminiter in der Stadt Gibea befinden.
Davon berichtet aber erst v.14. V.11 stößt sich ebenso mit v.12-13: Wie
können die Stämme Israels in ganz Benjamin umherschicken, wenn sich
beide Kontrahenten in und um Gibea befinden? Es liegt also nahe, v.11
als einen späteren Einschub zu betrachten, der - durchaus auf einer
Linie mit den sekundären Partien in v.1-3 liegend - die einmütige Entschlossenheit Israels zum Kriegszug gegen Gibea schon früh (zu früh!)
in die Erzählung eintragen will. Die sachlichen Schwierigkeiten, die v.11
im jetzigen Kontext bereitet, haben LXX[A] und Vetus Latina wohl gesehen, wenn sie die Angabe "bei der Stadt (Gibea)" in Analogie zu v.14
ändern in "aus den Städten". Diese Textänderung ist indes nicht nötig,
wenn man den sekundären Charakter von v.11 erkennt.

Auch in v.8-13 gibt es Anhaltspunkte für die literarhistorische Einordnung des Stückes 20,1-13. So hat Jüngling in dem Bemühen um die exakte Ermittlung der Umstände des Verbrechens und der Schuldfrage, vor
allem aber in der bereits erwähnten Formel zur Herausgabe der Beschuldigten - "damit wir sie töten und das Böse aus Israel austilgen (בער
pi)" - eine große Nähe zur deuteronomischen Gesetzgebung konstatiert.[178]
Die Frage nach der Richtung der Abhängigkeit beantwortet Jüngling eindeutig: 20,1-13 stellt eine Komposition dar, "die sich von Elementen der
deuteronomischen Gesetzgebung inspiriert, also das Deuteronomium bereits
voraussetzt, wobei nicht ausgeschlossen ist, daß dieser Nachtrag alte Elemente verwendet."[179] Zeitlich kommt man also kaum hinter die exilisch-
nachexilische Periode zurück. Die bisherigen Beobachtungen zur Einordnung von 20,1-13 erfahren also auch von v.8-13 her ihre Bestätigung.

12.3.3. Der Krieg gegen Benjamin 20,14-48

12.3.3.1. Das literarische Problem

Der Krieg gegen Benjamin wird in drei Phasen geschildert: Zweimal
unternehmen die Israeliten einen vergeblichen Versuch, Benjamin zu be-

---

177 So mit Dommershausen, Art. גּוֹרָל 995. Eine Wiederherstellung von v.9b bereitet große Schwierigkeiten. Buddes Konjektur (Richter 134) נַפִּילָה גוֹרָל ("laßt
   uns das Los werfen") dürfte immerhin sachlich das Richtige treffen.
178 Vgl. mit einer Reihe von Belegen Jüngling, Richter 265-269.
179 Jüngling, Richter 269.

strafen, bevor schließlich in einem dritten Akt (von v.29 an) eine Entscheidung zugunsten Israels herbeigeführt wird. Dieser dritte Akt aber liegt in einer im einzelnen sehr verwirrenden Darstellung vor. So gewinnt man den Eindruck, als seien in v.29ff. *zwei* Schlachtberichte miteinander verbunden worden. Vor allem zwischen v.36a und 36b liegt ein Bruch vor, der viele dazu veranlaßt hat, hier den Übergang von der einen zur anderen Version zu vermuten.[180] Bei der Herausarbeitung der beiden Versionen und der Bestimmung ihres Verhältnisses zueinander gibt es grundsätzlich zwei Möglichkeiten: (1) Es lagen zwei *ursprünglich selbständige* Schlachtberichte vor, die durch einen Redaktor zur jetzigen Form verbunden worden sind.[181] — (2) Man geht von einer *Grundlage* aus, die *überarbeitet* bzw. erweitert wurde.[182]

Um zu einer Entscheidung für eine der beiden Möglichkeiten zu gelangen, ist es sinnvoll, zunächst nach zusammengehörenden Versen zu suchen und literarkritische Beobachtungen zu sammeln, um auf diese Weise die beiden Versionen voneinander abgrenzen zu können. Als Hauptkriterium für die Isolierung zweier Textblöcke wird in der Forschung zumeist der Wechsel von בְּנֵי יִשְׂרָאֵל und אִישׁ יִשְׂרָאֵל angegeben.[183] Um jedoch eine zu mechanische Anwendung dieses Kriteriums zu vermeiden, soll es im folgenden *vorläufig* ausgeblendet werden.

12.3.3.2. Literarkritische Analyse

V.14: Die Versammlung der Benjaminiter in Gibea setzt v.12f. sachgemäß fort: Die Solidarisierung mit den Übeltätern von Gibea führt dazu, daß sich Benjamin als Ganzes Israel entgegenzustellen hat.

V.15: Die Angabe über die Zahl der Benjaminiter (26.000) schließt gut an v.14 an, paßt aber auch - von der Größenordnung her - zu v.35, wo von 25.100 Gefallenen berichtet wird. Daß nicht *alle* Benjaminiter umkommen, ist ja auch die sachliche Voraussetzung für die Frauenbeschaf-

---

180 Vgl. z.B. Moore, Judges 438; Budde, Richter 136; Hertzberg, Richter 249; Rösel, Studien II, 31-46; Soggin, Judges 294. Anders Revell, Battle, der 20,29-48 als literarisch einheitlich erweisen will.

181 So z.B. wieder Rösel, Studien II, 31-46, ihm folgend Crüsemann, Widerstand 159f.; vgl. Soggin, Judges 294 (mit einer Übersicht über ältere Versuche dieser Art); Auld, Joshua, Judges 245-247 (schließt sich ganz der Analyse Soggins an); Jüngling, Richter 262f.

182 So vor allem Noth, System 166f. (gegen die ältere Zweiquellentheorie); Schunck, Benjamin 62-66.

183 Vgl. z.B. Besters, Sanctuaire 36f.; Rösel, Studien II, 31f. (mit Verweis auf ältere Literatur). Siehe auch Jüngling, Richter 262.

fungsaktion in c.21 (vgl. auch v.47). Dem stehen die Angaben in v.44-46 (insgesamt 25.000 Gefallene) gegenüber.

Der Schluß des Verses ("es wurden gezählt 700 auserlesene Männer") hinkt nach. Liegt hier ein Nachtrag vor? Dafür könnten die Zahlenangaben sprechen: Man käme auf insgesamt 26.700 Benjaminiter, eine - von v.35 und 47 her gesehen - etwas zu hohe Zahl. Es ist deshalb nicht verwunderlich, daß LXX^A und andere Textzeugen in v.15 die 26.000 in 25.000 ändern, so daß sich - durch Addition von Gefallenen (v.35) und Übriggebliebenen (v.47) - die v.15 entsprechende Gesamtzahl von 25.700 ergäbe.[184] Indes liegt der Verdacht nahe, daß LXX^A hier den Text aufgrund eines Rechenexempels sekundär geglättet hat. Die Bemerkung über die 700 auserlesenen Männer könnte aus dem - ebenfalls sekundären - v.16 an den Schluß von v.15 gelangt sein (vgl. den gleichlautenden Beginn von v.16).

V.16 fällt aus dem sonst sehr schematischen Bericht etwas heraus. Die Heldennotiz ließe sich gut als Anleihe aus 3,15 verstehen.[185] Der Anklang von "linkshändig" (אִטֵּר יַד־יְמִינוֹ) an den Namen "Benjamin" ist auch hier - wie in der Ehud-Episode - sinnvoll.

V.17: An sich ist der Vers als Fortführung von v.15 gut denkbar, da er eine Zahlenangabe nun auch über das israelitische Aufgebot enthält. Es fällt jedoch auf - und dies spricht für den sekundären Charakter des Verses -, daß die genannte Zahl von 400.000 in keiner Beziehung zu der nachfolgenden Kriegserzählung steht (vgl. die weit geringeren Zahlen über die getöteten Israeliten in v.21.25.31). Bei der Zahl des benjaminitischen Aufgebots in v.15 war dies anders.

V.18: Die Notiz über das Hinaufziehen der Israeliten nach Bet-El vor dem Kampf gehört mit den beiden übrigen Orakelanfragen in v.23.26-28 eng zusammen (wobei anzumerken ist, daß der Name "Bet-El" in v.23 nicht genannt wird). Dies wird allgemein anerkannt.[186] Die drei Bet-El-Notizen korrespondieren dabei mit der Kampfhandlung: Jeweils vor einer Schlacht wird Jahwe befragt, wobei die drei Orakelanfragen in v.18.23.28 "eine stufenweise steigende Reihe"[187] bilden (v.18: einfache Frage — v.23: הַאוֹסִיף — v.28: הַאוֹסִף עוֹד). Die Anfragen in v.23 und v.28 setzen also v.18 voraus.

184 Für ursprünglich halten die LXX^A-Variante z.B. Budde, Richter 135; Rösel, Studien II, 32 Anm. 129.
185 Vgl. Soggin, Judges 291f.; siehe auch Budde, Richter 135.
186 Vgl. z.B. Schunck, Benjamin 62; Veijola, Verheißung 186-188; anders Crüsemann, Widerstand 159: die Notizen in v.18.23 seien gegenüber v.26-28 sekundär.
187 Veijola, Verheißung 187f. Anm. 39.

V.19-20: Die beiden Verse können ursprünglich nicht zusammengehört haben; sie bilden sachlich Dubletten: Die unmittelbare Vorbereitung zum Kampf wird zweimal überliefert (v.19 "machen sich auf", v.20 "ziehen aus"). Dabei dürfte v.20 sekundär sein, da er den ursprünglichen Zusammenhang von v.19 und 21 unterbricht. Der offenbar als Überraschungsangriff gedachte Ausfall Benjamins (v.21) paßt vorzüglich zu der Vorstellung von v.19, wonach sich Israel bei Gibea *gelagert* habe. V.20 trägt einen etwas anderen Akzent ein: Israel habe sich bereits *zum Angriff* aufgestellt, sei also keineswegs überrascht worden. V.19 setzt dabei v.18 gut fort (vgl. וַיָּקוּמוּ jeweils zu Beginn des Verses).

V.21 ist ursprünglich auf v.19 gefolgt. Das Verbum שׁחת *hif* begegnet auch in v.25.35.42. Der Vers dürfte auf einer Linie mit v.25 und 35 liegen: In jeder Phase der Schlacht wird das Verbum eingesetzt, zweimal mit Subjekt Benjamin (v.21.25), einmal mit Subjekt Israel (v.35). V.42 fällt, obwohl dieselbe Wurzel verwendet wird, aus diesem 3er-Schema heraus.

V.22 kommt vor v.23 zu früh. Man könnte erwägen, v.22 nach v.23 zu versetzen.[188] Gegen diesen Umstellungsversuch spricht aber einiges: (1) Der Ablauf von v.23 zu v.24 ist vollauf verständlich und bedarf der Mitteilung von v.22 nicht. − (2) Die Terminologie von v.22 erinnert an den bereits als sekundär erkannten v.20 (vgl. עָרַךְ מִלְחָמָה). − (3) V.22 steht sachlich in (leichter) Konkurrenz zu v.24. Die hinter v.24 stehende Vorstellung ist eine andere als in v.22: Hier wird die eigene Stärke Israels und seine Entschlossenheit zum Kampf demonstriert, dort werden die Israeliten eher als zurückhaltend und zögernd beschrieben (vgl. קרב; ähnlich Dtn 2,19; 20,10), so daß die Initiative (und der Sieg) fast folgerichtig wiederum bei Benjamin liegt (v.25). V.22 dürfte deshalb sekundär sein: Die Verse 18-19.21.23ff. ergeben einen klaren Ablauf.

V.23-28 berichten von der zweiten und dritten Orakelanfrage sowie (in v.25) von der zweiten Niederlage Israels. Die Verse bilden einen geschlossenen Zusammenhang, aus dem kein Vers ohne Schaden für das Gesamtverständnis herausgelöst werden kann. Eine Ausscheidung von v.25 wird nur dann notwendig, wenn man die Orakelanfragen insgesamt einer sekundären Bearbeitung des Kapitels zurechnen will.[189] V.25 bietet aber die sachgemäße Fortsetzung von v.24 und die Voraussetzung für v.26-28.

---

188 Vgl. die Diskussion bei Budde, Richter 135.
189 So Veijola, Verheißung 186-188.

In v.27b-28a (bis וְהָהֵם) liegt, wie schon seit langem erkannt, eine sekundäre Erläuterung vor:[190] "Dort (befand sich) die Bundeslade Gottes in jenen Tagen. Und Pinhas, der Sohn Eleasars, des Sohnes Aarons, stand vor ihm (= Gott) / vor ihr (= Lade) in jenen Tagen." Die Notiz hat offenbar die Funktion, Ort und Vorgang der Orakelbefragung als rechtmäßig erscheinen zu lassen: Bet-El wird durch die Bundeslade legitimiert, die Jahwebefragung als solche findet im Beisein oder durch Vermittlung eines offiziellen Priesters statt. Es ist wohl damit zu rechnen, daß beide Angaben – trotz des zweimaligen בַּיָּמִים הָהֵם – von demselben Ergänzer herrühren.[191] In welchem Umkreis ist er zu suchen? Zunächst ist festzuhalten, daß die Vorstellung von der Lade des *Bundes* Jahwes / Gottes ein dtr Theologumenon darstellt: Die Lade ist hier – wie auch in der priesterschriftlichen Literatur, für die die Wendung אֲרוֹן הָעֵדוּת kennzeichnend ist – zum Gesetzesbehälter geworden.[192] Doch nicht nur in der dtr Theologie ist die Formulierung אֲרוֹן בְּרִית הָאֱלֹהִים / יְהוָה beheimatet,[193] sie begegnet auch in charakteristischen nach-dtr Zusätzen[194] und im chronistischen Bereich.[195]

In nach-dtr Zeit weist auch die Priester-Notiz: Der Priester Pinhas (ben Eleasar ben Aaron) wird ausschließlich in priesterschriftlichen oder damit verwandten Texten und beim Chronisten genannt.[196] So steht zu vermuten, daß die Ergänzung in 20,27f. auf priesterliche bzw. chronistische Kreise zurückgeht. Ihr legitimierender Charakter, ihr positives Interesse am rechten Kult und ihre Vorliebe für eine mit hohen Autoritäten besetzte Genealogie verbindet sie mit der ebenfalls als sehr spät einge-

---

190 Dies zeigt sich deutlich daran, daß das לֵאמֹר in v.28a ursprünglich direkt auf v.27a gefolgt sein muß. Vgl. Wellhausen, Composition 231 Anm. 1; Moore, Judges 434; Budde, Richter 136; Noth, System 167; Smend, Jahwekrieg 173; Gunneweg, Leviten 163; Veijola, Königtum 22f.

191 Mit einer *zweiphasigen* Ergänzung rechnen Moore, Judges 434, und Budde, Richter 136.

192 Vgl. ausführlich Janowski, Sühne 290-294.

193 Num 10,33 (?); 14,44 (?); Dtn 31,9.25.26; Jos 3,3.6 (2x).8.10.11.14.17; 4,7.9; 6,6.8; 1 Sam 4,3.4 (2x).5.18; 1 Kön 3,15; 8,1.6.

194 Dtn 10,8 (vgl. Braulik, Deuteronomium I, 83); Jos 8,33; 2 Sam 15,24 (vgl. Veijola, Dynastie 44); 1 Kön 6,19 (vgl. Noth, Könige 120); Jer 3,16 (vgl. Thiel, Jeremia I, 91-93).

195 1 Chr 15,25.26.28.29; 16,6.37; 17,1; 22,19; 28,2.18; 2 Chr 5,2.7. Festzuhalten ist, daß der Chronist nicht nur dtr Formulierungen übernimmt, sondern an mehreren Stellen das Wort בְּרִית einträgt (so in 1 Chr 15 und 17,1).

196 Ex 6,25; Num 25,7.11 (vgl. Noth, Numeri 170f.); 31,6; Jos 22,13.30.31.32; 24,33; Esr 7,5; 8,2; 1 Chr 5,30 (2x); 6,35; 9,20; ferner in dem späten Psalm 160,30.

stuften Notiz in 18,30b. Beide Zusätze dürften mithin auf derselben redaktionellen Linie liegen.[197]

V.29: Das Legen von Hinterhalten steht in Verbindung mit v.33.39.
Der Vers paßt kaum zu v.30ff., schließt doch v.30 sehr gut an v.28 an
(vgl. das Verbum עלה). Zudem ist nicht ganz klar, was die Hinterhalte
schon hier zu bedeuten haben.

V.30-32 schließen sich gut an v.28 an: Die Israeliten stellen sich
auf "wie schon zweimal vorher (כְּפַעַם בְּפַעַם). Nach v.31 liegt die Initiative des Angriffs wiederum bei den Benjaminitern (vgl. auch לִקְרַאתָם
in v.25), die schon erste Erfolge verzeichnen ("sie begannen, einige von
dem Volk zu erschlagen"). Daran schließt sich v.32 glatt an (vgl. den
Ausdruck כְּפַעַם בְּפַעַם). Die Taktik auf seiten der Israeliten besteht
also darin, die Benjaminiter aus der Stadt zu locken und sie zugleich
glauben zu machen, sie würden wie beim ersten und zweiten Mal den
Sieg davontragen.

V.31 enthält allerdings sekundäre Elemente: (1) Zunächst ist das
Ende des Verses ("auf dem Feld etwa 30 Mann") als späterer Eintrag
zu beurteilen: (a) Die Worte hinken formal nach. Worauf bezieht sich
בַּשָּׂדֶה? Wie verhält sich dazu die Angabe "auf den Straßen"? (b) Es
begegnet hier die auch in v.39 stehende Zahl "etwa 30 Mann". Offenbar
ist sie aus dem gewiß sekundären v.39 übernommen worden. (c) Auch in
dem folgenden v.32 findet man die Wendung "auf den Straßen", nicht
aber "auf dem Feld".[198] — (2) Ein weiterer Nachtrag liegt in v.31a ("wurden von der Stadt abgeschnitten") vor:[199] (a) Der (asyndetische) Anschluß
ist hart. (b) V.31a nimmt sachlich v.32 vorweg und raubt damit dem Erzählablauf die Spannung. (c) Eigentümlich wirkt die schwierige und ungewöhnliche Hofal-Form הַנְתְּקוּ.

Schließlich ist noch die Frage zu beantworten, ob die Ortsangabe
"Gibea" in v.31 ursprünglich sein kann. Eine Änderung des Namens etwa
in "Gibeon"[200] scheint mir nicht nötig zu sein, wenn man sich die Situation vergegenwärtigt: Die Benjaminiter schlagen einige Israeliten "auf
den Straßen, von denen die eine nach Bet-El und die andere nach Gibea
führt". Dies kann einfach heißen: auf den Straßen zwischen Bet-El und
Gibea. Ja, diese Lokalisierung fügt sich ausgezeichnet in den Kontext.
Nach v.28 ziehen die Israeliten von Bet-El aus in Richtung Gibea. Die

---

197 Zu diesem Zusammenhang vgl. auch Eißfeldt, Hintergrund 80. Auf speziell
    dtr Herkunft der Ergänzung (so Veijola, Königtum 22f.) weist allerdings nichts
    hin (anders jetzt ders., Verheißung 188 Anm. 41: "nach-dtr Einschub").
198 Vgl. auch den Versuch Buddes, Richter 136, am Enden von v.31 eine Umstel-
    lung vorzunehmen.
199 So auch Noth, System 167.
200 So z.B. Budde, Richter 137; Rösel, Studien II, 38f.

Benjaminiter aber ziehen den Israeliten *entgegen* (לִקְרַאת v.31a), so daß sich das Geschehen von v.31* in der Tat zwischen Bet-El und Gibea abspielt. Es ist deshalb nicht einzusehen, warum aus topographischen Gründen in "Gibeon" zu ändern sein soll. Es kommt hinzu, daß es dem Erzähler auf die tatsächlichen topographischen Verhältnisse möglicherweise gar nicht so sehr ankam. Der künstliche Charakter der Erzählung - soweit das bisher zu erkennen ist - läßt es ohnehin als sehr unwahrscheinlich erscheinen, daß man es hier mit einer historisch zuverlässigen Schlachtwiedergabe zu tun hat.[201]

V.33 läßt sich nicht ohne weiteres als Fortsetzung von v.32 verstehen: Wer ist mit כֹּל אִישׁ יִשְׂרָאֵל gemeint? Es kann sich doch nur um diejenigen Israeliten handeln, die den zweiten Teil der Taktik, das Überfallen der Stadt bzw. den Überraschungsangriff auf die Benjaminiter von einer anderen Seite her, ausführen. Warum aber dann כֹּל? Ferner: Was ist mit dem מָקוֹם gemeint? Die Angabe begegnet innerhalb von c.20 nur noch in dem bereits als sekundär erkannten v.22 sowie in v.36b (ebenfalls sekundär, s.u.). Die Strategie der Hinterhalte fand sich bisher nur in dem späteren v.29 und tritt noch einmal auf in v.36b.

V.34 bildet die sachgemäße Fortsetzung von v.32: Die Taktik der Israeliten - dies wird jetzt deutlich - besteht darin, die aus der Schutz gewährenden Stadt Gibea weggelockten Benjaminiter mit einer zweiten, kleineren Gruppe von 10.000 Mann (v.34) von der anderen Seite her, also von Gibea aus (vgl. מִנֶּגֶד לְ), zu überfallen. Für diese Vorstellung bedarf es gar nicht der schon mehrmals erwähnten Hinterhalte.

In v.35 strebt die Handlung der Entscheidung zu: Nach zwei fehlgeschlagenen Versuchen unterliegt Benjamin nunmehr den Israeliten. Das Verbum נגף hat hier das Subjekt Jahwe (vgl. auch v.32 und 36a im *nif* mit grammatischem Subjekt Benjamin bzw. Israel; die Wendung in v.39 beruht auf v.32). Der Verweis auf Jahwe als Urheber des Sieges paßt sehr gut zu dem Orakel in v.27f.

Die Zahl der gefallenen Benjaminiter (25.100) ist mit der Gesamtzahl von 26.000 gut zu vereinbaren (v.15). V.35 bildet aber noch nicht den Abschluß der Schlacht. Eine Fortsetzung liegt in v.36a, während v.36b aus verschiedenen Gründen als sekundär eingestuft werden muß: V.36b enthält eine zum bisherigen Ablauf nicht passende Notiz über die schon in den sekundären Versen 29 und 33 erwähnten Hinterhalte. Fortgeführt wird diese Notiz in v.37.

Durch die zusammengehörenden v.38-41 wird ein neues Element eingebracht: die von der eben zerstörten Stadt (v.37) aufsteigende Rauchsäu-

---

201 Letzteres möchte allerdings Rösel, Studien II, 31-46, erweisen.

le. Der Anblick der Rauchsäule versetzt die außerhalb der Stadt befindlichen Benjaminiter in panischen Schrecken (בהל‎ *nif* v.41), so daß sie fliehen (v.42). In drei Phasen werden 18.000, 5.000 und 2.000 Benjaminiter getötet (v.42-45).[202] V.46 zieht die Summe aus v.44-45: Insgesamt sind 25.000 Mann gefallen. Die Verse 38-46 gehören also sicher zusammen und bilden - mit v.36b-37 - einen Einschub.

Die ursprüngliche Fortsetzung von v.36a dürfte in v.47 zu finden sein: Als einzig sachgemäße Reaktion auf die in v.36a vorliegende Einsicht in die eigene Unterlegenheit kommt nur die Flucht in Betracht.[203] Zugleich bereitet v.47 das nachfolgende Kapitel über die Frauenbeschaffung vor (vgl. Sela-Rimmon 21,13).

V.47 und 48 können kaum ursprünglich zusammengehört haben. Daß *alle* Benjaminiter geschlagen wurden (v.48), widerspricht der in v.47 vorausgesetzten Flucht von 600 Mann. V.48 ließe sich aber mit v.42-46 verbinden: Nachdem bisher "nur" Gibea betroffen war, werden nun "alle Städte, die sich fanden", in Brand gesteckt. Das Gericht über Benjamin soll ein totales sein. Daß v.48 kaum mit dem nachfolgenden c.21 in Einklang zu bringen ist, hat den Ergänzer offenbar nicht gestört.[204]

12.3.3.3. Der Grundbestand in 20,14-48 und seine Ergänzungen

Die bisherige, von Vers zu Vers vorgehende Analyse hat gezeigt, daß in 20,14-48 eine Grundlage herausgearbeitet werden kann, die einen geschlossenen, gut nachvollziehbaren Geschehensablauf ergibt. Sie liegt vor in v.14. 15abα*.18.19.21.23-26.27a.28aβb.30.31*.32.34-36a.47.

Es wurde schon darauf hingewiesen, daß die unterschiedliche Benennung der Israeliten in diesem Kapitel häufig als literarkritisches Kriterium Verwendung findet. Und in der Tat: Die herausgearbeitete Grundschicht enthält die Bezeichnung בְּנֵי יִשְׂרָאֵל‎, während in den als sekundär erkannten Versen die Verbindung אִישׁ יִשְׂרָאֵל‎ vorherrscht. Es ist zu beachten, daß die bisherige Analyse ohne dieses Kriterium auskam, dadurch aber nun eine gute Absicherung erhält.[205]

---

202 Den redaktionellen Charakter von v.42-45 sieht auch Noth, System 168. Indes sind diese Verse nicht von den vorangehenden v.37-41 zu trennen. V.37 berichtet von der Tötung der in der Stadt Befindlichen, v.42-45 von der Aufreibung der aus der Stadt Weggelockten.

203 Vgl. Noth, System 168.

204 Unverständlich ist deshalb Noths Einschätzung, v.48 bereite c.21 vor (System 164.168).

205 Damit erhält auch die oben (S.272) erwogene Ausscheidung von v.11, wo אִישׁ‎ יִשְׂרָאֵל‎ verwendet wird, eine weitere Stütze.

Der Wechsel in der Benennung der Israeliten wird besonders von H. Rösel als Hauptkriterium für seine literarkritische Analyse verwendet. So ist es nicht verwunderlich, daß seine Ergebnisse mit der oben dargebotenen Analyse weitestgehend konvergieren. Rösel arbeitet die beiden folgenden Schlachtbericht-Versionen heraus:[206]

Fassung A (... בְּנֵי): v.3-14.15-16.18-19.21.23-28.30-32.34-36a.47;

Fassung B (... אִישׁ): v.11.17.20.22.(29.)33.36b-46.48.

Innerhalb von Fassung A erkennt Rösel zwei Einschübe: den einen in v.3b-14 und den anderen in v.18.19.21.23-28. Vor allem wegen der Künstlichkeit der Darstellung (dreimaliger Angriffsversuch und dreimalige Orakelanfrage) und wegen ihrer über Fassung B hinausgehenden Elemente werden beide Stücke für sekundär gehalten. Nun ist es aber immer recht problematisch, die Ursprünglichkeit von Versen oder Texteinheiten daran zu messen, ob der erzählte Vorgang historisch plausibel ist oder nicht. Rösel liegt sehr daran zu erweisen, daß Fassung A (ohne die beiden ausgeschiedenen Stücke!) und Fassung B auf eine einzige Quelle zurückgehen, die den Ablauf der Schlacht Israels gegen Benjamin historisch zuverlässig und in einer auch von den topographischen Gegebenheiten her rekonstruierbaren Weise wiedergibt. So sprechen für seine These, daß die Verse 18.19.21.23-28 innerhalb der Fassung A, die ja mit dem oben herausgearbeiteten Grundbestand (fast) identisch ist, sekundär seien, weder formale noch inhaltliche Gründe, wenn man die - gewiß legitime - Frage nach der historischen Glaubwürdigkeit des Berichteten einmal zurückstellt. Es kommt hinzu, daß man sich bei der Ausscheidung der Orakelanfragen und der damit zusammenhängenden Verse weitere Probleme auflädt: In v.30-32 wird - um nur ein Beispiel herauszugreifen - auf die Geschehnisse in den vermeintlich sekundären Versen zurückgeblickt, so daß man auch hier Überarbeitungen annehmen müßte.

Auch die von T. Veijola vorgenommene Ausscheidung der drei Orakelanfragen in v.18.23-24.26-28 vermag nicht zu überzeugen.[207] Veijola will zeigen, daß an diesen Stellen (sowie in 21,2-4) spät-dtr Einschübe aus der Feder des DtrN vorliegen, für den Bet-El als Ort, an dem Klageriten durchgeführt werden, charakteristisch sei.[208] Abgesehen von der problematischen redaktionsgeschichtlichen Zuordnung (DtrN) spricht gegen die Ausscheidung der Orakelanfragen - neben den schon im Zusammenhang mit Rösel genannten Aspekten - vor allem die Beobachtung, daß v.19 und 25 nicht ohne weiteres von v.18.23-24.26-28 abgetrennt

---

206 Vgl. Rösel, Studien II, 31-34.
207 Vgl. Veijola, Verheißung 186-188.
208 Eine weitere, frühere Redaktionsschicht (DtrH), in der der Ort *Mizpa* eine bedeutende Rolle spiele, liege nach Veijola, Verheißung 188, in 20,1b.3a vor.

werden können. Die Befragungen Gottes in Bet-El bilden also nicht ein
erst sekundär der Erzählung zugewachsenes Motiv, sondern sind integraler
Bestandteil, ja *Kompositionsprinzip* der literarischen Grundlage.

Bevor auf die wichtige, bisher ausgeblendete Frage eingegangen wird,
in welchem Verhältnis der Schlachtbericht in c.20 zu der in mehrfacher
Hinsicht verwandten Geschichte von der Einnahme Ais in Jos 7-8 steht,
soll kurz geprüft werden, ob die als spätere Eintragungen erkannten Verse - mit Rösels Fassung B fast identisch - Bestandteile eines ehemals
selbständigen Schlachtberichtes gewesen sein können, wie z.B. Rösel
meint. Eine solche Annahme hat, um es vorwegzunehmen, nicht viel
Wahrscheinlichkeit für sich. Zwar ist von vornherein damit zu rechnen,
daß bei der Zusammenarbeitung von zwei Versionen auch schon einmal
einzelne Verse wegfallen können, indes widerraten zuviele Unebenheiten
in der Darstellung der These von einer ehemals selbständigen Erzählung.
Einige Gründe seien hier aufgeführt: (1) V.22 kann nicht an v.20 angeschlossen werden. Man würde zwischen beiden Versen die Mitteilung
über eine Niederlage Israels erwarten.[209] — (2) Auch die Aufeinanderfolge von v.22.(29.)33 ist reichlich hart: Die Vorbereitung der Männer Israels zum Kampf wird zweimal berichtet (vgl. das zweimalige עֲרֹךְ in
v.22 und 33). Es kommt erschwerend hinzu, daß v.33 von *allen* Israeliten
spricht. Diese Angabe paßt nicht zur Taktik der Hinterhalte, nach der
zu differenzieren wäre zwischen einer Gruppe von Israeliten, die die
Benjaminiter aus der Stadt locken, und einer zweiten Gruppe, eben dem
Hinterhalt. — (3) V.36b führt wieder zur Situation *vor* v.33 zurück: Daß
der Hinterhalt bereits hervorgekommen sei (so v.33b), stellt eine unpas-
sende Vorwegnahme von v.36b-37 dar und ist in einer zusammenhängenden Erzählversion nicht denkbar.

Es läßt sich als vorläufiges Ergebnis festhalten, daß die oben als sekundär herausgearbeiteten Verse keine eigenständige Version gebildet haben können, sondern Bestandteile einer - vielleicht mehrstufigen - Überarbeitung sind. Eine Bestätigung von einer anderen Seite her findet diese
Sicht, wenn man die Parallele in Jos 7-8 in die Analyse einbezieht.

12.3.3.4. *Verhältnis von 20,14-48 zu Jos 7-8*

Der Schlachtbericht in Ri 20 weist bekanntlich eine Vielzahl von
Parallelen zu Jos 7-8 auf. Sie seien zunächst um der Übersicht willen
aufgeführt:[210]

---

209 Nach Rösel, Studien II, 41, sei eine entsprechende Notiz weggefallen.
210 Vgl. auch die Aufstellungen bei Rösel, Studien II, 34 Anm. 140; Boling, Jo-
    shua 236-242; Begg, Function 329f.

Ri 20,18 / Jos 8,1	עלה / קוּם
20,18.26.31 / 7,2; 8,9.12.17	Bet-El
20,22.32.39 / 8,5.6	רִאשׁנָה (jeweils leicht abgewandelt)
20,23 / 7,6	Gebet bzw. Reue "bis zum Abend"
20,24 / 8,5	קרב "sich nähern"
20,26 / 8,31	Brand- und Heilsopfer
20,28 / 8,1a	"zieht hinauf!"
20,28 / 8,1b.7	"ich will sie ... in eure / deine Hand geben"
20,29 / 8,2b	"Hinterhalt(e) legen" (auch in Ri 20,33. 36-38 und Jos 8,4.7.12.14.19.21)
20,31f. / 8,6.16	נתק "abschneiden (von der Stadt)"
20,31 / 8,24	"auf dem Feld"
20,31.39 / 7,5	"etwa 30 Mann"
20,32.45.47 / 8,5f.15.20	נוּס "fliehen"
20,33 (emend.) / 8,13	Hinterhalt liegt "westlich der Stadt"
20,33 / 8,19	מִמָּקוֹם + קוּם
20,34 / 8,14	הוּא לֹא יָדַע / וְהֵם לֹא יָדְעוּ
20,37.48 / 8,24	נכה לְפִי־חֶרֶב
20,38 / 8,14	מוֹעֵד
20,38.40 / 8,20f.	עָשָׁן (הַשָּׁמַיְמָה) + עלה
20,39.41 / 8,20	הפך "sich (ab)wenden"
20,42 / 8,22	בַּתָּוֶךְ / בְּתוֹכוֹ
20,42.45.47 / 8,20	פנה (jedoch in unterschiedlicher Bedeutung: "fliehen"/"sich umdrehen")
20,42.45.47 / 8,15(.24)	(דֶּרֶךְ הַ) מִדְבָּר)

Diese zahlreichen Parallelen haben in der Forschung zumeist die Annahme entstehen lassen, der Verfasser von Ri 20 habe seinen Schlachtbericht nach dem Vorbild von Jos 7f. gestaltet.[211] Angesichts der Differenzierung in einen Grundbestand und eine sekundäre Überarbeitung stellt sich nun die Frage, ob Parallelen mit *beiden* Komplexen vorliegen oder nur mit *einem* von ihnen.

Rösel gelangt zu der Auffassung, "daß sowohl Fassung B als auch Fassung A mit Jos. 7.8 gemeinsames Gut aufweisen, das auf Abhängigkeit schließen läßt."[212] Diese Beobachtung wird dahingehend gedeutet, "daß die Schilderungen der für die Israeliten siegreichen Schlacht in Ri. 20 A

---

211 Vgl. z.B. Greßmann, Anfänge 251; Noth, System 166; Rudolph, Anmerkungen 210. Schunck, Benjamin 65 Anm. 55, bestreitet literarische Abhängigkeit: "Jos 8 kann ... unabhängig neben Jdc 20,36ff existiert haben; die alten Erzähler kleideten gern inhaltlich verwandte Stoffe in eine schablonenhafte Form."
212 Rösel, Studien II, 34.

und Ri. 20 B auf *eine* einzige Quelle zurückgehen. Die Beziehungen von
Ri. 20 zu Jos. 7.8 sind Beziehungen dieser Quelle und nicht der von ihnen
abstammenden Fassungen A und B."[213] Diese Sicht führt Rösel zu der
These, daß diese Fassung A und B zugrundeliegende Vorform – da kürzer
und geschlossener – gegenüber Jos 7f. ursprünglich sein müsse.[214]

Nun ist das Operieren mit einer erst hypothetisch zu erschließenden
Vorform ein nicht ganz unproblematisches Verfahren. Doch dürfte sich
eben diese Hypothese als nicht notwendig erweisen, wenn man die Parallelen von Ri 20 zu Jos 7f. näher betrachtet. Dabei fällt nämlich auf, daß
der herausgearbeitete Grundbestand kaum Parallelen zu Jos 7f. aufweist.
Dies muß selbst Rösel konzedieren, wenn er – mit Recht – feststellt,
daß sich innerhalb seiner Fassung A das gemeinsame Gut in zwei Versen
konzentriere, nämlich in v.31f.[215] In der Tat lassen sich fünf gleiche
Worte bzw. Wendungen ausmachen:

(1)	נתק	20,31f. / Jos 8,6.16
(2)	נוס	20,32(.45.47) / Jos 8,5f.15.20
(3)	בַּשָּׂדֶה	20,31 / Jos 8,24
(4)	וְרִאשֹׁנָה o.ä.	20,32(.39) / Jos 8,6.16
(5)	כִּשְׁלֹשִׁים ... אִישׁ	20,31(.39) / Jos 7,5

Besieht man sich diese Übereinstimmungen indes genauer, ergibt sich
folgendes Bild:

Ad (3), (5): Das Ende von v.31 ("auf dem Feld etwa 30 Mann") ist oben
als sekundär beurteilt worden.

Ad (2): Das Verbum נוס begegnet in nahezu *jedem* Schlachtbericht im
Alten Testament, kann also für eine literarische Abhängigkeit nicht
ausgewertet werden. Ähnliches gilt mutatis mutandis auch für andere
Verse innerhalb des Grundbestandes.[216]

Ad (1): Die Wendung "wurden von der Stadt abgeschnitten" (v.31) ist aus
schon genannten Gründen als Einschub zu klassifizieren. Das Verbum
נתק begegnet aber noch einmal in v.32, der auch sonst auffällige
Beziehungen zu Jos 8,6 aufweist.[217]

Ad (4): Die Angabe kann noch keine literarische Abhängigkeit rechtfertigen: Nach dem Grundbestand hat es ja drei Schlachten gegeben, so

---

213 Rösel, Studien II, 34.
214 Vgl. Rösel, Studien II, 34.
215 Vgl. Rösel, Studien II, 34.
216 Vgl. die vermeintlichen Parallelen zu Ri 20,18.24.26.28.
217 Das Verbum begegnet allerdings in unterschiedlichen Stämmen: Ri 20,32 *qal*;
      Jos 8,6 *hif*: 8,16 *nif*.

daß ein Rückbezug auf die *erste* nur der Logik der Erzählung entspricht.[218]

Die Parallelen zwischen Jos 7f. und Ri 20,31f. sind also teils erst
durch gewiß sekundäre Elemente hergestellt, teils so allgemein, daß man
nicht von literarischer Abhängigkeit sprechen kann. Als einzig tragfähige
Parallele kommt Ri 20,32 / Jos 8,6.16 in Betracht. In diesem Zusammenhang verdient eine Erwägung Noths Beachtung: Er hält es für denkbar,
daß die in 20,32 vorgestellte Taktik den späteren Überarbeitern allererst
den Anlaß lieferte, "die Geschichte von dem Hinterhalt aus Jos. 8 heran-
zuziehen, in der derselbe Zug eine Rolle spielte"[219]. Direkte literarische
Abhängigkeit brauchte man in diesem Fall nicht anzunehmen.

Läßt sich also eine Beziehung des Grundbestandes zu Jos 7f. nicht
erweisen, so kann man fragen, ob es andere Texte gibt, aus denen der
Verfasser geschöpft haben könnte. Als auffällige Parallele drängt sich
hier der erste Teil der Ladegeschichte (1 Sam 4) auf. Es lassen sich einige wenige, gleichwohl charakteristische Züge zusammenstellen: (1) Dem
entscheidenden Sieg geht jeweils eine *zwei*malige Niederlage voraus. —
(2) Das Verbum עָרַךְ "sich (zum Kampf) aufstellen" begegnet in Ri
20,20.22(2x).30.33 und 1 Sam 4,2. — (3) Ebenso findet man die Wendung
חָנָה עַל "sich lagern bei / gegen" in Ri 20,19 und 1 Sam 4,1. — (4) נגף
"schlagen" mit Jahwe als Subjekt wird gebraucht in Ri 20,35 und 1 Sam
4,2.3. — (5) Die Aussage, daß "der Kampf hart wurde", ist beiden Erzählungen gemeinsam: Ri 20,34 (כָּבְדָה) und 1 Sam 4,2 (נִטַּשׁ ?). — (6) Eine
wichtige Gemeinsamkeit liegt in der Beurteilung der Lade in 1 Sam 4
einerseits und der Jahwebefragung in Ri 20 andererseits. An beiden Stellen werden traditionelle Vorstellungen von der Gegenwart Jahwes korrigiert. Das bloße Vorhandensein der Lade garantiert keineswegs auch das
Anwesendsein Jahwes (1 Sam 4,3f.). Ebensowenig vermag eine Orakelanfrage wie in Ri 20,18.23.27f. die Gewähr dafür zu bieten, daß ein Vorhaben auch gelingt.[220] Mit dieser Parallele in 1 Sam 4 ließe sich vielleicht

---

218 Zu fragen wäre lediglich, warum nicht die schon aus v.30 und 31 bekannte
    und "sachgemäßere" Wendung כְּפַעַם בְּפַעַם verwendet wurde. Wollte man
    deren zweite Wiederholung kurz hintereinander vermeiden?
219 Noth, System 167.
220 Vgl. bes. Crüsemann, Widerstand, der im übrigen nur das dritte Orakel für
    ursprünglich hält (so S.159): "Die Befragung erfolgte … erst, nachdem der ent-
    scheidende Schritt der Menschen bereits getan ist, und zwar ohne Jahwe zu
    befragen." (S.164; vgl. auch Boling, Judges 286). Dies gilt erst recht, wenn
    man auch die beiden ersten Orakel in 20,18.23 zum ursprünglichen Bestand
    rechnet. Ob damit eine prinzipielle Abwertung derartiger Orakelpraktiken ver-
    bunden ist, wie Crüsemann mit recht weitgehenden Folgerungen meint (S.165),
    ist allerdings fraglich.

auch der eigentümliche Umstand erklären, daß die Israeliten nach der ersten (und zweiten) Orakelanfrage trotz Aufforderung Jahwes die Schlacht verlieren. Gewiß liegt darin auch ein erzählerisch-dramaturgisches Element. Das Entscheidende ist aber wohl in einer Kritik an der Verfügbarmachung Jahwes zu sehen. Die Orakelanfrage als solche wird nicht verurteilt, wohl aber die Art ihrer Inanspruchnahme.

Der Verfasser des Grundbestandes dürfte in seiner Darstellung also nicht unwesentlich durch 1Sam 4 inspiriert worden sein. Der in drei Phasen verlaufende Schlachtbericht, der schließlich in der Bestrafung Benjamins sein Ziel findet, ist später durch einen (oder mehrere) Überarbeiter mit Elementen und Motiven aus Jos 7-8 erweitert worden. Dabei bemühte sich der Überarbeiter um einen *Ausgleich* mit der vorliegenden Grunderzählung. Dieses Bemühen soll nun im einzelnen kurz aufgezeigt werden.

Die Zeitangabe "am ersten Tag" in v.22 setzt das Drei-Tage-Schema des Grundbestandes offenbar voraus.

V.29 verknüpft den Schlachtbericht der Grundlage mit der aus Jos 8 bekannten Strategie der Hinterhalte. Es fragt sich allerdings, ob v.29 von dem auf Jos 7f. basierenden Ergänzer eingefügt wurde oder nicht eher einer noch späteren Hand entspringt: Werden die Hinterhalte nicht in v.36b erstmalig eingeführt? Ferner: In v.29 begegnet die für die erste Erweiterungsschicht untypische einfache Bezeichnung יִשְׂרָאֵל.

V.33 dürfte seinerseits kaum einheitlich sein. Während v.33a offenbar auf v.22 Bezug nimmt (vgl. מָקוֹם, auch in v.36b) und somit zur ersten Erweiterungsschicht gehört, liegt in v.33b ein noch späterer Eintrag vor, der v.36b-37 geradezu widerspricht. Möglicherweise wollte ein späterer Glossator mit v.33b schon in der ersten Phase der entscheidenden Schlacht die Taktik des Hinterhalts einbringen. Der Vers liegt damit auf einer Linie mit v.29 (vgl. die v.29 entsprechende Wendung אֹרֵב יִשְׂרָאֵל).

V.36b-46(.48?) entsprechen im Ablauf und in der Taktik etwa Jos 8,4-28. Dabei verbindet v.39 wiederum deutlich mit der Grunderzählung (vgl. v.31f.), ebenso v.41b (vgl. v.34b).[221] Auch v.42 enthält wieder Elemente aus Jos 8 *und* dem Grundbestand (Jos 8,22 "in ihrer Mitte"; Ri 20,21.25.35 שׁחת *hif*). Das Fluchtziel Sela-Rimmon (v.45) ist, ebenso wie das Verbum פנה, aus v.47 übernommen worden, was zu einer Korrektur führte: Nach der Ansicht der Überarbeitung entkamen selbst die nach Sela-Rimmon geflohenen Benjaminiter dem Strafgericht nicht (vgl. auch

---

221 V.34b könnte freilich auch aus Jos 8,14 und damit aus der Feder des Bearbeiters stammen.

die Ausdehnung auf alle Städte Benjamins in v.48). Daß sich diese Vorstellung nur schwer mit c.21 vereinbaren läßt, wurde schon bemerkt.

Die vorstehende Übersicht hat noch einmal deutlich gezeigt, daß es sich bei der (ersten) Erweiterung des Grundbestandes nicht um einen ehemals selbständigen Schlachtbericht gehandelt haben kann. Vielmehr nimmt der Ergänzer Elemente aus Jos 7-8 und dem vorliegenden Grundbestand auf, um den ursprünglichen Schlachtbericht in seinem Sinne zu erweitern und zu korrigieren.

Nach der Vorstellung des Grundbestandes lag die List der Israeliten darin, die Benjaminiter aus der Stadt Gibea herauszulocken, um sie dann von zwei Seiten her anzugreifen und zu vernichten (v.32.34). Es ist zu beachten, daß von einer Zerstörung der Stadt Gibea nicht die Rede ist. Diesen Gedanken trägt erst die Erweiterungsschicht ein. Sie verwendet dazu die Strategie der Hinterhalte, die - ähnlich in Jos 8 - eigens der Zerstörung der Stadt Gibea dienen soll (v.36b-37).[222] Hier zeigt sich noch einmal, daß die Erweiterungsschicht den Grundbestand auch sachlich voraussetzt: Nach v.36b-37 muß ein Teil der Benjaminiter die Stadt verlassen haben (vgl. v.31*.32).

Das weitere Geschehen verläuft entsprechend der Darstellung von der Eroberung Ais: Eine Rauchsäule dient den außerhalb der Stadt befindlichen Israeliten als Erkennungszeichen, daß die Stadt nunmehr eingenommen ist. Zugleich löst die Rauchsäule unter den Israel nachsetzenden Benjaminitern Panik aus (v.38-41), so daß die Benjaminiter von der Verfolgung Israels ablassen (v.42a) und sich wieder ihrer Stadt zuwenden. Von dort kommen ihnen die Israeliten entgegen, die sich zuvor in den Hinterhalt gelegt haben, so daß Benjamin nun von zwei Seiten her bedroht (v.43) und schließlich vernichtet wird (v.44-46).

12.3.3.5. Zusammenhang mit 20,1-13

Nach der Scheidung von Grundbestand und Erweiterungen in 20,14-48 einerseits und 20,1-13 andererseits stellt sich nun die Frage, in welchem literarischen Verhältnis beide Stücke stehen. Es legt sich ein Schluß besonders nahe, daß nämlich der Grundbestand *beider* Abschnitte von demselben Verfasser stammt. Und in der Tat: Liest man den herausgearbeiteten Grundbestand von c.20 insgesamt einmal für sich, so ergibt sich eine geschlossene, wohlkomponierte Erzählung, die nur das Werk einer Hand sein kann.[223] Alles ist zunächst auf die exakte Erfassung der

---

222 Auch in dem als sekundär erkannten v.11 steht der Überfall auf die *Stadt* im Mittelpunkt.

223 V.1aα*.2a*.3b-10.12-14.15ab*.18f.21.23-27a.28*.30.31aαb*.32.34-36a.47.

Schuldfrage angelegt, bevor schließlich – in einer wohldurchdachten
Korrespondenz von Jahwebefragung und Kampfhandlung – der Schuldige,
nämlich der in Solidarität zu Gibea stehende Stamm Benjamin, bestraft
wird.[224] Der Grundbestand von c.20 setzt dabei die Geschehnisse des
älteren c.19 voraus, die nun als der Grund für den Krieg gegen Benjamin
betrachtet werden.

12.3.4. Die Wiederherstellung Benjamins c.21

Die in der vorstehenden Analyse zum Grundbestand von c.20 gerechnete Angabe über die 600 geflohenen Benjaminiter und deren viermonati-
gen Aufenthalt in Sela-Rimmon weist voraus auf die eigentümliche
Frauenbeschaffungsaktion in c.21 (vgl. z.B. v.13). In literarischer Hinsicht
auffällig ist dabei die Tatsache, daß genaugenommen von zwei verschiedenen Aktionen berichtet wird, die durch v.14b nur recht lose miteinander verknüpft sind. Es empfiehlt sich, beide Abschnitte (v.1-14a und
v.14b-23) gesondert zu analysieren, bevor abschließend auf den Ausklang
in v.24-25 eingegangen wird, zu dem auch der königsfreundliche Kehrvers gehört.

12.3.4.1. Frauen aus Jabesch-Gilead (21,1-14a)

In v.1-14a wird davon erzählt, wie im Rahmen einer Strafaktion gegen die offenbar nicht zum Krieg gegen Benjamin erschienenen Bewohner
von Jabesch-Gilead "neue" Frauen für die wenigen übriggebliebenen Benjaminiter beschafft werden. Der Text ist allerdings nicht einheitlich.
So hat man in der Forschung gelegentlich eine Ausscheidung des
Stückes v.2-4 vorgenommen und es einer besonderen Bet-El-Bearbeitung
zugeschrieben.[225] Löst man allerdings v.2-4 als sekundär heraus, entstehen neue Schwierigkeiten, denn der verbleibende Bestand (v.1.5ff.) bildet
keineswegs einen sinnvollen Ablauf.[226] Weiter hilft in dieser Frage ein
Blick auf die Analyse von c.20. Sie hat ergeben, daß gerade die fast allgemein einer sekundären Bearbeitungsschicht zugewiesenen drei Orakelanfragen in Bet-El (20,18.23.26-28*) tatsächlich dem Grundbestand ange-

---

224 Ein ähnlicher Aufbau – prozeßartige Untersuchung vor dem Kriegszug –
   findet sich auch in dem späten Kapitel Jos 22,10-34. Vgl. Boecker, Redeformen
   34-41; Niditch, Theme 374f.; Kloppenborg, Joshua.
225 So jüngst wieder Veijola, Verheißung 188f.; auch Schunck, Benjamin 59f.
226 Dies konzediert auch Veijola, Verheißung 189 Anm. 46, der allerdings – neben v.2-4 – noch eine weitere Schicht in v.1 und 5b (bis לֵאמֹר), die mit dem
   Ort Mizpa zusammenhängt, entdeckt.

hören. So liegt es nahe, auch die verwandte Notiz in 21,2-4 versuchsweise als ursprünglich anzusehen. Verfolgt man diesen Gedanken weiter, so ist klar, daß die kurze Bemerkung über den Schwur in Mizpa (v.1) sekundär vorangestellt worden sein muß. Wiederum sind Parallelen zu c.20 feststellbar: Die in 21,1 begegnende Bezeichnung אִישׁ יִשְׂרָאֵל, die in c.21 sonst nicht mehr verwendet wird, war typisch für die Erweiterungsschicht in c.20. Ferner: Mizpa gilt auch in den sekundären Versen 20,1b.3a als Versammlungsort der Stämme.

An v.2-4 schließt sich, wenn auch ein wenig abrupt, v.5a an: Nach der in v.3 vorgebrachten Klage vor Jahwe, daß ein Stamm aus Israel fehlt, wird nun die Lösung des Problems, die Wiederherstellung Benjamins, eingeleitet. Es wird gefragt, wer nicht in die Versammlung zu Jahwe (vgl. 20,2) gekommen sei, d.h. wer am Krieg gegen Benjamin nicht teilgenommen habe (v.5a). Erstaunlicherweise folgt eine Antwort auf diese Frage erst in v.8b bzw. v.9. V.5b-8a bringen nachträgliche Erklärungen (in v.5b und 6f.), die das Ziel der Frage von v.5a, daß nämlich durch die nicht am Krieg beteiligten Jabeschiten *Frauen* beschafft werden sollen, vorwegnehmen.

Scheidet man nun diesen Abschnitt v.5b-8 als sekundär aus, lösen sich nicht wenige Schwierigkeiten innerhalb von v.1-14a:

(1) Die Frage von v.5a findet ihre unmittelbare Antwort in v.9.

(2) Die erzählerische Spannung, wie die Frage v.5a zu verstehen ist und mit welchem Ziel sie gestellt wird, bleibt bis v.12-14a erhalten.

(3) Die Doppelung v.8 / 9 kann erklärt werden:[227] V.8a dient der Wiederaufnahme von v.5a. Dabei wird die Frage von v.5a in v.8b nochmals beantwortet, und zwar mit einer leichten Korrektur gegenüber dem zum ursprünglichen Bestand gehörenden v.9: V.9 erweckt den Eindruck, als werde erst jetzt, also *nach* dem Krieg gegen Benjamin, das Volk gezählt, um festzustellen, wer nicht erschienen ist (vgl. die Angabe שָׁם). V.8b präzisiert insofern, als klargestellt wird, daß die Zählung bereits *vor* dem Krieg stattgefunden habe (deshalb der Rückbezug auf die "Versammlung" קָהָל in 20,1f.).

(4) V.8b hat bei dem Terminus קָהָל die Präposition אֶל, während in v.5a (wie auch in 20,2!) בְּ verwendet wird.

(5) In v.5b-8 begegnet der bisher nur in später eingefügten Versen bedeutungsvolle Ort Mizpa (v.5b.8a; vgl. 20,1b.3a; 21,1).

(6) V.8b spricht - anders als v.5a (und auch 20,2a!) - vom "Heerlager".

---

227 Nach Schunck, Benjamin 61 Anm. 30, liegt hier keine Parallelität vor. Deshalb werden beide Verse *einer* Schicht zugewiesen (R[II]).

Als gewichtiges Argument für den sekundären Charakter von v.5b–8 kommt hinzu, daß nur dieser Abschnitt Motive enthält, die fest im zweiten Teil des Kapitels (21,14bff.) verankert sind: (1) Es tat Israel leid um Benjamin (v.6; vgl. v.15). – (2) Als Begründung dafür, daß die Israeliten keine Frauen aus den eigenen Reihen nehmen dürfen, wird ein Schwur angegeben, der dies verbietet (v.7; vgl. v.16.18). – (3) Die Erläuterung des in v.10 geschilderten Vorgehens gegen Jabesch durch einen zuvor geleisteten Schwur (v.5b) hat keine Parallele in v.14bff., kann aber als sekundäre Übertragung des Schwur-Themas auf das Jabesch-Motiv verstanden werden.

Als Ergebnis läßt sich somit folgendes festhalten: Die ursprüngliche Fortsetzung von v.2–4.5a liegt in v.9–14a.[228] Eigentliches Ziel der Bestrafung von Jabesch-Gilead ist die Beschaffung von Frauen, von denen 400 ins israelitische Lager gebracht werden. Die Gemeinde sendet nun nach Sela-Rimmon und versöhnt sich mit Benjamin (v.13: שָׁלוֹם). V.14a stellt das Ergebnis fest: Benjamin ist wiederhergestellt; das in v.3 als Klage vor Jahwe gebrachte Problem ist gelöst.

Der literarische Kern von 21,1–14a liegt also in v.2–5a.9–14a. Schon mehrfach wurden Beziehungen zum Grundbestand von c.20 deutlich: Klage in Bet-El (v.2–4); Rückbezug auf die Versammlung in 20,1a*.2a durch die Termini עֵדָה (v.10.13) und בַּקָּהָל (v.5a); Anknüpfung an die Situation in 20,47 (v.13). So spricht einiges dafür, daß der Verfasser des Grundbestandes von c.20 in 21,2–5a.9–14a sein Werk fortsetzte. Der Krieg gegen den Stamm Benjamin und dessen Wiederherstellung als Stamm Israels bilden also eine *ursprüngliche literarische Einheit,* eine Einsicht, die erhebliche Konsequenzen für die Interpretation nach sich zieht.[229]

---

228 Die letzten Worte von v.10 ("auch Frauen und Kinder") sind offenbar eine Glosse. Hingegen gehört die Angabe "Schilo, das im Lande Kanaan liegt" wohl zum ursprünglichen Bestand (ähnlich in Jos 21,2; 22,9). Anders Budde, Richter 140 ("Glosse"); Greßmann, Anfänge 260 Anm.h ("'Silo' ist Ausgleich mit dem Folgenden"); Schunck, Benjamin 61 (R^III).

229 Noth, System 163, sieht in 21,1–14a – im Anschluß an Budde, Richter – zwei verschiedene Versionen: Nach der ersten (etwa in v.1.6–8.12–13) hätten die Jabeschiten sich nicht – wie die Israeliten – durch einen Schwur gebunden, den Benjaminitern keine Frauen zu geben, und mußten ihre unverheirateten Mädchen nun hergeben. Nach der zweiten (etwa in v.2–5.9.10abα.14a) hätten die Israeliten den Beschluß gefaßt, die nicht am Krieg beteiligten Jabeschiten zu töten. In v.10bβ.11 seien beide Versionen miteinander verklammert worden. Diese recht komplizierte Sicht wirkt wenig überzeugend. Vor allem berücksichtigt sie nicht die literarischen Beziehungen zu 21,14bff.

12.3.4.2. Der Frauenraub von Schilo (21,14b-23)

Die Verse 14bff. sind auf jeden Fall nachträglich an v.14a angeschlossen worden. Insgesamt macht dieses Stück einen in sich geschlossenen und einheitlichen Eindruck: Israel tut es leid um den verlorenen Stamm (v.15). Daraufhin wird in einer Beratung der "Ältesten der Gemeinde" die Frage aufgeworfen, wie den übriggebliebenen Benjaminitern Frauen verschafft werden können (v.16). Das dabei entstehende Problem liegt darin, daß sich Israel durch einen Schwur gebunden hat, keine Frauen aus den eigenen Reihen herzu*geben* (v.18). Die raffinierte Lösung: Israel darf die Frauen nicht *geben*, verleitet Benjamin deshalb dazu, sich die Frauen (anläßlich eines Jahwefestes) zu *nehmen* (v.19-23). Verwendet wurde dabei ein gewiß altes Motiv von einem Festbrauch in Schilo (v.19.21), das auf literarkritischem Wege allerdings kaum herausgelöst werden kann.

Einige Einzelheiten in 21,14b-23 bedürfen aber noch der Klärung. Zunächst wirft v.17 Probleme auf. Der sicher verderbte Vers soll offenbar besagen, daß Benjamin keinen Erben mehr hat (יְרֻשָּׁה) und die Gefahr besteht, daß der ganze Stamm aus Israel "weggetilgt" wird.[230] Damit liefert v.17 eine zusätzliche Erläuterung zu v.16, indem verschärft darauf hingewiesen wird, von welch großer Wichtigkeit die Frauenbeschaffung in gesamtisraelitischer Sicht ist: Es geht um das Erbe, also um die Existenz eines Stammes. Zu vermuten ist daher, daß v.17 auf eine spätere Hand zurückgeht. Immerhin schließt v.18 nahtlos an v.16 an, und auch die zweite Redeeinführung am Beginn von v.17 wäre erklärt.[231]

Anlaß für literarkritische Operationen bietet auch v.19: Die ausführliche Beschreibung der geographischen Lage Schilos (ab אֲשֶׁר) wird man als spätere Eintragung ansehen dürfen, als deren Folge wohl auch die neue Redeeinführung in v.20a in den Text gelangt ist.[232]

Schwierigkeiten in der Exegese hat schließlich vor allem das Verständnis des textlich nicht einwandfrei überlieferten v.22 bereitet. Mit einer relativ geringfügigen Textänderung jedoch läßt sich der Vers wieder

---

230 Vgl. Alonso-Schökel, Art. מָחָה 807, mit Verweis auf Dtn 25,6. Zu den verschiedenen Versuchen einer Textänderung vgl. Moore, Judges 449; Budde, Richter 140f.; Soggin, Judges 299.

231 Unverständlich ist die Ausscheidung von v.16 durch Crüsemann, Widerstand 160, der einen ursprünglichen Zusammenhang v.15.17 vermutet.

232 Vgl. Budde, Richter 141; Noth, System 162; Soggin, Judges 299. Der Zusatz in v.19 ist kaum mit den übrigen Bet-El-Stellen in v.20f. in Verbindung zu bringen, wie Veijola, Verheißung 188 Anm. 45, meint.

herstellen.[233] Liest man statt חָנּוּנוּ die Form חָנּוּ und ersetzt לְקַחְנוּ
durch לָקְחוּ, ergibt sich folgende plausible Übersetzung von v.22: "Wenn
ihre Väter oder ihre Brüder kommen, um bei uns Anklage zu erheben
(רִיב אֶל), dann wollen wir zu ihnen sagen: Habt Mitleid mit ihnen,
denn keiner (von ihnen) hat für sich eine Frau im Kriege bekommen,
denn nicht ihr habt sie ihnen gegeben, sonst[234] hättet ihr euch schuldig
gemacht."

V.23 schließt die Episode über den Frauenraub von Schilo mit der
Bemerkung ab, daß Benjamin dem Vorschlag der Israeliten entsprechend
verfahren sei und sich genügend Frauen genommen habe.

12.3.4.3. Der Abschluß (21,24-25)

Den Abschluß der merkwürdigen Frauenbeschaffungsaktion bilden
zwei Verse, deren redaktionsgeschichtliche Einordnung von besonderem
Interesse ist. V.24f. nämlich haben kaum die ursprüngliche Fortsetzung
des Stückes 21,14b-23 gebildet.

V.24 macht einen zusammengesetzten Eindruck: 24a und 24b berichten in etwa parallelen Formulierungen über die Rückkehr der Israeliten
in ihre Heimat, gewissermaßen nach getaner Arbeit. Dabei fällt auf, daß
in v.24a eine wohldurchdachte Abstufung vorliegt: Die Israeliten lösen
ihre Gesamtversammlung auf, gehen dann zunächst in ihren Stamm und
schließlich in die nächstkleinere Einheit, die Sippe. Es liegen also drei
Größen vor: Israel, Stamm, Sippe. V.24b hingegen spricht ohne nähere
Abstufung oder Differenzierung von der Rückkehr in der נַחֲלָה. V.24 ist
offenbar literarisch nicht von einer Hand. Ein weiteres Problem in v.24
betrifft die Angabe מִשָּׁם, die jeweils in Versteil a und b vorkommt. Auf
welche Lokalität bezieht sie sich zurück? Es kommen folgende Orte in
Betracht: Schilo (21,10-22), das Heerlager (21,12) oder Sela-Rimmon
(21,13). Einer Lösung der Schwierigkeiten kommt man näher, wenn man
fragt, welcher Versteil (24a oder 24b) besser zu dem Stück 21,14b-23
paßt. Und hier kommt eigentlich nur Versteil b in Betracht: Wie nach
v.23 die Benjaminiter in ihre נַחֲלָה zurückkehren, so nach v.24b auch
die Israeliten.

Sollte diese Zuordnung das Richtige treffen, so könnte man sich folgende Entstehungsgeschichte vorstellen: Der ursprüngliche Abschluß der

---

233 So (im Anschluß an Rudolph, Anmerkungen 212) insbes. Boecker, Redeformen 36f., aufgrund der formgeschichtlichen Beobachtung, daß in v.22 eine
Gattung vorgerichtlicher Auseinandersetzung (Streitverhinderungsformel) aufgegriffen worden sei.
234 Für בָּעֵת lies כִּי עַתָּ.

Jabesch-Episode in *21,1-14a liegt offenbar in v.24a vor.[235] Durch die
Einführung einer weiteren Aktion zur Frauenbeschaffung in v.14b-23 kam
es zur Abtrennung von v.24a, der nun an das Ende der zweiten Version
zu stehen kam. Um einen Ausgleich zwischen dem Sprachgebrauch von
v.24a und v.23 herzustellen (vgl. נַחֲלָה), hat der Ergänzer von 21,14b-23
den Halbvers 24b angefügt. Es wäre dann auch klar, worauf sich die
Angabe מָשָׁם in v.24a bezieht. Ursprünglich stand sie für "Sela-Rimmon"
(21,13); erst die Abtrennung des Versteils von v.1-14a* bewirkte die vorliegende Unklarheit. Nun mußte sich die Angabe auf Schilo beziehen, obwohl sich die Israeliten hier dem Duktus von v.14b-23 zufolge gar nicht
versammelt haben.

Wie ist nun der königsfreundliche Kehrvers v.25 einzuordnen? Die
bisherige Analyse hat ergeben, daß auf den Verfasser des Grundbestandes von c.20 auch die Verse 21,2-5a.9-14a.24a zurückzuführen sind. Dieser Verfasser hat ferner das ältere c.19* nahezu unverändert in seinen
Gedankengang integriert. Ja, im jetzigen Kontext bildet c.19 die unabding-
bare Voraussetzung für die Bestrafungsaktion der Stämme. Angesichts
dieses Befundes ist man geneigt zu fragen, ob die theologisch höchst
brisante Erzählung in c.19-21* tatsächlich mit einer bloßen Mitteilung
darüber geendet haben kann, daß Benjamin nun wieder ein vollwertiger
Stamm Israels ist und die Israeliten demzufolge wieder in ihre Sippen
zurückkehren können (21,14a.24a). Einiges spricht dafür, daß der Verfasser
des Grundbestandes den königsfreundlichen Kehrvers in 21,25 selbst als
kritischen Abschlußkommentar zu seiner Erzählung formulierte. V.25
wäre demnach ursprünglich die Fortsetzung von v.24a gewesen.

Mit dieser Überlegung ließe sich vor allem die Stellung des königsfreundlichen Kehrverses in 19,1a erklären: Der Vers ist der Erzählung
c.19* sekundär vorangestellt worden, und zwar von dem, der das c.19*
für seine Zwecke aufnahm. Dieser aber ist kein anderer als der Verfasser des Grundbestandes. Auf denselben Verfasser dürften dann auch die
Eintragungen des königsfreundlichen Verses in 17,6 und 18,1a sowie der
damit zusammenhängenden Schilo-Notiz in 18,31b zurückzuführen sein,
die erfolgten, als c.19-21* an das bereits um c.17f. erweiterte dtr Richterbuch angefügt wurde.

Gegen die ursprüngliche Zusammengehörigkeit des königsfreundlichen
Kehrverses mit c.19-21*, wie sie hier vorgeschlagen wird, sind allerdings
immer schon schwerwiegende Bedenken geäußert worden. So bemerkte
schon J. Wellhausen: "Dagegen ist es ein verräterischer Selbstwider-
spruch, wenn der Verfasser, in unwillkürlicher Erinnerung an die vorange-

---

235 Vgl. auch die Angabe "zu jener Zeit", die in v.14a und v.24a begegnet.

henden Kapitel, über die Zerfahrenheit der damaligen Zeit klagt (19,1.
21,25), und uns faktisch dann doch Israel in einer geistigen Centralisa-
tion vorführt, wie sie im Altertum nachweislich nie bestanden hat, sondern erst in folge des Exils aufgekommen ist und das Judentum kenn-
zeichnet."[236]

Indes fragt es sich, ob c.19-21* tatsächlich eher die Überflüssigkeit
denn die Notwendigkeit des Königtums zu begründen vermögen. Zwar
handeln die Stämme durchaus einmütig und eigenständig und bedürfen insofern keiner leitenden Zentralinstanz, wie sie im Königtum gegeben
wäre. Es ist aber zu beachten, daß in dem Kehrvers das Königtum in
überaus positiven Zügen gezeichnet wird, ja, man blickt mit großen Er-
wartungen auf diese Institution. Dabei ist kaum nur an eine ordnende
Zentralinstanz gedacht. Der königsfreundliche Kehrvers impliziert vielmehr, daß alles, was geschehen ist - und dazu gehört sowohl die Schandtat, die in Gibea verübt wurde, als auch der als Reaktion darauf entstandene Bruderkrieg (!) -, unter einem König gar nicht erst passiert wäre.[237]
Zeigt nicht die kaum nur dem heutigen Leser merkwürdig erscheinende
Aktion zur Frauenbeschaffung in aller wünschenswerten Klarheit, daß das
Vorgehen der Stämme gegen ihren Bruder nur eine *Notlösung* war? Ist
nicht auch der zweimalige erfolglose Angriff Israels auf Benjamin ein
Hinweis darauf, daß die Stämmegemeinschaft ihre Angelegenheiten nicht
allein zu regeln imstande ist? Unter einem im Sinne von 21,25 verstan-
denen Königtum wäre es gar nicht soweit gekommen, daß ein Stamm aus
Israel unterzugehen droht.

Nicht erst der abschließende Kehrvers, der gleich noch genauer betrachtet werden soll, sondern schon der Duktus der von Sünde, Strafe
und Versöhnung handelnden Erzählung in c.19-21* läßt den Eindruck entstehen, daß die Autonomie der Gemeinde Israels hier an ihre Grenzen
stößt. Der Übergang zur Institution des Königtums ist damit geebnet.

---

236 Wellhausen, Prolegomena 233. So oder ähnlich urteilen auch Jüngling,
    Richter 276; Soggin, Judges 280. Dabei verbindet Soggin die Analyse Jünglings
    mit Veijolas Schichtenmodell und führt c.19-21 auf DtrN zurück.
237 Vgl. Niehr, Rechtsprechung 41, über Ri 19-21: "In der Königszeit sollte durch
    diese Erzählung demonstriert werden, daß das Rechtssystem der vorstaatlichen
    Zeit nicht funktionierte, worauf sich auch die Hinweise beziehen, daß es in
    jener Zeit noch keinen König in Israel gab und jeder tat, was ihm gefiel."
    Abgesehen davon, daß eine Datierung in die Königszeit für Ri 19-21 nicht in
    Frage kommt, ist die Tendenz der Erzählung gut getroffen. Ähnlich auch
    Hertzberg, Richter 255.

12.3.5. Der königsfreundliche Kehrvers

Die redaktionsgeschichtliche Analyse von c.17-21 hat das überraschende Ergebnis erbracht, daß die promonarchische Wendung keineswegs an allen Stellen gleichermaßen redaktionell ist, aber auch nicht ursprünglich mit c.17f. (so Noth) bzw. c.19 (so Jüngling) zusammengehört. Vielmehr geht der Vers auf den Verfasser des Grundbestandes von Ri (19)20-21* zurück, der ihn auch in 17,6 und 18,1a eintrug. Damit ist zugleich schon eine Vorentscheidung im Blick auf seine literarhistorische Einordnung gefallen, konnte doch der für c.20-21* verantwortliche Autor in die zeitliche und sachliche Nähe des *Pentateuchredaktors* gerückt werden.

Nun ergibt sich die hier vorgeschlagene Verortung des Kehrverses nicht allein aus seiner redaktionsgeschichtlichen Stellung innerhalb von c.17-21; sie legt sich nämlich auch bei ganz isolierter Betrachtung des Verses nahe. So gehört die zweite Hälfte der königsfreundlichen Notiz, die nur in 17,6 und 21,25 begegnet (אִישׁ הַיָּשָׁר בְּעֵינָיו יַעֲשֶׂה), sachlich sehr eng mit der aus den Königsbüchern bekannten dtr Beurteilung "er tat (nicht) das in Jahwes Augen Rechte" zusammen.[238] Dies gilt insofern, als die Kritik an dem, der das *in den eigenen Augen Rechte* tut, ja die positive Maxime einschließt, daß sich Israel in seinem Handeln *eigentlich* am König – und damit an Jahwe, in dessen Dienst der König steht – zu orientieren habe. Immerhin geht es in c.17-21 um Themen und Lebensbereiche, die das Verhältnis Jahwe – Israel *unmittelbar* tangieren: Es sind dies der Kult, das Jahwerecht (vgl. נְבָלָה) und das religiöse Einheitsbewußtsein der Stämme Israels. Das "in den eigenen Augen Rechte" ist somit zugleich das, was dem Willen Jahwes zuwiderläuft.

Angesichts der sachlichen und sprachlichen Ähnlichkeit zwischen Ri 17,6; 21,25 und der entsprechenden Formel in den Königsbüchern könnte man zu dem Schluß gelangen, es handle sich um denselben Verfasser. So führt T. Veijola den promonarchischen Vers in Ri 17-21 auf einen *dtr* Redaktor (DtrH) zurück.[239] Als weitere Parallele zur Stützung dieser Auffassung führt er einen sicher aus der Feder des DtrH stammenden Vers aus dem Gesetz über die Kultzentralisation an (Dtn 12,8). Beide Argumente indes erweisen sich bei näherer Betrachtung als nicht tragfähig: Zum einen sind die Unterschiede zwischen der promonarchischen Wendung und den dtr Königsbeurteilungen doch größer, als man bei gleicher Verfasserschaft erwarten würde. Zum andern trägt die Parallele in Dtn 12,8 nicht viel aus, da sie offensichtlich nicht auf das Königtum zielt, sondern das heilvolle Ende der Landnahme im Blick hat (Jos

---

238 Vgl. 1 Kön 22,43; 2 Kön 12,3; 14,3; 15,3.34; 16,2; 18,3; 22,3.
239 Vgl. Veijola, Königtum 16f.

21,43f.).[240] Gleichwohl kann die dtr Wendung dem königsfreundlichen
Verfasser von Ri (19)20-21* als *Vorbild* gedient haben.[241]

Eine andere, nicht weniger deutliche Parallele aber wird zumeist
übersehen: Es handelt sich um die im dtr Rahmenwerk des Ri-Buches
verankerte *Sündenformel* (Ri 2,11; 3,7.12; 4,1; 6,1; 10,6; 13,1). Die Feststellung, daß die Israeliten "(weiterhin) das Schlechte in den Augen Jahwes taten", dürfte vom Urheber des promonarchischen Verses bewußt
zum Vorbild genommen und auf die in c.17-21 beschriebenen heillosen
Zustände übertragen worden sein. Damit wird aber zugleich eine tiefgreifende Korrektur am dtr Richterbild vorgenommen: Nach dem Urteil des
DtrH galt das Amt des Richters zweifelsohne als eine überaus heilvolle,
weil "jahwegemäße" Herrschaftsform, die sich gerade darin von der Institution des Königtums unterschied, daß in ihr die Ausschließlichkeit Jahwes in allem gewahrt blieb. Gleichwohl zeichnete sich die dtr Richterzeit
auch durch eine bleibende Unbußfertigkeit des Volkes aus, das die immer
neuen Gnadenerweise Jahwes, die von Bedrängnis und Bedrückung freien
Zeiten der "Ruhe", nicht annahm. Ebendiese Aporie, die der Konzeption
des DtrH eigen ist, hat der Verfasser des königsfreundlichen Verses
offenbar erkannt und in bestimmter Weise zu lösen versucht: Durch die
Anfügung von c.19-21* an das bereits um c.17f.* erweiterte dtr Richterbuch beurteilte er die gesamte Zeit der Richter im Grunde als eine zu
überwindende Epoche der Ordnungslosigkeit und der Anarchie, in der
alle "das Schlechte in den Augen Jahwes", nämlich das in ihren eigenen
Augen Rechte, taten. Nicht der Richter vermag "Ruhe" zu gewähren,
sondern in Wahrheit nur der *König.* Die strenge Entgegensetzung von
heilvoller Richterzeit und unheilvollem Königtum, die für DtrH prägend
war, wird hier geradezu umgekehrt.[242]

Wenn der königsfreundliche Kommentar tatsächlich eine bewußte
Korrektur und Weiterentwicklung der dtr Richter-Konzeption mit all ihren
Aporien intendiert, wird man ihn am ehesten in *nach-dtr* Zeit datieren

---

240 Vgl. Smend, Entstehung 73. Anders hingegen Braulik, Deuteronomium I, 96f.,
    der in Dtn 12,8 eine Anspielung auf Ri 17,6; 21,25 erblickt. Kritisch gegenüber
    Veijola auch Jüngling, Richter 68-72, und Niemann, Daniten 74f. Anm. 57, die
    sich beide eine – ebenso gezwungene – Frühdatierung des königsfreundlichen
    Verses offenhalten wollen. Jüngling bestreitet dabei überhaupt einen Zusam-
    menhang mit der dtr Beurteilungsformel aus 1/2 Kön, dürfte damit aber wohl
    zu weit gehen.
241 Vgl. Auld, Joshua, Judges 226.
242 Das Urteil Talmons, Tage 55, daß der Verfasser des promonarchischen Ver-
    ses "der Richterherrschaft in Israel seine Hochachtung zollte", beruht auf der
    eigenwilligen Interpretation des Titels מֶלֶךְ, der mit שֹׁפֵט gleichgesetzt wird,
    wirkt jedoch wenig überzeugend.

können. Er setzt jedenfalls das dtr Ri-Buch sowie den spät-dtr Anhang c.17f.* voraus.

12.4. Zusammenfassung (c.17-21)

Zeichnet man nun die Redaktionsgeschichte von Ri 17-21 zusammenfassend nach, ergibt sich folgendes Bild:

Bei der Erzählung über das Kultbild des Micha und die "Landnahme"
der Daniten (c.17f.) handelt es sich im Grundbestand um ein recht junges
literarisches Produkt, das aufgrund der Sprache und der Intention mit
einiger Sicherheit aus spät-dtr Kreisen hergeleitet werden konnte. Mit
einer harschen Kritik am danitischen Kultbild, ja an der Landnahme Dans
überhaupt, wird der Kult des (nachmaligen) Nordreiches von Grund auf
diskreditiert (vgl. 1 Kön 12). Ihr besonderes Interesse an der rechten Aus-
übung des Kultes und der (zunächst noch) unvollständigen Landnahme der
Daniten (vgl. 18,1b) stellt die Erzählung in eine Reihe mit den ebenfalls
auf spät-dtr Autoren (DtrN?) zurückgehenden Stücken 1,21.27ff.; 2,1-5.
Ob freilich beide Komplexe – die Liste nichteroberter Orte und c.17f.* –
auf *denselben* Autor (etwa DtrN) zurückgehen, wird man kaum mehr
sagen können, ist aber aufgrund der Verschiedenheit der Darstellung wohl
eher unwahrscheinlich. Die Herkunft aus derselben (spät-dtr) *Schule* hingegen kann als sicher gelten.

An das bereits um die spät-dtr c.17f.* erweiterte dtr Ri-Buch fügte
schließlich ein noch späterer, nach-dtr Redaktor die c.19-21* an. Unter
Verwendung eines vorgegebenen, älteren Stückes über eine Schandtat im
benjaminitischen Gibea (c.19*) konzipierte der hier so genannte Verfasser
des Grundbestandes von c.20-21 eine geradezu dramatische Auseinandersetzung (Bruderkrieg) zwischen dem Stamm Benjamin und der versammel-
ten Gemeinde Gesamt-Israels: Der mit den Übeltätern in Gibea solidari-
sche Stamm Benjamin wird fast vollständig vernichtet; nur eine merkwürdig anmutende Frauenbeschaffungsaktion vermag den Untergang des
israelitischen Stammes gerade noch abzuwenden. Die Analyse hat ergeben, daß ausgerechnet die vermeintlich sekundären, weil eindeutig späte
Sprache aufweisenden Stücke innerhalb von c.20f. in Wahrheit dem literarischen *Grundbestand* angehören und sogar dessen *Kompositionsprinzip*
ausmachen (vgl. z.B. die dreifache Orakelanfrage in 20,18.23.27f.*).[243]

---

243 Der Grundbestand liegt vor in 20,1aα*.2a*.3b-10.12-14.15ab*.18-19.21.23-27a.28*.
　　30.31aαb*.32.34-36a.47; 21,2-4.5a.9-14a.

Der Verfasser greift bei seiner Darstellung den *vordergründigen* Aussagehorizont des älteren c.19* auf (krasse Verweigerung von Gastfreundschaft) und sieht ihn als den *eigentlichen* an. Damit geht er freilich an der Intention des ursprünglich selbständigen c.19* vorbei, das in verhüllter Form gegen das Königtum Sauls - und des Nordreiches überhaupt - polemisierte, das davidische Königtum hingegen hochschätzte. Mit der Einsicht, daß der Verfasser des Grundbestandes von c.20f.* mit c.19* ein *älteres*, also vorgegebenes Stück aufnahm, läßt sich die immer schon beobachtete eigentümliche Diskrepanz zwischen der vergleichsweise geringen Ursache (Schandtat in Gibea) und den unermeßlichen Folgen (Bruderkrieg Gesamt-Israels) gut erklären. Es entfällt damit die Nötigung, durch gelegentlich recht kühne Interpretationen Ursache und Wirkung miteinander in Einklang bringen zu müssen.[244] Gleichwohl haben einige Ansätze der älteren Forschung auch ihr Recht. So dürfte der Verfasser des Grundbestandes bewußt den "Leviten" in 19,1b eingeführt haben, um die nachfolgende gesamtisraelitische Bestrafungsaktion plausibler erscheinen zu lassen.[245] Insofern wird - auf dieser *literarischen* Ebene - das Levitsein des geschädigten Mannes durchaus als Motivation für die übergroße Reaktion Israels gesehen. Diese Vorstellung darf man jedoch nicht in der *vorstaatlichen* Zeit ansiedeln.

Es ergeben sich weitere Konsequenzen in historischer Hinsicht: Ri 19-21* spiegeln nicht den Krieg eines vorstaatlichen Stämmeverbandes wider, wie man in der Vergangenheit immer wieder annahm,[246] sondern entspringen nachexilischer Konstruktion. Somit liefern c.19-21 auch keinen Hinweis auf einen vorstaatlichen Zusammenhalt der Stämme.[247] Ob mit diesem wichtigen Beleg auch die Amphiktyoniehypothese selbst fällt, ist indes noch nicht ausgemacht; nur ein entscheidender Beleg ist ihr genommen.

In der Frage nach der literarischen Herkunft des königsfreundlichen Kehrverses konnte ein sehr eindeutiges Ergebnis erzielt werden: Er stammt mit großer Sicherheit von der Hand dessen, der den Grundbestand von c.19-21* formulierte (vgl. 19,1a und vor allem 21,25). Der Verfasser trug den Vers bei Anfügung von c.19-21* auch in c.17-18 ein (17,6; 18,1a) und integrierte damit die Micha-Dan-Erzählung seiner Gesamtkonzeption: C.17f. wie c.19-21 dokumentieren nun (gemeinsam mit dem gesamten dtr

---

244 Vgl. die Darstellung der Positionen bei Jüngling, Richter 251-259.

245 Vgl. z.B. Strauß, Untersuchungen 110f., und Gunneweg, Leviten 24f., die freilich an die vorstaatliche Amphiktyonie denken.

246 Vgl. die Darstellung bei Bächli, Amphiktyonie 142-148; ferner Gunneweg, Geschichte 45-54.

247 So freilich jüngst wieder Thiel, Entwicklung 131.

Ri-Buch!) in aller Anschaulichkeit, wie *not-wendig* das Königtum ist. Zusammen mit dem Kehrvers ergänzte der Verfasser des Grundbestandes auch die unmittelbar vor 19,1a stehende *Schilo-Notiz* in 18,31b. Dieser Zusammenhang deutet schon an, in welchem Umkreis der Verfasser des Grundbestandes von c.20-21 aller Wahrscheinlichkeit nach zu suchen ist: Der Ort "Schilo" begegnet in seiner in 18,31b vorausgesetzten besonderen Funktion als *einzig legitimer Kult- und Versammlungsort der vorstaatlichen Stämmegemeinschaft* insbesondere in Passagen des Jos-Buches, die "im Stile und im Sinne von P" formuliert sind.[248] Auch die dem priesterschriftlichen Sprachgebrauch nahestehenden und dem Grundbestand von Ri 20f. zugehörenden Ausdrücke wie עֵדָה (20,1a; 21,10.13) und קָהָל (20,2; 21,5a) weisen in dieselbe Richtung. Nicht zuletzt deuten *sachlich-theologische* Übereinstimmungen z.B. zwischen Jos 22 und Ri 20f. auf einen Zusammenhang hin: In beiden Texten geht es zentral um die *Reinheit* der Gemeinde, die schon durch einen *einzelnen* – sei es eine Person (Jos 22,19f.) oder ein ganzer Stamm (Ri 20f.) – aufs Spiel gesetzt werden kann und entsprechend von der Gesamtheit zu sühnen ist. So wird man nicht nur im Jos-Buch,[249] sondern auch im Ri-Buch eine umfangreiche Redaktionsarbeit des *Pentateuchredaktors* annehmen müssen, zu der jedenfalls Ri 20f.* gehört.

Zu demselben Literaturbereich gehört ganz offensichtlich auch das einem "Juda-Redaktor" zugewiesene Stück 1,1-18.[250] So erinnert die Orakeleinholung in 1,1-2 stark an 20,18. Auch die Vorrangstellung Judas ist 1,1-18 und c.20f.* gemeinsam. Berücksichtigt man ferner, daß die in 1,1-18 beschriebene erfolgreiche Landnahme der südlichen Stämme unter der Führung Judas offenbar bewußt mit der (älteren) Liste der von den Nordstämmen nichteroberten Orte (1,21.27ff.) kontrastiert wird, kann man in Ri 1 – ähnlich wie in c.20f. – eine "Geschichte des Mißerfolgs, die Schilderung des Versagens der Stämme"[251] erblicken. Wird auch in Ri 1 insgeheim von einem *König* Besserung erwartet? Es liegt der Schluß nahe, daß 1,1-18 und c.20f.* auf denselben Verfasser aus dem Umkreis des Pentateuchredaktors zurückgehen, der vielleicht auch für die Aufteilung der Einzelbücher – und also auch für ein separates Richterbuch

---

248 Noth, Josua² 11. Vgl. vor allem auch Smend, Entstehung 114, und Fabry, Spuren 351-356; ferner Schwienhorst, Eroberung 118. Dabei zeichnen sich die entsprechenden Passagen, wie Fabry gezeigt hat, durch eine Kombination von priesterlicher und dtr Sprache aus.

249 Vgl. Smend, Entstehung 114.

250 Vgl. auch Mayes, Story 79, der – freilich etwas zu pauschal – die Stücke 1,1-2,5 und c.17-21 von einem nach-dtr Ergänzer aus *priesterlichen* Kreisen herleitet.

251 Talmon, Tage 48.

etwa in seinem heutigen Umfang – verantwortlich ist. Daß damit die redaktionelle Arbeit am Richterbuch noch nicht an ihr Ende gelangt war, zeigen manche *noch späteren* Stücke wie z.B. der zweite "Akt" der Frauenbeschaffung in 21,14b-23.24b.

Kap. 13

Ergebnis

13.1. Die Entstehung des Richterbuches

Auf der Basis der Textanalysen kann nun die Entstehungsgeschichte des Richterbuches in groben Zügen nachgezeichnet werden. Im großen und ganzen lassen sich dabei *drei* Wachstumsstadien unterscheiden:

(1) Es war der dtr Historiker *DtrH*, der erstmals im Zuge der Komposition seines Geschichtswerkes aus einigen älteren, mehr oder weniger anekdotischen und sagenhaften Heldenerzählungen sowie anderen Überlieferungsfragmenten eine zusammenhängende *Darstellung der Richterzeit* schuf. Zurückgreifen konnte er auf eine Episode über die Ermordung des moabitischen Königs Eglon durch den Benjaminiter Ehud (3,16-26*), einen Grundstock des Debora-Liedes (c.5*), einige mit der Gestalt Gideons zusammenhängende Erzählfragmente (Altarätiologie 6,11aα.18-24a*; Sieg über Midian 7,11b.13.14a.15*.16-22*; Verfolgung und Tötung zweier midianitischer Könige 8,5-21*), einen Erzählungskranz über den Aufstieg und das schmähliche Ende des Usurpators Abimelech (9,25-41.50-54), die königskritische Jotam-Fabel (9,8-15a), ein Listenfragment über die "kleinen Richter" (10,1-5; 12,8-15), eine kurze Geschichte über die Erhebung des verstoßenen Jiftach zum Oberhaupt über die Bewohner Gileads (11,1-11a*) und wohl auch beträchtliche Teile der - hier ausgeklammerten - Simsonüberlieferung.

Anzeichen für eine bereits *vor-dtr* Sammlung der hier genannten Heldenerzählungen, wie sie in besonders prononcierter Weise von W. Richter durch die Rekonstruktion eines c.3-9 umfassenden "Retterbuches" angenommen wurde, konnten nicht festgestellt werden. Die Analysen haben vielmehr zu dem eindeutigen Ergebnis geführt, daß sich die verbindenden Elemente zwischen den älteren Erzählungen sämtlich der Kompositionstätigkeit des DtrH verdanken. Die redaktionellen Partien, die W. Richter dem Verfasser seines "Retterbuches", den beiden dt. Redaktionen *und* dem Kompositeur des dtr Werkes - also insgesamt vier Stadien! - zuschrieb, stammen in Wahrheit zum weitaus größten Teil von *DtrH*. Er

war es, der seiner Darstellung eine programmatische Einleitung (2,11.12*.
14b-16a.18*) voranstellte, deren geschichtstheologisches Schema mit seinem geradezu regelmäßigen Wechsel von Bedrückungs- und Ruhezeiten
sich in den nachfolgenden Rettererzählungen entfalten sollte;[1] der die
Otniel-Episode (3,7-11) als Beispielstück *selbst* formulierte; der aus den
alten Heldengestalten zum *Jahwekrieg* berufene Retter (מוֹשִׁיעִים) machte, die in ihrer Rettertätigkeit zugleich *Richter* (שֹׁפְטִים) sein sollten;
und der sich vor allem durch eine dezidiert *antikönigliche* Haltung aus-
zeichnete.

Die Entstehung des dtr Richterbuches (2,11-16,31*) hat sich somit als
wesentlich einfacher herausgestellt, als es die komplizierten Analysen
W. Richters ergaben; man nähert sich wieder mehr der Nothschen Sicht.
Gegenüber Noth freilich konnte der *"schriftstellerische"* Anteil des ersten
dtr Historikers weit höher veranschlagt werden: DtrH formulierte nicht
selten Überleitungen sowie kleinere erzählende Stücke selbst, um einen
zusammenhängenden und glatten Erzählverlauf herzustellen (z.B. 6,1-6*;
9,42-45* oder 10,17f.*). Mit c.4* konzipierte er sogar auf der Basis des
Debora-Liedes eine längere und ausgeführte Erzählung selbst. Das Material schöpfte er jeweils - wenigstens zum Teil - aus den alten Überlieferungen, die sich deshalb auf *literarkritischem* Wege oftmals nicht mehr
herauslösen lassen. Daß in solchen Fällen der *Sprachbeweis* an seine
Grenzen stoßen muß, wenn es um die Zuweisung eines Stückes zu DtrH
geht, ist deutlich. So hat sich die Auffassung Noths, es handle sich bei
Dtr(H) um einen wirklichen *Autor*, voll bestätigt. Gerade die neuere Erkenntnis, daß viele der von Noth noch als *konstitutiv* für die dtr Geschichtsdarstellung angesehenen Texte mit spezifisch dtr Formelsprache in Wahrheit auf *spät-dtr* Redaktoren zurückgehen, hat DtrH nur umso klarer als
einen profilierten und in seiner gestalterischen Kraft kaum zu unterschät-
zenden *Verfasser eines Geschichtswerkes* hervortreten lassen.

(2) Die Richterdarstellung des DtrH ist sodann mit einer Fülle von
kleineren und größeren Ergänzungen erweitert worden. Diese Stücke, die
nicht selten altes Gut enthalten, lassen sich größtenteils kaum mehr
exakt ein- und zuordnen, allenfalls in ihrem *relativen* Verhältnis zueinander.[2]
Eine wichtige Gruppe von Ergänzungen freilich kann auf *spät-dtr*
Redaktoren zurückgeführt werden. Zum einen sind hier eher *punktuelle*
Überarbeitungen zu nennen. So wird in der Einleitung zur Richterzeit der

---

1   Auch der *ursprüngliche* Übergang von der Zeit Josuas zur Zeit der Richter in
    Jos 24,31; Ri 2,8-10 geht auf die Hand des DtrH zurück.
2   Z.B. 6,33f. / 6,35; 7,1*-7 / 6,36-40 / 7,24-8,3 / 11,12-28 / 11,30f.34-40 / 12,1-6.

Ungehorsam des Volkes, dem der Richter in erster Linie als *Gesetzesprediger* gegenüberzutreten hat, besonders hervorgehoben (2,12aα.13.14a.16b. 17.18aα*.19-21; 3,5f.); durch die Einschaltung der Efod-Notiz (8,24-27) wird auch Gideon des Götzendienstes bezichtigt; schließlich erhalten die unheilvollen Ereignisse, die mit dem Königtum Abimelechs zusammenhängen, eine deutlich *moralische* Note (9,16b-19a.24.56f.). Aufgrund der Sprache, aber auch der Tendenz dieser Ergänzungen wird man an den in besonderer Weise am Gesetz interessierten *DtrN* zu denken haben.

Zum andern konnten zwei größere Abschnitte herausgearbeitet werden, die ein spät-dtr Ergänzer um die Richterdarstellung des DtrH legte: Es handelt sich um die Liste nichteroberter Orte (1,21.27ff.), die zusammen mit der deutenden Engelrede in 2,1-5 die frevelhafte Vermischung mit den kanaanäischen Landesbewohnern dokumentierte, und um die Geschichte des von Micha hergestellten Kultbildes (c.17f.*), die in massiver Weise den nachmaligen Nordreichskult als häretisch brandmarkte. Ob beide Komplexe auf denselben spät-dtr Verfasser zurückgehen, bleibt unsicher; aus dem *Umkreis* des DtrN stammen sie in jedem Fall, wie die sprachlichen Indizien und die thematische Ausrichtung ("Gesetz" und "Völker") erkennen lassen.

(3) Ein "im Stile und im Sinne von P"[3] schreibender und im Umkreis des *Pentateuchredaktors* (R[P]) anzusiedelnder Autor rahmte schließlich das bereits um 1,21.27ff.; 2,1-5 und c.17f.* erweiterte dtr Richterbuch mit den beiden Komplexen 1,1-18.22-26 und c.19-21*: Unter Zuhilfenahme einiger Überlieferungen aus dem zweiten Teil des Jos-Buches gestaltete dieser Redaktor die Liste nichteroberter Orte tiefgreifend um; allein Juda und die im judäischen Süden lebenden Sippen können mit Jahwes Hilfe allein (vgl. 1,1f.) eine erfolgreiche Landnahme verbuchen. Dieselbe Hand konnte für die Aufnahme des älteren c.19* sowie die Komposition des Grundbestandes von c.20f.* und nicht zuletzt für den königsfreundlichen Kehrvers verantwortlich gemacht werden. Bei der Anfügung von c.19-21* wurde der Kehrvers (neben weiteren kleineren Ergänzungen wie z.B. der Schilo-Notiz 18,31b) auch in c.17f.* nachgetragen (17,6; 18,1a).

Nicht nur das Jos-Buch, sondern auch das Ri-Buch hat demnach in weit größerem Umfang, als man bislang anzunehmen geneigt war, eine Bearbeitung im Stile von P erfahren, die mit der Pentateuchredaktion zusammenzusehen ist.[4] Kennzeichnend für diese Bearbeitungsschicht ist

---

3   Noth, Josua[2] 11.
4   Vgl. zum Jos-Buch vor allem Fabry, Spuren, und Smend, Entstehung 114.

nicht nur eine Kombination von dtr und priesterschriftlicher Sprache,[5] auch scheint der Ort "Schilo" in ihr eine herausgehobene Bedeutung zu haben.[6] Im Verlaufe dieser Redaktion erfolgte offenbar auch die Abtrennung der Bücher Jos bis Kön vom Pentateuch wie überhaupt die Einteilung in Einzelbücher: Die knappe Mitteilung über den Tod Josuas (Ri 1,1aα) dürfte als Einleitung, der promonarchische Kommentar in 21,25 hingegen als volltönender Abschluß eines *selbständigen* Richterbuches formuliert worden sein.

13.2. Richterzeit und Königtum

Wie wird nun, um zur Ausgangsfrage der vorliegenden Untersuchung zurückzukehren, die für die Geschichte Israels höchst bedeutsame Institution des *Königtums* in den verschiedenen Phasen der Buchentstehung bewertet? Und welche Funktion kommt dabei der *vorköniglichen* Geschichtsepoche, der Zeit der Richter, zu?

(1) *DtrH* als der Verfasser der von Ri 2,8-16,31* reichenden Richterdarstellung, zu der gewiß auch die Kapitel über die Tätigkeit Samuels zu rechnen sind, übt eine *grundsätzlich-theologische Kritik an der Institution des Königtums*. In besonders markanter Weise wird diese Haltung zweifelsohne in der Komposition der c.6-9 durch die Gegenüberstellung von Gideon und Abimelech sichtbar: DtrH - und nicht erst DtrN (so Veijola) - war es, der den Gideonspruch (8,22f.) formulierte und die königskritische Jotam-Fabel (9,8-15a) aufnahm. Doch selbst wenn man von diesen beiden *ausdrücklich* königskritischen Texten absieht, enthält die Richterkonzeption *als solche* bereits einen antimonarchischen Ton, der nur schwer zu überhören ist:[7] Schon in seiner geschichtstheologischen Einleitung (2,11ff.) gibt DtrH zu erkennen, daß er mit seinen Richter-Retter-Gestalten - *beide* Titel gehen in ihrer spezifischen Bedeutung im Ri-Buch auf die Schöpfung des DtrH zurück - eine Art "Leitungsamt" für die vorstaat-

---

5 Vgl. z.B. den zweiten Teil des königsfreundlichen Kehrverses ("ein jeder tat das in seinen eigenen Augen Rechte" 17,6; 21,25), der an die dtr Sündenformeln im Rahmenwerk des Ri-Buches anknüpft, einerseits und die für P typischen Worte wie עֵדָה und קָהָל (20,1a.2a; 21,5a.10.13) andererseits (siehe auch Fabry, Spuren 354-356).

6 Vgl. Jos 18,1.8.9.10; 19,51; 21,2; 22,9.12; Ri 18,31b.

7 Dies muß gegen Veijola, Königtum, festgehalten werden, der 8,22f. und 9,8-15 auf *DtrN* zurückführt.

liche Zeit entwirft, das administrative, forensisch-jurisdiktionelle *und* soteriologische Elemente in sich vereint und damit *von der Struktur her* als ein Gegenentwurf zum Königtum angelegt ist. Mit Bedacht verzichtet DtrH z.b. auf den – an sich naheliegenden – Gedanken der *Sukzession*, wie er noch in der alten Liste der Kleinen Richter (10,1-5; 12,8-15) vorausgesetzt ist, und bringt stattdessen das Berufungsschema ein, um der Unverfügbarkeit und der Freiheit Jahwes ihren angemessenen Raum zu lassen. So darf man beim Richtertum mit Fug und Recht von einer Form "jahwegemäßer" Herrschaft sprechen, die nicht in Konkurrenz zur Herrschaft Gottes treten *kann*. Das Königtum hingegen als eine dem Jahweglauben wesenhaft *fremde* Einrichtung kann nach der Auffassung des DtrH nur einer fundamentalen und radikalen theologischen Kritik unterworfen werden, die sich in besonders pointierter Weise im Gideonspruch manifestiert und darüber hinaus die *gesamte* dtr Darstellung der Richterzeit bestimmt.[8] Es ist dabei kaum als Widerspruch zu werten, wenn DtrH in dem Kapitel 1 Sam 8 sehr viel mildere Töne anschlägt und das Königtum immerhin auf eine göttliche Setzung zurückführt. DtrH konnte im Richterbuch, also *vor* dem Aufkommen des geschichtlichen Königtums, seine eigentliche, "wahre" Anschauung sehr viel deutlicher, gewissermaßen "unverblümter" zum Ausdruck bringen. Bei der Behandlung des ersten israelitischen Königs Saul hingegen konnten die sakralen Traditionen, die sich mit dem Königtum in Israel wie andernorts verbanden, nicht einfach ausgeblendet werden. Hier bedurfte es intensiver theologischer Reflexionsarbeit, die ihren literarischen Niederschlag in 1 Sam 8 gefunden hat.[9] An der grundsätzlichen Ablehnung des Königtums durch DtrH ändert dies freilich wenig: Ihm liegt daran, die vorstaatliche *Richterzeit als idealen Gegenentwurf zum Königtum* zu zeichnen.

(2) Die auf *DtrN* zurückgehenden Zusätze innerhalb der dtr Richterdarstellung lassen erkennen, daß die theologische Königskritik des DtrH geteilt wird; *der Gegensatz zwischen Richter / Retter und König* freilich wird *nicht mehr so scharf akzentuiert.* So wirft DtrN sogar dem ansonsten vorbildlichen Gideon durch Einschub der Efod-Notiz (8,24-27) man-

---

8   Eine *theologisch* motivierte Kritik am Königtum findet sich dagegen in den von DtrH aufgenommenen, älteren Traditionen nicht: So weder in der ganz und gar profan argumentierenden Jotam-Fabel noch in den nicht gerade positiv über die Monarchie urteilenden Überlieferungen vom *König* Eglon (3,16-26*), von den *Königen* Sebach und Zalmunna (8,5-21*) und vom Stadtkönigtum Abimelechs in Sichem (9,25ff.*). Es ist dabei bemerkenswert, daß auch schon die alten Traditionen mit der Frage der *Herrschaft* und ihrer *Legitimität* befaßt waren (vgl. auch Jiftach!). So spiegelt schon die *Auswahl* des Stoffes das besondere Interesse des DtrH am Problem der rechten Herrschaft wider.

9   Vgl. Gunneweg / Schmithals, Herrschaft 57; Becker, Widerspruch.

gelnden Gesetzesgehorsam vor. Mit der Hervorhebung der *moralischen* Verwerflichkeit des Königtums (vgl. 9,16b-19a.24.56f.) will DtrN die *theologische* Kritik an dieser Institution gewiß nicht abschwächen, doch die Akzente werden deutlich anders gesetzt. Schließlich streicht DtrN vor allem im Blick auf die Abimelech-Erzählung sehr viel prägnanter die *Schuld* des Volkes an den Geschehnissen heraus (z.B. 8,33-35; vgl. auch 2,17), wobei freilich anzumerken bleibt, daß auch DtrH von einer *bleibenden* Unbußfertigkeit des Volkes ausging, die nicht einmal während der Wirkungszeit des Richters aussetzte.

Die von spät-dtr Händen aus dem Umkreis des DtrN stammenden Stücke 1,21.27ff.; 2,1-5 einerseits und c.17-18* andererseits dokumentieren den Ungehorsam Israels in aller Deutlichkeit: Das Verzeichnis nichteroberter Orte und die darin implizierte Vermischung mit den kanaanäischen Landesbewohnern belegen die schuldhafte Verstrickung Israels ebenso wie die in c.17f.* geschilderten kultischen Frevel.

(3) Eine tiefgreifende Umgestaltung der dtr Konzeption der Richterzeit wird in den beiden Komplexen sichtbar, die auf einen Autor aus dem Umkreis des *Pentateuchredaktors* zurückgeführt werden konnten (1,1-18. 22-26; 19-21*). Durch den königsfreundlichen Kehrvers, der sich nach der Auffassung dieser redaktionellen Hand nicht allein auf c.17-21 bezieht, sondern das gesamte dtr Richterbuch einschließt, wird die vorkönigliche *Richterzeit als eine gescheiterte und nur durch das Königtum zu überwindende Epoche des heillosen Chaos* bewertet. Die Entwicklung läuft also konsequent und geradlinig auf die im Anschluß an Ri 17-21 geschilderte Entstehung des Königtums zu (vgl. 1 Sam 1-12). Unter einem König wird niemand mehr das tun, "was in seinen eigenen Augen recht ist", sondern allein, was Jahwe wohlgefällt. Damit wird zugleich eine Aporie gelöst, die bei DtrH und DtrN mit ihrer Auffassung von der *bleibenden* Unbußfertigkeit des Volkes während der Richterzeit zu erkennen war: Wirkliche *Umkehr* ist erst unter der ordnenden und heilvollen Macht des Gott wohlgefälligen Königs möglich.

Mit kritischen Augen wird von diesem Redaktor aber auch schon die Zeit zwischen dem Tod des letzten großen Anführers bei der Landnahme, Josua, und dem Wirken des ersten Richters gesehen: Auf sich allein gestellt vermögen die israelitischen Stämme nichts; nur göttlicher Beistand, der Juda zuteil wird, führt zum Ziel (vgl. 1,1f.).

Die Redaktionsgeschichte des Richterbuches, die hier nur in ihren drei markantesten Phasen aufgenommen ist, spiegelt somit völlig unterschiedliche und z.T. einander ausschließende *Konzeptionen der vorstaatlichen Zeit* wider. *Gemeinsam* ist allen Anschauungen indes, daß sie die Aufeinanderfolge von Richterzeit und Königtum kaum nur als ein geschichtliches

Nacheinander begreifen, sondern ein dezidiertes *Gegenwartsinteresse* verfolgen: DtrH malte seinen Zeitgenossen, die den Untergang des Staates zu "bewältigen" hatten, eine Form "jahwegemäßer" Herrschaft vor Augen und entwickelte damit eine ideale Alternative zum Königtum, die freilich aufgrund der bleibenden Unbußfertigkeit des Volkes letztlich nicht funktionieren *konnte*. DtrN sah dieses Problem des Ungehorsams sehr viel schärfer. Der Autor aus dem Umkreis des Pentateuchredaktors schließlich konnte den Generationen seiner Zeit, die sich nun schon in einem beträchtlichen zeitlichen Abstand zu den Ereignissen von 587/6 befanden, nur noch das völlige Scheitern der Herrschaftsform der Richter vorführen und illustrieren und zugleich die Hoffnung auf ein neues und erneuertes Königtum wecken. — Als durchgehendes Leitmotiv des Richterbuches in all seinen Entwicklungsphasen kann deshalb mit einem gewissen Recht die Frage nach der rechten menschlichen Herrschaft angesichts der Herrschaft Gottes bezeichnet werden.

Literaturverzeichnis

Hinweis zur Zitierung: Die in den Anmerkungen genannte Literatur wird stets nur mit Verfassernamen und Kurztitel (in der Regel erstes Substantiv im Titel) aufgeführt. Sind Aufsätze in "Gesammelten Studien" o.ä. wiederabgedruckt, so wird – falls hier aufgenommen – nach der Zweitveröffentlichung zitiert. Die Abkürzungen richten sich nach dem von S. Schwertner zusammengestellten Verzeichnis (Theologische Realenzyklopädie. Abkürzungsverzeichnis, Berlin / New York 1976). Darüber hinaus werden folgende Abkürzungen verwendet:

ABLAK   M. Noth, Aufsätze zur biblischen Landes- und Altertumskunde, 2 Bände, hg.v. H.W. Wolff, Neukirchen-Vluyn 1971

BN   Biblische Notizen (Bamberg bzw. München)

BR   W. Richter, Die Bearbeitungen des "Retterbuches" in der deuteronomischen Epoche, BBB 21, Bonn 1964

JSOT   Journal for the Study of the Old Testament (Sheffield)

NEB   Die Neue Echter Bibel (Würzburg 1980ff.)

ÜPent   M. Noth, Überlieferungsgeschichte des Pentateuch, Stuttgart ²1960

ÜSt   M. Noth, Überlieferungsgeschichtliche Studien, Darmstadt ³1967

TU   W. Richter, Traditionsgeschichtliche Studien zum Richterbuch, BBB 18, Bonn ²1966

Adinolfi, Marco: Originalità dell'apologo di Jotham (Giud. 9,8-15), RivBib 7, 1959, 322-342

Alghisi, Ambrosio: Il pentimento di Israele nelle sezioni deuteronomistiche del libro dei Giudici: considerazioni esegetiche e metodologiche, RivBib 33, 1985, 3-27

Alonso-Schökel, Luis: Erzählkunst im Buche der Richter, Bib. 42, 1961, 143-172

—,   Art. מָחָה, ThWAT IV, 1984, 804-808

Alt, Albrecht: Die Landnahme der Israeliten in Palästina (1925), in: ders., Kleine Schriften zur Geschichte des Volkes Israel I, München ⁴1968, 89-125

—,   Die Ursprünge des israelitischen Rechts (1934), in: ders., Kleine Schriften zur Geschichte des Volkes Israel I, München ⁴1968, 278-332

—,   Josua (1936), in: ders., Kleine Schriften zur Geschichte des Volkes Israel I, München ⁴1968, 176-192

—,   Erwägungen über die Landnahme der Israeliten in Palästina (1939), in: ders., Kleine Schriften zur Geschichte des Volkes Israel I, München ⁴1968, 126-175

Alter, Robert: The Art of Biblical Narrative, New York und London 1981

Amit, Yairah: Judges 4: Its Contents and Form, JSOT 39, 1987, 89-111

Amsler, Samuel: Art. קום, THAT II, ²1979, 635-641

Auld, A. Graeme: Judges I and History. A Reconsideration, VT 25, 1975, 261-285

—,   Review of Boling's Judges. The Framework of Judges and the Deuteronomists, JSOT 1, 1976, 41-46

—,   Textual and Literary Studies in the Book of Joshua, ZAW 90, 1978, 412-417

—,   Cities of Refuge in Israelite Tradition, JSOT 10, 1978, 26-40

—,   Joshua: The Hebrew and Greek Texts, in: Studies in the Historical Books of
         the Old Testament, hg.v. J.A. Emerton, VTS 30, Leiden 1979, 1-14

—,   Joshua, Moses and the Land. Tetrateuch - Pentateuch - Hexateuch in a gener-
         ation since 1938, Edinburgh ²1983

—,   Joshua, Judges, and Ruth, The Daily Study Bible (Old Testament), Edinburgh
         und Philadelphia 1984

—,   Gideon: Hacking at the Heart of the Old Testament, VT 39, 1989, 257-267

Bächli, Otto: Amphiktyonie im Alten Testament. Forschungsgeschichtliche Studie zur
         Hypothese von Martin Noth, ThZ Sonderband VI, Basel 1977

Bartelmus, Rüdiger: Die sogenannte Jothamfabel – eine politisch-religiöse Parabel-
         dichtung. Anmerkungen zu einem Teilaspekt der vordeuteronomistischen
         israelitischen Literaturgeschichte, ThZ 41, 1985, 97-120

Barthélemy, Dominique: Critique textuelle de l'Ancien Testament. 1: Josué, Juges,
         Ruth, Samuel, Rois, Chroniques, Esdras, Néhémie, Esther, OBO 50/1, Fribourg
         und Göttingen 1982

Bartlett, J.R.: The Conquest of Sihon's Kingdom: A Literary Re-examination, JBL 97,
         1978, 347-351

Baumgartner, Walter: Hebräisches und aramäisches Lexikon zum Alten Testament,
         Leiden, 1. Lfg. 1967; 2. Lfg. 1974; 3. Lfg. 1983

Bechmann, Ulrike: Das Deboralied zwischen Geschichte und Fiktion. Eine exegetische
         Untersuchung zu Richter 5, Dissertationen Theologische Reihe Bd. 33, St. Otti-
         lien 1989

Becker, Uwe: Der innere Widerspruch der deuteronomistischen Beurteilung des König-
         tums (am Beispiel von 1 Sam 8), in: Altes Testament und christliche Verkün-
         digung. Festschrift für Antonius H.J. Gunneweg zum 65. Geburtstag, hg.v. M.
         Oeming und A. Graupner, Stuttgart 1987, 246-270

Begg, Christopher T.: The Function of Josh 7,1-8,29 in the Deuteronomistic History,
         Bib. 67, 1986, 320-334

Bernhardt, Karl-Heinz: Das Problem der altorientalischen Königsideologie im Alten
         Testament. Unter besonderer Berücksichtigung der Psalmenexegese dargestellt
         und kritisch gewürdigt, VTS 8, Leiden 1961

—,   Art. Jericho, TRE 16, Berlin / New York 1987, 586-588

Bertheau, Ernst: Das Buch der Richter und Ruth, KEH 6, Leipzig ²1883

Besters, André: Le sanctuaire central dans Jud., XIX-XXI, EThL 41, 1965, 20-41

Beuken, Willem A.M.: Haggai - Sacharja 1-8. Studien zur Überlieferungsgeschichte
         der frühnachexilischen Prophetie, SSN 10, Assen 1967

Beyerlin, Walter: Gattung und Herkunft des Rahmens im Richterbuch, in: Tradition
         und Situation. Festschrift Artur Weiser zum 70. Geburtstag, hg.v. E. Würth-
         wein und O. Kaiser, Göttingen 1963, 1-29

—,   Geschichte und heilsgeschichtliche Traditionsbildung im Alten Testament. Ein
         Beitrag zur Traditionsgeschichte von Richter VI-VIII, VT 13, 1963, 1-23

Biblia Hebraica, hg.v. R. Kittel, Stuttgart ⁹1954

Biblia Hebraica Stuttgartensia, hg.v. K. Elliger und W. Rudolph, Stuttgart 1977

Biblia sacra iuxta Vulgatam versionem, hg.v. R. Weber u.a., Stuttgart ³1983

Bickert, Rainer: Die Geschichte und das Handeln Jahwes. Zur Eigenart einer deute-
         ronomistischen Offenbarungsauffassung in den Samuelbüchern, in: Textgemäß.
         Aufsätze und Beiträge zur Hermeneutik des Alten Testaments. Festschrift für
         Ernst Würthwein zum 70. Geburtstag, hg.v. A.H.J. Gunneweg und O. Kaiser, Göt-
         tingen 1979, 9-27

Blok, Hanna / Blokker, Dries / van Daalen, Aleida G. / Deurloo, Karel / Hoogewoud,
         F.J. / Smelik, Klaas A.D.: Geen koning in die dagen. Over het boek Richteren

als profetische geschiedschrijving, Baarn 1982

Blum, Erhard: Die Komposition der Vätergeschichte, WMANT 57, Neukirchen-Vluyn 1984

Boecker, Hans Jochen: Redeformen des Rechtslebens im Alten Testament, WMANT 14, ²1970

—, Die Beurteilung der Anfänge des Königtums in den deuteronomistischen Abschnitten des 1. Samuelbuches. Ein Beitrag zum Problem des "deuteronomistischen Geschichtswerks", WMANT 31, Neukirchen-Vluyn 1969

—, Recht und Gesetz im Alten Testament und im Alten Orient, NStB 10, Neukirchen-Vluyn ²1984

Boling, Robert G.: "In Those Days There Was No King in Israel", in: A Light unto My Path. Old Testament Studies in Honor of Jacob M. Myers. Edited by H.N. Bream, R.D. Heim, C.A. Moore, Gettysburg Theological Studies 4, Philadelphia 1974, 33-48

—, Judges. Introduction, Translation, and Commentary, AncB 6A, Garden City NY 1975

—, Response, JSOT 1, 1976, 47-52

—, Joshua. A New Translation with Notes and Commentary. Introduction by G.E. Wright, AncB 6, Garden City NY 1982

Boogaart, T.A.: Stone for Stone: Retribution in the Story of Abimelech and Shechem, JSOT 32, 1985, 45-56

Botterweck, Gerhard Johannes: Art. יָדַע, ThWAT III, 1982, 479-512

Braulik, Georg: Zur deuteronomistischen Konzeption von Freiheit und Frieden, in: Congress Volume Salamanca 1983, hg.v. J.A. Emerton, VTS 36, Leiden 1985, 29-39 = ders., Studien zur Theologie des Deuteronomiums, Stuttgarter Biblische Aufsatzbände 2, Stuttgart 1988, 219-230

—, Deuteronomium 1-16,17, NEB Lfg. 15, Würzburg 1986

Brueggemann, Walter: Social Criticism and Social Vision in the Deuteronomic Formula of the Judges, in: Die Botschaft und die Boten. Festschrift für Hans Walter Wolff zum 70. Geburtstag, hg.v. J. Jeremias und L. Perlitt, Neukirchen-Vluyn 1981, 101-114

Buber, Martin: Königtum Gottes (1932), in: ders., Werke II: Schriften zur Bibel, München / Heidelberg 1964, 485-723

Buchholz, Joachim: Die Ältesten Israels im Deuteronomium, GTA 36, Göttingen 1988

Budde, Karl: Die Bücher Richter und Samuel. Ihre Quellen und ihr Aufbau, Gießen 1890

—, Das Buch der Richter, KHC VII, Freiburg / Leipzig / Tübingen 1897

Burney, Charles Fox: The Book of Judges, London ²1920; reprinted New York 1970 with an introduction by W.F. Albright

Campbell, Edward F.: Judges 9 and Biblical Archeology, in: The Word of the Lord Shall Go Forth. Essays in Honor of David Noel Friedman, ed. by C.L. Meyers and M. O'Connor, Winona Lake 1983, 263-271

Cancik, Hubert: Grundzüge der hethitischen und alttestamentlichen Geschichtsschreibung, Abhandlungen des Deutschen Palästinavereins, Wiesbaden 1976

Caquot, André: Les tribus d'Israel dans le cantique de Débora (Juges 5,13-17), Semitica 35, 1985, 47-70

Coogan, Michael David: A Structural and Literary Analysis of the Song of Deborah, CBQ 40, 1978, 143-166

Cortese, Enzo: Gios. 21 e Giud. 1 (TM o LXX ?) e l'"abottanatura" del "Tetrateuco" con l'"Opera Deuteronomistica", RivBib 33, 1985, 375-394

Cross, Frank Moore: The Themes of the Book of Kings and the Structure of the

Deuteronomistic History, in: ders., Canaanite Myth and Hebrew Epic. Essays in the History of the Religion of Israel, Cambridge MA 1973, 274-289

Crossfield, B.: A Critical Note on Judges 4,21, ZAW 85, 1973, 348-351

Crüsemann, Frank: Der Widerstand gegen das Königtum. Die antiköniglichen Texte des Alten Testaments und der Kampf um den frühen israelitischen Staat, WMANT 49, Neukirchen-Vluyn 1978

Dahood, Mitchell: Scriptio Defectiva in Judges 1,19, Bib. 60, 1979, 570

Davies, G. Henton: Judges viii 22-23, VT 13, 1963, 151-157

Davis, Dale Ralph: Comic Literature - Tragic Theology: A Study of Judges 17-18, WThJ 46, 1984, 156-163

Day, John: The Destruction of the Shiloh Sanctuary and Jeremiah VII 12,14, in: Studies of the Historical Books of the Old Testament, hg.v. J.A. Emerton, VTS 30, Leiden 1979, 87-94

Dexinger, Ferdinand: Ein Plädoyer für die Linkshänder im Richterbuch, ZAW 89, 1977, 268f.

Dietrich, Walter: Prophetie und Geschichte. Eine redaktionsgeschichtliche Untersuchung zum deuteronomistischen Geschichtswerk, FRLANT 108, Göttingen 1972

—, David in Überlieferung und Geschichte, VF 22, 1977, 44-64

—, Gott als König. Zur Frage nach der theologischen und politischen Legitimität religiöser Begriffsbildung, ZThK 77, 1980, 251-268

—, David, Saul und die Propheten. Das Verhältnis von Religion und Politik nach den prophetischen Überlieferungen vom frühesten Königtum in Israel, BWANT 122, Stuttgart 1987

Dohmen, Christoph: Das Heiligtum von Dan. Aspekte religionsgeschichtlicher Darstellung im Deuteronomistischen Geschichtswerk, BN 17, 1982, 17-22

—, Art. מַסֵּכָה, ThWAT IV, 1984, 1009-1018

—, Das Bilderverbot. Seine Entstehung und seine Entwicklung im Alten Testament, BBB 62, Frankfurt ²1987

Dommershausen, Werner: Art. גּוֹרָל, ThWAT I, 1973, 991-998

Donner, Herbert: Einführung in die biblische Landes- und Altertumskunde, Darmstadt 1976

—, Die Verwerfung des Königs Saul, Sitzungsberichte der wissenschaftlichen Gesellschaft an der Johann Wolfgang Goethe-Universität Frankfurt am Main 19 Nr. 5, Wiesbaden 1983, 229-260

—, Geschichte des Volkes Israel und seiner Nachbarn in Grundzügen. Teil 1: Von den Anfängen bis zur Staatenbildungszeit, Grundrisse zum Alten Testament 4/1, Göttingen 1984

Dus, Jan: Bethel und Mizpa in Jdc. 19-21 und Jdc. 10-12, OrAnt 3, 1964, 227-243

Ebach, Jürgen / Rüterswörden, Udo: Pointen in der Jothamfabel, BN 31, 1986, 11-18

Eißfeldt, Otto: Hexateuch-Synopse. Die Erzählung der fünf Bücher Mose und des Buches Josua mit dem Anfange des Richterbuches, Leipzig 1922 (Nachdruck Darmstadt 1987)

—, Die Quellen des Richterbuches in synoptischer Anordnung ins Deutsche übersetzt samt einer in Einleitung und Noten gegebenen Begründung, Leipzig 1925

—, Der geschichtliche Hintergrund der Erzählung von Gibeas Schandtat (Richter 19-21) (1935), in: ders., Kleine Schriften Bd. II, Tübingen 1963, 64-80

—, Einleitung in das Alte Testament unter Einschluß der Apokryphen und Pseudepigraphen sowie der apokryphen- und pseudepigraphenartigen Qumran-Schriften. Entstehungsgeschichte des Alten Testaments, Tübingen ⁴1976

Emerton, John A.: Gideon and Jerubbaal, JThS N.F. 27, 1976, 289-312

—, The "Second Bull" in Judges 6:25-28, Eretz Israel 14, 1978, 52*-55*

—,   Some Comments on the Shibboleth Incident (Judges XII 6), in: Mélanges bibliques et orientaux en l'honneur de M. Mathias Delcor. Edités par A. Caquot, S. Légasse et M. Tardien, AOAT 215, Neukirchen-Vluyn / Kevelaer 1985, 149-157

Erlandsson, S.: Art. בָּגַד, ThWAT I, 1973, 507-511

Exum, Jo Cheryl: Promise and Fulfilment: Narrative Art in Judges 13, JBL 99, 1980, 43-59

—,   Aspects of Symmetry and Balance in the Samson Saga, JSOT 19, 1981, 3-29

Fabry, Heinz-Josef: Art. הַל, ThWAT II, 1977, 221-244

—,   / Weinfeld, Moshe: Art. מִנְחָה, ThWAT IV, 1984, 987-1001

—,   Spuren des Pentateuchredaktors in Jos 4,21ff. Anmerkungen zur Deuteronomismus-Rezeption, in: N. Lohfink (Hg.), Das Deuteronomium. Entstehung, Gestalt und Botschaft, BEThL 68, Leuven 1985, 351-356

—,   Noch ein Dekalog! Die Thora des lebendigen Gottes in ihrer Wirkungsgeschichte. Ein Versuch zu Deuteronomium 27, in: Im Gespräch mit dem dreieinigen Gott. Festschrift W. Breuning, hg.v. M. Böhnke und H. Heinz, Düsseldorf 1985, 75-96

Foresti, Fabrizio: The Rejection of Saul in the Perspective of the Deuteronomistic School. A Study of 1 Sm 15 and Related Texts, Studia Theologica - Teresianum 5, Rom 1985

de Fraine, Jean: Rechters - Ruth uit de grondtekst vertaald en uitgelegd, BOT III/2, Roermond en Maaseik 1956

Fritz, Volkmar: Israel in der Wüste. Traditionsgeschichtliche Untersuchung der Wüstenüberlieferung des Jahwisten, MThS 7, Marburg 1970

—,   Das Ende der spätbronzezeitlichen Stadt Hazor Stratum XIII und die biblische Überlieferung in Josua 11 und Richter 4, UF 5, 1973, 123-139

—,   Tempel und Zelt. Studien zum Tempelbau in Israel und zu dem Zeltheiligtum der Priesterschrift, WMANT 47, Neukirchen-Vluyn 1977

—,   Abimelech und Sichem in Jdc. IX, VT 32, 1982, 129-144

—,   Einführung in die biblische Archäologie, Darmstadt 1985

Gamberoni, J.: Art. בָּרַח, ThWAT I, 1973, 778-781

—,   Art. לָבֵשׁ, ThWAT IV, 1984, 471-483

Gerbrandt, Gerald Eddie: Kingship according to the Deuteronomistic History, SBLDS 87, Atlanta GA 1986

Gesenius, Wilhelm / Buhl, Frants: Hebräisches und Aramäisches Handwörterbuch über das Alte Testament, [17]1915 (Nachdruck Berlin / Göttingen / Heidelberg 1962)

Gesenius, Wilhelm / Donner, Herbert / Meyer, Rudolf: Hebräisches und Aramäisches Handwörterbuch über das Alte Testament, Lfg. 1, Berlin / Göttingen / Heidelberg 1987

Gesenius, Wilhelm / Kautzsch, Emil: Hebräische Grammatik, Leipzig [28]1909 (Hildesheim 1962)

de Geus, Cornelius Hendrik Jan: Richteren 1,1-2,5, VoxTh 36, 1966, 32-53

Gooding, D.W.: The Composition of the Book of Judges, Eretz Israel 16 (H.M. Orlinsky Volume), 1982, 70*-79*

Goslinga, C.J.: Het Book der Richteren opnieuw uit den grondtekst vertaald en verklaard, 2 Bde., Kampen [2]1951/1952

Gray, John: Joshua, Judges and Ruth, NCeB, London / Edinburgh 1967

Greenspahn, Frederick E.: The Theology of the Framework of Judges, VT 36, 1986, 385-396

Greßmann, Hugo: Die Anfänge Israels (Von 2. Mose bis Richter und Ruth), SAT 1/2, Göttingen [2]1922

Grether, Oskar: Die Bezeichnung "Richter" für die charismatischen Helden der vorstaatlichen Zeit, ZAW 57, 1939, 110-121

Gros Louis, Kenneth R.R.: The Book of Judges, in: Literary Interpretations of Biblical Narratives, hg.v. K.R.R. Gros Louis, J.S. Ackerman, T.S. Warshaw, Nashville 1974, 141-162

Gross, Walter: Israels Hoffnung auf die Erneuerung des Staates, in: J. Schreiner (Hg.), Unterwegs zur Kirche. Alttestamentliche Konzeptionen, QD 110, Freiburg 1987, 87-122

Grottanelli, Cristiano: Un passo del Libro dei Giudici alla luce della comparazione storico-religiosa: Il Giudice Ehud e il valore della mano sinistra, in: Atti del I.Convengo Italiano di studi del Vicino Oriente antico, Orientis antiqui collectio 13, Rom 1978, 35-45

—,   The Enemy King is a Monster. A Biblical Equation, Studi Storico-Religiosi 3, 1979, 5-36

Guillaume, Alfred: A note on הָפֵר הַשֶּׁנִי, Judges VI. 25. 26. 28, JThS 50, 1949, 52f.

Gunneweg, Antonius H.J.: Leviten und Priester. Hauptlinien der Traditionsbildung und Geschichte des israelitisch-jüdischen Kultpersonals, FRLANT 89, Göttingen 1965

—,   Geschichte Israels. Von den Anfängen bis Bar Kochba und von Theodor Herzl bis zur Gegenwart, ThW 2, Stuttgart ⁶1989

—,   Die Prophetenlegende I Reg 13 - Mißdeutung, Umdeutung, Bedeutung, in: Prophet und Prophetenbuch. Festschrift für Otto Kaiser zum 65. Geburtstag, hg.v. V. Fritz, K.-F. Pohlmann, H.-C. Schmitt, BZAW 185, Berlin / New York 1989, 73-81

—,   / Schmithals, Walter: Herrschaft, Biblische Konfrontationen, Stuttgart 1980

Gurewicz, S.B.: The Bearing of Judges i - ii 5 on the Authorship of the Book of Judges, ABR 7, 1959, 37-40

Gutbrod, Karl: Das Buch vom Lande Gottes. Josua und Richter, BAT, 1951; ⁴1985

Haag, Herbert: Gideon - Jerubbaal - Abimelek, ZAW 79, 1967, 305-314 = ders., Das Buch des Bundes. Aufsätze zur Bibel und zu ihrer Welt, hg.v. B. Lang, Düsseldorf 1980, 150-158

Habel, N.: The Form and Significance of the Call Narratives, ZAW 77, 1965, 297-323

Halbe, Jörn: Das Privilegrecht Jahwes Ex. 34,10-26. Gestalt und Wesen, Herkunft und Wirken in vordeuteronomischer Zeit, FRLANT 114, Göttingen 1975

Halpern, Baruch: Levitic Participation in the Reform Cult of Jeroboam I, JBL 95, 1976, 31-42

—,   Doctrine by Misadventure: Between the Israelite Source and the Biblical Historian, in: The Poet and the Historian. Essays in Literary and Historical Biblical Criticism, hg.v. R.E. Friedman, Harvard Semitic Studies, 1983, 41-73

—,   The Resourceful Israelite Historian: The Song of Deborah and Israelite Historiography, HThR 76, 1983, 379-401

Hasel, G.F.: Art. זעק / צעק, ThWAT II, 1977, 628-639

Hauret, Charles: Aux origines du sacerdoce danite. A propos de Jud., 18,30-31, in: Mélanges Bibliques rédigés en l'honneur de André Robert, Travaux de l'Institut Catholique de Paris 4, Paris o.J. [1957], 105-113

Hecke, Karl-Heinz: Juda und Israel. Untersuchungen zur Geschichte Israels in vor- und frühstaatlicher Zeit, FzB 52, Würzburg 1985

Helfmeyer, F.J.: Art. כָּלָה, ThWAT IV, 1984, 166-174

Herrmann, Siegfried: Geschichte Israels in alttestamentlicher Zeit, München ²1980

—,   Jeremia, Lfg. 1, BK XII/1, Neukirchen-Vluyn 1986

—,   Israels Frühgeschichte im Spannungsfeld neuer Hypothesen, in: Studien zur Ethnogenese Bd. 2, hg.v. der Rheinisch-Westfälischen Akademie der Wissenschaften, Abhandlungen der Rheinisch-Westfälischen Akademie der Wissenschaften 78, Opladen 1988, 43-95

Hertzberg, Hans Wilhelm: Die Bücher Josua, Richter, Ruth, ATD 9, Göttingen [5]1973

Hölscher, Gustav: Geschichtsschreibung in Israel. Untersuchungen zum Jahwisten und Elohisten, SHVL 50, Lund 1952

Hoffmann, Hans-Detlef: Reform und Reformen. Untersuchungen zu einem Grundthema der deuteronomistischen Geschichtsschreibung, AThANT 66, Zürich 1980

Holladay, William L.: The Root sûbh in the Old Testament. With Particular References to its Usages in Covenantal Contexts, Leiden 1958

Holzinger, Heinrich: Einleitung in den Hexateuch, Freiburg / Leipzig 1893

Hossfeld, Frank-Lothar: Der Pentateuch, in: E. Sitarz (Hg.), Höre, Israel! Jahwe ist einzig. Bausteine für eine Theologie des Alten Testaments, Biblische Basisbücher 5, Stuttgart und Kevelaer 1987, 11-68

Hübner, Ulrich: Mord auf dem Abort? Überlegungen zu Humor, Gewaltdarstellung und Realienkunde in Ri 3,12-30, BN 40, 1987, 130-140

Ibáñez Arana, Andrés: El deuteronomismo de los marcos en el libro de los Jueces, in: A. Vargas-Machuca und G. Ruiz (Hg.), Palabra y Vida. FS J. Alonso Díaz, UPCM, Madrid 1984, 55-65

Janowski, Bernd: Sühne als Heilsgeschehen. Studien zur Sühnetheologie der Priesterschrift und zur Wurzel KPR im Alten Orient und im Alten Testament, WMANT 55, Neukirchen-Vluyn 1982

Janzen, J. Gerald: A Certain Woman in the Rhetoric of Judges 9, JSOT 38, 1987, 33-37

Jaroš, Karl: Die Stellung des Elohisten zur kanaanäischen Religion, OBO 4, Fribourg und Göttingen [2]1982

—, Sichem. Eine archäologische und religionsgeschichtliche Studie mit besonderer Berücksichtigung von Jos 24, OBO 11, Fribourg und Göttingen 1976

Jenni, Ernst: Zwei Jahrzehnte Forschung an den Büchern Josua bis Könige, ThR 27, 1961, 1-32.97-146

—, Art. אָיַב, THAT I, [3]1978, 118-122

—, Art. יָצָא, THAT I, [3]1978, 755-761

Jepsen, Alfred: Die Quellen des Königsbuches, Halle 1953

Jeremias, Jörg: Lade und Zion. Zur Entstehung der Ziontradition, in: Probleme biblischer Theologie. Gerhard von Rad zum 70. Geburtstag, hg.v. H.W. Wolff, München 1971, 183-198 = ders., Das Königtum Gottes in den Psalmen, FRLANT 141, Göttingen 1987, 167-182

—, Die Reue Gottes. Aspekte alttestamentlicher Gottesvorstellung, BSt 65, Neukirchen-Vluyn 1975

—, Der Prophet Hosea, ATD 24/1, Göttingen 1983

Jobling, David: Deuteronomic Political Theory in Judges and I Samuel 1-12, in: ders., The Sense of Biblical Narrative. Structural Analyses in the Hebrew Bible II, JSOT Suppl. Ser. 39, Sheffield 1986, 44-87

Jüngling, Hans-Winfried: Richter 19 - Ein Plädoyer für das Königtum. Stilistische Analyse der Tendenzerzählung Ri 19,1-30a; 21,25, AnBib 84, Rom 1981

—, Propaganda für das Königtum. Die Tendenzgeschichte in Ri. 19, BiKi 38, 1983, 64-65

Kaiser, Otto: Einleitung in das Alte Testament, Gütersloh [5]1984

Kallai, Zecharia: The Settlement Traditions of Ephraim. A Historiographical Study, ZDPV 102, 1986, 68-74

Kellermann, Diether: Art. לֵוִי, ThWAT IV, 1984, 499-521

Keukens, Karlheinz H.: Richter 11,37f: Rite de passage und Übersetzungsprobleme, BN

19, 1982, 41-42

Klein, Lillian R.: The Triumph of Irony in the Book of Judges, JSOT Suppl.Ser. 68, Sheffield 1988

Kloppenborg, John S.: Joshua 22: The Priestly Editing of an Ancient Tradition, Bib. 62, 1981, 347-371

Knapp, Dietrich: Deuteronomium 4. Literarische Analyse und theologische Interpretation, GTA 35, Göttingen 1987

Knauf, Ernst Axel: Abel Keramim, ZDPV 100, 1984, 119-121

—,   Ismael. Untersuchungen zur Geschichte Palästinas und Nordarabiens im 1. Jahrtausend v.Chr., Abhandlungen des Deutschen Palästinavereins, Wiesbaden 1985

Koch, Klaus: Art. חמם, THAT II, ²1979, 1045-1051

Krašovec, Jože: Antithetic Structure in Biblical Hebrew Poetry, VTS 35, Leiden 1984

Kraus, Hans-Joachim: Psalmen 60-150, BK XV/2, Neukirchen-Vluyn ⁵1978

Kreuzer, Siegfried: Die Frühgeschichte Israels in Bekenntnis und Verkündigung des Alten Testaments, BZAW 178, Berlin / New York 1989

Kühlewein, J.: Art. קרב, THAT II, ²1979, 674-681

Kutsch, Ernst: Gideons Berufung und Altarbau Jdc 6,11-24, ThLZ 81, 1956, 75-84 = ders., Kleine Schriften zum Alten Testament. Zum 65. Geburtstag hg.v. L. Schmidt und K. Eberlein, BZAW 168, Berlin / New York 1986, 99-109

Labuschagne, C.J.: Art. נחן, THAT II, ²1979, 117-141

Lasine, Stuart: Guest and Host in Judges 19: Lot's Hospitality in an Inverted World, JSOT 29, 1984, 37-59

Lemaire, André: L'incident du šibboleth (Jdc 12,6): perspective historique, in: Mélanges bibliques et orientaux en l'honneur de M.Mathias Delcor. Edités par A. Caquot, S. Légasse et M. Tardieu, AOAT 215, Neukirchen-Vluyn / Kevelaer 1985, 275-281

Lemche, Niels Peter: The Judges - Once More, BN 20, 1983, 47-55

—,   Early Israel. Anthropological and historical studies of the Israelite society before the monarchy, VTS 37, Leiden 1985

Levin, Christoph: Der Sturz der Königin Atalja. Ein Kapitel zur Geschichte Judas im 9. Jahrhundert v.Chr., SBS 105, Stuttgart 1982

—,   Die Verheißung des neuen Bundes in ihrem theologiegeschichtlichen Zusammenhang ausgelegt, FRLANT 137, Göttingen 1985

Liedke, Gerhard: Art. שפט, THAT II, ²1979, 999-1009

Lilley, J.P.U.: A Literary Appreciation of the Book of Judges, TynB 18, 1976, 94-102

Lindars, Barnabas: Gideon and Kingship, JThS N.F. 16, 1965, 315-326

—,   Jotham's Fable - a New Form-Critical Analysis, JThS N.F. 24, 1973, 355-366

Lipiński, Edward: Art. מכר, ThWAT IV, 1984, 869-875

—,   Art. נחל I-IV, ThWAT V, 1986, 693-712

Lisowsky, Gerhard / Rost, Leonhard: Konkordanz zum Hebräischen Alten Testament, Stuttgart ²1966 (Nachdruck 1981)

Lohfink, Norbert: Das Hauptgebot. Eine Untersuchung literarischer Einleitungsfragen zu Dtn 5-11, AnBib 20, Rom 1963

—,   Kerygmata des Deuteronomistischen Geschichtswerks, in: Die Botschaft und die Boten. Festschrift für Hans Walter Wolff zum 70. Geburtstag, hg.v. J. Jeremias und L. Perlitt, Neukirchen-Vluyn 1981, 87-100

—,   Textkritisches zu jrš im Alten Testament, in: Mélanges Dominique Barthélemy, OBO 38, Fribourg und Göttingen 1981, 273-288

—,   Art. ירש, ThWAT III, 1982, 953-985

—,   Die Schichten des Pentateuch und der Krieg, in: N. Lohfink (Hg.), Gewalt und Gewaltlosigkeit im Alten Testament, QD 96, Freiburg 1983, 51-110

—, Die Bedeutungen von hebr. jrš qal und hif, BZ 27, 1983, 14-33

—, Art. כָּעַס, ThWAT IV, 1984, 297-302

—, Zur neueren Diskussion über 2Kön 22-23, in: N. Lohfink (Hg.), Das Deuteronomium. Entstehung, Gestalt und Botschaft, BEThL 68, Leuven 1985, 24-48

—, Der Begriff des Gottesreiches vom Alten Testament her gesehen, in: J.
Schreiner (Hg.), Unterwegs zur Kirche. Alttestamentliche Konzeptionen, QD 110,
Freiburg 1987, 33-86

Macintosh, A.A.: The meaning of mklym in Judges XVIII 7, VT 35, 1985, 68-77

McKenzie, Steven L.: The Cronicler's Use of the Deuteronomistic History, HSM 33,
Atlanta GA 1985

Malamat, Abraham: Charismatische Führung im Buch der Richter, in: W. Schluchter
(Hg.), Max Webers Studie über das Antike Judentum. Interpretation und Kritik,
Suhrkamp Taschenbuch Wissenschaft 340, Frankfurt 1981, 110-133

Maly, Eugene H.: The Jotham-Fable - Anti Monarchical?, CBQ 22, 1960, 299-305

Mandelkern, Salomon: Veteris Testamenti Concordantiae Hebraicae atque Chaldaicae,
Berlin 1937 (= Graz 1955)

Marcus, D.: Jephtah and his vow, Lubbock TX 1986

Martin, James D.: The Book of Judges, CBC, Cambridge 1975

Mayes, Andrew D.H.: The Story of Israel between Settlement and Exile. A Redac-
tional Study of the Deuteronomistic History, London 1983

—, Judges, Old Testament Guides, Sheffield 1985

Mazar, Benjamin: The Sanctuary of Arad and the Family of Hobab the Kenite,
JNES 24, 1965, 297-303

Meyer, Rudolf: Hebräische Grammatik, Berlin, Bd. I ³1966; Bd. II ³1969; Bd. III
³1972; Bd. IV ³1972

Miller, J. Maxwell: Jebus and Jerusalem: A Case of Mistaken Identity, ZDPV 90,
1974, 115-127

Mittmann, Siegfried: Die Steige des Sonnengottes (Ri. 8,13), ZDPV 81, 1965, 80-87

—, Aroer, Minnith und Abel Keramim (Jdc 11,33), ZDPV 85, 1969, 63-75

—, Ri 1,16f. und das Siedlungsgebiet der kenitischen Sippe Hobab, ZDPV 93,
1977, 213-235

Mölle, Herbert: Der sogenannte Landtag zu Sichem, FzB 42, Würzburg 1980

Moore, George F.: A Critical and Exegetical Commentary on Judges, ICC, Edinburgh
⁷1958

Müller, Hans Peter: Der Aufbau des Deboraliedes, VT 16, 1966, 446-459

—, Art. הָמַם, ThWAT II, 1977, 449-454

Münderlein, G.: Art. הָרַס, ThWAT II, 1977, 499-501

—, Art. חֵלֶב, ThWAT II, 1977, 951-958

Mullen, E. Theodore: The "Minor Judges", Some Literary and Historical Consideration,
CBQ 44, 1982, 185-201

—, Judges 1:1-36. The Deuteronomistic Reintroduction of the Book of Judges,
HThR 77, 1984, 33-54

Murray, D.F.: Narrative Structure and Technique in the Deborah-Barak Story, Judges
IV 4-22, in: Studies in the Historical Books of the Old Testament, hg.v. J.A.
Emerton, VTS 30, Leiden 1979, 155-189

Myers, Jacob M.: The Book of Judges, IB 2, New York 1953, 675-852

Neef, Heinz-Dieter: Der Sieg Deboras und Baraks über Sisera. Exegetische Beobachtungen zum Aufbau und Werden von Jdc 4,1-24*, ZAW 101, 1989, 28-49

Nelson, Richard D.: The Double Redaction of the Deuteronomistic History, JSOT
Suppl. Ser. 18, Sheffield 1981

Niditch, Susan: The "Sodomite" Theme in Judges 19-20: Family, Community, and

Social Disintegration, CBQ 44, 1982, 365-378

Niehr, Herbert: Herrschen und Richten. Die Wurzel špt im Alten Orient und im Alten Testament, FzB 54, Würzburg 1986

—, Grundzüge der Forschung zur Gerichtsorganisation Israels, BZ 31, 1987, 206-227

—, Rechtsprechung in Israel. Untersuchungen zur Geschichte der Gerichtsorganisation im Alten Testament, SBS 130, Stuttgart 1987

Nielsen, Eduard: Shechem. A Traditio-Historical Investigation, Kopenhagen 1955

Niemann, Hermann Michael: Die Daniten. Studien zur Geschichte eines altisraelitischen Stammes, FRLANT 135, Göttingen 1985

Nötscher, Friedrich: Das Buch der Richter, EB 12, Würzburg 2/31954

Noth, Martin: Das System der zwölf Stämme Israels, BWANT 4/1, Stuttgart 1930 (Nachdruck Darmstadt 1980)

—, Studien zu den historisch-geographischen Dokumenten des Josua-Buches (1935), in: ders., ABLAK I, Neukirchen-Vluyn 1971, 229-280

—, Das Buch Josua, HAT 7, Tübingen 11938; 21953

—, Nu 21 als Glied der "Hexateuch"-Erzählung (1940/41), in: ders., ABLAK I, Neukirchen-Vluyn 1971, 75-101

—, Das Land Gilead als Siedlungsgebiet israelitischer Sippen (1941), in: ders., ABLAK I, Neukirchen-Vluyn 1971, 347-390

—, Überlieferungsgeschichtliche Studien. Die sammelnden und bearbeitenden Geschichtswerke im Alten Testament, Darmstadt 31967 (= ÜSt)

—, Israelitische Stämme zwischen Ammon und Moab (1944), in: ders., ABLAK I, Neukirchen-Vluyn 1971, 391-433

—, Die Nachbarn der israelitischen Stämme im Ostjordanlande (1946/51), in: ders., ABLAK I, Neukirchen-Vluyn 1971, 434-475

—, Überlieferungsgeschichte des Pentateuch, Stuttgart 21960 (= ÜPent)

—, Geschichte Israels, Göttingen 91981

—, Das Amt des "Richters Israels" (1950), in: ders., Gesammelte Studien zum Alten Testament II, hg.v. H.W. Wolff, TB 39, München 1969, 71-85

—, Das zweite Buch Mose. Exodus, ATD 5, Göttingen 61978

—, Gilead und Gad (1959), in: ders., ABLAK I, Neukirchen-Vluyn 1971, 489-543

—, Der Hintergrund von Richter 17-18 (1962), in: ders., ABLAK I, Neukirchen-Vluyn 1971, 133-147

—, Das vierte Buch Mose. Numeri, ATD 7, Göttingen 41982

—, Könige I. 1-16, BK IX/1, Neukirchen-Vluyn 21983

O`Brien, Marc A.: The Deuteronomistic History Hypothesis: A Reassassment, OBO 92, Fribourg und Göttingen 1989

O`Doherty, Eamonn: The Literary Problem of Judges 1,1-3,6, CBQ 18, 1956, 1-7

Oeming, Manfred: Art. פָּנָה, ThWAT VI, 1989, 626-629

Otto, Eckart: Silo und Jerusalem, ThZ 32, 1976, 65-77

Pearce, R.A.: Shiloh and Jer. VII 12, 14 & 15, VT 23, 1973, 105-108

Peckham, Brian: The Composition of the Deuteronomistic History, HSM 35, Atlanta GA 1985

Perlitt, Lothar: Bundestheologie im Alten Testament, WMANT 36, Neukirchen-Vluyn 1969

Plöger, Josef G.: Literarkritische, formkritische und stilkritische Untersuchungen zum Deuteronomium, BBB 26, Bonn 1967

Polzin, Robert M.: Moses and the Deuteronomist. A Literary Study of the Deuteronomic History. Part One: Deuteronomy, Joshua, Judges, New York 1980

Preuss, Horst Dietrich: Verspottung fremder Religionen im Alten Testament, BWANT 92, Stuttgart 1971

—, Deuteronomium, EdF 164, Darmstadt 1982

Provan, Ian W.: Hezekiah and the Books of Kings. A Contribution to the Debate about the Composition of the Deuteronomistic History, BZAW 172, Berlin / New York 1988

von Rad, Gerhard: Der Anfang der Geschichtsschreibung im alten Israel (1944), in: ders., Gesammelte Studien zum Alten Testament, TB 8, München [4]1971, 148-188

—, Theologie des Altes Testaments. Band 1: Die Theologie der geschichtlichen Überlieferungen Israels, München [7]1978

Radday, Yehuda T. / Leb, Giora / Wickmann, Dieter / Talmon, Shemaryahu: The Book of Judges Examined by Statistical Liguistics, Bib. 58, 1977, 469-499

Radday, Yehuda T. / Shore, Haim: An Inquiry into Homogeneity of the Book of Judges by Means of Discriminant Analyses, LingBibl 41/42, 1977, 21-34

Radjawane, Arnold Nicolaas: Das deuteronomistische Geschichtswerk. Ein Forschungsbericht, ThR 38, 1974, 177-216

Revell, E.J.: The Battle with Benjamin (Judges XX 29-48) and Hebrew Narrative Techniques, VT 35, 1985, 417-433

Reventlow, Henning Graf: Liturgie und prophetisches Ich bei Jeremia, Gütersloh 1963

Reviv, M.: The Government of Sichem in the Amarna Period and in the Days of Abimelek, IEJ 16, 1966, 252-257

Richter, Wolfgang: Traditionsgeschichtliche Untersuchungen zum Richterbuch, BBB 18, Bonn [1]1963; [2]1966 (= TU)

—, Die Bearbeitungen des "Retterbuches" in der deuteronomischen Epoche, BBB 21, Bonn 1964 (= BR)

—, Art. Richter (Buch), in: Bibel-Lexikon, hg.v. H.Haag, Einsiedeln [2]1968, 1475-1478

—, Zu den "Richtern Israels", ZAW 77, 1965, 40-72

—, Die Überlieferungen um Jephtah. Ri 10,17-12,6, Bib. 47, 1966, 485-556

—, Die sogenannten vorprophetischen Berufungsberichte. Eine literaturwissenschaftliche Studie zu 1Sam 9,1-10,16, Ex 3f. und Ri 6,11b-17, FRLANT 101, Göttingen 1970

Ringgren, Helmer: Art. אָב, ThWAT I, 1973, 228-235

Rösel, Hartmut N.: Studien zur Topographie der Kriege in den Büchern Josua und Richter, Teil I, ZDPV 91, 1975, 159-190; Teil II, ZDPV 92, 1976, 10-46

—, Zur Ehud-Erzählung, ZAW 89, 1977, 270-272

—, Die Überleitungen vom Josua- ins Richterbuch, VT 30, 1980, 342-350

—, Jephtah und das Problem der Richter, Bib. 61, 1980, 251-255

—, Die "Richter Israels". Rückblick und neuer Ansatz, BZ 25, 1981, 180-203

—, Überlegungen zu "Abimelech und Sichem in Jdc. IX", VT 33, 1983, 500-503

—, Erwägungen zu Tradition und Geschichte in Jos 24 - ein Versuch, BN 22, 1983, 41-46

Rose, Martin: Deuteronomist und Jahwist. Untersuchungen zu den Berührungspunkten beider Literaturwerke, AThANT 67, Zürich 1981

van Rossum, J.: Wanneer is Silo verwoest?, NTT 24, 1969/70, 321-332

Roth, Wolfgang: Art. Deuteronomistisches Geschichtswerk / Deuteronomistische Schule, TRE 8, 1981, 543-552

Rudolph, Wilhelm: Der "Elohist" von Exodus bis Josua, BZAW 68, Berlin 1938

—, Textkritische Anmerkungen zum Richterbuch, in: FS O. Eißfeldt zum 60. Geburtstag, Halle 1947, 199-212

Rüterswörden, Udo: Von der politischen Gemeinschaft zur Gemeinde. Studien zu Dt 16,18-18,22, BBB 65, Frankfurt 1987

Sawyer, John F.: What was a Mošiaᶜ?, VT 15, 1965, 475-486

—,   Art. יָשַׁע, ThWAT III, 1982, 1035-1059

Schäfer-Lichtenberger, Christa: Stadt und Eidgenossenschaft im Alten Testament. Eine
Auseinandersetzung mit Max Webers Studie "Das antike Judentum", BZAW
156, Berlin / New York 1983

Scharbert, Josef: Jahwe im frühisraelitischen Recht, in: E. Haag (Hg.), Gott, der einzige. Zur Entstehung des Monotheismus in Israel, QD 104, Freiburg 1985,
160-183

—,   Genesis 12-50, NEB Lfg. 16, Würzburg 1986

—,   Rez. von C. Dohmen, Das Bilderverbot, in: BZ 31, 1987, 306f.

Schiltknecht, Hans R.: Ehud, der Linkshänder, Ref. 30, 1981, 637-640

Schlauri, Ignaz: Wolfgang Richters Beitrag zur Redaktionsgeschichte des Richterbuches,
Bib. 54, 1973, 367-403

Schmid, Herbert: Die Herrschaft Abimelechs (Jdc 9), Jud. 26, 1970, 1-11

Schmidt, Ludwig: Menschlicher Erfolg und Jahwes Initiative. Studien zu Tradition,
Interpretation und Historie in Überlieferungen von Gideon, Saul und David,
WMANT 38, Neukirchen-Vluyn 1970

Schmidt, Werner H.: Das erste Gebot. Seine Bedeutung für das Alte Testament, TEH
165, München 1969

—,   Kritik am Königtum, in: Probleme biblischer Theologie. Gerhard von Rad zum
70. Geburtstag, hg.v. H.W. Wolff, München 1971, 440-461

—,   Einführung in das Alte Testament, Berlin / New York ⁵1989

—,   Alttestamentlicher Glaube in seiner Geschichte, NStB 6, Neukirchen-Vluyn
⁶1987

—,   Exodus. 1.Teilband: Exodus 1-6, BK II/1, Neukirchen-Vluyn 1988

Schmitt, Götz: Du sollst keinen Frieden schließen mit den Bewohnern dieses Landes.
Die Weisungen gegen die Kanaanäer in Israels Geschichte und Geschichtsschreibung, BWANT 91, Stuttgart 1970

Schmitt, Rainer: Abschied von der Heilsgeschichte? Untersuchungen zum Verständnis
von Geschichte im Alten Testament, EHS.T 195, Frankfurt / Bern 1982

Schottroff, Willy: Art. ידע, THAT I, ³1978, 682-701

Schreiner, Josef: Jeremia 1-25,14, NEB Lfg. 3, Würzburg ²1985

Schroer, Silvia: In Israel gab es Bilder. Nachrichten von darstellender Kunst im Alten
Testament, OBO 74, Fribourg und Göttingen 1987

Schüpphaus, Joachim: Richter- und Prophetengeschichten als Glieder der Geschichtsdarstellung der Richter- und Königszeit, Diss. Bonn 1967

Schult, Hermann: Art. שׁמע, THAT II, ²1979, 974-982

Schulte, Hannelis: Die Entstehung der Geschichtsschreibung im Alten Israel, BZAW
128, Berlin / New York 1972

Schulz, Hermann: Leviten im vorstaatlichen Israel und im Mittleren Osten, München
1987

Schunck, Klaus-Dietrich: Benjamin. Untersuchungen zur Entstehung und Geschichte
eines israelitischen Stammes, BZAW 86, Berlin 1963

Schwienhorst, Ludger: Die Eroberung Jerichos. Exegetische Untersuchung zu Josua 6,
SBS 122, Stuttgart 1986

Seebass, Horst: Zur Exegese der Grenzbeschreibungen von Jos. 16,1-17,13, ZDPV 1984,
70-83

Sellin, Ernst: Wie wurde Sichem eine israelitische Stadt?, Leipzig / Erlangen 1922

Septuaginta, hg.v. A. Rahlfs, 2 Bde., Stuttgart 1935 (Nachdruck 1982)

van Seters, John: The Conquest of Sihon's Kingdom: A Literary Examination, JBL 91,
1972, 182-197

—,   Once Again - The Conquest of Sihon's Kingdom, JBL 99, 1980, 117-119

—,   In Search of History. Historiography in the Ancient World and the Origins
        of Biblical History, New Haven / London 1983

—,   Joshua 24 and the Problem of Tradition in the Old Testament, in: In the
        Shelter of Elyon. FS G.W. Ahlström, JSOT Suppl. Ser. 31, Sheffield 1984,
        139-158

Seybold, Klaus: Art. תְּרָפִים, THAT II, ²1979, 1057-1060

—,   Art. מֶלֶךְ / מָלַךְ II-IV, ThWAT IV, 1984, 933-956

Simpson, Cuthbert Aikman: Composition of the Book of Judges, Oxford 1957

Smend, Rudolf: Jahwekrieg und Stämmebund. Erwägungen zur ältesten Geschichte
        Israels, FRLANT 84, Göttingen ²1966 = ders., Zur ältesten Geschichte Israels.
        Gesammelte Studien Band 2, BEvTh 100, München 1987, 116-199

—,   Das Gesetz und die Völker. Ein Beitrag zur deuteronomistischen Redaktionsge-
        schichte, in: Probleme biblischer Theologie. Gerhard von Rad zum 70. Geburts-
        tag, hg.v. H.W. Wolff, München 1971, 494-509 = ders., Die Mitte des Alten
        Testaments. Gesammelte Studien Band 1, BEvTh 99, München 1986, 124-137

—,   Der biblische und der historische Elia, in: Congress Volume Edinburgh 1974,
        VTS 28, Leiden 1975, 167-184 = ders., Zur ältesten Geschichte Israels. Gesam-
        melte Studien Band 2, BEvTh 100, München 1987, 229-243

—,   Die Entstehung des Alten Testaments, ThW 1, Stuttgart ⁵1989

—,   Das uneroberte Land, in: G. Strecker (Hg.), Das Land Israel in biblischer Zeit,
        GTA 25, Göttingen 1983, 91-102 = ders., Zur ältesten Geschichte Israels. Ge-
        sammelte Studien Band 2, BEvTh 100, München 1987, 217-228

—,   Der Ort des Staates im Alten Testament, ZThK 80, 1983, 245-261 = ders.,
        Die Mitte des Alten Testaments. Gesammelte Studien Band 1, BEvTh 99,
        München 1986, 186-199

Snijders, L.A.: Art. מָלֵא, ThWAT IV, 1984, 876-886

Soggin, Jan Alberto: Bemerkungen zur alttestamentlichen Topographie Sichems, mit
        besonderem Bezug auf Jdc. 9, ZDPV 83, 1967, 183-198

—,   Das Königtum in Israel. Ursprünge, Spannungen, Entwicklung, BZAW 104, Ber-
        lin 1967

—,   Il regno de 'Abî-mélek in Sichem (Guidici 9) e le istituzioni della città-stato
        siro-palestinese nei secoli XV-XVI avanti Cristo, in: Studi in onore di Edoardo
        Volterra, Mailand 1972, 161-189

—,   'Ehûd and the Fords of Mô'ab, Judges 3,28b (1973), in: ders., Old Testament
        and Oriental Studies, BibOr 29, Rom 1975, 237

—,   Il galaadita Jefte. Giudici XI,1-11, Henoch 1, 1979, 332-336

—,   Das Amt der "kleinen Richter", VT 30, 1980, 245-248

—,   Bemerkungen zum Deboralied, Richter 5. Versuch einer neuen Übersetzung und
        eines Vorstoßes in die älteste Geschichte Israels, ThLZ 106, 1981, 625-639

—,   Heber the Qenit, VT 31, 1981, 89-92

—,   Judges. A Commentary, OTL, London 1981; ²1987

—,   Le Livre des Juges, CAT Vb, Genf 1987

—,   'Ehud und ⁽Eglon: Bemerkungen zu Richter III 11b-31, VT 39, 1989, 95-100

Spieckermann, Hermann: Juda unter Assur in der Sargonidenzeit, FRLANT 129, Göttin-
        gen 1982

Spreafico, Ambrosio: Giud 2,3: lsdym. Bib. 65, 1984, 390-392

Stähli, Hans-Peter: Hebräisch-Kurzgrammatik, Göttingen 1984

Stolz, Fritz: Jahwes und Israels Kriege. Kriegstheorien und Kriegserfahrungen im
        Glauben des alten Israel, AThANT 60, Zürich 1972

—,   Art. יָשַׁע, THAT I, ³1978, 785-790

Strauss, Hans: Untersuchungen zu den Überlieferungen der vorexilischen Leviten, Diss. Bonn 1960

Swiggers, P.: The Word šibbolêt in Jud. XII,6, JSS 26, 1981, 205-207

Täubler, Eugen: Biblische Studien. Die Epoche der Richter, hg.v. H.-J. Zobel, Tübingen 1958

Talmon, Shemaryahu: "In jenen Tagen gab es keinen מלך in Israel" (Ri 18-21), in: ders., Gesellschaft und Literatur in der Hebräischen Bibel. Gesammelte Aufsätze Bd. 1, Neukirchen-Vluyn 1988, 44-55

Thiel, Winfried: HEFER BERIT. Zum Bundbrechen im Alten Testament, VT 20, 1970, 214-229

—, Die deuteronomistische Redaktion von Jeremia 1-25, WMANT 41, Neukirchen-Vluyn 1973

—, Die deuteronomistische Redaktion von Jeremia 26-45, WMANT 52, Neukirchen-Vluyn 1981

—, Die soziale Entwicklung Israels in vorstaatlicher Zeit, Neukirchen-Vluyn ²1985

Trible, Phyllis: A Daughter's Death: Feminism, Literary Criticism, and the Bible, Michigan Quarterly Review 22/3, 1983, 176-189

de Vaux, Roland: The Early History of Israel to the Period of the Judges, London 1978

Veijola, Timo: Die ewige Dynastie. David und die Entstehung seiner Dynastie nach der deuteronomistischen Darstellung, AASF.B 193, Helsinki 1975

—, Das Königtum in der Beurteilung der deuteronomistischen Historiographie. Eine redaktionsgeschichtliche Untersuchung, AASF.B 198, Helsinki 1977

—, Verheißung in der Krise. Studien zur Literatur und Theologie der Exilszeit anhand des 89. Psalms, AASF.B 220, Helsinki 1982

—, David in Keila. Tradition und Interpretation in 1 Sam 23,1-13, RB 91, 1984, 51-87

—, Das Klagegebet in Literatur und Leben der Exilsgeneration am Beispiel einiger Prosatexte, In: Congress Volume Salamanca 1983, hg.v. J.A. Emerton, VTS 36, Leiden 1985, 286-307

Vincent, Albert: Le livre des Juges. Le livre de Ruth, SB(J), Paris 1952

Wagner, Siegfried: Art. כָּעַס, ThWAT IV, 1984, 216-224

Wanke, Gunther: Art. נַחֲלָה, THAT II, ²1979, 55-59

Webb, Barry G.: The Book of the Judges. An Integrated Reading, JSOT Suppl. Ser. 46, Sheffield 1987

Weimar, Peter: Die Jahwekriegerzählungen in Exodus 14, Josua 10, Richter 4 und 1 Samuel 7, Bib. 57, 1976, 38-73

—, Die Berufung des Mose. Literaturwissenschaftliche Analyse von Exodus 2,23-5,5, OBO 32, Fribourg und Göttingen 1980

Weinfeld, Moshe: The Period of the Conquest and of the Judges as Seen by the Earlier and the Later Sources, VT 17, 1967, 93-113

Weippert, Helga: Die "deuteronomistischen" Beurteilungen der Könige von Israel und Juda und das Problem der Redaktion der Königsbücher, Bib. 53, 1972, 301-339

—, Das geographische System der Stämme Israels, VT 23, 1973, 76-89

—, Das deuteronomistische Geschichtswerk. Sein Ziel und Ende in der neueren Forschung, ThR 50, 1985, 213-249

Wellhausen, Julius: Die Composition des Hexateuchs und der historischen Bücher des Alten Testaments, Berlin ³1899 (= ⁴1963)

—, Prolegomena zur Geschichte Israels, Berlin ⁶1926 (Nachdruck 1981)

Westermann, Claus: Genesis 12-36, BK I/2, Neukirchen-Vluyn 1981

Whitley, Charles F.: The Sources of the Gideon Story, VT 7, 1957, 157-164

Wiese, Kurt: Zur Literarkritik des Buches der Richter, in: S. Sprank / K. Wiese, Studien zu Ezechiel und dem Buch der Richter, BWANT 40, Stuttgart 1926

Wildberger, Hans: Jesaja 13-27, BK X/2, Neukirchen-Vluyn 1978

Wolff, Hans Walter: Das Kerygma des deuteronomistischen Geschichtswerks, ZAW 73, 1961, 171-186 = ders., Gesammelte Studien zum Alten Testament, TB 22, München [2]1973, 308-324

—, Dodekapropheton 1: Hosea, BK XIV/1, Neukirchen-Vluyn [3]1976

—, Dodekapropheton 3: Obadja und Jona, BX XIV/3, Neukirchen-Vluyn 1977

van der Woude, Adam Simon: Art. חזק, THAT I, [3]1978, 538-541

Wright, G. Ernest: The Literary and Historical Problem of Joshua 10 and Judges 1, JNES 5, 1946, 105-114

Würthwein, Ernst: Die Bücher der Könige. 1.Könige 1-16, ATD 11/1, Göttingen [2]1985

—, Die Bücher der Könige. 1.Kön. 17 - 2.Kön. 25, ATD 11/2, Göttingen 1984

—, Der Text des Alten Testaments. Eine Einführung in die Biblia Hebraica, Stuttgart [5]1988

Wüst, Manfried: Die Einschaltung in die Jiftachgeschichte. Ri 11,13-26, Bib. 56, 1975, 464-479

Zenger, Erich: Ein Beispiel exegetischer Methoden aus dem Alten Testament, in: J. Schreiner (Hg.), Einführung in die Methoden der biblischen Exegese, Würzburg 1971, 97-148

—, Gottes Bogen in den Wolken. Untersuchungen zu Komposition und Theologie der priesterschriftlichen Urgeschichte, SBS 112, Stuttgart 1983

Zimmerli, Walther: Erkenntnis Gottes nach dem Buche Ezechiel (1954), in: ders., Gottes Offenbarung. Gesammelte Aufsätze zum Alten Testament, TB 19, München [2]1969, 41-119

—, Ezechiel 25-48, BK XIII/2, Neukirchen-Vluyn [2]1979

—, Grundriß der alttestamentlichen Theologie, ThW 3, Stuttgart [6]1989

—, Die Spendung von Schmuck für ein Kultobjekt, in: Mélanges bibliques et orientaux. FS Henri Cazelles, AOAT 212, Kevelaer / Neukirchen-Vluyn 1981, 513-528

Zobel, Hans-Jürgen: Art. יִשְׂרָאֵל, ThWAT III, 1982, 986-1012

Bibelstellenregister

[Auswahl]